史记概论

主　编　张新科
撰稿人　（按姓氏笔画排序）

马雅琴（渭南师范学院）　　　王　双（唐山师范学院）
王长顺（咸阳师范学院）　　　刘　宁（西安文理学院）
刘生良（陕西师范大学）　　　刘向斌（延安大学）
池万兴（西藏民族学院）　　　任　刚（西安工程大学）
张新科（陕西师范大学）　　　高益荣（陕西师范大学）
凌朝栋（渭南师范学院）　　　梁建邦（渭南师范学院）
程世和（陕西师范大学）

陕西师范大学出版总社有限公司

图书代号 JC9N0695

图书在版编目(CIP)数据

史记概论/张新科主编. —西安:陕西师范大学出版社,2009.7(2014.1重印)
ISBN 978-7-5613-4685-3

Ⅰ. 史… Ⅱ. 张… Ⅲ. ①中国—古代史—纪传体 ②史记—研究 Ⅳ. K204.2

中国版本图书馆 CIP 数据核字(2009)第 075053 号

史 记 概 论

主　　编 /	张新科
责 任 人 /	杨雪玲
封面设计 /	鼎新设计
出版发行 /	陕西师范大学出版总社有限公司
	(西安市长安南路 199 号　邮编 710062)
网　　址 /	http://www.snupg.com
经　　销 /	新华书店
印　　刷 /	兴平市博闻印务有限公司
开　　本 /	787mm×960mm　1/16
印　　张 /	16.75
字　　数 /	290 千
版　　次 /	2014 年 1 月第 2 版
印　　次 /	2014 年 1 月第 1 次印刷
书　　号 /	ISBN 978-7-5613-4685-3
定　　价 /	34.00 元

读者购书、书店添货或发现印刷装订问题,请与本社高教出版分社联系、调换。
电　话:(029)85303622(传真)　85307826

《史记》是中国文化史上的丰碑,也是世界文化宝库中的璀璨明珠。深入进行《史记》教学与研究,对于提高人们的认识水平,启迪智慧,增长知识,陶冶心灵,培养和增强爱国主义情感,推动社会主义精神文明建设,都具有重要意义。

《史记》教学的历史源远流长。南朝宋元嘉十五年(438年)宋文帝在京师设"四学馆",招收门徒讲学,其中的"史学馆"专研历史,《史记》被列入教学内容。但真正开《史记》教学先声是在隋唐之际。《隋书》卷七十五载:"大业中,包恺为国子助教……从王仲通受《史记》、《汉书》,尤称精究。"《北史》卷六十载:"大业初,授李密亲卫大都督。李密折节读书,尤好兵书,诵皆成口,师事国子助教包恺,受《史记》、《汉书》,恺门徒皆出其下。"说明《史记》在隋代已被列入国子监教学内容。唐代以后,由于最高统治者的提倡和重视,《史记》被列入升官晋级的必读书目。到近现代时期,梁启超、郑鹤声、鲁迅、朱自清、叶圣陶、李长之、朱东润、翦伯赞、郑振铎等著名学者都在大学的史学课和文学课中讲授过《史记》。新中国建立后,《史记》教学得到了多层次、全方位的拓展。尤其是新时期以来,《史记》作为高等学校历史、中文等院系的课程愈来愈受到人们的重视。开设的课程层次多样,有在校的本科生、研究生,还有函授生,还有远程教育的电视大学、网络学院等。《史记》所蕴含的文化价值也愈来愈受到人们的重视。陕西是司马迁的故乡,陕西的高校开设《史记》课程起步较早,范围也广,取得了可喜的成绩。

为了更好地适应《史记》教学，我们联合陕西以及其他地区兄弟院校开设《史记》课程的教师编写了这本《史记概论》教材。与其他教材相比，本教材更注重学术性与实用性的结合，共分两大部分：第一部分为专题论述，对《史记》的价值进行全面分析，并对《史记》研究的历史与现状进行勾勒，使学生从不同的角度认识《史记》，认识司马迁。第二部分为作品提示，选择《史记》精彩篇章或段落，能与论述部分相印证。每篇前有阅读提示，使学生能通过作品认识问题，避免抽象议论。另外，为了开阔学生视野，提高分析问题、解决问题的能力，我们在每章后列有三个左右的思考题，以便调动学生学习的积极性。

本教材分工撰稿如下：第一章马雅琴、凌朝栋；第二章任刚；第三章王双；第四章王长顺；第五章池万兴；第六章刘宁；第七章刘向斌；第八章梁建邦；第九章王长顺；第十章高益荣；第十一章张新科。作品提示部分：程世和、刘生良。最后由张新科统稿。

欢迎广大读者对本教材提出宝贵意见。陕西师范大学"211工程"建设处、文学院对本教材的出版给予大力支持，在此表示衷心感谢！

本教材于2009年出版后，得到广大读者的普遍好评。为了更好地促进《史记》教学，编者在原版基础上进行了修订，并改正了原版中的差错，使教材更臻完美。

编　者

2014年1月

目录

专题部分

第一章　《史记》成书的时代背景 …… （ 1 ）
第二章　《史记》的体制及宗旨 ……… （ 14 ）
第三章　《史记》的百科全书特征 …… （ 33 ）
第四章　《史记》的进步思想 ………… （ 44 ）
第五章　《史记》与民族精神 ………… （ 59 ）
第六章　《史记》的叙事风格 ………… （ 70 ）
第七章　《史记》的写人艺术 ………… （ 82 ）
第八章　《史记》的语言成就 ………… （ 98 ）
第九章　《史记》的抒情色彩 ………… （113）
第十章　《史记》在中国文化史上的
　　　　价值与地位 ………………… （126）
第十一章　《史记》研究史略 ………… （141）

作品提示部分

《五帝本纪》（节选） ………………… （158）
《项羽本纪》（节选） ………………… （160）
《高祖本纪》（节选） ………………… （162）
《吕太后本纪》（节选） ……………… （164）
《六国年表序》 ………………………… （166）
《平准书》（节选） …………………… （168）
《越王句践世家》（节选） …………… （172）
《赵世家》（节选） …………………… （175）

《孔子世家》…………………………（177）
《萧相国世家》………………………（187）
《留侯世家》…………………………（190）
《陈丞相世家》（节选）……………（196）
《伯夷列传》…………………………（198）
《孙子吴起列传》（节选）…………（200）
《商君列传》…………………………（202）
《张仪列传》（节选）………………（206）
《平原君虞卿列传》（节选）………（209）
《田单列传》（节选）………………（211）
《刺客列传》（节选）………………（213）
《李斯列传》…………………………（218）
《淮阴侯列传》………………………（227）
《田儋列传》（节选）………………（235）
《张丞相列传》（节选）……………（237）
《郦生陆贾列传》（节选）…………（239）
《张释之冯唐列传》（节选）………（242）
《汲郑列传》（节选）………………（244）
《大宛列传》（节选）………………（247）
《游侠列传》…………………………（250）
《货殖列传》（节选）………………（254）
《太史公自序》（节选）……………（258）

第一章 《史记》成书的时代背景

司马迁(前145—约前87),字子长,左冯翊夏阳(今陕西韩城)人,生活在西汉中期,与汉武帝时代相始终。一部《史记》,使他成为彪炳史册的我国历史上最伟大的历史学家和文学家,被称为我国继孔子之后历史文化界的最伟大的巨人。本章从六个方面探讨《史记》成书的时代背景。

一 天下一统——《史记》成书的政治背景

《史记》开卷起自黄帝,寓意于颂扬大一统。《史记》所载三代天子、列国世家、忠臣义士,追祖溯源,皆归本于黄帝。中华民族皆炎黄子孙这一观念就奠基于《史记》。西汉在经历了高祖刘邦、惠帝刘盈、文帝刘恒、景帝刘启这几代皇帝的与民休息、恢复和发展社会经济的政策以后,到了汉武帝刘彻即位,国家经济繁荣,国力强盛。雄才大略的汉武帝统治时期,是我国历史上的一个强盛时代。一方面,汉武帝采取了强有力的政治军事策略,击胡攘越,开拓疆土,大大扩展了西汉王朝的版图;另一方面,内兴功作,采取措施,削弱了诸侯王的势力,建立和完善各种政治制度、等级制度,加强了大一统的皇权统治,造就了西汉王朝的博大气象。这个宏阔昂扬的时代,是《史记》成书的直接背景。

汉武帝

第一,巩固西汉王朝的统治、总结历史成败使《史记》产生成为必要。汉高祖就曾经对自己得天下、秦所以失天下的历史经验进行总结。一批政治家如贾谊、晁错、贾山、陆贾等纷纷著书立说,发表自己的看法。陆贾帮助汉高祖找到了秦亡的教训:"事逾烦天下逾乱,法逾滋而奸逾炽,兵马益设而敌人逾多。秦非不欲为治,然失之者乃举措暴众而用刑太极故也。"[①]《史记》成书是我国学术史上一件划时代

---

① 陆贾:《新语·无为》,中华书局1954年版,第7页。

的大事,它既是司马迁深邃思想和惊世才华的完美体现,更是汉王朝大一统宏伟气势催生的时代产物。汉武帝时期中央集权制度的强大和稳固,形成了对历史经验进行学术综合的迫切要求,为进一步巩固汉王朝的统治提供了理论依据和正反两方面的历史经验。清代历史学家钱大昕在《潜研堂文集》卷三十四中指出,《史记》的微旨是"一曰抑秦,二曰尊汉,三曰纪实",就明确揭示出《史记》在汉代产生的现实性。政治家的这种总结成败、以利于现实统治的愿望,正好与司马迁写作《史记》"稽其成败兴坏之理"的目的在某种意义上是相吻合的。在《报任安书》中,司马迁明确宣告自己的写作目的,就是要"网罗天下放失旧闻,考之行事,稽其成败兴坏之理"。通过考究历史的发展演进,总结历史的经验教训,为西汉王朝的长治久安寻求途径。

第二,《史记》是大一统时代社会生活的反映。正像司马迁在《史记·平准书》中所称道的情景:"至今上即位数岁,汉兴七十余年之间,国家无事,非遇水旱之灾,民则人给家足,都鄙廪庾皆满,而府库余货财。京师之钱累巨万,贯朽而不可校。太仓之粟陈陈相因,充溢露积于外,至腐败不可食。"《史记》能够成为波澜壮阔、气势恢宏的巨著,与司马迁本人的学识有关,更是其时代的产物。汉武帝时代的社会安定,经济发展,促进了学术的发展和繁荣,为司马迁完成《史记》提供了大量的物质与文化基础。

第三,天下一统是中国社会进步的巨大成就。汉武帝时代的天下统一,较之中华民族早期商、周时代的统一是时代的进步,是前所未有的。汉武帝在汉初的清静无为、与民生息的基础上,发扬"文景之治"的辉煌业绩,并将这一局面推进到了新的高度。司马迁对这种统一的局面抱有赞许的目光:"汉兴,海内为一,开关梁,弛山泽之禁,是以富商大贾周流天下,交易之物莫不通,得其所欲,而徙豪杰诸侯强族于京师。"[1]正如杨燕起所指出的那样:《史记》既是大一统的产物,又明确地记述了整个三千年历史的大一统的进程。司马迁肯定大一统的进步意义,这恰恰是秦国的兴起和始皇并吞六国以及汉代的政治业绩,尤其是汉武帝时代的作为在司马迁思想中的反映,是司马迁立足于现实而对历史发展进程所作的集中概括,因此也就十分鲜明地表现了这样的时代特色[2]。

第四,天下一统的兴盛局面,为司马迁写作《史记》提供了广阔的视野。地域

---

[1] 司马迁:《史记·货殖列传》,中华书局1982年版,第3261页。
[2] 杨燕起:《〈史记〉的学术成就》,北京师范大学出版社1996年版,第21页。

第一章 《史记》成书的时代背景

辽阔的西汉王朝版图,使司马迁写作《史记》时,能把视野扩大到大宛、朝鲜、匈奴、西南夷等边远地区,为形成我国作为一个多民族统一国家的思想具备了客观条件。同时,统一的国家,辽阔的疆域,四通八达的道路,使司马迁有可能畅行无阻地游历全国,考察地理形势,了解风俗民情,搜集逸闻轶事,而这一切对司马迁写作《史记》的帮助之大,是无法估量的①。

二 文化整合——《史记》成书的学术背景

司马迁撰写《史记》的学术背景体现出他渊博的学术综合能力和对史学传统的继承与发扬光大。

一是沿着先秦史书传统。我国有着悠久的史官文化传统,早在殷、商时代,朝廷就有了记载史事、掌管典籍的人员。甲骨文中称之为"史"、"尹"、"作册"。《尚书·多士》云:"唯殷先人有册有典。"可见在殷商时期就有了一定的历史典籍。在春秋战国时期,相继出现了《尚书》、《世本》、《国语》、《左传》、《战国策》等历史著作。原始而质朴的《尚书》,是我国最早的一部历史文献汇编。它保存了我国上古时代极为珍贵的史料,是研究我国原始社会末期、奴隶社会和封建社会初期的重要的原始资料。《世本》记录了黄帝以来帝王诸侯及卿大夫系谥名号,初具纪传体裁的规模。《春秋》一字褒贬的写法和"微言大义"的风格,对后世史书产生了深远的影响。《左传》是我国著名的编年体史书。它的民本思想、不隐恶、不饰美、颂扬忠烈的进步思想,影响了后代史学家的观点。其精彩细密的叙事风格,委婉巧妙的辞令特点,成为后来史学家的楷模。司马迁修纂《史记》,正是继承发扬了先秦史学的优良传统,并将史传文学的发展推上了高峰。它完成了由编年体到纪传体的转变,形成以人物为中心的纪传体体例,是史传文学史上的里程碑。对此,张新科总结道:"《史记》的出现,无论从史学意识、史学目的、史学编纂,还是史学规模、史学语言等,都是对先秦史学的一次系统总结,同时又开辟了史学的新道路,是中国史学史上一次革命。而后来的史学,基本都是沿着司马迁开创的史学道路继续前进,所谓'二十四史'、'二十五史',就是以《史记》为代表的纪传体形式。"②

二是对先秦时期叙事文学与政治哲理著作的继承与发展。先秦时期的叙事文

---

① 韩兆琦:《史记讲座》,广西师范大学出版社2008年版,第5页。
② 张新科:《史记学概论》,商务印书馆2003年版,第94页。

学,主要是历史散文《左传》、《国语》、《战国策》,他们在叙事方面为《史记》奠定了重要的基础。《史记》吸收了先秦抒情文学的特长,如《诗经》的抒情格调,《大雅》中的民族史诗《生民》、《公刘》、《绵》、《皇矣》、《大明》等,也被司马迁纳入《史记》之中。《楚辞》尤其是屈原的作品,对司马迁影响深远。他接受了屈原"发愤以抒情"的文学思想,并通过自己的实践,进而发展为"发愤著书"理论。同时,司马迁还接受了屈原劲直清高的人格与刚正不阿的精神。屈原不屈不挠的抗争精神,已经渗透到了司马迁的血液中,化为司马迁的铮铮铁骨、凛凛正气。而表现在司马迁身上,则是发愤写作《史记》。同时,司马迁还吸取了政治哲理著作如《论语》、《庄子》、《孟子》、《韩非子》等的精神,形成了自己独特的韵味和风格,从而使《史记》成为先秦文学的集大成者和汉代文学的典型代表。

三是整合六经异传和诸子百家的学术思想。司马迁在《太史公自序》中明确提出自己写作《史记》的宗旨:"厥协六经异传,整齐百家杂语"。要从六经异传的经说和百家杂语中吸取学术思想理论,在整合六经异传和诸子百家的学术思想基础上构筑自己的学术大厦。同时,司马迁通过"厥协六经异传,整齐百家杂语",对以前的史料进行了一次系统性的整理,所以班固感叹道:"贯穿经传,驰骋古今,上下数千载间,斯以勤矣。"[1]

四是总结文化的价值。正如张新科所言:"《史记》是汉代大一统社会的产物,是一次大的文化综合。"[2]具体表现在以下几方面。首先,《史记》是区域文化的一次综合。汉代大一统社会为这种区域文化的综合提供了必要的外在条件,无论是哪个区域文化,都纳入汉帝国的文化系统中来。《史记》是民族文化的大融合,东西南北中,都是炎黄子孙,各民族文化尽管有不同的特征,但都归之于华夏文化这一大系统中。其次,《史记》"整齐百家杂语",是先秦以来各种学派思想的全面总结。《史记》容纳秦汉以前百家而自成一家,进行新的综合,即"成一家之言"。因此,《史记》是一个新的综合体,是大一统时代的恢弘气势融合各家之长形成的优势文化。司马迁在《太史公自序》中阐述了自己的历史使命:"先人有言:'自周公卒五百岁而有孔子。孔子卒后至于今五百岁,有能绍明世,正《易传》,继《春秋》,本《诗》、《书》、《礼》、《乐》之际?'意在斯乎!意在斯乎!小子何敢让焉。"第三,《史记》是先秦以来巫、史文化的系统综合。中国文化的发展经历了由巫文化到史

---

[1] 班固:《汉书·司马迁传》,中华书局1962年版,第2737页。
[2] 张新科:《史记学概论》,商务印书馆2003年版,第89页。

官文化的过程。依现代学者的研究,最早的史官是沟通天人的巫官(天官),史官文化就源于巫文化。到了春秋战国时期,史官文化代替巫文化,其主要特征,一方面是把神话历史化,另一个方面是史官文化具有了劝善惩恶的作用。司马迁的"究天人之际,通古今之变",就是直接从先秦史官文化发展而来的,也是对先秦史官文化的最好总结。司马迁"究天人之际",就是继承、综合巫文化的成分,以此探寻人在社会发展中的地位;"通古今之变",就是综合史官文化的成分,总结古今变化的历史规律。

三 父子相传——《史记》成书的家学背景

司马迁之所以能够完成《史记》的撰写,是与他的家庭背景有着密不可分的关系。司马氏世典周史,与历史编纂有密切关系。这种家学渊源对司马迁有一定的熏陶。当然,影响最大的还是他的父亲司马谈。

第一,司马迁之父司马谈在历史上曾经总结了先秦到汉初的学术发展概况,形成了《论六家要旨》。春秋末年孔子创立儒学,至战国形成百家争鸣的局面,到了汉初,总结各种学术流派,分析其对社会政治主张,对当时的统治提供重要借鉴,颇有利于学术发展。司马谈学问渊博,他"学天官于唐都,受《易》于杨何,习道论于黄子"[①]。司马谈曾根据道家的观点,写成了《论六家要旨》这篇富有学术和政治意义的论文。司马谈撰写《论六家要旨》的最终目的,是要集阴阳、儒、墨、名、法、道德六家而成一家,这也是司马谈设想和司马迁撰写《史记》的思想基础和理论指导。《隋书·经籍志二》云:"至汉武帝时,始置太史公,命司马谈为之……谈乃据《左氏》、《国语》、《世本》、《战国策》、《楚汉春秋》,接其后事,成一家之言。"说明司马谈对《史记》编纂具有重要作用。

第二,《史记》的撰写工作由司马谈最初设想提出,由司马迁最终完成。司马迁在《太史公自序》中曾满怀情感地记叙了父亲的临终遗言:"太史公执迁手而泣曰:'余先周室之太史也。自上世尝显功名于虞夏,典天官事。后世中衰,绝于予乎?汝复为太史,则续吾祖矣。今天子接千岁之统,封泰山,而余不得从行,是命也夫,命也夫!余死,汝必为太史;为太史,无忘吾所欲论著矣。且夫孝始于事亲,中于事君,终于立身。扬名于后世,以显父母,此孝之大者。夫天下称诵周公,言其能

---

① 司马迁:《史记·太史公自序》,中华书局1982年版,第3288页。

论歌文武之德,宣周邵之风,达太王王季之思虑,爰及公刘,以尊后稷也。幽厉之后,王道缺,礼乐衰,孔子修旧起废,论《诗》《书》,作《春秋》,则学者至今则之。自获麟以来四百有余岁,而诸侯相兼,史记放绝。今汉兴,海内一统,明主贤君忠臣死义之士,余为太史而弗论载,废天下之史文,余甚惧焉,汝其念哉!'迁俯首流涕曰:'小子不敏,请悉论先人所次旧闻,弗敢阙。'"司马谈去世前夕"所欲论著"的临终嘱托,可以看做是司马迁写《史记》继承其父遗愿的最好证明,从中我们也能看出司马谈作史的伟大理想:"一曰效周公,'歌文武之德';二曰继《春秋》,'修旧起废',为后王立法,为人伦立准则;三曰颂汉兴一统,论载'明主贤君忠臣死义之士'。合此三端,即构成了以人物为中心,以帝王将相为主体的纪传史,颂汉家一统之威德。"①刘知几《史通·古今正史》亦云:"孝武之世,太史公司马谈,欲错综古今,勒成一史,其意未就而卒,子迁乃述父遗志。"宋人郑樵《通志·总序》说:"司马谈有其书而司马迁能成其父志。"都肯定了《史记》是司马父子两代人的心血。并且根据一些学者的考察,《史记》中许多篇章是司马谈所撰写。顾颉刚先生就认为《史记·刺客列传》中的《荆轲传》、《郦生陆贾列传》中的《朱建传》、《樊郦滕灌列传》中的《樊哙传》,"此三传成于谈手无疑"②。

第三,司马谈对司马迁的熏陶培养,是子承父业撰写《史记》的重要基础。司马谈对司马迁的熏陶培养,一是表现在司马迁二十岁的壮游,此次壮游是在司马谈的决定和指导下进行的。因为司马迁在漫游祖国大好河山、开阔眼界的同时,还有一个重要的任务,就是要"网罗天下放失旧闻",了解和搜求历史故事和文物资料。二是表现在父子两人以修史为己任的相同理想。司马谈在有了撰写《史记》愿望并有积累的前提下,自己事业未竟而生命已结束。多亏有司马迁这样一个薪火相传的好儿子,使他有了进一步完成自己工作的继承人。

四 游历全国——《史记》成书的生活体验背景

苏辙云:"太史公行天下,周览四海名山大川,与燕赵间豪俊交游,故其文疏荡,颇有奇气。岂尝执笔学为如此之文哉?其气充乎其中而溢乎其貌,动乎其言,见乎其文,而不自知也。"③说明了司马迁游览的社会实践对他文章风格形成的影响。

---

① 安平秋等主编《史记教程》,华文出版社2002年版,第48页。
② 顾颉刚:《司马谈作史》,见《史林杂识初编》,中华书局2005年版,第226页。
③ 《苏辙集》,中华书局1990年版,第381页。

第一章 《史记》成书的时代背景

在司马迁一生中曾有三次游历的经历。其一是二十岁的壮游,其二是奉使巴、蜀以南之游,其三是扈从汉武帝之游。二十岁的壮游是司马迁一生中的一件大事。关于这次壮游,司马迁在《太史公自序》中记载道:"二十而南游江、淮,上会稽,探禹穴,窥九疑,浮于沅、湘;北涉汶、泗,讲业齐、鲁之都,观孔子之遗风,乡射邹、峄;厄困鄱、薛、彭城,过梁、楚以归。"在这次壮游中,司马迁广泛考察了楚汉相争的战场和各地的物产、风土人情,还搜集了全国各地关于上古历史的传说及普通老百姓的口碑传颂。司马迁来到屈原流放的沅水、湘水,追寻屈原的足迹,并到屈原自沉的汨罗江上做了凭吊。后来他在《史记》中写了有名的《屈原列传》。在中国历史上,司马迁率先为其作传,为我们留下了关于屈原最早的史料。在《屈原列传》中,司马迁还特意追叙了自己当年访古的心情:"适长沙,观屈原所自沉渊,未尝不垂涕,想见其为人。"他上会稽,探禹穴,访九疑,收集了关于帝舜、夏禹的传说。"余尝西至空桐,北过涿鹿,东渐于海,南浮江淮矣,至长老皆各往往称黄帝、尧、舜之处。"①访察了春秋时期越王勾践的遗址。他北上渡江,过淮阴,访问了汉将韩信的故乡,搜寻了韩信早年在家乡的轶事。"吾如淮阴,淮阴人为余言,韩信虽为布衣时,其志与众异。其母死,贫无以葬,然乃行营高敞地,令其旁可置万家。余视其母冢,良然。"②他又至曲阜,观看了孔子留下的遗风。"余读孔氏书,想见其为人。适鲁,观仲尼庙堂车服礼器,诸生以时习礼其家,余祗回留之不能去云。"③途经薛城,访寻了孟尝君的封地。"吾尝过薛,其俗闾里率多暴桀子弟,与邹、鲁殊。问其故,曰:'孟尝君招致天下任侠、奸人入薛中盖六万余家矣。'"④薛地人们的讲述,对于司马迁研究薛地的历史及当地风土人情的渊源,有一定的史料价值。过徐州,他考察了楚汉相争的古战场。"吾适丰、沛,问其遗老,观故萧、曹、樊哙、滕公之家,及其素,异哉所闻!"⑤归途路经魏都大梁,观看了信陵君的遗迹。"吾适故大梁之墟,墟中人曰:'秦之破梁,引河沟而灌大梁,三月城坏,王请降,遂灭魏。'"这次壮游的收获,为他后来写作《五帝本纪》、《屈原贾生列传》、《淮阴侯列传》、《孔子世家》、《孟尝君列传》、《樊郦滕灌列传》、《越王句践世家》等提供了丰富的资料。

司马迁回到长安不久,入仕做了郎中,于是便有了第二次的游历——奉使巴、

---

① 司马迁:《史记·五帝本纪》,中华书局1982年版,第46页。
② 司马迁:《史记·淮阴侯列传》,中华书局1982年版,第2630页。
③ 司马迁:《史记·孔子世家》,中华书局1982年版,第1947页。
④ 司马迁:《史记·孟尝君列传》,中华书局1982年版,第2363页。
⑤ 司马迁:《史记·樊郦滕灌列传》,中华书局1982年版,第2673页。

蜀以南之游。《太史公自序》云："于是迁仕为郎中。奉使西征巴、蜀以南，南略邛、笮、昆明，还报命。"司马迁奉汉武帝之命，去巡视四川南部和云南边境一带，这一地区属于我国少数民族居住的地方。司马迁考察了这一带的地理形势和风土民俗，为他后来写作《西南夷列传》、《货殖列传》等提供了珍贵的资料。司马迁第三次游历是扈从汉武帝之游。

元封元年（前110年），司马迁三十六岁。这一年汉武帝从长安出发，东行到泰山举行了大规模的封禅典礼。司马迁作为皇帝的扈从，跟随武帝登泰山封禅，"出长城，北登单于台"，又东至碣石、辽西。在这次北游中，司马迁考察了我国北方、东部许多地方。《齐太公世家》云："吾适齐，自泰山属之琅邪，北被于海，膏壤二千里，其民阔达多匿知，其天性也。""吾适北边，自直道归，行观蒙恬所为秦筑长城亭障，堑山堙谷，通直道，固轻百姓力矣。"①这些经历，为他后来写作《秦始皇本纪》、《武帝本纪》、《齐太公世家》、《蒙恬列传》、《封禅书》等奠定了坚实的基础。

这三次游览的经历，使司马迁开阔了视野，扩展了胸怀，增长了见识和才干，他不仅收集了大量的历史故事和文物资料，同时也接触了下层社会，了解了人民的疾苦。这一切对他的政治见解的形成和丰富《史记》的内容具有重大的意义。对此，宋人马存评论道："子长平生喜游，方少年自负之时，足迹不肯一日休，非直为景物役也，将以尽天下大观，以助吾气，然后吐而为书。今于其书观之，则其平生所尝游者皆在焉。南浮长淮，溯大江，见狂澜惊波，阴风怒号，逆走而横击，故其文奔放而浩漫；望云梦洞庭之波，彭蠡之渚，涵混太虚，呼吸万壑而不见介量，故其文停蓄而渊深；见九嶷之芊绵，巫山之嵯峨，阳台朝云，苍梧暮烟，态度无定，靡蔓绰约，春装如浓，秋饰如薄，故其文妍媚蔚纤；泛沅渡湘，吊大夫之魂，悼妃子之恨，竹上犹有斑斑，而不知鱼腹之骨尚无恙者乎？故其文感愤而伤激；北过大梁之墟，观楚汉之战场，想见项羽之喑噁，高帝之谩骂。龙跳虎跃，千兵万马，大弓长戟，俱游而齐呼，故其文雄勇猛健，使人心悸而胆栗；世家龙门，念神禹之大功，西使巴蜀，跨剑阁之鸟道，上有摩云之崖，不见斧凿之痕，故其文斩绝峻拔而不可攀跻；讲业齐鲁之都，睹夫子之遗风，乡射邹峄，彷徨乎汶阳洙泗之上，故其文典重温雅，有似乎正人君子之容貌。"②说明司马迁游历天下的阅历对他性情的陶冶、文风的形成都产生了极大的影响。纵观中国古代历史学家，在行万里路、广泛交游、全方位采集史料等方面

---

① 司马迁：《史记·蒙恬列传》，中华书局1982年版，第2570页。
② 凌稚隆：《史记评林》卷首引，天津古籍出版社1998年版，第161页。

无人能与司马迁比肩。

五　李陵之祸——《史记》成书的个人遭遇背景

元封三年（前108年），三十八岁的司马迁继任太史令。他一边努力做好本职工作，一边充分利用朝廷收藏的图书和档案资料，从事写作《史记》的资料准备。太初元年（前104年），司马迁在参与制定太初历以后，便开始了《史记》的写作。天汉三年（前98年），飞来的李陵之祸，使司马迁惨遭腐刑。天汉二年（前99年），李陵出击匈奴，遭遇匈奴的大军，由于寡不敌众，李陵战败投降匈奴。消息传来，武帝为之食不甘味，听朝不怡。那些平日赞赏李陵的人们也纷纷落井下石。司马迁认为，李陵"其为人自奇士，事亲孝，与士信，临财廉，取予义，分别有让，恭俭下人，常思奋不顾身以殉国家之急。其素所畜积也，仆以为有国士之风……且李陵提步卒不满五千，深践戎马之地，足历王庭，垂饵虎口，横挑强胡，卬亿万之师，与单于连战十余日，所杀过当，虏救死扶伤不给。旃裘之君长咸震怖，乃悉征左右贤王，举引弓之民，一国共攻而围之。转斗千里，矢尽道穷，救兵不至，士卒死伤如积"。所以"仆窃不自料其卑贱，见主上惨凄怛悼，诚欲效其款款之愚。以为李陵素与士大夫绝甘分少，能得人之死力，虽古名将不过也。身虽陷败，彼观其意，且欲得其当而报汉。"①这正是出于对武帝的忠心和公心，出于对李陵的同情和偏爱。因为李陵是汉代名将李广的孙子，而李广又是司马迁笔下的理想人物和歌颂的对象，所以，司马迁爱屋及乌。当汉武帝问他对此事的看法时，司马迁"即以此指推言陵功，欲以广主上之意，塞睚眦之辞。未能尽明，明主不深晓，以为仆沮贰师，而为李陵游说，遂下于理。拳拳之忠，终不能自列，因为诬上，卒从吏议"。司马迁的一片忠心并未被汉武帝明了，反而被加上"沮贰师"、"诬上"的罪名，最后处以腐刑。我们认为，司马迁替李陵辩护，夸大他的战功，是有一定的局限性，我们不应该为之掩饰。韩兆琦认为，司马迁评说李陵的功过，即使有些不准确，汉武帝也不至于大发雷霆，处之以"极刑"。汉武帝这次对司马迁的动怒，实际上是一种新旧矛盾的总爆发。新的矛盾就是司马迁替李陵辩护时的"沮贰师"与"诬上"。"沮贰师"，就是诽谤、诋毁贰师将军李广利。李广利是这次讨伐匈奴的主力，他带领三万人从酒泉出发，北伐匈奴。李广利在这次作战中，俘杀敌人万余，自己却损失两万士卒，付出的代价是

---

① 司马迁：《报任安书》，见《汉书·司马迁传》，中华书局1962年版，第2730页。

二比一。李陵仅带五千步兵,在这次作战中,牺牲士卒四千六百人,逃回汉朝的有四百余人。而汉武帝为什么袒护、维护李广利?因为他是汉武帝的宠妃李夫人的弟弟。而当时汉武帝之所以派他为统帅,完全是为了让李广利封侯,以博得李夫人的欢心。这就是"沮贰师"的缘由。既然李陵作战如此忠勇,他率领士卒孤军奋战得如此艰苦卓绝,那么李陵兵败的责任应该由谁负责呢?问题自然就转到朝廷方面了,转到了汉武帝的身上,这就是"诬上"。所以,"沮贰师"与"诬上",是一个问题的两个方面,它涉及了汉代政治的一个局部①。汉武帝对司马迁的动怒,也许还有更早的原因,这就是司马迁写《史记》。司马迁写作《史记》,是以"实录"为原则,本着"不虚美,不隐恶"的态度,真实记载历史事件和历史人物的事迹。他敢于突破前人唯帝王将相独尊的观念,超越了当朝统治者的皇权意志,以自己独特的标准来衡量人物。对此,汉、魏时期的人们早有论断。据《西京杂记》记载:"司马迁作《景帝本纪》,极言其短及武帝之过,帝怒,削而去之,后坐李陵降匈奴,下迁蚕室。"裴骃《集解》引东汉卫宏《汉书旧仪注》中说:"司马迁记事,不虚美、不隐恶,刘向、扬雄服其善叙事,有良史之才,谓之'实录'。汉武帝闻其述《史记》,取孝景及己本纪览之,于是大怒,削而投之,于今此两纪有录无书。后遭李陵事,遂下迁蚕室。"从中我们可以看出,李陵事件是汉武帝动怒的一个导火线,而司马迁写《史记》可能才是汉武帝动怒的真正原因。关于司马迁惨遭腐刑,清代赵铭《琴鹤山房遗稿》卷五说道:"夫迁以救李陵获罪,迁但欲护陵耳,非有沮贰师意也。帝怒其欲沮贰师而为陵游说,则迁罪更不容诛。以武帝用法之严,而吏傅帝意以置迁于法,迁之死尚得免乎?⋯⋯迁惜《史记》未成,请减死一等就刑,以继父谈所为史;帝亦惜其才而不忍致诛,然则迁之下蚕室,出于自请无疑也。"李陵之祸是司马迁人生的重要转折点,他的身心不仅遭到了沉重的打击,而且他的思想和性格也得到了升华。诚如李长之所说:"自从李陵案以后,司马迁特别晓得了人世的艰辛,特别有寒心的地方,也特别有刺心的地方,使他对于人生可以认识得更深一层,使他的精神可以更娟洁、更峻峭、更浓烈、更郁勃,而更缠绵了。"②

六 成就功名——《史记》成书的个人情绪调整背景

在古代中国,对一个知识分子来说,最大的侮辱莫过于腐刑。司马迁因李陵之

---

① 韩兆琦:《史记讲座》,广西师范大学出版社2008年版,第20页。
② 李长之:《司马迁之人格与风格》,生活·读书·新知三联书店1984年版,第122页。

第一章 《史记》成书的时代背景

祸,惨遭腐刑,这对富于进取、热衷于建立功业的司马迁来说,无疑是最悲惨的命运。他想以死来洗刷自己的耻辱,但又认为自己还未完成《史记》的写作,"假令仆伏法受诛,若九牛亡一毛,与蝼蚁何异?而世又不与能死节者比,特以为智穷罪极,不能自免,卒就死耳。何也?素所自树立使然也。人固有一死,死有重于泰山,或轻于鸿毛"①。为了雪耻,为了向社会证明自己的价值,他认为,"修身者智之府也,爱施者仁之端也,取予者义之符也,耻辱者勇之决也,立名者行之极也。士有此五者,然后可以托于世,而列于君子之林矣。"他在《与挚峻书》中又说:"迁闻君子所贵乎道者三。太上立德,其次立功,其次立名。"司马迁遭遇腐刑后,立德、立功的理想已经破灭,他就把立名作为自己的崇高目标,以"立言"的形式来实现自己的目标,并且要"藏之名山,传之其人,通邑大都",才能"偿前辱之责"。司马迁选择坚强地活下来,这是一种悲壮之举,是对自己神圣人格的捍卫,是对立名理想的不懈追求。司马迁在常人难以承受的个人遭际中忍辱负重,以顽强的毅力完成了《史记》的写作。"所以隐忍苟活,函粪土之中而不辞者,恨私心有所不尽,鄙没世而文采不表于后也。"成就功名的理想,是支撑司马迁完成《史记》写作的内在原动力。

《史记》是中国文学的典范之作,它是中国叙事文学的里程碑。文学作为人类独有的语言符号,是人类精神生存的特殊家园,对于调节情感、意志和理性之间的冲突和张力,消除内心生活的障碍,维持身与心、个人与社会之间的健康均衡关系,培养和滋养健康完善的人性,均具有不可替代的作用。身受腐刑给司马迁造成的精神折磨远远超过了肉体的痛苦。"仆以口语遇遭此祸,重为乡党戮笑,污辱先人,亦何面目复上父母之丘墓乎?虽累百世,垢弥甚耳!是以肠一日而九回,居则忽忽若有所亡,出则不知所如往。每念斯耻,汗未尝不发背沾衣也。"悲惨的遭遇,生理的残损和周围环境的鄙视使司马迁忍受着肉体和精神的双重痛苦。痛苦咀嚼着他的灵魂,悲愤折磨着他的精神,此时犹如骨鲠在喉,不吐不快。于是,他挥动手中如椽之笔,以自己的生命来撰写《史记》。司马迁终于从"悲"的心境中解脱出来,从而超越了现实的苦难。正如黄新亚所言:"司马迁就是这样放弃了死而选择了生,肉体上的摧残就是这样促进了思想上的升华,这位天才思想家就是这样用自己的生命的热力温暖了自己业已冷却的心。"②不仅如此,司马迁在《报任安书》和《太史公自序》中,结合自己的创作实践,从历史发展的规律上,论述了古代圣贤著书的本

---

① 司马迁:《报任安书》,见《汉书·司马迁传》,中华书局1962年版,第2732页。
② 黄新亚:《司马迁评传》,光明日报出版社1991年版,第99页。

质,明确地提出"发愤著书"理论。司马迁在《报任安书》中云:"盖西伯拘,而演《周易》;仲尼厄,而作《春秋》;屈原放逐,乃赋《离骚》;左丘失明,厥有《国语》;孙子膑脚,《兵法》修列;不韦迁蜀,世传《吕览》;韩非囚秦,《说难》、《孤愤》;《诗》三百篇大抵圣贤发愤之所为作也。此人皆意有所郁结,不得通其道也,故述往事,思来者。"完成父命,个人雪耻,成就功名的精神力量鼓舞着他,前贤坚韧不拔、忍辱负重的榜样激励着他写作《史记》。

司马迁的"发愤著书"理论,继承屈原"发愤以抒情"的传统,具有丰富的思想内涵。发愤著书是司马迁创作《史记》的原动力,也是先秦以来作家进行创作的力量源泉,更是古代贤圣著书的本质特点。它实质上阐明了文艺与政治、文艺与生活的关系,以及个人身世遭遇对文学创作的巨大影响。司马迁"发愤著书"的"愤",既包含了个人怨愤的情绪,也蕴含着愤世嫉俗的情感,显示了自己穷且益坚、决不消沉的昂扬意志,表现出坚韧的毅力和积极的批判精神,对后代的文学理论思想产生了重要影响,刘勰的"蓄愤"说、钟嵘的"怨愤"说、韩愈的"不平则鸣"、欧阳修的"诗穷而后工"等理论,与司马迁"发愤著书"理论一脉相承。

《史记》是司马迁的发愤之作,就不同于一般的资料汇编,而是他以生命的体验来实现自己"立言"的崇高目标。由于人生体验的融入,使《史记》有了更深沉的思想情感,有了超越一般史书的内在情韵。与其说司马迁是发愤著书,不如说他与屈原一样,也是发愤以抒情,他是史家笔墨抒骚情,借历史人物之酒杯来浇自己胸中之块垒。对此,清人袁文典《永昌府文征》卷一二《读史记》评价道:"余读《太史公自序》而知《史记》一书,实发愤之所为作。其传李广而缀以李蔡之得封,则悲其数奇不遇,即太史公之自序也。匪惟其传伍子胥、郦生、陆贾亦其自序,即进而屈原、贾生信而见疑,忠而被谤,痛哭流涕而长叹息,亦其自序也。更进而伯夷积仁洁行而饿死,进而颜子好学而早夭,皆其自序也。更推之而传乐毅、田单、廉颇、李牧,而淮阴、彭越,而季布、栾布、黥布,而樊、灌诸人,再推之而如项王之力拔山兮气盖世,乃时不利而骓不逝,与夫豫让、荆轲诸刺客之切肤齿心为知己者死,皆太史公之自序也。所谓借他人之酒杯,浇胸中之块垒,诚不禁其击碎唾壶拔剑斫地慷慨而悲歌也。"肯定了司马迁发愤著书的功绩。所以,《史记》冲破了儒家"中和"思想,充满阳刚之美。在中国文学史上,儒家的"中和"之美一直占据主导地位,它既要求艺术的内容与形式的和谐,又要求作者与观赏者之间情感的畅通与矛盾的调和,要"怨而不怒"、"温柔敦厚"。在《史记》中,司马迁通过赞美英雄人物,描写豪壮雄伟的气氛、色彩,使《史记》具有震撼人心的艺术感染力,从而冲破了"中和"思想,表

第一章 《史记》成书的时代背景

现出大气磅礴的气势,具有雄健的艺术风格,充满阳刚之美。《项羽本纪》、《廉颇蔺相如列传》、《田单列传》、《游侠列传》、《季布栾布列传》、《李将军列传》、《淮阴侯列传》等文章,如长江大河,浑浩流转,具有一种宏伟奔放、雄健刚劲的独特风格。特别是那些颇具悲剧色彩的英雄人物,如项羽、周亚夫、李广、韩信、荆轲、聂政等,在他们身上体现出人与社会的顽强抗争,表现出一种崇高之美,富有阳刚之气。我们为之震撼,顿生钦佩之情;我们为之动容,倍感痛快淋漓;我们因之激发,理想、奋斗更加坚定。

唐代史学家刘知几指出:"史有三长:才、学、识,世罕兼之,故史者少。"司马迁的伟大之处,表现在他有卓越的史识与高尚的史德。他并未因受腐刑而任意记载历史,而是忠实历史真实,秉笔直书,善恶必录,写出了一部被后人称为"实录"的历史著作。同时,身受腐刑又使他对社会问题有了更清醒的认识,尤其是对当代历史有了更深刻的评价,促使他把自己某些独到的历史见解、政治理想发表出来,引起世人的注目,使汉代统治者有所借鉴。

思考与探究

1. 《史记》成书的政治背景如何?
2. 结合《太史公自序》,分析司马迁的家世背景对其创作《史记》的影响。
3. 阅读《报任安书》中"盖西伯拘,而演《周易》;仲尼厄,而作《春秋》;屈原放逐,乃赋《离骚》;左丘失明,厥有《国语》;孙子膑脚,《兵法》修列;不韦迁蜀,世传《吕览》;韩非囚秦,《说难》、《孤愤》;《诗》三百篇,大抵圣贤发愤之所为作也。此人皆意有所郁结,不得通其道也,故述往事,思来者",谈谈"发愤著书"理论的当代美学意义。

第二章 《史记》的体制及宗旨

《史记》是一部体大思精的历史著作,通过它的体制,我们可以看出司马迁在历史编纂方面的贡献;通过它的编纂宗旨,可以看出司马迁思想的深刻之处。

一 以"五体"为主的体制

一部著作的体制,是对其结构、体系、方法、形式的总称;历史著作的体制就是历史著作在记录历史事实、表述历史思想时在结构、体系、方法、形式等方面的特点,是作者在该著作中展现历史内容、表述历史思想的载体,与作者的主观(世界观、人生观、历史观等思想情感等)、客观(诸如时代、材料来源等)条件直接关联。《史记》的体制就是司马迁在展现中华民族从黄帝到汉武帝时代3000年间的历史事实、表述其历史思想时所形成的结构和体系、所使用的方法、所采用的形式的总特点,是司马迁在新时代的新创造。司马迁之前中国史书的体制有以《尚书》为代表的历史材料汇编,以《春秋》为代表的编年体,以《国语》、《战国策》为代表的国别体等。时代要求司马迁站在中华民族历史的制高点,写一部中华民族的通史,要"究天人之际,通古今之变,成一家之言"。因此,在司马迁看来,以往的述史体制,皆不足以完成这一历史使命。司马迁顺应新的时代要求,响应历史的呼唤,创造了一种全新的述史体制。司马迁说《史记》体制是学习孔子修《春秋》的方法:"我欲载之空言,不如见之于行事之深切著明也",事实上,《春秋》是断代史,因此,《史记》的体制确实是全新的创造。后世将司马迁在《史记》首创的体制概括为纪传体,自班固而下,历代仿效,成为中国正史通用的主流形式。《史记》体制的具体内容包括:五体、论赞、互见法。

(一) 五体

《史记》有本纪、表、书、世家、列传五种体例,现分别予以说明。

1. 本纪

关于本纪,历代学者多有解释,各有不同,一般多引用张守节《五帝本纪·正

第二章 《史记》的体制及宗旨

义》和刘知几《史通·本纪》之说①。其实,司马迁自己已经说清楚了,《太史公自序》写道:"罔罗天下放失旧闻,王迹所兴,原始察终,见盛观衰,论考之行事,略推三代,录秦汉,上记轩辕,下至于兹,著十二本纪,既科条之矣。"据此,本纪之义如下:

第一,本纪承载着《史记》的核心思想:"王迹所兴,原始察终,见盛观衰";

第二,本纪的内容是有关天下、帝王之事的记录,天下大事,无不包括;

第三,本纪的功能是"上记轩辕,下至于兹"的"科条"(纲目),即中华民族三千年来兴衰的大事编年。

从叙事上说,本纪属于编年体,是司马迁对孔子《春秋》叙事方式的继承。今本十二本纪目次如下:

上古史	《五帝本纪第一》	黄帝、颛顼、帝喾、尧、舜五帝,传说时期历史
	《夏本纪第二》	夏禹—夏桀16或17帝,夏的历史
	《殷本纪第三》	商祖契—(13代至)商汤—商纣,30帝,商的历史
	《周本纪第四》	后稷(14代以上)至武王—周赧王,35王,周的历史
近古史	《秦本纪第五》	大费至襄公—庄襄王,30王,秦统一天下之前的历史
	《秦始皇本纪第六》	始皇即位至二世、子婴死之秦朝史
	《项羽本纪第七》	项羽起事—灭亡,秦末楚汉之际的历史
今世史	《高祖本纪第八》	高祖起事至灭项羽—高祖去世,汉初历史
	《吕太后本纪第九》	高祖死,吕后专权,诸吕兴亡,惠帝、高后时期历史
	《孝文本纪第十》	灭诸吕后,汉文帝时期历史
	《孝景本纪第十一》	汉景帝时期历史
	《孝武本纪第十二》(当为《今上本纪》)	汉武帝太初以前历史

本纪基本上按照时代顺序排列。司马迁对本纪传主的选择主要考虑到天下政令所出,如《秦本纪》、《项羽本纪》、《吕太后本纪》,就是考虑到政令所出,这既表现了司马迁的原则性、灵活性,也表现了司马迁的卓识。

本纪的特殊情况:今本十二本纪中的《孝武本纪》除开头几句外,全抄《封禅

---

① 《五帝本纪·正义》引裴松之《史目》云:"天子称本纪"。为什么天子称本纪?张守节解释说:"本者,系其本系,故曰本;纪者,理也,统理众事,系之年月,名之曰纪。"刘知几《史通·本纪》:"盖纪者,纲纪庶品,网罗万物,论篇目之大者,其莫过于此乎!""盖纪之为体者,犹《春秋》之经系日月以成岁时,书君上以显国统。"

书》。《太史公自序》将此纪叫做《今上本纪》，并有小序云："汉兴五世,隆在建元,外攘夷狄,内修法度,封禅,改正朔,易服色。作《今上本纪第十二》。"显然,旨在叙述汉武帝一生的事业,可与《史记》有关记载相印证。将今本《孝武本纪》内容《今上本纪》小序比较,传名有别,内容无涉。一般认为,今本《孝武本纪》非原作《今上本纪》。《今上本纪》有关内容被抽去,后补缺者将《封禅书》抄入并更名为《孝武本纪》。但也有不同意见,李长之认为："所以我疑心,焉知道司马迁不是故意地重钞一份《封禅书》,作为一个最大的讽刺的？……补书的法子尽多,哪有在同一书里找出一篇现存的东西来顶替的？"①此外,《孝景本纪第十一》是否司马迁作,争议颇大。有关详情,可参阅张新科《史记学概论》的有关章节。

2. 表

司马贞在《史记·三代世表·索隐》中说："案:《礼》有《表记》,而郑玄云：'表,明也',谓事微而不著,须表明也,故言表也。"《太史公自序》："并时异世,年差不明,作十表",这里的"不明"和"表"正好相反相成。年代不明、世次不明,是中国历史的遗留问题,也是司马迁必须解决的难题,所以作《十表》以明之。司马迁是我国历史上第一个具体划分历史阶段的历史家,以共和、孔子死、秦亡、陈涉起义、刘邦称帝为历史分期断限,充分表现了他横绝千古的识见。《十表》的主要任务就是配合本纪、世家,以时代变革划分历史段落,打破王朝、国别体系,将历史上不易明白的年代、世系纵横集中于一表格之内,使天下大事更为明晰,一目了然。十表的序、赞,都是十分精彩的史论。明末清初顾炎武《日知录》卷26"作史不立表志"条引朱鹤龄曰："盖表所由立,仿于周之谱牒,与纪、传相为出入,凡列侯将相、三公九卿,其功名表著者,既系之以传,此外大臣无积劳亦无显过,传之不可胜书,而姓名爵里、存没盛衰之迹要不容以遽泯,则于表乎载之；又其功罪事实传中有未悉备者,亦于表乎载之。年经月纬,一览瞭如。作史体裁,莫大于是。"②结合《史记》十表的具体内容,对表做了很准确的概括。十表的意义可表述如下：

第一,统一历史的年代,使同一时代不同的诸侯国世次、年代统一于一表之中,使历史的年代明了；

第二,表有世表、年表、月表,既灵活,又准确；

第三,使史实一目了然,显扬隐微之事；

第四,"与纪、传相出入",补充本纪、书、世家、列传之不足,概括全书内容使之

---

① 李长之:《司马迁之人格与风格》,生活·读书·新知三联书店1984年版,第131页。
② 顾炎武:《日知录》,上海古籍出版社2006年版,第1446页。

第二章 《史记》的体制及宗旨

成为一个整体。

今本十表目次划分如下:

十表目次	上古	《三代世表第一》:黄帝—周厉王死
		《十二诸侯年表第二》:共和行政元年(前841年)—周敬王崩(前477年)
	近古	《六国年表第三》:周元王元年(前476年)—秦二世三年,子婴为王(前207年)
		《秦楚之际月表第四》:秦二世元年七月(前209年)—汉五年后九月(前202年)
	今世	《汉兴以来诸侯王年表第五》:高祖元年(前206年)—武帝太初四年(前101年)所封诸侯国世系,高后、文、景、武帝所封亦列其中
		《高祖功臣侯者年表第六》:跟高祖打天下的功臣有134人封侯,表记其百年之间兴衰
		《惠景间侯者年表第七》:表列惠帝、高后、文帝、景帝四朝所封诸侯93人
		《建元以来侯者年表第八》:表列武帝时所封功臣73人
		《建元以来王子侯者年表第九》:表列武帝所封王子侯126人
		《汉兴以来将相名臣年表第十》:表列汉兴以来名臣将相

表的来源,如上朱鹤龄所述,"仿于周之谱牒",是司马迁受周人谱牒的启发而发明创造的一种记录历史年代的方式,"作史体裁,莫大于是",对于了解历史上的兴衰成败十分方便,是司马迁对中国史学的大贡献。

表的特殊情况,如《汉兴以来将相名臣年表》,此表有三个问题:作者问题、缺序的问题、倒书问题。作者问题一般认为征和三年(前90年)前是司马迁作;有序无序,众说纷纭;倒书原因、意义现无定论①。

3. 书

《太史公自序》:"礼乐损益,律历改易,兵权山川鬼神,天人之际,承敝通变,作八书。""礼乐损益"指《礼书》、《乐书》,"律历改易"指司马迁原作《律历书》②,"兵

---

① 详见张新科《史记学概论》,商务印书馆2003年版,第182-185页。

② 《太史公自序》:"非兵不强,非德不昌,黄帝、汤、武以兴,桀、纣、二世以崩,可不慎欤?《司马法》所从来尚矣,太公、孙、吴、王子能绍而明之,切近世,极人变。作《律书》第三。"依此,则《律书》讲的是兵学,《律书》当是《兵书》。但今本《律书》只"兵者圣人所以讨强暴——孔子所称有德君子者邪"与小序相合,其余与兵无涉而言律。从而有《律书》的真伪与《兵书》的关系问题的争论。一般认为,《兵书》亡而以原《律历书》中律的内容补之,而将原《律历书》分为《律书》《历书》。为什么这样呢?因为《太史公自序》:"律历改易"律、历并举,《历书》小序"律居阴而治阳,历居阳而治阴,律历更相治,间不容翲忽。五家之文怫异,维太初之元论。作《历书》第四",亦律、历并举。"律历改易""律历更相治"说明八书中有《律历书》,详情参阅张新科《史记学概论》。

权山川鬼神"分别指《兵书》(一般认为《史记》原有《兵书》)、《河渠书》、《封禅书》,"天人之际"指《天官书》,"承敝通变"指《平准书》,共八书。礼、乐、律历、军事、河渠、经济制度、封禅、天官(天人关系)等都是直接和国体相关的上层建筑和国计民生问题,历朝历代都十分重视。记载这些制度从古到今是如何变化的,就是八书的内容。司马迁为什么要将这些制度名之为书呢?古人讲"著于竹帛谓之书"①,"著于竹帛"是件大事,谓之书,有重视之意;我国现存最早记录夏、商、周各种公文档案的书是《尚书》,所以,荀子《劝学》说"书者,政事之记也","书,所以记政事也",司马迁正是从记录政事的角度将历朝历代典章制度著于竹帛,供后世观览其"损益"、"通变",以为借鉴。司马贞《史记·礼书·索隐》:"书者,五经六籍总名也。此八书,记国家大体。"八书的内容涉及众多领域,非常重要,十分深奥,此即"五经六籍总名"之意。司马贞此论甚确,符合八书实际:司马迁学习《尚书》体例,创造了《史记》的八书,《史记》八书,目的是"记国家大体"。综上所述,书的意义可概括如下:

第一,名之为书,表现了司马迁对历朝历代典章制度的重视之意;

第二,书之内容是记历朝历代"损益"、"承敝通变"的"国之大体"。

今本八书目次如下:

上层建筑	《礼书第一》、《乐书第二》:礼乐制度自古就是中国社会制度的核心。二书回顾历史上礼、乐制度的变化,表现了司马迁对汉代改制、建立大一统王朝政治秩序的极大关注和对理想社会制度的向往
	《律书第三》(当为《兵书第三》):阐述战争的作用、战略战术的重要性,盛赞文治,批判当世穷兵黩武
	《历书第四》:记载了古代中国历法的源流变化、重要作用,表现了司马迁尊重科学的态度。中国最早研究古代历法史、阐述天文学重要意义的专著
	《天官书第五》:建立了完整的星座体系,探讨了五大行星等的运动状态、表象,总结了汉代以前的星占学,表达了自己对天、人的看法
	《封禅书第六》:勾勒了从上古到汉武时期祭祀天地山川鬼神活动的源流变化,讽刺汉武帝的愚妄、揭穿了李少君等骗子的真实嘴脸

---

① 如贾谊《新书·道德篇》、许慎《说文解字序》等。

第二章 《史记》的体制及宗旨

续表

经济基础	《河渠书第七》：记载了从上古到当代水利发展的情况，明确了水利水害对国计民生的重要性。歌颂了中国人征服自然的精神，也展现了征服自然的艰难
	《平准书第八》：分析研究夏、商、周、秦、汉以来经济发展态势，强调经济是社会安危的基础。重点在汉兴七十年以来的经济发展状况，尤集中于对汉武帝经济政策得失的分析

《礼书》、《乐书》、《历书》、《律书》的有关疑案，请参阅张新科《史记学概论》。

4. 世家

《太史公自序》："二十八宿环北辰，三十辐共一毂，运行无穷，辅拂股肱之臣配焉，忠信行道，以奉主上，作三十世家。"这里比喻诸侯对于王室世世代代的拱卫和拥戴。分封制是周、汉巩固政权的政治制度，诸侯对于王室世世代代的拱卫和拥戴是封邦建国的理想。司马贞《吴太伯世家·索隐》曰："系家者，记诸侯本系也，其言非官之也，得以代为家也。""世家"就是有爵位俸禄世世代代相传的那些家族，其首封者都是王室的左膀右臂。"世家"就是将这些世代相传的家族之史叙述出来，以见其忠孝得失。世家也是编年史，刘知几《史通·世家》："司马迁之记诸国也，其编次之体与本纪不殊，盖欲抑彼诸侯，异乎天子，故假以他称，名为世家。"可见世家和本纪的区别就是政治级别的不同。联系上述和《史记》的实际，世家的意义如下：

第一，世家和本纪同体，区别只是政治地位的高低；

第二，世家是诸侯国的历史，主要是传代世家。

三十世家大致分四类：第一类是西周建国以来所封诸侯，包括西周后期所封（如郑国）；第二类是篡夺周天子所封国如田齐、赵、韩、魏；第三类是孔子、陈涉、外戚；第四类是西汉建国以来所封同姓和异姓王。

今本世家目次如下：

周封	《吴太伯世家第一》、《齐太公世家第二》、《鲁周公世家第三》、《燕召公世家第四》、《管蔡世家第五》（附《曹世家》）、《陈杞世家第六》、《卫康叔世家第七》、《宋微子世家第八》、《晋世家第九》、《楚世家第十》、《越王勾践世家第十一》、《郑世家第十二》，共12世家
自封	《赵世家第十三》、《魏世家第十四》、《韩世家第十五》、《田敬仲完世家第十六》，篡夺周天子所封国，周天子不得已承认之，共4世家
例外	《孔子世家第十七》、《陈涉世家第十八》、《外戚世家第十九》

续表

汉封	异姓	《萧相国世家第二十三》、《曹相国世家第二十四》、《留侯世家第二十五》、《陈丞相世家第二十六》、《绛侯世家第二十七》，众多异姓王,有世家四位
	同姓	《楚元王世家第二十》、《荆燕世家第二十一》、《齐悼惠王世家第二十二》、《梁孝王世家第二十八》、《五宗世家第二十九》、《三王世家第三十》，众多同姓王,有世家六家

三个例外,《孔子世家》、《陈涉世家》、《外戚世家》皆非诸侯,而列于世家,自有其因:司马迁认为,外戚之助,历代皆然,于国不失为"股肱辅弼";孔子为天下制仪法,为万世师表,自然不失为"股肱辅弼";陈涉在汉代的地位高,有反秦首功,司马迁将他和商汤、周武王、孔子并列,自然也不失为"股肱辅弼"。此外,《三王世家》的作者问题存在争议,请参阅张新科《史记学概论》的有关章节。

5. 列传

《太史公自序》:"扶义俶傥,不令己失时,立功名于天下,作七十列传。""列"就是序列、排列;从现存汉代典籍有关"传"的解释,解释古书、经书曰传,有时称古籍为传,而没有像司马迁那样,将一人之事记录下来称为传。赵翼《廿二史札记》卷一:"其专记一人为一传者,则自迁始。"为什么司马迁借用这个传字呢?司马贞《伯夷列传·索隐》:"列者,谓序列人臣事迹,令可传于世,故曰列传。"把传解释为流传,也是有道理的,《太史公自序》:"今汉兴,海内一统,明主贤君忠臣死义之士,余为太史而弗论载,废天下之史文,余甚惧焉,汝其念哉!"不仅列传有令"明主贤君忠臣死义之士"的事迹永远传下去,实际上本纪、世家也有传之永远的意思。不过,传,最重要的意思是"解释",《史记》中记事最详细的就是列传,列传在许多方面展现了本纪、表、书、世家没有的细节性内容,可以说,列传在一定意义上就是对本纪、表、书、世家的解释。将历代"扶义俶傥,不令己失时,立功名于天下"之士拱卫王室、效忠其主的事迹序列、详述,以示历史之具体进程,是为列传。列传一词是司马迁全新的创造。列传这种形式,是司马迁在前人基础上的创造,也有编年,但主要是人物传记,是典型的纪传体。列传有单传、合传(两个以上人物)、类传(按行业、品节性行以类相从)三类。据此,列传的意义如下:

第一,列传记事细致,有解释本纪、表、书、世家的意义;

第二,列传有令历史人物的事迹永远流传、让后人记取、借鉴的意义;

第三,五体中,列传篇幅最大,详细记录了各个阶层的对历史有贡献的人物。

第二章 《史记》的体制及宗旨

今本列传目次如下：

三代	《伯夷列传第一》
春秋	《管晏列传第二》、《老子韩非列传第三》、《司马穰苴列传第三》、《孙子吴起列传第四》、《伍子胥列传第五》、《仲尼弟子列传第六》，共6传，其中四传为合传。其中老子、庄子、韩非、孙武、孙膑、吴起，时代不同，学有继承，故合传
战国	《商君列传第八》(秦,法家)、《苏秦列传第九》、《张仪列传第十》(纵横家)、《樗里子甘茂列传第十一》、《穰侯列传第十二》、《白起王翦列传第十三》(秦政治、军事人物)、《孟子荀卿列传第十四》(战国学术)、《孟尝君列传第十五》、《平原君虞卿列传第十六》、《魏公子列传第十七》、《春申君列传第十八》(四公子)、《范雎蔡泽列传第十九》(秦国人物)、《乐毅列传第二十》(燕国人物)、《廉颇蔺相如列传第二十一》(赵国人物)、《田单列传第二十二》(齐国人物)、《鲁仲连邹阳列传第二十三》(战国、汉代时期的倜傥之士)、《屈原贾生列传第二十四》(楚国忠臣)、《刺客列传第二十六》(先秦复仇者)，18传
秦	《吕不韦列传第二十五》、《李斯列传第二十七》、《蒙恬列传第二十八》，始皇时主要政治、军事人物，共3传
楚汉之际	《张耳陈余列传第二十九》、《魏豹彭越列传第三十》、《黥布列传第三十一》、《淮阴侯列传第三十二》、《韩信卢绾列传第三十三》、《田儋列传第三十四》，共6传
汉 高祖	《樊郦滕灌列传第三十五》、《张丞相列传第三十六》、《郦生陆贾列传第三十七》、《傅靳蒯成列传第三十八》、《刘敬叔孙通列传第三十九》、《季布栾布列传第四十》，辅汉功臣义士6传
汉 文景	《袁盎晁错列传第四十一》、《张释之冯唐列传第四十二》、《万石张叔列传第四十三》、《田叔列传第四十四》、《扁鹊仓公列传第四十五》，文、景时大臣5传
汉 景武	《吴王濞列传第四十六》、《魏其武安侯列传第四十七》、《韩长孺列传第四十八》(统治者内部斗争传3)、《李将军列传第四十九》、《匈奴列传第五十》、《卫将军骠骑列传第五十一》(伐匈奴传3)、《平津侯主父列传第五十二》、《南越列传第五十三》、《东越列传第五十四》、《朝鲜列传第五十五》、《西南夷列传第五十六》、《司马相如列传第五十七》、《淮南衡山列传第五十八》、《汲郑列传第六十》、《大宛列传第六十三》(武帝时名臣传记9,开拓疆土)，景、武帝时15传

21

续表

各种专题类传	《循吏列传第五十九》、《酷吏列传第六十二》（官吏）
	《儒林列传第六十一》（儒学史）
	《游侠列传第六十四》（主流社会之外的人）
	《佞幸列传第六十五》、《滑稽列传第六十六》（帝王身边的人）
	《日者列传第六十七》、《龟策列传第六十八》（占卜者）
	《货殖列传第六十九》（商人）
总序	《太史公自序第七十》（作书之意）

列传基本按时代、类别排列。

《日者列传》、《龟策列传》、《傅靳蒯成列传》是否为司马迁原作的问题，请参阅张新科《史记学概论》有关章节。

6. 五体篇数义例

对于五体各自的篇数义例，司马迁有的有明确的论述，有的没有明确的论述。作为在汉武时代特定文化背景下产生的一部期望很高、精心撰述的中国第一部大书，司马迁对《史记》篇数义例一定有自己的设定。后世学者也给予了一定的重视，如张守节《论史例》："作本纪十二，象岁十二月也。作表十，象天之刚柔十日，以记封建世代终始也。作书八，象一岁八节，以记天地日月山川礼乐也。作世家三十，象一月三十日，三十辐共一毂，以记世禄之家辅弼股肱之臣忠孝得失也。作列传七十，象一行七十二日，言七十者举全数也，余二日象闰余也，以记王侯将相英贤略立功名于天下，可序列也。合百三十篇，象一岁十二月及闰余也。而太史公作此五品，废一不可，以统理天下，劝奖箴诫，为后之楷模也。"张守节从天、地、人的角度，对本纪、表、书、世家、列传的篇数都做了哲学的解释，与"究天人之际，通古今之变，成一家之言"相应，是有道理的。对此，古今学者还有不少探讨①，读者可参阅有关论述。

7. 五体之间的关系

五体关系可以从不同角度看。基本上类似金字塔，最基础的是列传，世家次之，往上为书、表、本纪。本纪、表、书记历朝历代军政大事，象征历史发展的统绪。

---

① 见徐日辉：《史记八书与中国文化研究》，陕西人民教育出版社2000年版。

第二章 《史记》的体制及宗旨

本纪类似帝王;世家述开国承家的诸侯,类似地方政府;列传面向基层,叙述各个阶层历史人物的事迹,类似人臣。地方政府拱卫中央,人臣为主上尽忠效力,辅弼君上。如果说,本纪是北辰,世家是拱卫北辰的二十八宿,列传就是二十八宿以外的众星。五体立体式地展现历史。

(二)《史记》的论赞

《史记》本名《太史公书》,《史记》中常见的"太史公曰",是司马迁发表议论、补充有关内容的一种主要形式。自刘知几《史通》卷四《论赞篇》、《序列篇》论列"太史公曰"为序为赞,后遂成习,简称"史记论赞"。

《左传》、《国语》、《战国策》都有发表议论的方式,特别是《左传》,以"君子曰"(包括有德者之言)的形式发表议论、表明作者态度的,多达134条以上,但不成体例。"太史公曰"作为史家在历史著作中发表议论、补充有关内容的体例,是司马迁的创造。通检《史记》130篇中,有序23篇,有赞106篇,论传5篇,论赞序总共134篇,据统计,字数达30936字,占《史记》全书的6%①。内容博、精、深,成系统,笔势纵横,真气浩荡,显然是司马迁父子的精心创为,是《史记》的有机组成部分,是司马迁一家言的重要内容,是《史记》的体例。《史记》论赞的内容主要概括为如下几个方面:

第一,评价历史人物。《史记》正文叙列历史人物的事迹,很少议论,对历史人物的评价集中在论赞中。这在《史记》中比比皆是,此处从略。

第二,论《史记》取材。史学在一定意义上就是史料学。史料来源是所有有成就的史学家关注的第一个问题。司马迁非常重视史料,集中体现在《史记》论赞中。粗略统计,论赞直接提及取材的有57篇。具体内容有《史记》取材途径、取材原则等,如"不离古文""考信六艺"都出自论赞。

第三,论《史记》书法义例。具体内容丰富:如揭示篇旨,《五帝本纪赞》、《项羽本纪赞》、《三代世表赞》、《河渠书赞》、《陈涉世家赞》、《苏秦列传赞》等;如暗示褒贬,《张耳陈余列传赞》中的对比,《李广列传赞》与《卫青传赞》的对比,褒贬自见。

第四,表现司马迁对"究天人之际,通古今之变"的探讨。如《高祖本纪赞》、《秦楚之际月表序》中对天命的认可,《伯夷列传》对天命的否定;十表序集中表现了古今之变的大势等。

---

① 张大可:《史记论赞研究》,《史记研究集成》第四卷,华文出版社2005年版,第2页。

《史记》论赞的具体内容,可参考张大可《史记论赞研究》。

(三)《史记》的互见法

互见应该是任何一部成体系著作的共有特征。《史记》是我国历史上最早的体例最完整的历史著作之一,其五体本身在一定意义上说就是互见关系。如:"表"、"书"的具体内容往往在"本纪"、"世家"、"列传"中详;"本纪"不详的,有的在"世家"中详,有的在"列传"中详等。不过,这里说的互见法是专指《史记》中本传不载或略载的该传主事迹,详见于他传的创作手法。互见法在《史记》中用得很普遍,是司马迁首创的一种述史方法。最早注意并总结这种手法的是宋代的苏洵,近人李笠《史记订补》:"史臣叙事,有缺于本传而详于他传者,是曰互见。"互见法的两种情况:

第一,书明互见,司马迁在行文中直接指出某事见某篇,语在某篇中;

第二,未书明互见,《史记》中的互见法绝大多数没有明确交代,但读者可以互见。

司马迁用互见法的原因,概括起来大致有三:材料的原因,叙事上的原因,政治上的原因,诸书多有论述,此处从略。

二 《史记》宗旨

《史记》的宗旨为"究天人之际,通古今之变,成一家之言"。为什么司马迁将这三者作为《史记》的宗旨呢?为什么如此排列呢?

人类是从大自然中来的,人对于天,从心理上本来就有依赖感。中国是农业社会,农业与天的关系十分密切,在一定意义上说,中国人是靠天吃饭的,这种依赖感更强。因此,天人关系就成了中国人能否生存、生存环境如何的问题,是中国人要考虑的第一重要的问题。"夫天者,人之始也,父母者,人之本也,人穷则反本"[①],中国人将天与生我养我的父母并举,往往将最终的人事裁判权、决定权归于天。沟通天人之间的关系,求得天的护佑,成为原始宗教的最重要内容。后来,绝地天通,沟通天人,成了巫的专利。史出于巫,因此,"究天人之际",是一个中国人心中第一重要的问题,也是一个十分古老的命题。中华民族自古重史,古有瞽史(盲人的记忆力最强,善于记忆所需的历史知识),传说黄帝时就设置了史官。随着历史知

---

① 司马迁:《史记·屈原贾生列传》,中华书局1982年版,第2482页。

第二章 《史记》的体制及宗旨

识的积累,史官考察古今之变,实属自然,因此,"通古今之变",也是一个非常古老的命题。为什么重史呢?就是为了扬善贬恶,垂鉴今世,昭示未来,使中华民族在前进的道路上少走弯路,这关系到中华民族的发展。因此,"通古今之变"就成了中国学界探讨的第二大问题。古有"立德、立功、立言"三不朽之说,立德,指兴亡继绝之事,关系到一个部族的存亡;立功,关系到本族一时的功业成就;立言则为建立有指导性、启发性、教育性的言论,立言发展为"成一家之言",也是自然的事情。司马迁认为自己不能立德、立功,将立言即"成一家之言",作为自己人生追求的最终目标。对天人、古今的探讨,对万世不易法典的建立,实际上就是中国人意识中最深最大最根本的问题。但明确将三者并为一个大命题,则是在战国末年以后。

《史记》是一部产生于盛世的前所未有的总结中国文化和历史的大典。从司马迁有关的叙述可知,司马迁父子作《史记》受到两个方面的影响:一是圣人孔子的《春秋》,一是时代的呼唤。《太史公自序》对《春秋》作了无以复加的赞扬,认为"万物之聚散皆在《春秋》",为君为父、为臣为子不读《春秋》,就会陷于在中国人意识中最可怕的"君不君、父不父、子不子"万劫不复的绝境。因此,在新的时代里,他要继五百大运,作一部可以为万世典范的《春秋》那样的一部书。就时代的呼唤而言,"究天人之际,通古今之变,成一家之言"这样的著述之旨,并不是司马迁父子首先提出来的,是战国末年到汉武帝时代的思想家的共识。战国末年的荀子,其学集诸子百家大成,表现出诸子归一的历史大势。吕不韦、陆贾、贾谊、董仲舒等都有这样的著述理想。《史记·吕不韦列传》载,吕不韦有感于诸侯学士、学术著作布天下,不忍为其下,使其门客著《吕氏春秋》,"以为备天地万物古今之事",这里的"天地万物古今之事",就有"究天人之际,通古今之变,成一家之言"的意思,可以看出吕不韦的气魄和自信。吕不韦的这一举动,从根本上说,是应时代的召唤,与秦在政治上即将统一天下的历史大势是一致的。秦的灭亡,汉的兴起,更刺激了思想家、政治家对历史兴亡的思考,出现了陆贾、贾谊这样的思想家。《淮南子·要略》自评:"观天地之象,通古今之事","理万物,应变化,通殊类",能"与世推移",这与《史记》的宗旨很类似。"天人之际"一词,作为哲学用语,来自于司马迁的老师,也是探讨天人、古今的一代宗师董仲舒[①]。他们在学术上的气魄和自信其实是

[①]《汉书·董仲舒传》载《天人三策》:"臣谨案《春秋》之中,视前世已行之事,以观天人相与之际,甚可畏也。国家将有失道之败,而天乃先出灾害以谴告之,不知自省,又出怪异以警惧之,尚不知变,而伤败乃至。"

时代赋予的。所以司马迁在《报任安书》中说:"网罗天下放失旧闻,考之行事,稽其成败兴坏之理,亦欲究天人之际,通古今之变,成一家之言。""亦欲"二字,可以看出当时思想家共同的著述理想。可以说,战国末年、秦、汉初到汉武帝时代的一批在中国历史上占重要地位的思想家是应时代的呼唤出现的。司马迁与他们不一样的地方,在于借鉴孔子修《春秋》的成法,成功地创造、运用了"我欲载之空言,不如见之于行事之深切著明"的史学方法,最恰当、最出色地完成了时代赋予的使命。

综上所述,"究天人之际,通古今之变,成一家之言",既是司马迁学术追求的目的,也是他使用的方法,同时还是《史记》的宗旨。就方法而言,司马迁是通过"究天人之际,通古今之变"的方式"成一家之言"的,就宗旨而言,"成一家之言"的内容就是"究天人之际,通古今之变"。

三 究天人之际

"究天人之际"是关系到中华民族生存环境的问题。

在中国人的意识中,习惯于将人事最后的决定权归之于天,这种思想最典型、最集中的表述就是司马迁的老师董仲舒的"天人感应"学说,因此,对天体自然运行规律的探讨,对"天人之际"的探讨,是对历史上兴亡盛衰终极原因的探讨,是中华民族的生存论。司马迁在探讨天人之际这一问题时,大致有两个方面的内容:一是对于天学的研究,一是对于天人关系的研究。就前者而言,司马迁的成就很大,"应该把这位第一天文学家和把他作为第一历史学家的介绍相提并论"[①]。司马迁研究天,除了上述原因之外,还有一个极其重要的原因就是修定历法。历法与天体的运行有直接关系,历法的准确与否,直接关系到农业生产。司马迁时代正在制定太初历,他与壶遂定律历,是主角之一。在一定意义上说,司马迁成为历史上著名的天文学家,与修定历法有直接关系。读者可参考吴守贤《司马迁与中国天学》,此处从略。

就后者而言,对于天人之间的关系,司马迁有自己的看法。这些看法,散布在以《天官书》为主的《史记》各篇中,大致可分为两类:一类是对天命的保留,一类是对天命的怀疑和否定。

对天命的保留。与他的老师董仲舒一样,司马迁认为天有意志。《天官书》记

[①] 吴守贤:《司马迁与中国天学》,陕西人民教育出版社2000年版,第3页。

第二章 《史记》的体制及宗旨

载了五百五十八颗恒星,秩序井然,等级森严,这种大一统结构正是秦汉大一统政治的反映。不仅如此,《天官书》还具体记录了天象与人间历史事件的对应关系:秦始皇十五年(前232年)"彗星四见,久者八十日",与此相应,秦于秦始皇十六年开始灭韩,至汉高祖五年(前202年),三十年之间,"兵相骀籍,不可胜数。自蚩尤以来,未尝若斯也"。在司马迁看来,项羽救巨鹿、汉之兴、平城之围、诸吕作乱、吴楚七国之乱、汉朝和匈奴之间的战争等等,都有相应的天象与之呼应。"此皆荦荦大者。至若委曲小变,不可胜道。由是观之,未有不先形见而应随之者也。"《史记》的"本纪"、"书"、"表"、"世家"、"列传"中也记载了一些王朝兴废与天象对应的现象。因此,司马迁是一位大天文学家的同时,也是一位笃实的星占学大师。对天命的关注也是《史记》天人关系的重要内容:《律书序》认为,黄帝涿鹿之战、颛顼共工之阵、成汤南巢之伐是"递兴递废,胜者用事,所受命于天也"。《秦楚之际月表序》说刘邦得天下是天命使然,《外戚世家》认为汉文帝得天下也是天命所归,《六国年表序》载秦之得天下"非必险固便形势利也,盖若天所助焉"。与此相应的一些重要历史人物的外表特征也表现了一定的天命,如汉高祖隆准龙颜,左股有七十二黑痣,项羽重瞳子,秦始皇的豺声等。有时,天命表现为一个人物命运的顺逆结局:如傅宽好运、李广数奇、邓通、周亚夫饿死等,诸如此类,都表现出司马迁对天命的认可。

对天命的怀疑和否定。司马迁考察了历史上无数的人生悲喜剧,也是对命运的不幸和人生的痛苦有过异乎寻常体验的人。他对天命的怀疑和否定是必然的,和同时代对天人关系的主流认识相反,体现出了司马迁的一家之言。

首先是对流行的天命观的直接否定。如《天官书》:"太史公推古天变,未有可考于今者。"并指出,著名星相家诸如尹皋、唐昧、甘公、石申等的著述凌乱庞杂、琐碎难信。《太史公自序》直接对天人感应否定:"星气之书,多杂禨祥,不经。"《封禅书》对秦始皇、汉武帝的迷信活动进行了讽刺揭露。司马迁最激烈的对天命观的怀疑和否定是通过历史人物的不幸遭遇发出的。《项羽本纪》中司马迁明确地批评项羽将自己的失败归于"天亡我"的说法,认为项羽失败是政治上一系列错误的必然结果。司马迁虽然在不少地方将汉高祖的成功归于天命,但从有关传记中我们仍然可以看出司马迁将其归于人事,这应当是司马迁对此解释的主流思想。《高祖本纪》载高祖对自己成功的原因归于用了张良、萧何、韩信三杰。秦汉之际是中国历史的巨变,将此巨变之因归于人事,是有典型意义和代表意义的。最典型、集中表达司马迁对天命怀疑和否定的是《伯夷列传》:

或曰:"天道无亲,常与善人。"若伯夷、叔齐,可谓善人者非邪?积仁洁行如此而饿死。且七十子之徒,仲尼独荐颜渊为好学。然回也屡空,糟糠不厌,而卒蚤夭。天之报施善人,其何如哉?盗跖日杀不辜,肝人之肉,暴戾恣睢,聚党数千人,横行天下,竟以寿终,是遵何德哉?此其尤大彰明较著者也。若至近世,操行不轨,专犯忌讳,而终身逸乐,富厚累世不绝。或择地而蹈之,时然后出言,行不由径,非公正不发愤,而遇祸灾者,不可胜数也。余甚惑焉,倘所谓天道,是邪非邪?

残酷的现实,冲破了理想的天人关系的人为设定。理论是片面的、虚幻的、可以改变的,现实是全面的、真实的、不可以改变的。至善之伯夷、叔齐、颜回的饿死早夭与至恶的强盗享尽人间富贵的事实,就是如此惊心动魄地横亘在司马迁的面前,"此其尤大彰明较著者也",最无情的、最明白的、最显著的史实,推翻了自古以来中国人心灵深处认可的"天道无亲,常与善人"的信念。由此司马迁联想到了"近世"类似的史实,自然产生了《史记》中关于天道的又一种声音:"余甚惑焉,倘所谓天道,是邪非邪?"这是司马迁发出的回响于历史长河中的最深沉、最不平、最无奈、最令人警醒,同时也是最主流的关于天人之际的声音。

总之,司马迁在天人之际问题上表现出来的矛盾,实际上是商周秦汉以来中国思想家在天命观上两种思想的表现。司马迁将历史的兴亡盛衰,尽管有时归因于天,但就其主要思想倾向而言,还是归于人事。对天人之际的探讨,就是对人事盛衰终极原因的探讨。

四 通古今之变

"通古今之变"是关系到中华民族发展的问题,是司马迁历史观的核心。这是先秦《易》学"通变"思想在历史学中的运用和发展。他认为历史总是变化的,而且往往朝着相反的方向转化:"物盛则衰,天地之常数也。""是以物盛则衰,时极而转,一质一文,终始之变也。""物盛而衰,固其变也。"(《史记·平准书》)《高祖本纪赞》说:"周秦之间,可谓文敝矣。秦政不改,反酷刑法,岂不谬乎?故汉兴,承敝易变,使人不倦,得天统矣。"说明汉朝接续秦建立后采取了相应的变革措施,使社会得以进步发展。司马迁由于从"变"的角度来观察古今变化,因此,对许多问题的看法十分精辟。如从秦末农民起义到刘邦建国,社会急剧变化,但司马迁却看得

第二章 《史记》的体制及宗旨

清楚:"初作难,发于陈涉;虐戾灭秦,自项氏;拨乱诛暴,平定海内,卒践帝祚,成于汉家。"(《史记·秦楚之际月表序》)司马迁的"通古今之变"虽然以王朝的兴衰更替作为标志,并且在"十表"中对各个历史阶段进行划分、总结,但这些"变"主要还是通过人物的活动来体现——人是社会发展变化的主体。

"通古今之变"的内容非常丰富,概括为通、变两个方面的内容:一是通古今,一是展现古今变化。五体本身以各自的方式"通古今之变"。十二本纪以纪年的形式展现了从传说时期的五帝到汉武帝时期中国历史的发展变化,十表以表格的形式展现从黄帝到当代的发展变化,八书以专题论文的形式展现有关政治、军事、经济、文化等典章制度的发展变化,三十世家展现从吴太伯开始的历代诸侯国的历史,七十列传以人物传记的方式展现中国社会从古到今的具体变化。总之,五体本身就是古今之变的通史,展现了古今的变化。体现了司马迁的大一统的进步的历史观。具体集中于历史大势之通变、兴亡的变化及其原因。

历史大势之通变。司马迁将中国历史分为四段:春秋以前包括传说时期为第一期,战国为第二期,秦楚之际为第三期,汉代为第四期。这种分期确实表现了司马迁卓越的史识。这四期之中,战国时期为中国历史古今巨变的分界期,就是司马迁首先认识并论述的。《六国年表序》概括了战国时期两大特点:一是七雄各自主政,周沦为小国;一是务在强兵并敌。今天看来,战国时代实际上是旧制度灭亡、新制度诞生的过渡时期。

顾炎武在《日知录》卷十三对战国时这种特点说得很详细:"春秋时犹尊礼重信,而七国则绝不言礼与信矣;春秋时犹宗周王,而七国则绝不言王矣;春秋时犹严祭祀重聘享,而七国则无其事矣;春秋时犹论宗姓氏族,而七国则无一言及之矣;春秋时犹宴会赋诗,而七国则不闻矣;春秋时犹有赴告策书,而七国则无有矣;邦无定交,士无定主,此皆变于一百三十三年之间。"①顾炎武这里强调的是战国时代对春秋时代的否定。这种否定主要表现在观念上。王夫之《读通鉴论·叙论四》将战国时代概括为"古今一大变革之会"②。这里的古,即指春秋时代以前,今,即是战国而后的时代,战国则正处于这个由古代社会向现代社会转变的交汇点上,很精彩,但不具体。白寿彝《史记新论》说:"在'通古今之变'的问题上,十表是最大限度地集中体现这一要求的。司马迁每写一个表,就是要写这个历史时期的特点,写

---

① 黄汝成:《日知录集释》,上海古籍出版社1985年版,第1005—1006页。
② 《读通鉴论·叙论四》,中华书局1975年版,第1112页。

它在'古今变化'的长河中变了些什么。把这十个表总起来看,确又是要写宗周晚年以来悠久的历史时期内所经历的巨大变化——由封侯建国走到郡县制度,由地方分权走到皇权专制。"社会历史的变化,最根本的是政治制度的变化,政治制度彻底变了,社会才是新社会。白先生抓住"十表"的核心,虽非专论战国时代,确实说在点子上了。

历朝历代兴亡的变化。历史就是在兴亡中进行的,有的由兴而亡,有的由亡而兴。《史记》展现历史的兴亡,大致有两个内容:一是兴亡,一是兴亡的原因。《史记》既记述了传说中五帝时代、夏、商、周、秦、汉的兴亡,同时也展现了每一个朝代的兴衰。司马迁从多方面探讨了中国历史上每一个朝代兴衰的原因,这些原因除政治、经济、军事等常见方面之外,还探讨了后妃之德与兴亡的关系,如《外戚世家》中所言①。在这些探讨之中最值得称道的是对百姓之力的关注,集中表现在秦亡汉兴这一重大历史事件上。历史兴亡、兴衰的根本原因,司马迁将其归结为一点:统治者的仁德如何。

此外,《史记》还将政治成败与历史人物穷达命运联系起来,展现其变化,探究其原因;历史中充满了政治成败,政治的成败促成历史的变化,而政治的成败,又和历史人物命运的穷达有直接联系。《史记》就是这样将历史人物的命运与政治成败密切联系起来,穷极政治成败的具体原因;组合无数微观因素,去探讨宏观的政治成败的变化;从历史人物在重大历史关头作重大历史决定时他心里是如何想的,去探讨政治成败的原点。当李斯屈服于赵高的威逼利诱的时候,就是司马迁展现李斯在政治上失败的最细腻的原点的时候,也是展现秦始皇在政治上失败的最细腻的原点的时候,同时,更重要的还是展现秦朝灭亡这样《史记》中最重大历史事件最细腻、最致命的原点之一的时候。可以说,对历史兴亡成败原因的探讨,司马迁达到了那个时代能够达到的极致,这种极致表现为深刻和细腻,这种深刻和细腻是前所未有的,也是后罕其比的。

司马迁对中华历史兴衰成败及其原因的探讨,为后世提供了非常宝贵的经验教训,对中华民族的发展作出了巨大的贡献。

---

① 《外戚世家》:"夏之兴也以涂山,而桀之放也以末喜;殷之兴也以有娀,纣之杀也嬖妲已;周之兴也以姜原及大任,而幽王之禽也淫于褒姒。"

五 成一家之言

"一家之言","言"的本意是"直言","直言"就是放言不惮,是先秦诸子的传统;"家"作为称呼学术上有成就的人或学派,在今天容易理解,但在司马迁时代却不是这样。"家"的本意就是住人的房屋,后引申政治概念、经济概念、社会组织单位,"家"用在学术领域,称学术流派,是一个相当长的过程。白寿彝《说成一家之言》:"'成一家之言'是在史学领域第一次提出了'家'的概念。"这里的"家",是与《论六家要旨》中阴阳、儒、墨、名、法、道德六大家以及《史记》所载其他诸子百家并列的"家",《报任安书》:"亦欲成一家之言","亦欲"说得就是这种情况。

梁启超先生《要籍解题及其读法·史记》有一个著名论断:只以史的观念读《史记》,不能了解《史记》,"其著书最大的目的,乃在发表司马氏'一家之言',与荀卿著《荀子》,董仲舒著《春秋繁露》性质正同。不过其'一家之言'乃借史的形式发表耳"。司马迁确实是继承了先秦时期百家争鸣、放言不惮的传统,此论在一定意义上确实道出《史记》的子书特点。但是有一个最基本的问题恐怕不能支持梁先生的观点,这就是《史记》的内容。拿《史记》的内容与先秦两汉子书的内容比,我们只能得出《史记》是史书的结论,其基本区别正是:子书是载之空言、是议论,而史书是见之于行事、是实录。虽然司马迁时代子、史界限不明,但从司马迁引述孔子"我欲载之空言,不如见之于行事之深切著明也"看,司马迁对于子、史的体例还是明了的。孔子著《春秋》为救世,诸子著述也为救世,就著书目的而言,子书和史书完全可以一样。史学的"一家言"和哲学的"一家言"可归于一。白寿彝的结论较确:"'成一家之言'既要继承先秦时期百家争鸣的风气、传统,又要在史学领域中有所创造,敢于拿出自己的主张。"①《史记》的本意在史学领域,《史记》最大的成就也在史学领域。

从"我欲载之空言,不如见之于行事之深切著明也"看,《史记》"一家之言"的内容非常广泛,既有内容方面的,也有形式方面的。

就内容方面而言。《史记》综合天人、古今:研究天,研究天人的相接和相离;研究古,研究今,探讨古今的通、变及其原因。要之,司马迁"一家言"就是关于中华民族生存、发展的大问题。其最核心者就是"原始察终,见盛观衰"、"稽其兴坏

---

① 白寿彝:《史记新论》,求实出版社1981年版,第52页。

成败之理"。"原始""见""观""稽"就是探究、考察盛衰的终极原因,就是论考之行事。对兴败成坏的来龙去脉进行探讨、考察,盛为何盛,衰为何衰,将之抽象为可供后世治国的良方,成为万世不易之典,是《史记》的终极目的,司马迁在《史记》中多有表述。首先,司马迁认为这是理想史书的目的,他认为《春秋》就是这样一部书。其次,这也是司马迁积极奋斗的目标,如《六国年表序》:"著诸所闻兴坏之端,后有君子,以览观焉。"《十二诸侯年表》:"表见《春秋》、《国语》学者所讥盛衰大指著于篇,为成学治古文者要删焉。"《集解》引徐广曰:一云"治国闻者"也。崔适《史记探源》云:"古乃国之声误,复改闻作文,《集解》是也。"崔适所言极是,与司马迁有关论述相证。《高祖功臣侯者年表序》:"居今之世,志古之道,所以自镜也。"《汉兴以来诸侯王年表》:"臣迁谨记高祖以来至太初诸侯,谱其下益损之时,令后世得览。"总之,司马迁上究天文、下究地理、人事,对历史上政治、经济、文化、军事等各个方面的经验教训进行了总结,为后世提供了有益的借鉴。具体讲,有如下几类:成败在于人心向背;因循为用以顺民俗;用贤良将相以治平天下。具体请参阅本书有关章节。

就形式方面而言,就是《史记》的"文采"。具体包括《史记》的叙事、情感、语言、人物形象等,本书有关章节有详论。

对天人关系、古今之变的探讨,既是中国自古就有的古老哲学命题,同时又是在新的历史背景下具有新意义的哲学命题。司马迁父子给这个命题以历史上最广阔、最深刻、最细腻、最生动的解读,成就了最具权威的一家言,给这个命题赋予新的意义。

思考与探究

1. 你如何看《史记》五体之间的关系?
2. 谈谈你对《史记》中"天"的看法。
3. 你如何理解司马迁的"一家言"?

▶▶▶ 第三章 《史记》的百科全书特征

第三章 《史记》的百科全书特征

　　《史记》是我国第一部纪传体通史,也是一部具有百科全书特征的历史著作。它在充分展现三千余年历史进程中社会各类人物的同时,也涵括进政治经济、文学艺术、典章制度等文化成果,记录下人类在天文历法、水利医药等自然科学领域的形貌。这种百科全书式的史书形式,既得力于它博大完备的史学模式,也与司马迁本人的史官身份及学游经历密切相关。而且无论是在史源价值还是在各专门史的产生发展等方面都能见其深远的影响。

一　《史记》百科全书特征的表现形态

(一)展现社会众生百态

　　我国是个史的概念形成很早的国家。早在上古时期,人们已有了史的意识并有了史官建制。刘知几《史通·史官建置》云:"盖史之建官,其来尚矣。昔轩辕受命,仓颉、沮诵实居其职。"马端临《文献通考》卷五一亦云:"史官肇自黄帝有之,自后显者,夏太史终古,商太史高势。"虽然这些说法大都根据传说加以推测,不大可信,但有确凿证据表明,到西周时期,史官已开始行使记事之职。《周礼·春官·宗伯》曰:"太史:掌建邦之六典,以逆邦国之治,掌法以逆官府之治,掌则以逆都鄙之治。"《礼记·玉藻》还有:"动则左史书之,言则右史书之"的说法。但早期的史书多为帝王的家谱,记载的多是天子诸侯等上层人物的言事活动。如《尚书》的典、谟、训、诰、誓、命即是对君臣重要活动、谋略、言辞的记录。第一部编年体史书《春秋》亦多记列国诸侯之争,而对于下层平民多不采录。到了《左传》、《战国策》记载人物范围虽有所扩大,如《战国策》中上有"年九十余"的白发老人唐且,下有"年方十二"髫龄稚子甘罗,还有到处游说的政客苏秦、张仪及鸡鸣狗盗、引车卖浆之徒等。但受时间空间和体例的限制,所记人物的数量、类别还不够充分。而司马迁的《史记》第一次以纪传体通史的形式为我们全方位展现了活动在黄帝到汉武帝年间的四千多个各类历史人物的生活图景。他们中既有帝王、后妃、将相、官僚、外

33

戚、谋士、说客,也有思想家、军事家、文学家、商贾、游侠、刺客、俳优、医生、工匠、卜者、士兵等。而且不仅有汉民族,也有少数民族甚至还有与汉朝有关的异国人物。所记人物数量之多,层面之广前无先例,后罕继者。如《高祖本纪》一篇即涉及帝王刘邦,太后吕雉,太子孝惠,诸侯王齐悼惠王肥、赵隐王如意、梁王恢、赵幽王友、齐王田荣、常山王张耳、代王陈余、塞王欣、翟王翳等,臣属萧何、曹参、樊哙、周苛、枞公、高起、王陵,武将周章、周市、雍齿、章邯、项梁、李由、宋义、吕臣、赵歇、王离、吕青、黥布、韩信……谋士范增、郦食其、张良、陆贾、陈平,善卜者吕公、老父,酒家妇王媪、武负,神人老妪及不记名姓的刑徒、匈奴兵和掩护刘邦出逃的两千东门女子等。这里既有帝王将相、谋臣说客,也有卜者神人、刑徒酒妇。所记范围从宫廷到市井,展现了社会多层面人物的生活样态。

另外,在《史记》中,司马迁不仅替皇帝写本纪,也替失败的英雄项羽写本纪;不仅替侯王写世家,也替素王孔子、农民领袖陈涉写世家;不仅替谋臣武将写列传,也替哲学家、文学家、商人及处于社会底层的赘婿优伶、刺客游侠写列传。这既体现了司马迁进步的历史观,也展示了《史记》备载社会众生百态的百科全书特征。

《史记》不仅描绘了社会各个阶层的人物,而且还描绘了社会的各个方面、各个角落,因为在纪传之外,还有八书:礼书、乐书、律书、历书、天官书、封禅书、河渠书、平准书。八书就是古代社会的文化制度史,反映了社会的经济基础和上层建筑领域中一些重要的方面。一个社会,如果只有"人"的层次,那只是一个平面化的社会。有了这八个方面,《史记》所反映的社会历史就是一种立体化的社会,人与自然的关系、人与社会的关系、人与人的关系等都得到了体现,使人们从更多、更深的方面了解和认识古代社会。再进一步,从世界文化的更高层次来看,《史记》作为巨幅画卷,也是当之无愧的。齐思和是这样评价的:"正如苏联学者图曼所说:'司马迁真正应当在大家公认的世界科学和文学泰斗中占有重要的地位。'当《史记》出现的时候,在全世界范围内,中国和古希腊罗马的史学最为发达……和希腊史学名著比起来,《史记》的特点在于它的全面性,尤其是对于生活活动、学术思想和普通人在历史上的地位的重视。希腊历史学家的著作,往往集中到一个战争,重视政治、军事。普鲁塔克的传记汇编所收的人物也限于政治家和军事家,即使是最著名的希腊思想家、科学家如亚里士多德,在他的著作中也没有一字提到,更没有一个关于从事于生产活动者的传记了。"[①]这说明,《史记》是一幅广阔的历史画卷,在世界文化史上也占有重要的地位。

---

① 《〈史记〉产生的历史条件和它在世界史学上的地位》,载《光明日报》1956年1月19日。

（二）考辨一切学术源流

司马迁以前也有人讲学术，如《庄子·天下》篇曰："《诗》以道志，《书》以道事，《礼》以道行，《乐》以道和，《易》以道阴阳，《春秋》以道名分。"较为精辟地总结了六部儒家经典的各自特征，但对每个学派的特点未作评价。《韩非子·显学》篇虽然在评述世之显学儒、墨两家学术得失的同时对其传承情况进行梳理，从而得出了"孔、墨之后，儒分为八，墨离为三"的结论，初显学术史痕迹，但其评价的面还是太窄。而司马迁则是在其父亲的基础上，对古代学术思想进行了全面分类总结。

载录于《太史公自序》中的《论六家要指》是司马谈对先秦时期各家学说之旨要进行集中评述的一篇学术论文。他"愍学者之不达其意而师悖"①，故要辨析各家短长，以明依循之道。因而他在评价阴阳、儒、墨、法、名、道各家时，对前五家的弊端都进行了指陈，唯独对熔铸各家之长的道家给予充分肯定。这既反映了司马谈崇尚无为政治的思想倾向，也使人们第一次在比较中对先秦各学派思想的优劣短长有了全面的认识。而且这一学术评价之风在司马迁所撰的《孔子世家》、《老子韩非列传》、《孟子荀卿列传》、《儒林列传》诸篇中得到继承发扬。

司马迁对诸子之学评价最多的是儒、道二家。他在《孔子世家》中指出：（孔子）"追迹三代之礼，序《书传》……故《书传》、《礼记》自孔子"，"孔子晚而喜《易》，序《彖》、《系》、《象》、《说卦》、《文言》"，"（孔子）乃因史记作《春秋》"。肯定了孔子对于儒家经典的创制之功，同时以"学者宗之"、"可谓至圣矣"的至高评价对孔子在儒学中的开山地位给予隆盛赞誉。在《孟子荀卿列传》中司马迁第一次提钩出孔孟之间的学术传承："孟轲，邹人也。受业子思之门人"，同时对荀卿综合儒、墨、道德三家而成的新儒学产生的背景进行了介绍。这样由孔子到荀卿，儒学的传承线索清晰明朗。另外，在《儒林列传》中司马迁还勾勒了儒学自孔子创立至武帝被"独尊"的发展历程，同时对《诗》、《书》、《礼》、《易》、《春秋》五种儒家经典的师承沿革进行了详细描述。文中所载录儒林人物达五十三个，其中重点记述汉代传述《五经》的经师十人。因此这是学术史上对儒家学派最早进行全面评述的文章。关于老子之学的源流，司马迁在《老子韩非列传》中亦进行了辨析梳理。他指出："老子修道德，其学以自隐为务"，庄子"其学无所不窥，然其要本归于老子之言"，"申子之学本于黄老而主刑名"，韩非"喜刑名法术之学，而其归本于黄老"。将老子之学的源流变化及道、法两家的渊源关系交代得清清楚楚。而且司马迁认为法家出于道家的观点既显示了他善于洞察学术之源的功力，也是他对汉初至武帝外

---

① 司马迁：《史记·太史公自序》，中华书局1982年版，第3288页。

道内法或儒表法里统治政策的如实揭露。

除儒、道两家外，司马迁对其他学派的思想特点也作了总结评点。如在《孟子荀卿列传》中，他附录了齐三邹子：邹忌、邹衍、邹奭；齐稷下学者淳于髡、慎到、田骈、接子、环渊及公孙龙、李悝、尸子、长卢子、吁子、墨子十四人，文中对以邹衍为代表的阴阳家学说及名家、墨家的学术特点进行了简要评价。

总之，司马迁在《史记》中第一次以学派的意识论评了先秦诸子的学术宗旨和思想特点。他考辨源流，辨章学术，对先秦时期的学术状况给予了全面综合的评价。

(三) 涵括各种文化形态

司马迁胸襟博大，视野广阔，他将古往今来政治、经济、民族、宗教、文学、艺术、军事、法律等各种文化形态纳入写作范畴，从而使《史记》成为涵括中国古代思想文化成果的一部百科全书。

如他首创经济史传。《平准书》即是司马迁对汉兴至武帝七十余年经济发展和财政政策的真实记录。作者为我们描绘了西汉经济由汉初的"自天子不能具钧驷，而将相或乘牛车，齐民无藏盖"至武帝时人给家足，廪庾皆满，"京师之钱累巨万，贯朽而不可校，太仓之粟陈陈相因，充溢露积于外，至腐败不可食"的发展历程，同时对武帝因多欲扩张造成国家经济由富裕转为困窘的情况进行了讽刺。而《货殖列传》更是对春秋末到汉初工商业发展的综合描述。传中司马迁一方面为我们构建了一个丰富而独特的商贾人物体系，如范蠡、子贡、白圭、猗顿、卓氏、程郑、宛孔氏等。他们"贵上极则反贱，贱下极则反贵"、"择人而任时"、"人弃我取，人取我与"等经营策略和经营思想既能把握住市场经济规律特点，也使他们成为发家致富的典范。另一方面司马迁还高屋建瓴地将汉代的商业经济分为关中、三河、齐鲁、越楚、南阳五大区域，并次第叙述了各经济区的世风民俗和资源特色。如巴蜀区多姜、丹沙、石、铜、铁、竹、木之器，"沂、泗以北，宜五谷桑麻六畜"等。对每一个地区的地理、经济等都作了明确介绍，这可称得上是我国最早的区域经济研究史略。另外，司马迁关于追求物质利益、追求财富占有是人的本性，强调经济发展是一个国家强盛基础的经济思想亦具有一定的进步性和现实指导意义。

司马迁还首创民族史传。他摒弃《春秋》以来"内其国而外诸夏，内诸夏而外夷狄"的褊狭观念①，在《史记》中首次为少数民族作传。其撰写的《匈奴列传》、《南越列传》、《东越列传》、《朝鲜列传》、《西南夷列传》诸篇记述了各少数民族的

---

① 《左传·成公十五年》。

第三章 《史记》的百科全书特征

发展历史及生活习俗。如他在《西南夷列传》中指出嶲、昆明等地居民"皆编发,随畜迁徙,毋常处,毋君长",而匈奴部族则是"儿能骑羊,引弓射鸟鼠;少长则射狐兔,用为食……自君王以下,咸食畜肉,衣具皮革,被旃裘。"①对这些地区少数民族的生活习俗予以真实的记载。

《史记》中亦有对文学艺术的记录和描述。《鲁仲连邹阳列传》、《屈原贾生列传》、《李斯列传》、《司马相如列传》诸篇既是最早的文学家传记,亦是珍贵的文学作品史料库。其中保存了鲁仲连的《遗燕将书》,邹阳的《狱中上梁王书》,屈原的《怀沙》,贾谊的《吊屈原赋》、《鹏鸟赋》,李斯的《上书秦王》,司马相如的《子虚赋》、《上林赋》、《喻巴蜀檄》、《难蜀父老》、《哀秦二世赋》、《大人赋》等作品。这对于研究上述作家及相应文体的创作情况具有极重要的价值。另外,《屈原贾生列传》中对《离骚》题旨的揭示和"其文约,其辞微,其志洁,其行廉,其称文小而其指极大,举类迩而见义远"等对屈原作品的精彩点评已成为文学评论中不可逾越的经典。《史记》中对艺术的记录更多的体现在音乐方面。据统计《史记》中提到的乐器至少有二十多种,如金制乐器钟、铙、钲、铎,石制乐器磬,土制乐器埙、缶,丝制乐器琴、瑟、筑、筝,革制乐器鼓,竹制乐器箫、篪、管,而且对琴的品种、弹奏方式、曲目等亦有所描述②。司马迁在《乐书》序中还为我们勾勒了从春秋"治道亏缺而郑音起",至武帝兴乐府,"作十九章,令侍中李延年次序其声"这一音乐治政的历史,并通过探讨《雅》《颂》之音、嗫嚾之声、郑卫之曲与人思想情感的关系,强调了音乐在陶冶性情、审美教化及移风易俗方面的社会功用。

此外,《史记》中对军事、法律、教育、建筑、道德、姓氏等领域的内容都有或多或少的涉及。如《史记》百三十篇中,"有八十二篇作品记载了战争内容,字数约十余万言,约占全书篇幅的四分之一。这些篇目记载了六十多位擅长兵略战阵的帝王将相,记述了五百多次古代战争,其中重大战争从黄帝涿鹿之战到汉武帝讨伐大宛共七十余次"③。《史记》中还记载了我国古代重要的建筑活动和主要城邑、宫殿、苑囿、陵墓、关隘、桥梁、道路的情况,如《秦始皇本纪》中对上林苑、阿房宫、驰道和"以水银为百川江河大海,机相灌输,上具天文,下具地理。以人鱼膏为烛,度不灭者久之"的秦始皇陵的描述都使我们对秦代的建筑形式、建筑水平有了详细的了解。

---

① 司马迁:《史记·匈奴列传》,中华书局1982年版,第2879页。
② 参看王涛《从〈史记〉中的乐器看中国上古时期乐器文化》,《求索》2007年第6期。
③ 安平秋等主编《史记教程》,华文出版社2002年版,第88页。

(四) 记录自然科学状貌

中国古代文献对科技成果关注较少,而《史记》却在天文历法、水利、医学、地理等自然科学方面留下大量珍贵的记录。如《天官书》即是一部天文史传。司马迁在洋洋八千余字的篇幅中为我们载述了天官中、东、南、西、北五宫星区的列星分布;木、火、土、金、水五大行星的运行及分野;日晕、日食、月食、流星、云、风的推占等等,内容博杂,所述详实,可谓是汉武帝之前我国天文学成果最全面系统的记录。在《历书》中,司马迁还对我国历法的起源、演变、武帝制太初历的背景及历法与社会发展的重要意义等问题进行了阐释。而文中所附载的《历术甲子篇》更为我们展示了古代四分历法一部七十六年朔日及冬至的推步情况,这些都是世界罕见的天文学文献资料。

扁鹊

《史记》还记有我国古代医学技术的资料。《扁鹊仓公列传》是我国第一篇医学家传记。文中扁鹊视赵简子、虢太子尸厥、见齐桓侯三个医案和仓公所述二十五件病例都是最早见于文献记载的临床医案。它们涵盖了内、外、妇、儿多科疾病,记录了尸厥、气鬲、涌疝、风痹、迵风诸多病名,保存了我国传统的"镵石挢引,案扤毒熨,一拨见病之应,因五藏之输,乃割皮解肌,诀脉结筋,搦髓脑,揲荒爪幕,湔浣肠胃,漱涤五藏,练精易形"等诊疗方法。而且每个医案都记有患者姓名、病因、病状、脉法、用药情况,这对于规范后世中医医案体制积累了宝贵经验,因此具有极为珍贵的史料价值和学术价值。

除了天文历法、医术医药,《河渠书》还为我们介绍了我国古代治理洪水、兴修水利发展生产的概况,并表彰了古代著名水利专家李冰、西门豹、郑国的治水业绩。《夏本纪》中所采纳的《尚书·禹贡》的材料,对我国古代九州的地形地貌、土壤特点、物产情况也都做了详细说明,这些对水文、地理状貌的研究和记录都是《史记》百科全书特征的具体体现。

二 《史记》百科全书特征的形成条件

《史记》百科全书特征的形成,是主客观多重因素相互作用的结果。它既得力于其博大完备的史学模式,也与司马迁本人的史官身份及学游经历密切相关。

(一) 史学模式

司马迁在《史记》中创造性地以本纪、世家、列传、表、书五体来构建史书。其

第三章 《史记》的百科全书特征

中本纪是纲,它"纲纪庶品,网罗万物"①,使国家大事无所不载;世家"记诸侯本系也,其言下及子孙常国"②;列传"叙列人臣事迹,令可传于后世"③;表如赵翼《廿二史札记》卷一所说,"与纪传相为出入,凡列侯、将、相、三公、九卿功名表著者,既为立传,此外大臣无过者,传之不胜传,而又不容尽设,则予表载之";书则为"五经六籍总名也。此之《八书》,记国家大体"④。这样,司马迁在《史记》中,不仅能通过本纪、世家、列传将朝代沿革、政治变迁、典章制度等国之大事及社会各阶层、各类别人物尽展无余,而且纵横交织、彰微明隐的十表扩大了纪传的记事范围,而类似古代社会文化制度史的八书更全面反映了社会经济基础和上层建筑领域的诸多方面。因此说正因为有了司马迁独创的这种博大完备的史学模式,才使《史记》能在展现社会众生百态的同时容纳进政治、经济、文学、艺术、学术、民族、宗教、军事、法律以及自然的星象、历法、水文、地理等诸多内容,并使其所反映的历史呈现出人与自然、人与社会交相辉映的立体图景。这正如清人赵翼《廿二史札记》所说:"司马迁参酌古今,发凡起例,创为全史。本纪以序帝王,世家以记侯国,十表以系时事,八书以详制度,列传以志人物,然后一代君臣政事,贤否得失,总汇一篇之中。"

(二)史官身份

我国古代的史官设置为时极早,传说黄帝时代就已有史官。殷商时期,根据甲骨文所记,史官被称为"作册"、"史"、"尹"等。到了西周,史官之制已相当完善。刘知几《史通·史官建制》云:"按《周官》、《礼记》,有大史、小史、内史、外史、左史、右史之名。"此时的史官分工细致,职责完备。他们既要承担史方面的职责,如记录时事、掌管典籍、起草公文、规谏献策,还要承担如祈祷、享祭、占卜、占星术、司历法、观天象等天道方面的职责。古代史官这一巫史兼具的职业特点自西周后虽有所分化,但在很长一段时间内史官依然要或多或少地从事些与天道相关的宗教活动。如刘知几在《史通·史官》中说:"寻自古太史之职,虽以著述为宗,而兼掌历象日月阴阳管教。"司马迁《报任安书》亦云:"仆之先人,非有剖符丹书之功,文史、星历,近乎卜祝之间,固主上所戏弄,倡优畜之,流俗之所轻也。"基于这样的史官传统,司马迁父子都是精通天文历数之人。如司马谈曾学"天官于唐都"⑤,司马迁更是在太初元年(公元前104年)与著名天文学家唐都、历法学家落下闳一起参加了

---

① 刘知几:《史通·本纪》,上海古籍出版社1978年版,第36页。
② 司马贞:《史记索隐》,《史记》,中华书局1982年版,第1445页。
③ 司马贞:《史记索隐》,《史记》,中华书局1982年版,第2121页。
④ 司马贞:《史记索隐》,《史记》,中华书局1982年版,第1157页。
⑤ 司马迁:《史记·太史公自序》,中华书局1982年版,第3288页。

汉代第一次大规模的历法改制工作。他们所制定的"太初历",以正月为岁首,符合天象气节,适合农业生产的需要,是我国历法史上的重大成果。而且,这一实践活动也使司马迁积累下更多的天文学知识和资料,这些都是他成功写作《天官书》、《历书》的重要保证。

另外,史官身份还使司马迁得以饱览异书秘籍,为他整理史事、写作《史记》提供便利条件。秦始皇时,焚书的烈火使先秦学术文化典籍几乎毁损殆尽。"汉兴,改秦之败,大收篇籍,广开献书之路。迄孝武世……建藏书之策,置写书之官,下及诸子传说,皆充秘府。"①汉初至武帝这一大规模拯救先秦古籍的工作成效显著,"百年之间,天下遗文古事靡不毕集太史公"②。而身为太史令的司马迁得以利用身份之便,"绌史记石室金匮之书"③,广泛阅读国家图书馆中这些珍贵丰富的文献,为著述《史记》准备各类必要的资料。据张大可统计,司马迁在《史记》中征引的图书达106种之多。其中六经及其训解书二十三种,诸子百家及方技书五十三种,历史地理及汉室档案二十三种,文学书七种④。这样数量多、覆盖面广的征引如果没有太史令能调阅国家藏书的便利是难以做到的。另外,我们从《史记》所载典章制度的详实、文人作品的丰富、战功数字的准确及所附载的各类医案、历法等亦可看出司马迁博采精取、遍览群书的痕迹。

(三) 学游经历

形成《史记》百科全书特征的另一个重要条件就是司马迁丰富的学游经历。他"年十岁则诵古文"⑤,在年少之时就诵读了《左传》、《国语》、《世本》等书,后来由于父亲到长安做太史令,司马迁随父进京,又有机会向当时古文大师孔安国学古文,向当时今文大师董仲舒学公羊派《春秋》。而且其父司马谈知识渊博,思想敏锐,又不拘泥于一家之说。他曾在方士唐都那里学过天官,又在杨何那里学过《易》,更虔诚地与黄子讨论过道学,司马谈博采众长的特点对司马迁广猎博览的读书取向及多元知识结构的形成具有重要影响。同时这样的读书经历也为他写作百科全书式的《史记》打下坚实的知识基础。

除了以读书进行知识积累外,司马迁更是通过游历的形式到广阔的大自然中进行实地考察,搜集散见于民间的各类资料。对此,我们在第一章已有论述。通过

---

① 班固:《汉书·艺文志》,中华书局1962年版,第1701页。
② 司马迁:《史记·太史公自序》,中华书局1982年版,第3319页。
③ 司马迁:《史记·太史公自序》,中华书局1982年版,第3296页。
④ 参看张大可《史记研究》,华文出版社2002年版,第219-226页。
⑤ 司马迁:《史记·太史公自序》,中华书局1982年版,第3293页。

实地考察,他了解了全国各地经济状况及地形、物产、习俗特点,如"山西饶材、竹、榖、纑、旄、玉石;山东多鱼、盐、漆、丝、声色","齐带山海,膏壤千里,宜桑麻,人民多文采布帛鱼盐。临菑亦海岱之间一都会也。其俗宽缓阔达,而足智,好议论,地重,难动摇,怯于众斗,勇于持刺,故多劫人者,大国之风也"①。印证了许多传说,如《魏公子列传》载"吾过大梁之墟,求问其所谓夷门。夷门者,城之东门也",《春申君列传》载"吾适楚,观春申君故城,宫室盛矣哉"。搜集到许多石刻、歌谣、俗谚及民间故事,如漂母饭信、韩信葬母等等。而将这些搜集考察到的民间资料写入《史记》亦使其内容更加丰富多彩。因此说,完备的史学模式,"全知"的史官身份,丰富的学游经历是《史记》百科全书特征得以形成的前提和保证。

三 《史记》百科全书特征的深远影响

《史记》囊括古今、涵盖万物的百科全书特征不仅使其成为一个巨大的史料宝库,而且对社会人生、学术文化各领域亦有深远影响。

(一) 精神源泉

《史记》作为一部纪传体通史巨著为我们记录描绘了数以千计的各类历史人物,他们的人生经历、奋斗历程、创新精神、爱国品质等都会给我们的人生以某种教益和启迪。如《史记》人物传记中出现了许多思想家,像春秋战国时代的孔子、孟子、荀子、韩非子,秦汉以后的陆贾、董仲舒以及司马迁本人,他们为了构建自己的理论体系,积极开拓,表现出强烈的历史责任感和创新精神。尽管他们的有些理论有不全面乃至消极之处,但理论创造本身,即能给人一种奋发向上的精神力量。《史记》中还出现了许多军事家,有运筹帷幄的张良、驰骋疆场的李广、韩信、廉颇、卫青、霍去病等。像霍去病"匈奴未灭,无以家为"②的豪言壮语,代表了这类人冲锋陷阵、奋勇杀敌的进取精神。《史记》中还有许多文学家的创造,如屈原、贾谊、司马相如等,他们以生花的妙笔,无论是诗文还是词赋,都体现了中华民族在精神领域的探索。《史记》更有大量的下层人物,如游侠、刺客、商贾、俳优、卜者,这些人为了自己的理想而奋斗,即使失败也不后退。像《刺客列传》中的曹沫、聂政、专诸、豫让、荆轲,他们个人的暴力行为虽然解决不了实质问题,但他们的侠义精神却如夜空中一颗皎洁的明星,给人以鼓舞和力量。另外,像孔子知其不可为而为之的

---

① 司马迁:《史记·货殖列传》,中华书局1982年版,第3253,第3265页。
② 司马迁:《史记·卫将军骠骑列传》,中华书局1982年版,第2939页。

坚韧精神、屈原九死不悔的爱国精神及韩信、孙膑、范雎、蔡泽、虞卿等在困境中忍辱含愤、自强不息的奋斗精神都会给我们以感召和启迪,并成为我们取之不尽、用之不竭的精神源泉。

(二)史料宝库

《史记》的百科全书性质还使之成为后代各学科领域的一个史料宝库,并对其研究发展产生重要影响。如司马迁在《史记》中采录了许多诗文,像司马相如的《子虚赋》、《上林赋》、《大人赋》、《哀二世赋》、《谏猎疏》、《喻巴蜀檄》、《难蜀父老》,屈原的《怀沙》,贾谊的《吊屈原赋》、《鵩鸟赋》、《过秦论》,韩非的《说难》,乐毅的《报燕王书》,鲁仲连的《遗燕将书》等。这些作品对于我们研究上述作家的创作情况具有重要的史料价值。另外,《史记》中记载的许多历史人物、历史事件亦成为历代文人咏史怀古的重要史料来源。如曹操"山不厌高,水不厌深。周公吐哺,天下归心",史出《史记·鲁周公世家》;王维《老将行》"卫青不败由天幸,李广无功缘数奇",王昌龄《出塞》"但使龙城飞将在,不教胡马度阴山",史出《史记·李将军列传》;王安石"百战疲劳壮士哀,中原一败势难回。江东子弟今虽在,肯与君王卷图来?"史出《史记·项羽本纪》,如此不一而足。《史记》还给后代戏曲创作提供了大量的素材。从元代开始,《史记》中的一些人物和事件就被改编为戏曲。据今人傅惜华《元代杂剧全目》所载,元杂剧中取材于《史记》的就有一百八十多种。而且,地方戏中编演《史记》故事的剧目更多,仅京剧就有一百多个。像《马陵道》、《完璧归赵》、《将相和》、《萧何月下追韩信》、《霸王别姬》等都已成为地方戏中长期保留的传统节目。即使到了现当代,以《史记》人物故事为素材进行再创作的也不乏其人。如郭沫若先生的《屈原》、《虎符》、《卓文君》、《高渐离》。

司马迁在《史记》中还搜集保存了大量的民间谚语、俗语、口语、方言、民歌、民谣,如见于《淮南衡山列传》的"一尺布,尚可缝,一斗米,尚可舂。兄弟二人不能相容",见于《韩长孺列传》的"虽有亲父,安知其不为虎?虽有亲兄,安知其不为狼?"见于《春申君列传》的"当断不断,反受其乱",见于《季布栾布列传》的"得黄金百斤,不如得季布一诺"等。《史记》还是保存先秦以来历史成语最多的一部文化典籍,据俞樟华统计,出自《史记》中的成语多达五百余条[①]。这些丰富珍贵的语言资料都成为后人研究汉语语法史、词汇史、方言史的重要依据和可靠材料。

除此之外,《史记》还为哲学、社会学、美学、心理学、伦理学、人才学、文献学、民俗学、地理学、方志学、音韵学、目录学、训诂学、档案学、金石学、统计学、关系学、

---

① 参看俞樟华《史记艺术论》,华文出版社2002年版,第142—151页。

第三章 《史记》的百科全书特征

养生学、姓氏学等众多学科提供了大量的相关资料,使我们今天几乎研究每一种学问,都可以从《史记》中找到各自所需要的素材。因此,从这个意义上说《史记》完全称得上是一个史料宝库,具有"史源"的价值和意义。

(三)专门史的开端

司马迁在《史记》中开创性地撰写学术、经济、民族、医学、天文等各类史传,开辟了众多领域学术研究的先河。它们既是后代各学科专门史的开端,也为其研究发展奠定了坚实基础。如司马迁第一次为先秦诸子百家代表人物立传,他写作的《儒林列传》、《孟子荀卿列传》综合古今学术,辨别源流得失,开创了文学学术研究先河。他创制撰写的《平准书》、《货殖列传》,总结历代经济政策的变迁及工商业的发展状况,开创了在正史中记叙经济发展的体例。他还写有《匈奴列传》、《西南夷列传》等,这是第一次以少数民族为专题的传记,也是研究我国少数民族历史最早最有权威的文献资料。另外,在医学史上,其《扁鹊仓公列传》记述了战国到西汉初年的医学发展概况,为我国医学史的确立起了拓荒作用。在天文学史上,其《天官书》和《历书》作为我国古代最权威的天文学综合全书开启了我国天文学研究的新篇章。在文学史上,司马迁首次为我国文学史上著名的浪漫主义诗人屈原、杰出辞赋家司马相如、贾谊作传,极大地提高了文学家的历史地位。在教育史上,司马迁还首次系统梳理孔子的教育思想等等。这些成果都开启或奠定了各门类学科研究的基础。

总之,《史记》是一部包括政治经济、思想文化、典章制度、天文地理、科学技术在内的通史巨著,它在以纪传的形式全面反映人类历史进程的同时亦涵括进人类全部文化成果。因此它称得上是一部无所不包、亦无所不有的百科全书。而且,它的这一百科全书特征不仅具有"史源"价值,而且对各门类学科的发展至今仍产生着不可磨灭的影响。

思考与探究

1. 《史记》百科全书特征与司马迁一生经历有何联系?
2. 请举例说明《史记》备载社会众生百态的写作特点。
3. 通过表格的形式,列出《史记》中所涉及的学科类别及代表篇目。

第四章 《史记》的进步思想

《史记》作为一部伟大的百科全书式的史传文学著作,蕴含着丰富的思想内容。其中有些思想有着一定的进步意义。本章重点论述进步的历史思想,开明的政治思想,富国利民的经济思想,民族统一思想。

一 进步的历史思想

《史记》曾被鲁迅誉为"史家之绝唱,无韵之《离骚》"[①],作为一部史书,它包含着丰富的历史观点,诸如"发展、进化、变革的历史观"、"朴素的唯物论历史观"等等。而最为重要、最能体现司马迁进步思想的,则是《史记》所表现的主体史学精神和对人类历史发展规律的探寻。

(一)**主体史学精神**

关于"天"、"人"在历史发展中的作用以及天人关系的认识,是古代人们历史观念中最重要的问题。由于人在历史中的作用是客观存在的,因此,即使在"天命"观念占据主导地位的年代,人在历史发展中的作用也还是得到一定程度的反映。随着历史的进步,文明的发展,经过漫长的轻天命、重人事的认识过程,史学家、思想家、政治家们逐步开始自觉地阐说人在历史中的重要作用。司马迁重视写人,开创了纪传体,在《史记》中,他认识到了人在发展中的主体地位,突出了人在历史发展中的的重要作用。

1. 五种体例,以写人为主

《史记》所写篇章,分为本纪、表、书、世家、列传五大类,总称为"五体结构",开创了我国"因人叙事"的纪传体纂史方法。《史记》全书130篇,其中人物传记112篇,有名有姓的人物数以百计,司马迁以如椽之笔,对如此众多的历史人物进行了

---

① 鲁迅:《汉文学史纲要》,上海古籍出版社2005年版,第53页。

第四章 《史记》的进步思想

多方位、多层次的叙述、描写。清人赵翼说:"司马迁参酌古今,发凡起例,创为全史:本纪以序帝王,世家以记侯国,十表以系时事,八书以详制度,列传以志人物。然后一代君臣政事,贤否得失,总汇于一编之中。自此例一定,历代作史者,遂不能出其范围,信史家之极则也。"①这几句话道出了《史记》这五体的职能和好处,亦道出了这种体例对后世"作史者"的极大影响。

《史记》五种体例,除十表八书外,基本上是写人。十二本纪是写人的,三十世家是写人的,七十列传更是写人的。可以说一部《史记》百分之九十以上的篇幅是写人的。这不仅仅是一种写史角度、编史体例的改变,乃是司马迁对于构成历史主体的人以及人的价值观念的一种科学认识。《史记》以前的主要史著,如《春秋》、《国语》、《尚书》、《左传》、《战国策》等,都是历史典籍,但却不是以写人为体例,没有突出人的历史地位。这些史著大多"记言"、"编年",基本上是以事件为主,历史人物都能提及,然未能成为述史中心。司马迁继承父志,"论载"历史人物。父亲司马谈临死时叮嘱他:"今汉兴,海内一统,明主贤君忠臣死义之士,余为太史而弗论载,废天下之史文,余甚惧焉,汝其念哉!"②司马迁没有忘记他父亲这一遗训,没有辱没史官这一使命。明主、贤君、忠臣、死义之士,很自然地要出现在他的笔下。这就说明,司马迁不再认为社会历史是"天"的意志或"神"的力量。他以现实的变化为基础,以一种哲理的思考,利用人自身在时代大潮中显示的巨大力量,将已有的神人关系的认识加以充实提高,促使自己在观念上提升到一个新的境界,从历史演进的角度,认识到人在历史发展中的主体地位。

另外,《史记》"五体结构"实际上是记录五类"人"的层次结构。司马迁看到了不同层次结构的群体活动在历史发展中的作用。《史记》的本纪、表、书、世家、列传五种体裁,综合来看,其实是一种社会历史结构的反映。这些类别中形形色色的人物构成了全社会的整体结构。《史记》将整个社会划分为五个层次。第一层次是帝王。他们处在社会的中心地位,这是"本纪"所记述的人物。第二层次是诸侯王、贤圣、领袖人物与国家的重臣。这是"世家"所包括的人物,他们起着"拱辰共毂"的作用。第三个层次是谋臣将相。他们中有的人在中央朝廷,有的人在诸侯王国,他们是第一、二层次中的帝王与国君的出谋划策者、政令执行人,在具体的政治、军事活动中,他们发挥着重要作用。第四个层次是属于士大夫一层的。他们处于社会的中下层,依附于以上三个层次,其社会活动的多样性,丰富了社会历史的

---

① 赵翼:《廿二史札记》,商务印书馆1958年版,第3页。
② 司马迁:《史记·太史公自序》,中华书局1982年版,第3295页。

内容。因为他们比较靠近社会的底层,所以有时能反映出一些民众的痛苦呼声与愿望要求。第五个层次是社会的直接生产者,如《货殖列传》所说的农、虞、工、商。

司马迁认为社会的形成,历史的发展,五个层次的人都在起作用。五个层次形成整个社会的结构,这反映了封建时代基本的社会状况。由此,司马迁看到的是在长期历史演进中人的整体活动,而不仅仅是某些个人。从这个意义上说,司马迁关于对全社会整体结构的认识,在一定程度上突破了他自己的帝王将相历史观。这正是《史记》认识到人在历史发展中的主体地位的重要表现。

2. 重视并歌颂下层人民的力量,刻画各类栩栩如生的人物形象

这是司马迁进步的人本主义历史观的一个具体表现。在《史记》中,司马迁给许多下层人物如刺客、游侠、卜医、日者之类立传,肯定他们在历史上的作用,歌颂他们身上的许多优秀的品质。他还把被统治者诬为"流寇"、"盗贼"的农民起义的领袖陈涉列入"世家"一类,这实属"破格"之举。他在《陈涉世家》中,完整地记述了陈涉首难反秦全过程,表现了陈涉的大无畏的英雄气概和农民起义军势不可挡的强大威力。他说:"桀、纣失其道而汤、武作,周失其道而《春秋》作,秦失其政,而陈涉发迹,诸侯作难,风起云蒸,卒亡秦族。天下之端,自涉发难。"①在这里,他将陈涉与汤、武、孔子并列,高度评价并热情歌颂了陈涉在灭秦过程中的历史作用,留下了历史上第一篇有关农民起义完整的历史文献。

陈涉起义

《史记》认识到人在历史发展中主体地位的又一表现,是它在记述与评论中,塑造出了各个不同历史时期,各种复杂社会环境中人的活动的具体形象。也就是说,《史记》能认识到作为社会历史主体的人,是众多的有血有肉的活生生的个人。而这些人,又具有独立的品格、信念、道德心理。因此,完整形象的塑造,同样是《史记》认识到人在历史发展中的主体地位的又一个标志。在《史记》这座人物画廊里,我们不仅可以看到历史上那些有作为的王侯将相的英姿,也可以看到妙计藏身的士人食客、百家争鸣的先秦诸子、"为知己者死"的刺客、"已诺必诚"的游侠、富

---

① 司马迁:《史记·太史公自序》,中华书局1982年版,第3310—3311页。

第四章 《史记》的进步思想

比王侯的商人大贾,以及医卜、俳优等各种人物的风采,给人以美的享受和思想上的启迪。司马迁创造性地把文、史熔铸于一炉,为我们写下了一部形象的历史。从这个意义上说,司马迁所创造的纪传体史传文学,是史学认识到人在历史发展中的主体地位的结果。

(二)注重探索人类历史发展的规律

在西方史学家看来,历史是一个有目的的理性活动,这种目的意识"是为了通过讲述人类已经做了什么而告诉人们人类是什么"[1]。《史记》通过史学实践达到理性认识的成熟,不仅描述了历史发展变化的过程,而且还引导人们去认识这一过程。表现出了司马迁探索历史真理的决心和勇气。

1."究天人之际,通古今之变,成一家之言"的著史宗旨

在《太史公自序》和《报任安书》中,司马迁分别表述了《史记》的创作宗旨。《太史公自序》说:

> 罔罗天下放失旧闻,王迹所兴,原始察终,见盛观衰,论考之行事,略推三代,录秦汉,上记轩辕,下至于兹,著十二本纪,既科条之矣。并时异世,年差不明,作十表。礼乐损益,律历改易,兵权山川鬼神,天人之际,承敝通变,作八书。二十八宿环北辰,三十辐共一毂,运行无穷,辅拂股肱之臣配焉,忠信行道,以奉主上,作三十世家。扶义俶傥,不令己失时,立功名于天下,作七十列传。凡百三十篇,五十二万六千五百字,为太史公书。序略,以拾遗补艺,成一家之言,厥协六经异传,整齐百家杂语,藏之名山,副在京师,俟后世圣人君子。

司马迁惨遭"腐刑"之后,心怀感伤,在给朋友任安的信中,他说:

> 仆窃不逊,近自托于无能之辞,网罗天下放失旧闻,略考其行事,综其终始,稽其成败兴坏之纪。上计轩辕,下至于兹,为十表、本纪十二、书八章、世家三十、列传七十,凡百三十篇。亦欲以究天人之际,通古今之变,成一家之言。[2]

---

[1] 柯林武德:《历史的观念》,中国社会科学出版社1986年版,第20页。
[2] 司马迁:《报任安书》,《汉书·司马迁传》,中华书局1962年版,第2735页。

这里的"究天人之际,通古今之变,成一家之言",是司马迁《史记》的创作宗旨。对此,我们在第二章已有论述,可参看。

2. 独特的著史方法

前文所引司马迁的两段话,也说明了他的著史方法,总括起来有以下几层意思。一是"罔罗天下放失旧闻,王迹所兴,原始察终,见盛观衰",即总结古今一切人间社会史事,考治乱之源。二是"究天人之际","承敝通变",即探讨天道与人事的关系,展现历史的变化和发展。三是"拾遗补艺","厥协六经异传,整齐百家杂语",继《春秋》之后"成一家之言"。

"原始察终,见盛观衰","承敝通变",乃是司马迁用以考察人类社会历史发展的方法。"原始察终",就是追原其始,察究其终。一个历史事件,从哪里开始,到哪里结束,把握历史大势,就要把握历史的全过程来看它的原因、经过、发展和结果。"见盛观衰",是把握与观察的一个方法。这一方法的理论基础就是承认历史是在不断地变化、发展的。所以司马迁写历史,最高原则与目的就是"通古今之变"。这是他朴素唯物历史观的核心。他认为宇宙间一切事物都在"变",只有用"变"的观点才能探究事物的规律。他说:"无成执,无常形,故能究万物之情"①。没有一成不变的态势,没有永恒存在的形体,所以才能洞悉万物的真实情况。从"变"的理论观点出发,司马迁用发展变化的眼光看待人类社会的历史,他名之曰"变",曰"渐",曰"终始"。他说"天下之际,承敝通变","略协古今之变";"臣弑君,子弑父,非一旦一夕之故也,其渐久矣"②;"是以物盛则衰,时极而转,一质一文,终始之变也"③。"变",指社会不断地进化和发展。"渐"与"终始"是对不同状态"变"的描写。"渐"是指变的进行过程。司马迁用"原始察终"、"见盛观衰"这一方法,在《史记》中具体地写出了历史的时势之变、兴亡之变、成败之变、人生的穷达之变。

"厥协六经异传,整齐百家杂语"是《史记》对待以往史籍和众说、并从中得出结论的方法。一部《史记》引载六经异传及百家杂语,并不是资料的纂辑,而是要纳入"一家之言"中,表达出历史的意蕴,以及作者的思想。写历史要记事实录,广博地占有资料,应当做到无一事无出处,无一字无来历。但历史又是复杂的,写古代史,资料贫乏,司马迁不得不点滴搜求,零散积累。例如《五帝本纪》,司马迁写了黄帝、颛顼、帝喾、唐尧、虞舜五帝,全篇只有三千多字,至今可按核的来自十余种

---

① 司马迁:《史记·太史公自序》,中华书局1982年版,第3292页。
② 司马迁:《史记·太史公自序》,中华书局1982年版,第3298页。
③ 司马迁:《史记·平准书》,中华书局1982年版,第1442页。

第四章 《史记》的进步思想

书,有《尚书》、《五帝德》、《帝系姓》、《国语》、《左传》、《世本》、《庄子》、《孟子》、《韩非子》、《战国策》、《吕氏春秋》、《礼记》、《淮南子》等。材料不仅零散,而且风格不一,各种资料又有很大的时间跨度,语言不一,甚或事实抵牾。针对这一情况,或"述"或"作"。司马迁"厥协"之,"整齐"之,这其中即隐含了司马迁对历史发展规律的探寻。

二 开明的政治思想

司马迁在《史记》中所表现的政治思想,是以儒家的"仁政"为本,道家的"无为"为表的统一体,同时对于阴阳、名、法、墨各家也兼收其长,扬弃其短。司马迁的政治思想的形成,不仅仅是融合儒、道及诸子百家的思想,更主要的是总结历史经验以"自古志镜"提出的。所以,司马迁的政治思想属于经世致用型,而不是思辨理论型,他既不是儒家,又不是道家,而是升华历史经验自成一家。主要内容有以下两个方面。

(一)崇尚德治,反对暴政

"德治"是儒家政治的根本。"德治"即"仁政",出发点虽然是为了巩固封建统治,具体内容却是轻徭薄赋,主张节制对人民的剥削,缓和阶级矛盾。司马迁在《史记》中用历史事实来说明"得民心者得天下,失民心者失天下"这一民本思想。他在《五帝本纪》、《夏本纪》、《殷本纪》中,都从历史的成败来说明"德治"的必要性。《五帝本纪》是《史记》的开篇,五帝的统序为黄帝、颛顼、帝喾、帝尧和帝舜,诸侯归服黄帝是因为黄帝"修德",颛顼有天下是因有"圣德",帝喾有天下也是因为"其德嶷嶷",至于帝尧禅让天下于帝舜,也是因帝舜"厚德"。所以司马迁在《五帝本纪》中说:"自黄帝至舜、禹,皆同姓而异其国号,以章明德。"从表层看,"德"是衡量帝王能否有天下的标准;从深层看,以帝德揭开中国历史的序幕,其用意在于司马迁把治道严格地约整在"德"的范围之内。他认为,个人品质的完善是天下归服的根本,如五帝一统天下令万民敬仰首先靠的是个人品质的完善。在《史记》中,司马迁还突出"德"在"合和万国"中的作用,"合和"从字面上讲是"和睦"。对此,司马迁有着深刻的认识,如他讲汉文帝以"贤圣,仁孝闻于天下"时说:"汉兴,至孝文四十有余载,德至盛也。"[①]对汉文帝"德"的称赞,其中包含着对"合和"的肯定。

在司马迁笔下,"德治"与"暴政"两相对立,作者的褒贬倾向极为鲜明。《太史

[①] 司马迁:《史记·孝文本纪》,中华书局1982年版,第473页。

公自序》称颂古圣先贤禹、汤、文、武为德治之君。说夏禹"德流苗裔",周文王"德盛西伯";对夏桀、殷纣、周幽王、周厉王以及秦始皇、秦二世等,贬抑为"暴"。司马迁用这一政治观念总结历史经验。在《夏本纪》中,他说"帝桀之时,自孔甲以来而诸侯多畔夏,桀不务德而武伤百姓,百姓弗堪,乃召汤而囚之夏台,已而释之。汤修德,诸侯皆归汤,汤遂率兵以伐夏桀"。《殷本纪》说纣王"好酒淫乐,嬖于妇人……百姓怨望而诸侯有畔者,于是纣乃重刑辟,有炮烙之法"。周文王"修德行善,诸侯多叛纣而往归西伯"①。古代"虞、夏之兴","汤、武之王",因修仁行义,"德洽百姓"②,而桀、纣之亡,则是因暴虐不仁。《自序》中说,中古春秋时期,"弑君三十六,亡国五十二,诸侯奔走不得保其社稷者不可胜数","察其所以,皆失其本已"。这里所说的"本",就是仁义之本。近世楚亡汉兴,也是因"子羽暴虐,汉行功德"。"汉定百年之间,亲属益疏,诸侯或骄奢,忕邪臣计谋为淫乱,大者叛逆,小者不轨于法,以危其命,殒身亡国"③。所以司马迁在《自序》中更明确地宣称,他写作《汉兴以来诸侯王年表》的目的,就是"臣迁谨记高祖以来至太初诸侯,谱其下益损之时,令后世得览。形势虽强,要之以仁义为本"。

司马迁崇尚德治,反对暴政,但并不排斥"法治",而只是认为"刑法"不是治政的根本,不能带来太平,更不应酷烈。循吏、酷吏两传序论对照极为鲜明。《循吏列传》云:"法令所以导民也,刑罚所以禁奸也。文武不备,良民惧然身修者,官未曾乱也。奉职循理,亦可以为治,何必威严哉?"《酷吏列传》云:"法令者治之具,而非制治清浊之源也。"十分明显,司马迁认为暴力和法,是治政之"具",不可缺少。但"具"只是手段,不是治政的目的。"汉兴,孝文施大德,天下怀安"④,这才是目的。为政之道,是以"德治"致天下太平。

(二)主张顺民之俗,颂扬无为政治

无为政治在理论上是"因循为用"。纵观《史记》,司马迁所歌颂的圣君贤相,皆"因循为用",五帝三王与汉初君臣都是如此。司马迁《史记》所讲的"因循"是顺民之俗,给人之欲。他在《货殖列传》里明确地提出了欲望是历史发展的动力的观点,主张施政要随从民俗。他说:"故善者因之,其次利导之,其次教诲之,其次整齐之,最下者与之争。"因此,《货殖列传》一开篇就把老子的小国寡民主张作为批判

---

① 司马迁:《史记·殷本纪》,中华书局1982年版,第107页。
② 司马迁:《史记·秦楚之际月表序》,中华书局1982年版,第759页。
③ 司马迁:《史记·汉兴以来诸侯王年表序》,中华书局1982年版,第802页。
④ 司马迁:《史记·孝景本纪》,中华书局1982年版,第449页。

第四章 《史记》的进步思想

的靶子引用。司马迁从道家的"无为"学说中引出"因循"是一种创新和发展。

"因循为用"的政治实践是汉初的无为政治,受到司马迁的称赞;"多欲滋事"的政治是武帝的文治武功,因其过度使用民力而受到司马迁的批判。汉初无为在指导思想上是"国家无事","君臣无言";具体措施,则是约法省禁,与民休息。无为治国的原则,高帝在世时已经贯彻,如除秦苛法等。汉高祖起自匹夫而得"天统",原因就是他顺民之俗,承敝易变。吕太后无为,"民务稼穑,衣食滋殖"①。汉文帝制定政策,不滋扰人民,百姓因之而安居乐业,司马迁许之为"德至圣"的仁君②。萧何为相,"因民之疾秦法,顺流与之更始"③。曹参因德,"天下俱称其美"。文景之世的社会,在司马迁笔下,被描绘成理想的社会。《律书》云:"太史公曰:文帝时,会天下新去汤火,人民乐业,因其欲然,能不扰乱,故百姓遂安。自年六十翁亦未尝至市井,游敖嬉戏如小儿状。孔子所称有德君子者邪!"这些都是司马迁对文景之世"无为"政治的依恋和向往,是提倡德治,顺从民望的政治观点的体现。

三 富国利民的经济思想

在中国古代史上,司马迁第一个系统地考察了商品经济的特征,还考察了经济与政治、经济与道德民俗的关系,提出了一整套发展生产,扩大交换、富国富家的经济理论,闪耀着朴素唯物史观的思想光辉。

(一) *首创经济史传,并重农工商虞*

司马迁的经济思想集中在《货殖列传》和《平准书》中。《货殖列传》以文景时期繁荣的商品经济为背景,描述了汉初经济的上升运动,肯定商人的历史作用,鼓励发财致富;《平准书》概述了汉武帝时期经济衰退的情况,讽刺当世的经济政策。两种背景,相反相成,形成鲜明对照,生动地描绘了汉初至武帝时代西汉经济的发展变化,在翔实的叙事之中表达了司马迁进步的经济史观。

司马迁首创经济史传,基于他卓越的史识。从战国至汉,封建统治者就一直推行"重农抑商"的经济政策。到了汉武帝时期,为了加强中央集权的统治,"重农抑商"政策得到全面的推行和发展。盐铁官营,平准均输,算缗告缗,"于是商贾中

---

① 司马迁:《史记·吕太后本纪》,中华书局1982年版,第412页。
② 司马迁:《史记·孝文本纪》,中华书局1982年版,第437页。
③ 司马迁:《史记·萧相国世家》,中华书局1982年版,第2020页。

家以上大率破"①。在这样的历史背景中,司马迁研究了商人的活动,认识到商业的兴起是历史发展的必然之"势"。《货殖列传》开篇就讲经济发展之势;人俗变迁之理。他引用老子小国寡民的主张作为批判的靶子,指出自《诗》《书》所述虞夏以来,"耳目欲极声色之好,口欲穷刍豢之味。身安逸乐,而心夸矜执能之荣使"这一人俗是随着经济的发展而渐染形成的。小国寡民的无知无欲是生产不发达时代原始氏族社会的人俗;最大限度地追求欲望的满足是生产不断发展所积渐形成的文明社会的人俗。

《货殖列传》中司马迁还从经济发展之"势"的观点出发,认识到社会出现农、工、商、虞的分工是不以人们的意志为转移的客观规律。他认为,中国地大物博,人们奉生送死的物质生活资料分布在各个不同的地区。"山西饶材、竹、榖、纑、旄、玉石;山东多鱼、盐、漆、丝、声色;江南出楠、梓、姜、桂、金、锡、连、丹沙、犀、玳瑁、珠玑、齿革;龙门、碣石北多马、牛、羊、旃裘、筋角;铜、铁则千里往往山出棋置"。大自然所提供的这些物质财富,不可能每一个人都去从事所需的直接生产,因此必须分工协作,互相依存。"故待农而食之,虞而出之,工而成之,商而通之"。司马迁还强调指出:"此四者,民所衣食之原也。原大则饶,原小则鲜。上则富国,下则富家。"人们要满足自己的衣食之需,国家要富强,就必须扩大农业、手工业生产,还要开发山泽,发展商业。司马迁引用《周书》的话说:"农不出则乏其食,工不出则乏其事,商不出则三宝绝,虞不出则财匮少。"这里,司马迁不仅突破了重农抑商的传统观念,而且强调四业并重,缺一不可。他把商业作为人民的衣食之源放到国民生产总体结构中进行考察,并引证齐国的发展历史来说明农工商虞四业早就是古代社会经济的基本结构,国家的盛衰强弱决定于经济基础的厚薄。四业兴旺,国家富强;四业不齐,国家贫弱。司马迁认识到农工商虞的分工是生产发展之"势",是富国富家的基础。他在《平准书》的赞论中有这样两句话:"事势之流,相激使然。"这两句是点睛之笔。它说明了司马迁述货殖,载平准,以事势变化的观点对社会经济的发展作规律性的探索,这就是他高人一筹的卓越史识。

(二)宣扬欲望动力说,批判了"与之争"的政策

欲望是指人体感官对于物质利益的追求,这是一个活生生的存在。司马迁在统治阶级提倡礼义以遏制人欲的时代,不同凡俗地自成一格,奏出了透视人欲的异响。《货殖列传》中,司马迁认为逐利求富是所有人的共性,并不是什么邪恶。他引用俗谚说:"天下熙熙,皆为利来;天下壤壤,皆为利往。"他用那支犀利的笔锋,

---

① 司马迁:《史记·平准书》,中华书局1982年版,第1435页。

第四章 《史记》的进步思想

饱蘸浓墨,淋漓酣畅地描绘了一幅社会的逐利图。"深谋于廊庙,论议朝廷"的达官显贵,"守信死节,隐居岩穴"的清雅之士,都为的是"归于富厚"。具有讽刺意味的是"廉吏久,久更富"。至于"陷阵却敌"的军士,"攻剽椎埋"的少年,"走死地如骛"的侠士,"不择老少"的歌伎,"饰冠剑,连车骑"的游闲公子,"不避猛兽"的猎者,"博戏驰逐"的赌徒,"舞文弄法"的吏士,以及医农工商等等百工之人,无不是为了追求财富而忙忙碌碌。在司马迁笔下,凡社会之人,不分贵贱,无论千乘之王,万家之侯,百室之君,还是匹夫编户之民,统统纳入了求利的轨道,彻底打破了儒家宣扬的纲常名分和君子小人的界限,追求财富就是人的共性。"此有知尽能索耳,终不余力而让财矣。"所以司马迁用"富者人之情性,所不学而俱欲者也"这句话对人性作了总括。

如果司马迁到此为止,仅仅指出人性欲财,算不上是一种经济理论。司马迁的杰出贡献,正在于他跨出了人性论之争的思辨哲学范畴,进入了生产领域作以考察,不仅生动地描绘了一幅社会人群的逐利图,而且洞察到人欲是社会发展之动力这一更本质的东西,第一个提出了人欲动力说。他说:"故待农而食之,虞而出之,工而成之,商而通之。此宁有政教发征期会哉?人各任其能,竭其力,以得所欲。故物贱之征贵,贵之征贱,各劝其业,乐其事,若水之趋下,日夜无休时,不召而自来,不求而民出之。岂非道之所符,而自然之验邪?"生产领域中农、虞、工、商的社会分工,流通领域中物价波动,都不是人为的政教期会设置的,而是在人欲的推动下自然形成,符合于"道"的规律而运动,这在那个时代是最卓越最有价值的认识。

从人欲动力的观点出发,司马迁提出了"善者因之"的主张,批判了"与之争"的政策。他说:"故善者因之,其次利道之,其次教诲之,其次整齐之,最下者与之争。"司马迁所说的"因之"、"利道之"、"教诲之"、"整齐之"、"与之争"都是针对统治者的经济政策而说的,他把五种政策的具体内容分散在《货殖列传》和《平准书》中。

"因之"的政策就是遵循经济发展的自然规律,放手商人活动,听凭人们追逐财富,发展生产,国家可以得到用不完的财富。司马迁说:"汉兴,海内为一,开关梁,弛山泽之禁,是以富商大贾周流天下,交易之物莫不通,得其所欲,而徙豪杰诸侯强族于京师。"[①]这就是汉初实行的"因之"政策,它带来了经济的繁荣。《平准书》说,汉兴七十年间,"民则人给家足,都鄙廪庾皆满,而府库余货财"。国家储备

[①] 司马迁:《史记·货殖列传》,中华书局1982年版,第3261页。

的钱财以亿计。"贯朽而不可校",太仓的粮食多得"陈陈相因",以"至腐败不可食"。"因之"带来了民殷国富,所以司马迁许之以"善",认为是最好的政策。

反之,"与之争"则"最下",那就是汉武帝所实行的盐铁平准。《平准书》详尽地揭露了"与之争"的每一项政策所带来的弊端。《平准书》从秦亡汉兴的经济凋敝开始述起,经过七十年的休养生息,到汉武帝即位之初,西汉经济发展到了它的高峰,紧接着笔锋一转详细记载汉武帝与民争利的竭财政治。然后在"太史公曰"的评论中简略地追溯殷周以来的经济变革至秦统一为止。指出汉武帝"无限度"地耗费民力,违背了经济发展的规律,造成了对生产的破坏,应引为借鉴。《平准书》是一篇全面地揭露和批判汉武帝"与之争"的经济政策的文献。

(三)为商人立传,总结治生之术

从生产发展的历史来看,商人的出现是以农业、手工业的分工为前提的。虽然商人不从事直接生产,但他们沟通各地的物产交流,大大推动了生产的发展。《太史公自序》说:"布衣匹夫之人,不害于政,不妨百姓,取与以时而息财富,知者有采焉。作《货殖列传》第六十九。"司马迁为古今三十个商人树碑立传,并重农工商虞,他把商业作为人民的衣食之源放到国民生产总体结构中来考察,充分肯定商人活动对于富国富家的意义,为他们遭受贱视的政治地位鸣不平。他通过白圭之口,把商人与历史上最伟大的政治家、军事家相提并论,许以智、勇、仁、强的品德,作了高度的赞扬。白圭说:"吾治生产,犹伊尹、吕尚之谋,孙吴用兵,商鞅行法是也。是故其智不足以权变,勇不足以决断,仁不能以取予,强不能有所守,虽欲学吾术,终不告之矣。"一个人若没有智、勇、仁、强的品德是不能成为富商大贾的。司马迁把商人看做人类的精华,因为他们对社会的发展作出了贡献。所以《货殖列传》不着眼于典型人物形象的塑造,而是把古今货殖之人作为一个整体来叙述,总结他们的治生之术供"智者"吸取借鉴,用意在于提倡发展生产。

司马迁总结治生之术有两个方面,一是考察商品的流通,总结财货增殖的经验;二是考察自然地理经济和民俗,总结商业活动推动生产发展的作用。这两个方面都是司马迁的首创,并且取得了卓越的成就。

司马迁对商品流通的考察,获得了一系列符合价值规律的珍贵见解。其一,知时。计然"旱则资舟,水则资车",范蠡"与时逐",白圭"乐观时变",这都说的是掌握商业行情,调查市场需要,"逐时而居货",利用供求规律,牟取大利。其二,知物。"积著之理,务完物","易腐败而食之货勿留,无敢居贵",这是说要懂得商品学,提高商品的竞争能力。其三,无息币。即加速资金流转,使"财币欲其行如流水"。为此,必须研究物价涨落规律,懂得"贵上极则反贱,贱下极则反贵",而敢于

第四章 《史记》的进步思想

"贵出如粪土,贱取如珠玉"。其四,择地择人。范蠡居陶,因陶为天下之中,"诸侯四通,货物所交易也"。范蠡治产积居,"十九年之中三致千金"①。

司马迁对自然地理经济和民俗的考察,总结了商业活动生产发展的作用。他充分认识到历史赋予商人流通货物的使命,描述了全国各地的物产、交通、民俗和都市经济。司马迁认为各地的物产提供了人民衣食之源,但要把这些资源变成财富,必须发展生产以求流通。江南地势饶富,无饥饿之患,但生产落后,人民"无积聚而多贫"。齐鲁区,本来地瘠民贫,由于太公望鼓励人民极技巧,通渔盐,齐国竟成为"冠带衣履天下"的富庶之邦。三河区地狭民稠,习俗纤俭习事,从事经商,足迹遍天下。司马迁分区考察全国各地自然地理经济,着重物产、交通、民俗这些要素,也是总结的治生之术。富商大贾在全国范围内经商,必须掌握各地的物产、交通、民俗,才能知时逐利,用奇制胜。司马迁的总结正是给他们提供的"周流指南"。农工商虞四业兴旺,关键靠商人来流通。但商业最终依赖于农业、手工业生产,所以司马迁又说:"本富为上,末富次之,奸富为下。"本富指农、林、畜、牧的生产;末富指经营商业,周流天下;奸富指劫人作奸,掘冢铸币,舞文弄法,刻章伪书等。经营本富的人,"不窥市井,不行异邑,坐而待收,身有处士之义而取给焉"②。不但声誉好,而且收入稳当,故为上。末富资金周转快,"夫用贫求富,农不如工,工不如商"③。但经商要资本,又担风险,只有能者巧者才能经营,所以说次之。奸富危身取给,用生命冒险,所以说最下。以上所述两个方面的治生经验,都只适用于有雄厚资本的"智者""巧者"。对于一般的"拙者",司马迁提出了"力作"和"诚壹"的治生原则。每一个人都有追求财富的权利,但由于个人的智力、资本等各种条件的限制,每一个人拥有的财富是不等的,无财者要受有财者的支配。财多者,达到巨万财产的富人可与王者同乐,大商人就是无冕之王,司马迁称之为"素封"。

总之,司马迁创立《货殖列传》和《平准书》是学术史上的一件大事,它开创了我国正史记载生产活动的先例,提供了大量的经济史料,成为中国史学的优秀传统。司马迁以他天才的洞察力从人欲争利的行为中看到了人欲是生产的动力。他考察了生产领域中的社会分工,并重农工商虞,认识到这是古代社会基本的经济结构。司马迁总结了治生之术,获得了许多符合价值规律的见解,肯定了商业活动在促进生产发展中所起的纽带作用,颂扬货殖,为商人立传。特别是司马迁提出的

---

① 司马迁:《史记·货殖列传》,中华书局1982年版,第3256—3257页。
② 司马迁:《史记·货殖列传》,中华书局1982年版,第3272页。
③ 司马迁:《史记·货殖列传》,中华书局1982年版,第3274页。

"素封论"的财富观,"崇势利而羞贱贫",鼓励人人发财致富,并断言人人可以致富。这一切都是司马迁超越前辈思想家的卓越贡献。

四 民族统一思想

中华民族是以汉族为主体的多民族大家庭,因此,如何处理好主体民族与周边少数民族的关系,这不仅是历代统治阶级需要认真、慎重考虑和解决的问题,而且也是历来史学家们不可回避的问题。司马迁第一个以其卓越的史识、前所未有的胸怀和宽广的眼界,站在历史和时代的高度,在他的《史记》中首创民族史传,系统地记载了中国境内各民族的历史,在中国古代史上闪耀着夺目的光辉。

(一)民族同祖同源意识

司马迁认为,中国境内民族皆为黄帝子孙,都是兄弟,是一家人,他们的根是相同的。他在《五帝本纪》、《夏本纪》、《殷本纪》、《周本纪》中记载了五帝三王都是黄帝的苗裔,并在《三代世表》中谱列了五帝三王的承传世系。不惟如此,司马迁甚至还认为春秋战国各诸侯国以及春秋战国时期被认为是少数民族而予以蔑视的匈奴、东越、闽越也都是黄帝的子孙,与黄帝是一家人。他在《秦本纪》中说:"秦之先,帝颛顼之苗裔。"在《楚世家》中说:"楚之先祖出自帝颛顼高阳。"在《越王句践世家》中说:"越王句践,其先禹之苗裔,而夏后帝少康之庶子也。"在《吴太伯世家》中说:"余读《春秋》古文,乃知中国之虞与荆蛮句吴兄弟也。"在《匈奴列传》中说:"匈奴,其先祖夏后氏之苗裔也,曰淳维。"在《东越列传》中说:"闽越王无诸及越东海王摇者,其先皆越王句践之后也。"等等。

司马迁各民族皆为黄帝子孙的说法,是出于对天下一统格局形成的歌颂,也是建立民族一统人文的一种文化观念,是值得肯定的。

(二)民族等列思想

司马迁站在时代的前列,第一次打破了"种别域殊"的内外界限,破除了汉以前唯我独尊的以华夏为中心的大汉族主义,而视中国境内的各民族为一个统一的密切联系的整体。在《史记》中,他记述了华夏之外的各民族,如匈奴、南越、闽越、西南夷以及朝鲜等。他把这些少数民族都看做是中华民族的重要组成部分,都是置于民族一统大范围之内。认为东南西北各少数民族,都是天子臣民,他们是一统天下的成员,他们的历史是走向统一的。司马迁认为各民族都有自己的优秀传统和文化,对中华民族都有自己不可忽视的特殊贡献。而各民族的风俗习惯,自有其形成的种种经济的、地理的、历史的原因,自有其存在的合理性,各民族的经济发展、繁荣与物产交流,对促进汉帝国的繁荣昌盛,对中华民族一统经济的发展都具有重要的作用。

(三)坚持民族统一,反对民族分裂

坚持民族统一,反对民族分裂是司马迁民族一统思想的主要内容之一,它贯穿于《史记》的始终,特别是在一百多年的西汉历史咏述中尤为突出。秦统治时期,中国已基本上形成了一个统一的多民族国家。西汉立国后,随着中央集权制的加强,以汉族为主体的各民族之间的联系有了进一步的加强,统一的趋势日益发展。汉初几十年中,统治者采取了削弱诸侯王势力和限制其权力的种种措施,"强本干弱枝叶",即消灭或削弱诸侯势力,加强中央集权,巩固大一统。司马迁称赞"削藩"政策所取得的成果,表现了他坚持民族统一、反对民族分裂的民族大一统思想。

汉初,由于连年战争,兵连祸结,经济萧条,满目疮痍。在这种情况下,由于西汉统治者忙于经济的恢复和打击封建割据势力,对周边民族不便加兵,便采取"安抚"的政策,对西南夷和两越采取置国封王的策略,对匈奴采取"和亲"的政策。汉初与匈奴的和亲政策,从高祖始,经惠帝、高后、文帝、景帝,直到武帝初年始终没有改变。它以有限的牺牲来换取整体的内政安稳、休养生息、发展经济、积蓄力量。同时缓和了汉与匈奴间的矛盾,减少了匈奴贵族野蛮的军事掠夺,避免了汉、匈两方大规模的战争,促进了中原与匈奴间政治、经济、文化的交流,使双方形成相互依存、友好往来的密切关系。司马迁正是看到这一点,对汉初坚持和亲的四帝给予高度赞扬:"黎民得离战国之苦,君臣具欲休息乎无为,故惠帝垂拱,高后女主称制,政不出房户,天下晏然,刑罚罕用,罪人是希,民务稼穑,衣食滋殖"①。在这些赞语中,司马迁突出了一个"安"字,国家安定,无杀伐之祸,无徭役之苦,这是发展经济、强国富民的一个极为重要的条件。

(四)对民族融合与统一的赞颂

周边各民族与华夏族的关系始终是密切相连的。他们之间的政治、经济、文化交流始终是非常频繁的。秦汉之后,随着民族大一统局面的出现,统一的多民族国家的形成和汉族为主体的各民族共同体的发展,各民族之间的经济文化交流则更为频繁。司马迁在《史记》各篇民族列传以及《刘敬叔孙通列传》、《韩信卢绾列传》、《卫将军骠骑列传》、《司马相如列传》、《货殖列传》、《平准书》等许多传记中,详细记述了各民族之间的相互融合与友好往来,详细记述了各民族之间的频繁的经济、文化交流,并对这种民族间的政治、经济、文化交流和民族融合,予以热情的

---

① 司马迁:《史记·吕太后本纪》,中华书局1982年版,第412页。

歌颂。认为这对促进民族关系、加强民族了解与融合,增强民族凝聚力,对统一的多民族国家的巩固与发展,都具有重大的作用。这也是司马迁民族一统思想的一个重要方面。

总的说来,司马迁《史记》体大思精,有着宏阔而博大的内容。除以上所论进步的历史思想、开明的政治思想、富国利民的经济思想、民族统一思想等,其进步思想还体现在战争观、义利观、人才观等方面,这也使得《史记》成了一部百科全书式的通史。

思考与探究

1. 班固在《汉书·司马迁传》的赞语中说:《史记》"是非颇谬于圣人,论大道则先黄老而后六经,序游侠则退处士而进奸雄,述货殖则崇势利而羞贱贫,此其所蔽也"。这在后代被人们称为"史公三失",请结合本章的学习谈谈你的看法。

2. 在《史记》中,司马迁认为汉初至建元七十余年间是太平盛世,"国家无事"。而建元以后的三十年间,出现了"物盛而衰"的"变"局,而这正在于"今上"的"多欲"。司马迁从记述汉武帝"多欲"之事中表达了自己对汉武帝政治的批判。《后汉书·蔡邕列传》载王允语:"昔武帝不杀司马迁,使作谤书,流传后世。"东汉的卫宏在其《汉书旧仪注》中说:"司马迁作《景帝本纪》,极言其短及武帝过,武帝怒而削去之。后坐举李陵,陵降匈奴,故下迁蚕室。有怨言,下狱死。"于是《史记》被称为"谤书"。你认为应当如何看待"谤书"说?

3. 如何认识《史记》的民族思想?

第五章 《史记》与民族精神

《史记》是中国历史上第一部纪传体通史,也是一部百科全书性质的名著。司马迁创作《史记》的目的就是要"究天人之际,通古今之变,成一家之言",要探讨三千年来社会的治乱兴衰规律,为统治者提供历史的借鉴。因此我们认为,《史记》的最大价值就在于它第一次全面地总结与记述了中华民族近三千年的创业史,对此前的民族精神第一次进行了全面的总结。民族精神植根于民族历史文化的土壤之中,弘扬和培育民族精神是以了解和把握中国的历史文化为基础的。如果漠视民族的历史文化,就不能激发起推动中国现代化发展的民族精神。因此,我们要继承与弘扬民族精神就不能不对《史记》进行解读。

一 《史记》与民族精神的形成

民族精神是一个历史的范畴,它有其萌芽、形成与发展的过程。中华民族的民族精神是在中华民族的形成过程中逐渐积淀与形成的。早在旧石器时代的漫长岁月里,中华大地上的远古先民就进行了艰苦卓绝的探索,形成了丰富多彩的旧石器时代远古文化。新石器时代是人类发展史上一个光辉灿烂的时代,也是人类物质文明与精神文化大发展的时期,是人类最具活力与创造精神的时代之一。这一时代形成了几个比较发达的文化区。文化区域的先后形成表明中华远古文化自古以来就是多元发展的。由多元发展逐渐地过渡到融合与统一,这为中华民族多民族文化的丰富多彩又逐渐地结合成为统一的多民族国家和形成层次多样、内涵丰富的中华文明奠定了坚实的基础。以五帝为代表的英雄时代是中华民族精神积淀的重要时期。炎黄和尧舜先后登上历史舞台。炎黄作为部落联盟的首领,他们不仅为部落联盟的发展作出了重要贡献,而且以他们非凡的勇气和过人的智慧,作出了许多发明创造,为社会经济的发展、为文明时代的到来作出了巨大贡献。尧舜开辟了华夏历史发展的一个新时代,促进了各部族的融合与统一,形成了古老的华夏文明。他们之所以能成为华夏民族的始祖,成为人文之初祖,作为《史记》述史的开端,就在于他们所体现的探索与创造、进取与奋斗的精神成为中华民族精神最早、最生动的体现。因此,《史记》从黄帝开端记述了中华文明与中华民族精神的形成历程,并提出了中华民族皆黄帝子孙的大一统观念。夏朝是我国历史上第一个国家形态,它的建立对于我国主体民族的形成与民族凝聚力的产生和民族精神的积淀都具有深远影响。商王朝的建立,标志着宗法制的初步确立与王权的进一步加强,同时也加强了方国与部落联盟,树立了王权的中心地位,增强了凝聚力,对后世大一统政治格局与多元一体民族大融合的出现都产生了深远影响。西周的礼乐文明已经发展到相当成熟的阶段。春秋战国则是我国历史文化大放异彩的一个光辉灿烂的时代。中华民族的大一统思想观念、大一统政治格局,中华民族的优秀传统文化、民族凝聚力与民族精神等都形成于这一历史阶段。尤其是这一时期所形成的传统文化中对于内圣外王的理想追求,志士仁人的理想人格,刚健有为、自强不息的意志品质等都对中华民族精神的形成产生了深远的影响。可以说中华民族精神的重要内涵都形成于这一历史时期。秦汉之际,随着大一统政治格局的形成,以汉族为主体的中华民族初步形成,中华民族精神也得到进一步丰富与完善。司马迁正是为这种大一统的蓬勃向上的时代精神所鼓舞,立志要"究天人之际,通古今之变,成一家之言",自觉地以撰写中华民族通史的形式,总结与弘扬中华民族的民族精神。

二 《史记》所弘扬的民族精神的主要内容

《史记》是对三千年华夏文明进程的历史总结,是对中华民族精神的高度概括与形象再现。司马迁在《史记》这部不朽的巨著里,以卓越的史学家与思想家的德、才、学、识构筑了一组又一组富于鲜明思想神韵的历史人物群像,并着重于这些人物身上所固有的精神气质的凸现与揭示,注意挖掘他们身上所体现出的民族精神。这就使中华民族在漫长的形成过程中逐渐积淀起来的民族精神得以真实集中地再现、升华与弘扬。

(一)刚健有为、自强不息的精神

《史记》展现了中华民族三千年的奋斗历程,形象地记录了一大批刚健有为、自强不息的英雄人物百折不挠的创业历程与进取精神。

第五章 《史记》与民族精神

第一，《史记》以"本纪"为纲领，叙述了从三皇五帝到秦皇汉武在国家民族的统一过程中，那些刚健有为、积极进取、艰苦创业的历代帝王的光辉形象。在他们的身上，充分体现了中华民族奋发进取的民族精神。黄帝轩辕氏，擒杀好战、暴虐百姓的蚩尤和称霸一方的炎帝，"天下有不顺者，黄帝从而征之。平者去之"，又教导百姓"时播百谷草木，淳化鸟兽虫蛾……勤劳心力耳目，节用水火材物"①，"披山通道，未尝宁居"。经过艰苦的创业，才统一天下，受到各氏族部落的共同推崇，"诸侯咸尊轩辕为天子"，成为统一天下的始祖。舜亲自率民耕种，创制陶器，"舜耕历山，渔雷泽，陶河滨，作什器于寿丘"。在《夏本纪》中记载：禹率领百姓治水，"劳身焦思，居外十三年，过家门不敢入。薄衣食，致孝于鬼神，卑宫室，致费于沟淢"，"通九道，陂九泽"，经过十几年的艰苦创业，终于平治洪水，成为人民心目中理想的领袖。在《周本纪》中歌颂了周的始祖后稷以及公刘、古公亶父、周文王、周武王的艰苦创业历程。

司马迁在《秦始皇本纪》、《项羽本纪》、《高祖本纪》中，以大量的笔墨描写了他们的艰苦创业历程，热情歌颂了他们奋发有为的积极进取精神。秦始皇雄才大略，艰苦创业，他13岁继承王位，21岁亲政，任用李斯、王翦等人才，吞并六国。从公元前230年灭韩，到前221年灭齐，十年之间，消灭了割据称雄的六国，结束了数百年的割据称雄局面，建立了中国历史上第一个统一的中央集权的封建国家。废除分封制，设立郡县制，统一法律、度量衡、货币与文字，修筑驰道，加强交通建设。北逐匈奴，筑长城；南定百越，促发展，功不可没。司马迁在批评秦始皇实行暴政的同时，歌颂了他艰苦创业的开拓进取精神。项羽聚众起事，以八千江东子弟，艰苦创业，图谋发展，在推翻暴秦的历史中建有大功。巨鹿之战中与秦军决战，破釜沉舟，以一当十，终胜秦军。垓下之围时，尽管部下越来越少，但项羽依然谈笑自若地溃围、斩将、刈旗，勇敢非凡。其英雄气概，千古敬仰。司马迁热情地歌颂道："羽非有尺寸，乘势起陇亩之中，三年，遂将五诸侯灭秦，分裂天下，而封王侯，政由羽出，号为'霸王'。位虽不终，近古以来未尝有也"。刘邦手持三尺宝剑闯天下，武力虽不及项羽，但他善于用人，终成统一大业，他无疑也是具有创业精神的大英雄。由此可见，从黄帝到秦皇汉武，司马迁有选择地进行描绘歌颂，从这些帝王身上，不仅反映了统一事业的艰难，更集中体现了中华民族为追求统一事业而艰苦奋斗的不屈不挠的意志和积极进取的创业精神。

---

① 司马迁：《史记·五帝本纪》，中华书局1982年版，第3页，第6页。

第二，《史记》的"世家"体例是依附于"本纪"而存在的。"世家"的价值就在于表明诸侯王辅佐天子艰苦创业而成就统一大业，突出表现他们奋发有为、积极进取的创业精神。司马迁在《太史公自序》中对三十世家的创作目的有着明确的表述。如说"嘉句践夷蛮能修其德，灭强吴以尊周室，作《越王句践世家》第十一"。在这篇传记中，司马迁热情歌颂了越王句践艰苦创业、报仇复国的精神。"越王句践反国，乃苦身焦思，置胆于坐，坐卧即仰胆，饮食亦尝胆也。曰：'女忘会稽之耻邪！'身自耕作，夫人自织，食不加肉，衣不重采，折节下贤人，厚遇宾客，振贫吊死，与百姓同其劳。"越王句践以"卧薪尝胆"的艰苦创业、奋发图强精神成为中华民族的精神力量，砥砺后代自强不息、积极进取。在《孔子世家》中，司马迁赞扬孔子好学不倦的精神，积极用世的态度。他虽身处逆境，到处碰壁，但并不消沉，毫不气馁，周游列国，宣传其主张，明知理想不能实现，但他"知其不可为而为之"，积极用世的精神愈加坚强。一方面刻苦自励，充实自己，等待时机，以用于世；另一方面另辟蹊径，整理古籍，著书立说，收徒授业，宣传其主张，表现了艰苦创业、不屈不挠的意志和积极用世的精神。此外，从《萧相国世家》、《曹相国世家》、《留侯世家》、《陈丞相世家》到《绛侯周勃世家》，共写了萧何、曹参、张良、陈平、周勃等五人帮助刘邦打天下、艰苦创业，为汉朝的统一大业奋斗的事迹，在他们身上集中体现了中华民族积极有为、奋发进取的创业精神。

第三，《史记》七十列传是为那些能扶持正义、才干卓越、不让自己失去时机而建功立业的名人作传。除过六篇民族史传之外，司马迁在列传中塑造了众多建功立业的人物群像。同"本纪"、"世家"中的英雄人物一样，在这些人物形象身上，鲜明而丰富地体现了中华民族积极进取的民族精神。如果说"本纪"、"世家"中的英雄人物的民族精神多体现在为国家民族的统一大业而积极进取、艰苦创业的话，那么，列传中的杰出人物的民族精神则多表现在对功名事业的追求中，在实现自己的人生价值中的自强不息、奋发进取的精神。在《伍子胥列传》中，司马迁饱含感情地记叙了伍子胥替父兄复仇的故事。荒淫残暴的楚平王听信谗言，杀害了伍子胥一家。伍子胥逃离楚国，凭借他的杰出才智，精心策划，经过多少艰难困苦、辛酸曲折，终于在15年后，利用吴国的兵力，击败楚国，为父兄报仇。司马迁在这篇传记中，充分表现了伍子胥为复仇而经历的种种常人难以想象的磨难，以及他与艰难困苦作斗争的过程中所表现出的隐忍精神、坚毅品格和积极进取的态度。他在逃宋、逃郑途中历经风险，在奔吴路上经历了重重磨难。在吴潜心致志，辅佐阖庐艰苦创业16年，为破楚做准备。在佐吴兴邦、佐吴破楚、佐吴争霸的长期奋斗中，他的才

第五章 《史记》与民族精神

智、潜能得到超常发挥。终于实现了自己"隐忍以就功名"的人生价值与奋斗目标。这种"隐忍以就功名"的人生价值观成为中华民族一种在逆境中足以支持人成就大业,在历史上作出惊人贡献的品格。它为身处逆境中的人们提供了一种榜样,一种出路和一种鼓舞力量,凝聚成为中华民族艰苦创业、自强不息、积极进取的一种民族精神。《史记》中记载的众多的军事家、思想家、文学家以及大量的下层人物,如游侠、刺客、商贾、俳优、卜者等等,他们为理想而奋斗的精神同样体现了中华民族积极进取、奋发有为的创业精神。

(二)舍生取义、勇赴国难的爱国主义精神

第一,爱国主义是中华民族精神的一个核心内容与实际表现。司马迁的《史记》以巨大的热情,谱写了一曲曲爱国主义的英雄赞歌,歌颂了历史上一大批爱国的民族英雄和对国家、对民族有重大贡献的杰出人物。在《屈原列传》中,司马迁以极大的热情和无比的愤懑记叙了屈原悲剧的一生,歌颂了屈原伟大的爱国主义精神、刚正不阿的正直品德和不屈不挠的斗争意志。屈原生活在战国后期,或者秦帝,或者楚王,都直接关系着本国人民的命运和利益。作为一个楚国的政治家兼诗人,他"眷顾楚国",关心祖国的前途和命运,希望自己的国家能走在时代的前列,能够完成统一中原的宏伟大业,所以他"奔走以先后",主张"举贤授能"、"修明法度",改革弊政,振兴国家、联齐抗秦。为了改变祖国昏暗的政治,他不顾个人的荣辱祸福,与那些奸佞小人和腐朽

屈 原

的旧贵族集团进行了坚决的斗争。他始终为祖国的富强而斗争,就是受谗见疏,也没有考虑个人的得失,始终以祖国的前途为念。这种宁死不屈的斗争精神和对祖国无限忠诚的品质,千载以来激励了无数的仁人志士的爱国热忱,也积淀成为一种普遍的民族精神,激励和振奋着全民族。千百年来,中国人民在反抗侵略、反对强暴、维护正义、保卫祖国利益和国家尊严的斗争中,从屈原身上得到鼓舞,获得力量。这力量源于司马迁对屈原爱国精神和不屈不挠、光明磊落品德的热情歌颂与大力弘扬。当然,《史记》中的许多列传都弘扬了这种爱国主义精神,如《廉颇蔺相如列传》、《李将军列传》、《卫将军骠骑将军列传》等。

第二,维护国家的统一与稳定是中华民族发展和强大的保证,是全民族的利益所在,也是爱国主义的一个重要表现。中华民族历史上曾不断地受到外族的侵略。

在反抗侵略、保卫祖国的斗争中，涌现出无数的英雄人物与爱国志士，司马迁对他们予以热情的歌颂。在《李将军列传》中，司马迁以十分崇敬的心情记叙了汉之飞将军李广的生平事迹，歌颂了他在反击匈奴、保卫祖国中的功绩；记叙了他超凡绝伦的勇敢和使敌人闻之丧胆的声威，以及他爱护士卒、关心部下、廉洁自律的高贵品质，大力弘扬了李广抗击匈奴、保家卫国的爱国主义精神。在《卫将军骠骑将军列传》中，司马迁颂扬了卫青、霍去病抗击匈奴、保卫国家的历史功绩和他们"匈奴未灭，无以家为也"的爱国主义精神。在《大宛列传》中歌颂了张骞不辞艰险、艰苦跋涉、出使西域，沟通汉朝与西域各国的关系，为国开边的历史功绩。在出使西域的过程中，他被匈奴扣留了十几年，始终"持汉节不失"，表现了对祖国无限忠诚的民族节操。"张骞凿空"，沟通了西北边境少数民族与汉中央王朝的联系，加强了各民族之间的友好往来和团结，有利于汉朝彻底解除匈奴的威胁，建立统一的多民族国家；同时沟通了中国和世界各国的经济贸易往来和文化交流，对后来的"丝绸之路"起了开创作用。这种爱国主义精神成为中华民族凝聚力与向心力的最集中表现，成为民族精神的最突出、最生动的表现。

　　第三，"天下兴亡，匹夫有责"的社会责任感与使命感是爱国主义的又一种表现形式。在《平准书》中，司马迁还记叙了爱国者卜式输财助边、济国家之困的动人事迹，表彰了他的爱国行为。他靠自己的劳动致富，富了不忘国家，"是时，汉方数使将击匈奴，卜式上书，愿输家之半县官助边。天子使使问卜：'欲官乎？'卜曰：'臣少牧，不习仕宦，不愿也。'使问曰：'家岂有怨，欲言事乎？'式曰：'臣生与人无纷争。式邑人贫者贷之，不善者教顺之，所居人皆从式，式何故见怨于人？无所欲言也。'使者曰：'苟如此，子何欲而然？'式曰：'天子诛匈奴，愚以为贤者宜死节于边，有财者宜输委。如此而匈奴可灭也。'"这种有力出力、有钱出钱、将济国家之急视为自己的社会责任，上下一心，团结御敌的爱国精神是何等的可贵！他出钱助边，帮助国家抗击匈奴，并没有任何个人欲求，只是出于一种对国家与民族的热爱，出于一种社会责任感和个人的使命感。后来，"式归，复田牧。岁余，会军数出，浑邪王等降，县官费众，仓府空。其明年，贫民大徙，皆仰给县官，无以尽赡。卜式持钱二十万予河南守，以给徙民……是时，富豪皆争匿财，唯式尤欲输之助费"。卜式这种不求官、不慕名、不爱财、一心为国的爱国精神感人至深。在《齐太公世家》、《刺客列传》中，司马迁记叙了鲁国的曹沫在盟会上劫持齐桓公、使之归还鲁国侵地的故事，歌颂了曹沫的爱国精神。在《伍子胥列传》中，歌颂了爱国志士申包胥哭秦求救的故事："申包胥走秦告急，求救于秦。秦不许。申包胥立于秦廷，昼夜

第五章 《史记》与民族精神

哭,七日七夜不绝其声"。他的爱国真情,终于感动了秦王,派兵救楚,并使楚国收复了失地。这种爱国精神,深入楚国民心。以致后来在反抗秦国暴政时有"楚虽三户,亡秦必楚"的民谚。在《田单列传》中,歌颂了齐国的田单在祖国存亡危机的关头,挺身而出,抗击燕国的侵略,凭着满腔爱国热情和大智大勇,奇计猛袭,打败了强敌,收复了国土,表现了强烈的社会责任感和爱国精神。同传还记叙了不受敌人封赏利诱,不失节叛国的爱国志士王蠋。"燕之初入齐,闻画邑人王蠋贤",欲封之以万家。王固谢。燕军威胁他,不从,将屠城。他大义凛然地回答燕将的威胁:"国既破亡,吾不能存;今又劫之以兵为君将,是助桀为暴也。与其生而无义,固不如烹",毅然以自杀殉国,表现了宁死不屈的爱国精神和民族气节。

(三)勇于探索、锐意变革、不断创新的精神

中华民族是一个具有巨大创造力和勇于改革、大胆创新的民族。这些优秀的品质足可使我们的民族去追求进步、迎接胜利、创造新的世界,使中华文明更加光芒四射。而不断推动中国历史前进的原动力,便是中国历史上接踵而来的变法改革运动。改革是人类智慧最惊心动魄的表演,是生命活力的集中体现。一个民族要发展,要充满活力,就必须有改革创新精神。

中国历史上的改革,声势浩大,范围广阔,既有政治的改革,也有经济的、军事的和文化教育方面的改革。这些改革,有的成功了,有的失败了。无论成功与失败,都产生了积极的影响,或大或小地促进了政治、经济的发展,推动了历史前进,有着无可估量的价值和意义。司马迁以历史学家的敏锐目光,看到了改革在历史上的巨大推动作用,认为历史是通过各种变革向前发展的。因此,他对历史上的政治、经济、军事、思想文化等改革,总是采取赞赏的态度,给予肯定,作出高度的评价。

《史记》中所记载的改革变法运动,主要表现如下:

第一,表现在思想观念方面的转变。在各个历史时期,当社会急剧变化的时候,总有一批具有远见卓识的政治家、思想家、学者应运而生,脱颖而出。他们著书立说,奔走呼号,在理论上进行阐述,作理论的宣传。春秋战国时期是一个大变革的时代,由于社会形态的急剧变化,礼崩乐坏,思想解放的潮流随之涌现。先前"工商食官"的格局被打破了。士、农、工、商处于分化之中。旧的礼、乐、刑、政难以继续维持,"僭越"、"犯上"之事数不胜数,阶级关系发生了巨大变化。在新的形势下,昔日的王官之学,散入民间,出现了私家讲学、著述的风气。战国之后,随着礼制的日益衰落,人们的伦理道德观念也发生了深刻的变化。社会进入了大变革的

时代。七雄奋发图强,变法之风吹遍各国,"士"阶层乘势而起。他们大抵受过"六艺"的教育,有知识,有才干,或用舌和笔,或用刀与剑,身处时代潮流的漩涡,活跃于政治舞台,成为风云际会的人物。其中的一些文士从事教育和著述,聚徒讲学之风盛极一时。诸侯异政,百家异说,于是诸子百家应运而生,争鸣之风大炽天下。他们放言争辩,无所忌惮,开创了旷古未有的思想活跃、精神解放的新局面。如孔子、老子、墨子、孟子、庄子、荀子、韩非子等等,都有"当今之世,如欲平治天下,舍我其谁也"的雄心壮志。他们纷纷到诸侯各国进行游说,宣传自己的政治主张。孔子周游列国,席不暇暖;墨子、宋钘为了反对不义战争,都去游说楚王罢兵;孟子先后游说齐宣王、梁惠王;许行自楚至滕游说滕文公;荀子游齐适楚。至于纵横法术之士,则更是辗转奔走各国,凭着三寸不烂之舌,游说人主,取得卿相之尊。秦汉之后,又有陆贾、贾谊、晁错、董仲舒、司马迁、主父偃等贤达,或建构自己的理论学说与思想体系,或向神权宣战,或积极推行改革,都表现出大胆的探索精神和强烈的历史责任感和创新精神。司马迁记载了这些诸子百家的游说事迹和他们的思想创新,表现了中华民族在精神领域的大胆探索和积极创新。这种创新与进取使人感受到一种奋发向上的精神力量,同时也体现了中华民族的智慧和力量。

第二,变法改革在思想领域探索的基础上,更为可贵的是有赖于一批实践家勇敢地付诸实施,艰难地进行改革试验。如果没有他们的勇敢改革行动,那么变法也就不可能实现。但由于年代久远、史料不全等客观原因,司马迁对春秋以前的改革活动记载得不多。尽管如此,他也不敢淹没这些改革者的事迹,有云必述。如《夏本纪》记述了夏禹改革治水方法,是一个极具开拓创新精神的英雄形象。《五帝本纪》记述后稷始播百谷,开始农业生产,并发明种植水稻。《周本纪》记述了古公亶父筑城郭居室,变游牧迁徙为定居务农等事迹。春秋战国时期是一个大变革的时代。在这一时期出现了许多勇于探索、大胆改革的历史人物。首先走上改革舞台、进行较为系统的政治、经济、军事改革的要算齐国的管仲。司马迁在《管晏列传》中称赞管仲辅佐齐桓公进行改革,发展生产,富国强兵,"九合诸侯,一匡天下",称霸中原的赫赫功业。

战国时代各国的变法运动风起云涌,波澜壮阔。首先是魏文侯礼贤下士,重用李悝(又称李克)、吴起、西门豹等人进行了一系列的变法改革。在《魏世家》中记述了西门豹治邺使"河内称治",又重用李悝,创立"平籴法",编制出我国第一部法典《法经》。在《孙子吴起列传》中记述了吴起的变法改革运动,使楚国民富国强,"兵震天下,威服诸侯",一跃而成为南方强国。在《商君列传》中,司马迁详细地记

第五章 《史记》与民族精神

述了商鞅变法的内容和经过,称赞他的才能,歌颂他的改革进取精神,对他的不幸遭遇则寄予了深切的同情与惋惜。对商鞅变法的结果,司马迁称赞道:"居五年,秦人富强","行之十年,秦民大悦。道不拾遗,山无盗贼,家给人足。民勇于公战而怯于私斗。乡邑大治"。又在《范雎蔡泽列传》中评价商君、吴起等人的改革说:"夫公孙鞅之事孝公也,极身无二虑,尽公而不顾私;设刀锯以禁奸邪,信赏罚以致治;披腹心,示情素,蒙怨咎,欺旧友,夺魏公子邛,安秦社稷,利百姓,卒为秦擒将破敌,攘地千里。吴起之事(楚)悼王也,使私不得害公,谗不得蔽忠,言不取苟合,行不取苟容,不为危易行,行义不辟难,然为霸主强国,不辞祸凶。大夫种之事越王也,主虽困辱,悉忠而不解;主虽绝亡,尽能而弗离,成功而弗矜,富贵而不骄怠。若此三子者,固义之至也,忠之节也。是故君子以义死难,视死如归。生而辱不如死而荣。士固有杀身以成名,唯义之所在,虽死无所恨。何为不可哉?"司马迁称他们的改革行为是"以义死难",赞他们的改革精神为"视死如归",肯定改革是一种义举,"唯义之所在,虽死无所恨"。他们为改革而献身是"死而荣",远比"生而辱"高尚得多。

胡服骑射

第三,在《赵世家》中,司马迁对赵武灵王胡服骑射、进行军事和民俗的改革事迹,对他的改革图强精神,进行了热情的歌颂。尤其是在《秦始皇本纪》中,尽管他对秦始皇的暴政进行了无情的揭露和批判,但对他的改革图强、开拓进取精神则予以热烈的颂扬。他在《六国年表序》中说:"秦取天下多暴,然世异变,成功大。传曰:'法后王',何也?以其近己而俗变相类,议卑而易行也。学者牵于所闻,见秦在帝位日浅,不察其终始,因举而笑之,不敢道,此与以耳食无异。悲夫!"他认为不能因为秦的多暴,朝代短暂,就否定秦统一六国的进步意义和秦始皇顺从时变而进行的改革。秦始皇以雄才大略,"续六世之余烈,振长策而御宇内,吞二周而亡诸侯,履至尊而制六合"[1],统一了六国,结束了四百余年的割据混乱局面,这是一项了不起的历史功绩。统一中国后,他又废除分封制,实行郡县制,建立中央集权的国家。在皇帝之下设立宰相和九卿,使政治、军事、监察三权分立,互不统摄而又互相制约,这是一项政治上的伟大创造。为适

---

[1] 贾谊:《过秦论》,《史记·秦始皇本纪》,中华书局1982年版,第280页。

应大一统帝国的统治需要,他又统一度量衡、文字、货币,修筑公路,开凿渠道,促进了政治、经济、文化的极大发展,其功绩是不可磨灭的。

如果说革新还只是对现实进行轻微的改造破坏的话,那么,革命则是更激烈的改造现实的方式。汤伐桀,武王伐纣,改朝换代,这是革故鼎新。《易·革》云:"天地革而四时成。汤武革命,顺乎天而应乎人,革之时大矣哉!"《易·系辞》也说:"穷则变,变则通,通则久。"一个王朝因为政治敝坏而走向覆灭,但同时又意味着另一受人民欢迎的王朝的新生。对华夏民族来说,这是暂时的曲折和苦难,而不会走向灭亡。我们民族不屈不挠的精神也就体现在这伟大的变革之中。陈胜、吴广是中国历史上第一次农民起义的领袖,他们身上体现着生命的斗争精神。司马迁对他们伐无道、诛暴秦的功绩予以高度评价:"桀纣失其道而汤武作,周失其道而《春秋》作,秦失其政而陈涉发迹。"被压迫者生命的火焰一经燃烧,就有无穷的冲击力量。尽管这些起义往往以失败而告终,但最终留给后人的,却是一种可歌可泣的精神。

由此可见,《史记》的"本纪"叙述了从黄帝到武帝在国家民族的统一过程中,那些奋发有为、积极进取、艰苦创业的历代帝王的光辉形象。在他们的身上,充分体现了中华民族奋发进取、追求一统的民族精神。"世家"就在于将诸侯王奋发创业纳入华夏民族奋斗史的总体构思中,突出华夏民族一统的重大主题,而"列传"则是华夏士林的丰碑。中华民族的民族精神本来就形成于春秋战国士林阶层探讨统一的过程之中,司马迁满怀深情地记述了这些华夏英雄的可歌可泣的丰功伟业,揭示了这个英雄群体勇于进取、永不停息的内心世界,弘扬了这些英雄群体所体现的伟大的民族精神。

三 《史记》民族精神对后世的深远影响

《史记》所弘扬的民族精神对后世的文化价值观、人生价值观、道德价值观、社会开放观、大一统的政治格局与仁政德治等各个方面产生了深远影响。《史记》两千多年来之所以广泛而深刻地影响着中国思想与文化精神,与其体现的被整个民族文化心理所广泛认同的、并富有东方特色的中华民族的民族精神有深刻的内在联系。而将《史记》放在中国历史文化辽远背景之下考察其所体现的民族精神,将有助于对这部不朽巨著深层文化意蕴的触及与把握。

中华民族的民族精神是能够将我们这个多民族国家凝聚在一起的、代表我们

第五章 《史记》与民族精神

这个民族最本质特征的、推动民族不断前进的精神,是民族之"根"与民族之"魂"。民族精神代表整个民族的性格,体现整个民族的精神风貌,因此它不是一个简单的集合概念,既不是单个个体意识或个体精神的集合,也不是多数人的观念集合。从本质上说,它是一个整体概念,具有整体性意义。它具有统一性、稳定性与延续性,代表了一个民族的统一而持久的精神面貌,这正是一个民族能够维系和发展的根本原因。上文已经指出,中华民族的民族精神是在春秋战国士林探讨统一的历史条件下形成的,而记录这一统一过程、形成与积淀民族精神的正是《史记》这一不朽的文化巨著。因此,我们要发扬与弘扬民族精神,就不能不对《史记》进行解读,要把古代语言中的意义变为现代人所理解、所接受的财富,仅靠文字翻译是不行的,还必须运用批判理性,进行结构性的分析,把代表民族精神的意义从原来的意义结构中分离出来,实行新的转换。只有这种转换才能将民族精神从历史的语言中,从人们凭吊的对象中,变为时代精神,转化为现实的力量。纵观人类发展史,有无民族精神,对一个国家和民族的生存与发展往往具有重大意义。从这个意义上说,研究《史记》所体现的民族精神,不但能够拓宽《史记》的研究领域,挖掘其新的价值,具有重要的学术价值和意义,而且对于我们建设有中国特色的社会主义事业,增强当代中国的精神凝聚力,实现民族的伟大复兴与和平统一,实现长治久安,自然具有重要的现实意义。

思考与探究

1. 中华民族精神是如何形成的?
2. 《史记》弘扬了哪些民族精神?
3. 《史记》所弘扬的民族精神对后世有哪些影响?
4. 现阶段如何继承与弘扬民族精神?

第六章 《史记》的叙事风格

在中国,历史叙事成熟早、影响大,产生了一批重要的叙事文本,其中《史记》是最具典范性、权威性的叙事作品。《史记》的叙事得到了自汉代、唐宋以及明清的史学家、古文家、评点家、小说家、戏剧家广泛的关注与高度的评价。刘知几《史通·叙事》中说:"夫史之称美者,以叙事为先。"《史记》在叙事上的突出特点是"善序事理"、"寄意于笔墨蹊径之外"、"寓论断于叙事"、"《史记》叙事,如水之傅器,方圆深浅,皆自然相应"、"史公遇一种题便成一种文字"、"太史公文虽变幻,却将一二字句作眼"、"《史记》长篇之妙,千百言如一句"、"子长作传,必有一主宰"、"司马子长以文驭事,故其书独出千古"。就《史记》的叙事风格而言主要体现在以下几个方面。

一 立体叙事

《史记》的叙事无论组织形式、具体内容、主要方法都凸显着立体叙事的特点。

第一,组织形式。"五体"的设立,标志着《史记》叙事从五个方面来组织。"本纪"是《史记》全书的纲纪、主轴,统辖和贯穿其他四个部分;"世家"记载了诸侯国、诸侯王和有功之臣,上承本纪,下连列传;"列传"为全书的主体,记载了各个时期能够影响于后世的人物;"表"则使用表格的方式,概括了各个时期的人事,起了联系本纪、世家、列传的桥梁作用;"书"则以专门史的形式叙述了当时社会的主要典章制度及其沿革情况。《史记》五个部分既各自独立,各有各的记载内容和范围,又融会贯通、经纬纵横,全方位、立体地反映了整个社会,系统而有序地贯穿了古往今来。比起《左传》仅以时间为线索编排253年间的人与事来要更为全面,如果说《左传》的叙事是一维的话,那《史记》的叙事就应该是多维的、立体的。

第二,具体内容。《左传》是以春秋二百多年的政治史为主的,记录了春秋时期诸多侯国政治上的动荡和变故、君王的生卒和更替,强宗大族的争权夺势,以及

第六章 《史记》的叙事风格

执政者的阴谋权术,其中侯国间频仍的战争、重大的盟会、庄严的盟誓常常是作者记写的重点,日常的朝觐聘问、各国往来也都有详细的记录。所有发生在贵族群中的大小政治事件以及尔虞我诈的阴谋诡计,都集聚于《左传》作者的笔端。而《史记》记录的内容则涉及社会生活的方方面面,有经济、军事、外交、制度,有文化思想、学术源流,有中央政权以外的周边少数民族发展,有各阶层人物的事迹等。所以从以上各个方面来说,《史记》应该是综合史,是经济史、军事史、外交史、制度史、文化史、学术史、民族史、人物史等的综合,因此它的内容是立体的,全方位的。

第三,主要方法。在《史记》五体中,"十表"、"八书"采用的是"朴素的"历史话语,而"十二本纪"、"三十世家"、"七十列传"则采用了"有意义的"历史话语。

《史记》"十表",三个表记先秦,一个表记秦楚之际,六个表记汉代。"十表"的排列极其合理,与其他部分浑然一体。司马迁《史记》中的十表,是全书的时空框架,在这个框架下,展示"空间"(国别、地域、郡望)和"时间"(朝代史、国别史和家族史),以及"空间"、"时间"下的"人物"和"事件"。古人郑樵说:"史记一书,功在十表。犹衣裳之有冠冕,木水之有本原。"钟惺也说:"《史记》诸表,一图谱也,而文章间架,一经一纬,一纵一横,亦自可得之,是无言之文也。"《史记》中"十表"具有两个突出的特点,一是语言简要明晰,二是涉及内容全面广泛。"八书"注重追溯典制的历史源流,包容宏宽,情理繁杂,术学专门,论述清晰,客观准确。"十表"、"八书"叙事话语中尽可能剔除叙事者主观性而着力打造的是历史的客观性与理性。

"十二本纪"、"三十世家"、"七十列传"所采用的话语模式则呈现出对历史解释的意图,从而成为"有意义的"历史话语。《史记》的这些篇章中充满了一个个朝代的兴衰,以及兴衰历史中普遍存在的开始时励精图治和结尾时骄奢淫逸这样的因果规律,而对于个人则往往逃不脱"满招损,谦受益"等封建伦理观念统照下的命运解数。这些充满解释的历史事件被选择、排列组织在一起,完全由叙事者操纵,充满了叙事者的主观性。恰如巴尔特所揭示的:历史学家在工作中往往隐瞒历史语言与自己的主观倾向之间的联系,以便创造出客观关联的幻象。他指出:"历史的话语,不按内容只按结构来看,本质上是意识形态的产物,或更准确些说,是想象的产物……"历史话语并不顺从现实,而是强行赋予现实以意义,历史学家所说的"该事发生了"无非是他对此作了一个断言而已。

"朴素的"历史话语与"有意义"的历史话语共同实现了《史记》的立体叙事。

二　宏大叙事

与前代著作相比,《史记》显示出巨大的文化内涵。可以说,《史记》是先秦文化的集大成者。梁启超曾说:"其于孔子之学,独得力于《春秋》,西南学派(老庄)、北东学派(管仲齐派)、北西学派(申、商韩)之精华,皆能咀嚼而融化之。又世在史官,承胚胎时期种种旧思想,磅礴郁积,以入于一百三十篇之中,虽谓史公为上古学术思想之集大成可也"①。我们也可以说,《史记》完成了对中国先秦多元文化的有效整合。"文化整合"是文化变化为整体的或完全的过程,在此过程中,构成文化的各要素、各子系统之间互相涵化、互相调适,形成新的"文化模式"②。《史记》的出现,其中不仅体现着文化整合的精神("成一家之言"),而且生动地记录了文化整合的过程,最终确立了中华民族绵延两千余年强劲的文化模式,即大一统的文化模式。这种文化模式相对于此前的文化体系来说是一种新的文化,具有划时代的意义。主要体现在以下几个方面:

第一次以"通"的形式,展示了中华民族三千年的文化流程。《史记》从远古的五帝时代写起,首先追认黄帝为中华民族共同的始祖,不同地域的人们都是同根同源,血脉相连,皆是黄帝子孙,这一民族一统的观念奠基于《史记》,形成了我们民族文化强大的凝聚力。我们的文化历经夏、商、周、秦、直到汉武帝时代,每一时代都有独特的文化特征,司马迁之前没有人进行系统总结。《史记》如同一条文化链,将不同时期的文化联系起来,形成一个完整的系统,使历史与现实融为一体,并且预示着中华文化未来的发展方向。司马迁贯通历史的叙述,象征着中华民族不断壮大,各民族互相融合,不同文化日益统一的发展方向。

第一次将不同的学术思想囊括其中,形成了新的意识形态。《史记》"厥协六经异传,整齐百家杂语"有三层含义:一是要对六经异传和百家杂语不同的乃至对立矛盾的史料进行取舍,构成一个前后一致彼此和谐的史书体系;二是博采六经异传和百家杂语的观点构成一个协调和谐的历史评价系统;三是从六经异传和百家杂语中吸取学术思想理论,在整合六经异传和诸子百家学术思想基础上构筑自己的学术大厦。《史记》中所采录的先秦典籍共一百零六部,仅诸子百家的书就有五

---

① 梁启超:《要籍解题及其读法》,《饮冰室合集》文集第三册,中华书局1989年版。
② 冯天瑜:《中国文化发展轨迹》,上海人民出版社2000年版,第111页。

第六章 《史记》的叙事风格

十三种①,各家思想在《史记》中都有体现,这种体现不是随意的,而是经司马迁确认并在承认其文化价值的基础上进行的新的创造。他以前所未有的广阔胸怀,吸纳了前人的思想,形成了与汉代大一统帝国集权制相契合的新的意识形态,那就是发端于元典时代而又吸纳了道、法诸家的儒家文化,这种文化既是后代专制集权统治的一般方略,也是士大夫阶层流行的儒道互补的生活哲学,还是潜行于下层社会的民间宗教。

第一次整合了长期并存的多元区域文化,将他们共同纳入华夏文化大系统中来。在司马迁之前,《国语》、《战国策》按国别记载历史,可以说是较早的区域文化的体现。秦始皇统一天下之前,吕不韦招集天下门客编撰《吕氏春秋》,其中"圜道"一统思想,为中国文化走出地域疆界,达到融会整合提供了理论依据。而汉代大一统的政治局面、汉初百年经济的发展、社会的稳定则为整合多元区域文化提供了必要的外在条件。司马迁本人实地考察、广泛游历、亲自体验,则为整合提供了不可缺少的内在条件。对于各区域文化,司马迁首先是尊重他们独特的文化传统,其次是客观全面真实地记录与保存,最后从文化根源上将各区域文化都归之于华夏文化大系统中。其中主要有秦文化、晋文化、中原文化、齐鲁文化、燕赵文化、巴蜀文化、荆楚文化、吴越文化,还有西部的丝路文化以及周边的少数民族文化。司马迁智慧地将众多区域文化纳入华夏大文化中,采取的办法就是以血缘为纽带联结各区域文化。《吴太伯世家》中:"余读春秋古文,乃知中国之虞与荆蛮句吴兄弟也。"如《越王句践世家》所记"越王句践,其先禹之苗裔,而夏后帝少康之庶子也。封于会稽,以奉守禹之祀。文身断发,披草莱而邑焉。"

重视家族文化,将其作为一个重要的分支纳入华夏大文化中。《史记》中凡是《本纪》、《世家》、《列传》中的重要人物,司马迁都是从他的祖先叙述起,尽可能交代清楚其家族发展演变的过程,以及这一过程中最主要的文化基因。如《项羽本纪》中记载:"项籍者,下相人也,字羽。初起时,年二十四。其季父项梁,梁父即楚将项燕,为秦将王翦所戮者也。项氏世世为楚将,封于项,故姓项氏。"再如《伍子胥列传》记载:"伍子胥者,楚人也,名员。员父曰伍奢。员兄曰伍尚。其先曰伍举,以直谏事楚庄王,有显,故其后世有名于楚。"

司马迁在《史记》中进行的文化整合,体现了历史发展的必然趋势,也是时代的需要,更是文化发展的必由之路。期望四海一家,万邦和谐,是中国人早已形成

---

① 安平秋等著:《史记通论》,华文出版社2005年版,第131页。

的一种文化心理趋向。整合后的文化成为优势文化,即"整体大于部分之和"①,是更高层次的文化积淀,具有明显的时代特征与独特的文化品质。汉武时代,不仅疆域辽阔,国力强盛,而且洋溢着一种亢奋的拓展精神。规模壮丽、胸襟豪迈是整合后的文化所呈现的明显特征,开放、吸纳是整合后的文化最主要的品质。这些不仅表现在器物文化的制造上,同时还体现在文化产品的创作上。其代表除了以百科全书式的眼光关照古今、以开阔的胸襟拥抱前代一切文化成果的《史记》外,还有"苞括宇宙,总揽人物"的汉赋。从文体的特征看,汉赋既有诗的句法整齐、音节浏亮等特点,又有先秦散文对问式结构、排比、对偶等句式特点。与诗相比,它能够用迂徐舒缓的形式表现更为广阔的生活场景;与散文相比,它具有更特殊的形式美。它是诗的散文化和散文的诗化。就其表现方法来看,汉赋继承了先秦文学中直敷其事的方法,"敷布起义,广陈事理";继承了先秦文学中借助想象"架虚行诡"的传统,"假象尽辞"、"巧构幻境";继承了先秦文学中极力夸张的手段,排比连类,铺张扬厉。汉赋作为新的文学样式,适应了汉帝国"润色鸿业"的需要,所谓"天子以四海为家,非壮丽无以重威",显示出汉代扩张、进取的气象,成为汉朝一代之文学,备受文人学者的重视。《史记》同样具有上述文化特征与品质,他们共同形成了汉代文化"大"的气象。

司马迁创作的《史记》,完成了对先秦多元文化的一统整合,奠定了中国本土文化的基本模式,成为中国文化史上的一座丰碑,对后代产生了深远影响。正如李景星《史记评议》所说:"由《史记》以上,为经、为传、为诸子百家,流传虽多,要皆于《史记》括之;由《史记》以下,无论官私记载,其体例之常变,文法之正奇,千变万化,难以悉述,要皆于《史记》启之。"②

三 全知叙事

《史记》的全知视角是集合了中立性全知、选择性全知以及戏剧性外视角的某些特性而又富于中国历史叙事特色的一种视角类型,我们姑且称这种全知视角为"史家式全知叙述"。这种全知叙述具有三方面特征:一是总体上的全知叙述;二是一定程度的限知,通过限知视角的流动实现全知;三是客观戏剧式全知。

---

① 冯天瑜:《中国文化发展轨迹》,上海人民出版社2000年版,第111页。
② 陆永品点校:《史记论文、史记评议》,东北师范大学出版社1985年版,第141页。

第六章 《史记》的叙事风格

《史记》中全知叙事视角的运用主要体现在四个方面:一,历史事件的前因后果,来龙去脉;二,历史人物的优点、弱点,长处、短处;三,历史人物的情感变化、内心活动;四,历史人物之间的隐秘对话等。全知叙事的运用,可以全面展示历史的发展,可以立体化地塑造历史人物。

限知视角叙事是叙事者被限定在某一范围、某一局部进行叙事,所知是有限的。在视角流动的过程中,作者高高在上,统摄调控一切,就像木偶剧中幕后的牵线人,牵线人手中每一条线就是一个视角,众多线绳的变化完成了木偶剧的表演,同样在叙事视角的流动中也完成了作者对于历史的全知叙述。

《史记》中司马迁在局部大量运用的是视角的流动,每一个叙事片段运用的是一个视角,属于限知叙事,局部的限知;但就其整体而言,是由一个视角转移到另一个视角,视角是流动的,本质上是全知。

《高祖本纪》写高祖,开头这样落笔:

> 高祖,沛丰邑中阳里人,姓刘氏,字季。父曰太公,母曰刘媪。其先刘媪尝息大泽之陂,梦与神遇。是时雷电晦冥,太公往视,则见蛟龙于其上。已而有身,遂产高祖。高祖为人,隆准而龙颜,美须髯,左股有七十二黑子。仁而爱人,喜施,意豁如也。常有大度,不事家人生产作业。及壮,试为吏,为泗水亭长,廷中吏无所不狎侮。好酒及色。常从王媪、武负贳酒,醉卧,武负、王媪见其上常有龙,怪之。高祖每酤留饮,酒雠数倍。及见怪,岁竟,此两家常折券弃责。

见蛟龙盘在刘媪身上,是刘太公的视角;见刘邦醉卧时有龙出现,是武负、王媪的视角。在视角的流动中将来自宫廷民间的传闻叙述出来,把开国国君加以神化和天意化。

再如《魏公子列传》中写信陵君宴请侯嬴一节。司马迁先写"公子置酒大会宾客",然后亲自去接侯生,侯生却要枉道去看朱亥,接着写:

> (1)公子引车入市,侯生下见其客朱亥,俾睨,故久立与其客语,微察公子。公子颜色愈和。(2)当是时,魏将相宗室宾客满堂,待公子举酒。(3)市人皆观公子执辔。(4)从骑皆窃骂侯生。(5)侯生视公子色终不变,乃谢客就车。(6)至家,公子引侯生坐上座,遍赞宾客,宾客皆惊。

75

这里,司马迁通过视角的流动来推移事件的发展。(1)从侯生的角度叙述故事,通过侯生的观察反映公子的神态表现;(2)从"宾客"的角度写;(3)从"市人"的角度写;(4)从"从骑"的角度写;(5)视角又回到侯生身上,写他心理的变化:终于被公子的态度所感化,"谢客就车",事件向前发展;(6)是故事的结局,视角转到公子身上,并写了宾客的反应。这种视角的频繁转换流动,表现了同一场面中几种不同人物心理神情及他们之间的矛盾关系,在多方位视角的对比衬托中突出魏公子的礼贤下士,谦虚待人。运用视角流动不仅使叙事灵活多样,多方展示,避免单调,同时也满足了读者对历史的全知需求。

当全知叙述者一旦介入客观戏剧式叙述,当他企图向读者传达某些信息,如概述事件走向、推测人物行为动机、行为目的时,是否此时叙述效果就由"客观"转为"主观"了呢?显然不是。实际上所谓"主观"是一个相当不确定的字眼,它可以指叙述者通过故事所表现出来的叙述意图、叙述行为和叙述能力,如介入故事,显示自己有把握事态走向和洞察人物关系的能力,表现自己比读者懂得的要多,从这个角度说,叙述者的介入使作品的不确定性大为减少,作品的那种靠事件本身呈现意义的客观效果确实有所削弱。不过"主观"一词显然还可以在另一个层面上运用,我们可用它来指涉叙述者的思想观念、主观态度、情感、立场、评价,当我们在这个层面上运用"主观"一词时,那么"客观叙述"就是指一种不加入叙述者主观评价的叙述方式。当全知叙述者只是一般地概述、介绍、揭示时,如果他不对事件人物作出主观评价、议论,我们仍把这种全知叙述看做一种客观叙述,因为叙述者的介入并未使作品的意义(特别是意识形态层面的意义)得到更为明晰的揭示,它仍隐在文本之后。像僖公四年骊姬潜害太子申生一事,即使全知叙述者站出来明白无误地告诉我们这是一场阴谋,通过有选择的叙事向我们显示骊姬的阴险歹毒,但我们仍可以说这是一种客观叙述,因为作者并未让我们直接了解他对这场阴谋的态度以及他对事件中正面或反面人物的评价。这种全知叙述造成一种没有确定的文本意义的客观效果。

四 反 讽

反讽(Irony),又译作嘲讽、反语,是西方文论中一个古老的术语,原义是指一种说反话的修辞技巧,后来逐渐发展为表里不一,尤其指字面意思与深层的真意的不一致,言在此而意在彼。浦安迪把反讽界定为"作者用来说明小说本意上的表里

第六章 《史记》的叙事风格

虚实之悬殊的一整套结构和修辞手法"①,突出强调的是显意与隐意的不一致。王德春、陈晨在《现代修辞学》中也如此界定反讽:"反讽的构成要靠语言环境的暗示。表面上看,反讽性陈述讲的是一件事,但实际的意思则大为不同。"

白寿彝在《史记新论》一书附有"司马迁寓论断于叙事"一文,指出司马迁善于用两两对照的方法来突出历史问题,以见作者意旨②。笔者以为这种对照,源自历史中存在的对立思想、对立人物、对立情节,司马迁敏锐地发现了这些因素,将它们有机地组织在一起,形成了叙事中的反讽意味。

从全书看,浪漫情节与讽刺情节形成的对比主要是"德政"与"暴政"、"善"与"恶"、"忠"与"奸"、"义"与"利"、"兴"与"亡"等方面。可以构成对比的篇章有:《项羽本纪》与《高祖本纪》;《淮阴侯列传》与《萧相国世家》、《留侯世家》、《陈丞相世家》;《李将军列传》与《卫将军骠骑列传》;《张释之冯唐列传》、《汲郑列传》与《万石张叔列传》、《平津侯主父列传》;四公子列传等篇章。

具体到一篇之中,前后情节也会构成对比,形成反讽意味。《燕召公世家》中前面写到燕王哙昏聩糊涂,因贪图虚名让国于大臣子之,导致燕国几乎覆灭;燕昭王能够举贤任能,遂使燕国又强大起来;惠王心胸狭窄,"惠王为太子时,与乐毅有隙;及即位,疑毅,使骑劫代将。乐毅亡走赵。齐田单以即墨击败燕军,骑劫死,燕兵引归,齐悉复得其故城"。燕王喜又采用栗腹的计策,不听大夫将渠的劝告,背信弃义攻打赵国,赵国廉颇为将,追逐燕军五百余里,燕人只能求和。司马迁通过燕国历史上几代主要国君能否正确使用贤能人才组织出正反两方面的情节,隐约表现了作者"为政在人"的历史观。"世家"、"列传"中的两个对立人物的合传中往往可以看到明显的构成反讽的对立情节,如《齐太公世家》、《鲁周公世家》、《宋微子世家》、《晋世家》、《楚世家》、《郑世家》、《赵世家》、《魏世家》、《韩世家》等,以及《刘敬叔孙通列传》、《魏其武安侯列传》等。

悲剧情节中,形成悲剧的矛盾双方,人与人之间、人与社会制度之间、人与社会心理文化传统之间的矛盾也构成了难以调和的对立,在彼此矛盾斗争中形成了温和的反讽、强烈的崇高。

几乎每一种反讽都是在具有反对性质的两种对立因素的对照中形成的,因此可以说,没有对比,就没有反讽。这种对比,可以是现象与本质的对照,或是人物的

---

① 浦安迪:《中国叙事学》,北京大学出版社1978年版,第123页。
② 白寿彝:《史记新论》,求实出版社1981年版,第86—91页。

行为与情节事实或叙述者的评价的对照,或是人物的语言与自己的行为的对照,也可以是两种性质截然不同的品质、行为、事件或情境的对照,等等。这种对照之所以是构成反讽的要素,是因为两种截然不同的因素可以构成一个揭蔽去伪的互反关系。一般来讲,在其他许多条件都相同的情况下,对照越鲜明,越尖锐,则反讽的效果越强烈,越突出。

托马斯·曼认为:"客观就是反讽,史诗艺术的精神就是反讽的精神。"反讽是"无所不包、清澈见底而又安然自得的一瞥,也就是说,它是最超脱的、最冷静的、由未受任何说教干扰的客观现实所投出的一瞥。"①如果说"真实"是艺术的使命,那么对于反讽性文本来说"真实"就是它的逻辑起点。说白了,反讽的对象必须是真实的,或是生活真实,或是经验真实。

轻松自信的超脱感和距离感显示着反讽者的优越感和自信心,是反讽者认为自己高于对象,有能力控制对象的心理状态的表现。它使作者在评价和揭示对象时显得举重若轻、镇定自若,形式上给人一种漫不经心的印象,实际上却以一种极度的轻蔑态度嘲弄和挖苦着反讽对象。读者也受作者的这种超脱感和距离感的影响,觉得自己似乎也超然地高于讽刺对象。对作者和读者来讲,这种超然的态度,具有让人心神舒悦的轻松愉快之感。可以说,反讽的魅力,正在于它能把人从对反讽对象的厌恶、仇恨、无奈、沮丧、压抑、自卑等消极的感受和体验中超拔出来,使读者与之保持一种心理上的距离,最终体验到一种愉悦、轻松的积极感受。

可以这样认为,反讽意味的生成导致了《史记》叙事的超越性位移,它以隐幽的叙事策略,在包容了表达主体自我反思意识的前提下,扩大了历史观察、思考与感受整个世界存在的思维方式和生存态度。当表达主体自觉地将自我意识卷入反讽视境的反思性体验之中,反讽形式便消解了意识的确定性和自信性,从而展示了具有多种可能的历史图景。同时,反讽形式中大量存在的悖异现象,尤其是暗示、引语、双关与夸张等手法的运用,还使《史记》叙事得以从叙述常规中超离出来,具有更强的机智性与幽默性,也具有更高的审美愉悦性。

五 复 调

复调叙事的世界是一个有众多客观存在着的、相互作用的心理所构成的世界,

---

① D.C.米克:《论反讽》,昆仑出版社1992年版,第51—52页。

第六章 《史记》的叙事风格

《史记》的很多传记中我们都可以发现不同阶层的、不同人物的"声音"。司马迁为了客观地再现历史的真实,设身处地地来体会他们各自的处境、思想和感情,已达到陈寅恪先生所说的那种"同情之理解"。例如《商君列传》中司马迁借助了来自不同层面的五种声音评价商鞅,首先是赵良对他的评价:"千羊之皮,不如一狐之腋;千人之诺诺,不如一士之谔谔……此数事者,非所以得人也。……君之危若朝露,尚将欲延年益寿乎?"其次是在函谷关开旅店的普通百姓对他的态度,是间接评价:"商君之法,舍人无验者坐之。"第三,在走投无路的情况下自己对自己的评价:"嗟乎,为法之敝一至此哉。"第四,魏国人对他的评价:"商君,秦之贼。秦强而贼入魏,弗归,不可。"第五,司马迁对他的评价:"商君,其天资刻薄人也。迹其欲干孝公以帝王术,挟持浮说,非其质矣。且所因由嬖臣,及得用,刑公子虔,欺魏将卬,不师赵良之言,亦足发明商君之少恩矣。余尝读商君开塞耕战书,与其人行事相类。卒受恶名于秦,有以也夫!"总之,司马迁观察和思考历史、世界,虽然是在时间的流程中,但在艺术描写方面,他却更强调瞬间性空间、横剖面的描写,同时穿插着各种评判的声音。

司马迁在叙事当中,以一种开放的心态,勇敢面对错综复杂的历史问题,展开了改变和清除不合法成见的自我认知过程,最大地扩大了《史记》中合法先见的创造过程。人的内心总是充满矛盾、充满不同意识、思想的交锋,因此构成紧张的内心对话是对话性的另一种表现。

复调作品中主人公的意识是自由和独立的,叙事者不否定主人公自己的意识。"对陀思妥耶夫斯基来说,重要的不是主人公的世界是什么,而首先是世界在主人公心目中是什么,他在自己心目中是什么"①,总体来看,《史记》中虽然没有把主人公的思想、自我意识当作主要描写对象,但司马迁笔下人物绝不是根据作者的思想和观点来评价自己和世界的。《史记》每一篇人物传记中,人物都有自己的独立意识。例如《管晏列传》中管子的观点:"仓廪实而知礼节,衣食足而知荣辱,上服度则六亲固。四维不张,国乃灭亡。下令如流水之原,令顺民心"。例如《老子韩非列传》中老子的话:"子所言者,其人与骨皆已朽矣,独其言在耳。且君子得其时则驾,不得其时则蓬累而行。吾闻之,良贾深藏若虚,君子盛德容貌若愚。去子之骄气与多欲,态色与淫志,是皆无益于子之身。吾所以告子,若是而已"。例如庄子

---

① [俄]巴赫金著,白春仁、顾亚玲译:《陀思妥耶夫斯基诗学问题》,三联书店1988年版,第82页。

的观点:"千金,重利;卿相,尊位也。子独不见郊祭之牺牛乎?养食之数岁,衣以文绣,以入大庙。当是之时,虽欲为孤豚,岂可得乎?子亟去,无污我。我宁游戏污渎之中自快,无为有国者所羁,终身不仕,以快吾志焉"。例如项羽临死还说:"天亡我也",这正是项羽的主体性意识的强烈表现。总之,人物的意识通过人物的话语充分地表现了出来。

就整部《史记》来看,充满了各种各样的声音,各种各样的意识,作者并不约束、压制他们的声音和意识,而是穿越历史与各种人物对话,在对话中完成自己"究天人之际,通古今之变,成一家之言"的宏愿。

文体的复调,注重文体类别才能在彼此互照、互补与互动中产生"张力",形成"合力",达到多样叙述的意旨。《史记》中司马迁为了更直接地揭示历史人物,在一些传记中采取了全部摘录历史人物的文章、奏折、书信的方式。例如《李斯列传》中录入的《谏逐客疏》;《屈原贾生列传》中录入屈原的《怀沙》赋,贾谊的《鹏鸟赋》;《鲁仲连邹阳列传》中鲁仲连有聊城一书、邹阳有狱中一书等,这样就造成了历史叙事当中的文体复调。

司马相如

最典型的一篇作品就是《司马相如列传》,文章第一段介绍司马相如的身世及早年客游梁园并写下《子虚之赋》;第二段叙述了相如从梁归来受到临邛令王吉的优待,其中插入了司马相如以琴取悦卓文君、两人私奔、开酒店、文君父亲迫于压力分给他们钱财的有趣传闻;第三段交代了相如写《天子游猎赋》(《上林赋》)的由头,全文录入《上林赋》;第四段寥寥数语交代了相如做郎官期间奉命"责唐蒙",写下《喻巴蜀檄》全文录入,《难蜀父老》全文录入;第五段写了相如不喜欢过多参与公卿、国家之间的事务,不慕官爵,常常随从皇上到长杨打猎,因而写下一篇劝谏皇上不要打猎的《长杨赋》,全文录入;第六部分录入相如写的《哀二世赋》;第七部分录入相如的《大人赋》;第八部分交代了相如病故,皇上派人索文,相如妻奉上司马相如的绝笔作《封禅文》,最后一段是司马迁的论赞。关于汉代最著名的辞赋大家司马相如一生的事迹,司马迁用八篇文章连缀而成,其中全文录入的有七篇(四篇赋,两篇檄文,一篇奏文),使之成为《史记》收录文章最多、文体最多样的列传。牛运震说:"《史记》列传于诸人之文铎不滥载,屈、贾文辞之士,止载其'骚'词数篇,贾生《治安》一疏,犹从割爱,则他可知已;独于司马之文采取最多,连篇累牍,极繁不厌,可谓心折长卿之至,

第六章 《史记》的叙事风格

而编载有法,真不可及"。除去司马迁折服爱慕司马相如的文采外,司马迁更主要的是想通过相如的文让后世的人们读其文知其人,了解他屡屡欲谏而不能的心态。"相如使时,蜀长老多言通西南夷不为用,唯大臣亦以为然。相如欲谏,业已建之,不敢,乃著书,藉以蜀父老为辞,而己诘难之,以风天子,且因宣其使指,令百姓知天子之意。"全篇九千二百多字,统摄于以上两层意思之中,李景星《史记评议》说:"驱相如之文以为己文,而不露其痕迹……洋洋万余言,一气团结,在《史记》中为一篇最长文字,亦为一篇最奇文字"。

《史记》之所以具有这种复调性,并非作者有意而为之,而是他忠实地反映现实生活,才使得一直蕴含在题材中的"复调"的潜力显现出来,才在叙事与描写中还世界以本来的复调面貌。《史记》中存在的多声部,表明《史记》在求真求实的同时,也取得了极高的文学成就。理性和仅有理性的创作,是无法企及这样的艺术境界的,只有司马迁这样富有崇高理性和炽热情感的作者才可达到。

思考与探究

1. 《史记》叙事与《左传》叙事有何不同?
2. 试用叙事学理论分析《史记》的一篇典型作品。
3. 《史记》叙事艺术对后代文学有哪些影响?

第七章 《史记》的写人艺术

《史记》以写人为中心,诸如本纪、世家、列传等基本上是人的传记,甚至"表"也是人谱,"书"亦是人事、人传。在《史记》中,既有帝王将相、皇亲国戚、文武大臣,也有学者、平民、商人、游侠、医生、卜者、方士、倡优等,他们都是古代社会各行各业的代表人物。"一部《史记》,记录了四千多个人物,其中给人以深刻印象的有一百多人。这些个性鲜明的人物,往往代表了社会上的某一类人,反映了一种社会现象,有的达到了一定的典型化程度。"[①]所以,本章主要探讨《史记》的写人艺术。

一 《史记》刻画了"立体"的历史人物形象

美国学者王靖宇指出:"一般地说,在中国叙事作品中,尤其是在《左传》中,我们会遇到很多静止的人物,这是一个引人注目的特点。静止人物,在整个故事中其性格都保持不变。当我们继续往下看时就对他的主要特点认识更深。但是,在情感上、道德上、或者智力上,他都没有发生重大的变化。"[②]我们认为,单从人物形象的刻画来看,王氏的观点是有一定的道理,因为《史记》之前的叙事文在刻画人物形象时确实具有性格的稳定性和思想的静止性等特点。

与前代叙事文学不同,《史记》的人物形象刻画则采用立体的手法,突破了前代叙事文学的局限。比如,司马迁对刘邦形象的刻画,便具有立体性的特点。在《项羽本纪》中,司马迁详细描述了"鸿门宴"前后刘邦的心理变化和善于应变的能力:

> 楚左尹项伯者,项羽季父也,素善留侯张良。张良是时从沛公,项伯

[①] 韩兆琦:《史记讲座》,广西师范大学出版社2008年版,第31页。
[②] 王靖宇:《中国早期叙事文研究》,上海古籍出版社2003年版,第28页。

第七章 《史记》的写人艺术

乃夜驰之沛公军,私见张良,具告以事,欲呼张良与俱去。曰:"毋从俱死也。"张良曰:"臣为韩王送沛公,沛公今事有急,亡去不义,不可不语。"良乃入,具告沛公。沛公大惊,曰:"为之奈何?"张良曰:"谁为大王为此计者?"曰:"鲰生说我曰:'距关,毋内诸侯,秦地可尽王也。'故听之。"良曰:"料大王士卒足以当项王乎?"沛公默然,曰:"固不如也,且为之奈何?"张良曰:"请往谓项伯,言沛公不敢背项王也。"沛公曰:"君安与项伯有故?"张良曰:"秦时与臣游,项伯杀人,臣活之。今事有急,故幸来告良。"沛公曰:"孰与君少长?"良曰:"长于臣。"沛公曰:"君为我呼入,吾得兄事之。"张良出,要项伯。项伯即入见沛公。沛公奉卮酒为寿,约为婚姻,曰:"吾入关,秋毫不敢有所近,籍吏民,封府库,而待将军。所以遣将守关者,备他盗之出入与非常也。日夜望将军至,岂敢反乎!愿伯具言臣之不敢倍德也。"项伯许诺。

其实,刘邦既不是想尊项伯为"兄",更不是想尊张良为"兄",而实在是情势所迫,不得不放下架子,"甘愿"屈己尊人。他与项伯"约为婚姻",只是想通过这种方式让项伯能够为自己说话开脱。可见刘邦何等机智、多么善于见风使舵!后来多亏项伯为他说话,并竭力保护他,才使刘邦转危为安。楚汉相争,刘邦在彭城大败,被楚骑追赶甚急,便几次将儿女推于车下,于此可见刘邦自顾保全的本性。项羽俘虏了刘邦之父,扬言欲烹杀他。刘邦知道项羽所为不过是胁迫而已,便传话说:"吾翁即若翁,必欲烹而翁,则幸分我一杯羹。"项羽欲杀太公,经项伯劝阻作罢。项伯几次暗中帮助刘邦,充分说明刘邦善于权变的远见。在《淮阴侯列传》中,正当刘邦被困荥阳时,韩信遣使求为"假齐王",刘邦怒骂道:"吾困于此,旦暮望若来佐我,乃欲自立为王!"经张良、陈平提醒,刘邦复骂:"大丈夫定诸侯,即为真王耳,何以假为!"两次骂娘,却将刘邦善于权变的特征写活了!

《项羽本纪》中,司马迁也采用立体手法,分别从"勇"、"杀"、"情"、"命"等四个方面描摹、刻画了项羽的一生。依"勇"而言,项羽在将军帐中杀宋义如拾草芥;破釜沉舟,绝境中大破秦军,威震诸侯;彭城大战,以三万军马大战数十万汉军,汉军溃败,濉水为之不流;垓下被围,二十八骑在万军中纵横自如。以"杀"而论,司马迁用大量的文字记述了项羽凶悍、残忍的一面,如杀会稽守、杀宋义、杀襄城军民、坑杀二十万秦卒、屠咸阳、弑义帝,可谓嗜杀成性。以"情"而言,项羽垓下被围,因不舍美人虞姬与乌骓马,以至于慷慨悲歌、泣下数行;临死之前,乌江亭长欲救项羽渡河,项羽并未逃走,反而将乌骓宝马转赠给他:"吾骑此马五岁,所当无敌,尝一日行千里,不忍杀之,以赐公。"而自己却徒步而走,持短兵作战。在身负重伤、无力还击的情况下,项羽以"故人"之缘对汉军骑司马吕马童说:"吾闻汉购我头千金,邑万户,吾为若德。"说完自刎而死。这些细节,皆说明项羽是重情义的伟丈夫!

再如,据《李斯列传》,李斯本闾巷布衣,曾为郡中小吏。他先后由文信侯舍人而为长史、客卿、廷尉、丞相,位列三公。后来,李斯因畏祸贪权而卖身投靠,杀扶苏,立胡亥,助纣为虐,为虎作伥,最后为赵高、胡亥所杀。司马迁分别从独白、对话、文章等方面,全面介绍了李斯其人其事。李斯的独白主要是人生不同时期的四叹:仓鼠、厕鼠之叹,"物极则衰"之叹,乱世不能自保之叹和狱中悲悔之叹。第一叹体现了他不甘卑处的心态,第二叹说明他欲罢不甘的心态,第三叹则意味着李斯不能左右自己命运的痛苦,第四叹则说明他尚不能看清自身悲剧原因的心态。作者也通过对话来刻画李斯的性格。如李斯和荀卿的对话、和秦始皇的对话、和二世胡亥的对话、和赵高的对话等等。和荀卿的对话,体现了李斯对人生意义、荣辱得失的总看法;和秦始皇的对话,却有着政治家的远见和踌躇满志的自足;与胡亥的对话,显现了李斯有位无权、但不甘心失败的挣扎;和赵高的一系列对话,则说明他从色厉内荏、彷徨游移到被迫缴械的心态历程。此外,作者还通过收录李斯的文章来展现其能力和识见,表现其性格特征。例如,《谏逐客书》说明李斯文采斐然、具有政治家的远见卓识,以及自私好利的性格特点;《论督责书》则更能体现其自私自利的本性,他为了保全自己、苟延性命,不惜上书推卸责任、倒行逆施,置国家民族、亲朋妻小、公理是非以及生前死后的名声于不顾;而《狱中书》名为"认罪",实际上是说反话。李斯将自己的一生进行总结,认为自己有"罪"者七:辅佐始皇统一六国、平定边乱、建立职官制度、创立统治秩序、统一度量衡、修驰道、轻刑薄法。显然,李斯是在摆功自显,而不是"认罪"!这一切,都说明了李斯的性格是为己自利。在《老庄韩非列传》中,李斯建议秦始皇将韩非下狱处死,也是为了巩固自己的地位。

总之,司马迁不惜笔墨,采用多侧面手法,刻画了刘邦、项羽、李斯等历史人物形象,给人以血肉丰满、真实可信的"立体"之感。事实上,《史记》中涉及四千多个人物,使人印象深刻者约有百余人。除了刘邦、项羽、李斯而外,其他如张仪、范增、吕太后、张良、郦食其、陆贾、陈平、樊哙、韩信、萧何、汲黯、郑当时等个个血肉丰满,富有立体感,给人以极其深刻的印象。这皆与司马迁善于运用立体的、多侧面的方法刻画人物形象有关。可以说,采用立体性、多侧面的手法来刻画、塑造人物形象,是《史记》写人艺术的一大特点。

二 《史记》从悲剧的视角刻画悲剧人物

悲剧是什么？悲剧就是把已经毁灭了的东西再次撕裂给人看，使人们从悲剧中体验到痛苦、怜悯和愤慨。韩兆琦认为，悲剧人物具有三个特点："第一，他们的生平经历具有突出的社会意义，反映了社会政治的某些本质；第二，他们的遭遇悲惨，或者被杀，或者自杀，或者一生坎坷不平，或者老来悲凉失意；第三，他们的悲惨遭遇能激起人们对正义、对美好事物的同情和对邪恶势力的愤慨。"①从《史记》写人艺术角度来看，作者显然是从悲剧的视角来刻画人物形象的。这种审美角度不同于喜剧者，主要在于作者更加关注人物形象的悲剧性命运，从而使读者获得悲愍、愤慨和某种正义感的审美享受。《史记》写人的作品共一百一十二篇，其中有五十七篇是以悲剧人物的姓字标题的，还有近二十篇虽然不是用悲剧人物的姓字标题，但其中也写到了悲剧人物。因此，从《史记》中，我们看到了大大小小约有一百二十多个悲剧人物，约占司马迁所刻画的人物形象近三分之一。毫不夸张地说，《史记》中所刻画的历史人物形象大多具有悲剧的命运。

（一）《史记》悲剧人物面面观

项羽是叱咤风云的悲剧英雄人物。作为反秦英雄，他所率领的起义军加速了腐朽的秦王朝灭亡的历史进程。尤其是巨鹿之战，可以说是使项羽彪炳史册的大事件。这次战役，既消灭了秦军主力，奠定了起义军在军事上彻底胜利的基础，也促成了秦朝统治集团内部矛盾的激化，并吸引了全国的注意力，为刘邦长驱入关创造了有利条件。因此，项羽当之无愧地可以称为大英雄。然而，项羽也具有很多弱点，也犯了许多本可以避免的错误，最终使自己走向英雄末路的悲剧结局。项羽的弱点是残暴、不善于用人及缺乏政治头脑。"项羽是一位顶天立地的英雄，同时又是一个鼠目寸光的庸人；他有时真有龙翔凤翥的雄姿，有时又愚蠢昏聩得像一头驴子；他有时天真纯朴、宽厚慈和得令人喜爱，有时又暴戾凶残得令人发指。"②正是这种矛盾的性格和无法回避的弱点最终导致他只能以悲剧结束一生。

在《史记》中，与项羽相类似者还有齐桓公、赵武灵王、楚灵王、吴王夫差等。他们都在历史上写下了光辉的一页，但由于自身的过失，导致了最后的失败。齐桓公曾经"九合诸侯，一匡天下"，晚年却不听管仲劝告，任用奸佞小人，结果病中发

---

① 韩兆琦：《史记讲座》，广西师范大学出版社2008年版，第167页。
② 韩兆琦：《史记讲座》，广西师范大学出版社2008年版，第284—285页，286—292页。

生诸子争夺继承权的内乱,以至于死后无人理丧,"尸虫出于户外";赵武灵王胡服骑射,为赵国的强大奠定了坚实的基础,但他晚年宠爱吴娃,导致内乱,被困于沙丘之宫,活活饿死;楚灵王也曾大会诸侯,威震天下,后来沉于美色,以致因国内政变而流落荒野,饿死于申亥家中;吴王夫差一度称雄于东南,骄傲自大,不听伍子胥忠告,任用小人,最后战败自杀。他们和项羽有共同的弱点,就是因迷失了明确的方向而导致悲剧的结局。

如果说项羽等人的悲剧与其政治策略有失误以及性格弱点有关,则诸如信陵君、白起、蒙恬、韩信、周亚夫等皆有大功于世,却因统治者嫉恨而结局悲惨。信陵君为保卫魏国、抵抗秦军的入侵立过大功,晚年却受尽魏王猜忌,郁郁不得志,只好借酒浇愁、多近妇女美色,病酒而死。白起为秦国屡建赫赫战功,却受到应侯等人的嫉害,最后被赐剑自杀。蒙恬在秦统一大业中建有大功,他北筑长城、抵御匈奴,威震四海,却受到赵高等人的嫉害,先被囚禁于阳周,最后被迫吞药自杀。韩信的功勋"可比周、召、太公之徒",后来却被刘邦、吕后罗织罪名,斩于长乐钟室、被夷三族。周亚夫为文、景两代的大功臣,最后却以"不是要造反阳间,就是要造反地下"的罪名被捕入狱,绝食、呕血而死……这些人物在司马迁的笔下皆为统治者刻薄寡恩的牺牲品。作者通过这些悲剧人物,揭露了封建统治者消灭异己、对功臣横加打击以至于残酷杀害的政治用意。

在《史记》中,还刻画了一批忠于国家、坚持操守,为某种道德信念从容赴死的悲剧人物。例如,伯夷、叔齐,义不食周粟,隐居于首阳山上,依靠采薇为生,最后饿死于首阳山上;屈原忠贞爱国、"信而见疑,忠而被谤",面对朝政混乱、国家分崩离析的局面两次遭受放逐,但他不听改节从俗的劝告,怀石自尽于汨罗江中;齐国隐士王蠋在国家将灭之际,并没有接受燕军任命为将、封邑万家的优厚待遇,而是认为"与其生而无义,不如自烹",最后自吊于树上,"自奋绝脰而死";李同为邯郸传舍吏的儿子,在秦军围攻邯郸的紧要关头,他劝说平原君散财激励将士,并亲自率领三千人痛击秦军,最后壮烈而死。这些悲剧人物的信念、品德、节操以及矢志不渝的精神十分感人,作者将其生平事迹纳入史传,显然有张扬正义、批判奸佞的意味。

在《史记》中,司马迁还刻画了一批见义勇为、重然诺、为人排难解纷而不惜从容赴死的下层人物。例如,程婴和公孙杵臼为晋国大夫赵朔的门客,在赵氏遭屠岸贾陷害、满门被诛、门客四散之际,为了保全赵氏孤儿不惜舍生忘死,他们相约由公孙杵臼取别人的孩子冒充孤儿,让程婴告发,结果公孙杵臼遭屠岸贾杀害,而程婴则历尽艰辛将孤儿抚养长大后也自杀身亡。荆轲为卫国侠客,流落燕国后与屠狗乐人为友,身份十分低贱。在燕国行将灭亡、山穷水尽之际挺身而出,受燕太子丹

第七章 《史记》的写人艺术

委托到秦廷行刺秦王,身被八创还"倚柱而笑,箕踞以骂",最后壮烈而死。郭解尚侠重义,到处为人排忧解难,最后竟被舞文弄法的公孙弘以"大逆无道"的罪名杀害。

另外,诸如商鞅辅佐秦孝公实行变法,使秦国空前强大,但秦孝公死后被秦国宗室贵戚加上反叛的罪名,车裂而死,族灭其家。吴起在楚国实行变法,支持他变法的楚悼王一死,也被楚国宗室残酷杀害。陈涉率领义军反秦,为王六月,被叛徒庄贾杀害。晁错主张削藩,最后竟衣朝衣被斩于东市……这些悲剧人物作为新生事物的代表,却成为守旧、传统势力的牺牲品!还有,晋献公太子申生为献公宠爱的骊姬所谗,被迫自杀;刘邦爱姬戚夫人被吕后断手足、取眼、挖耳、饮哑药,称为"人彘";窦婴和灌夫被田蚡杀害等等。甚至包括秦始皇、刘邦、赵王刘如意、刘友、刘恢等帝王们,也在《史记》中成为悲剧性人物。因此,司马迁将悲剧人物的悲剧性事件展现出来,使我们更深切地认识到《史记》写人艺术的独特之处。

(二)《史记》刻画悲剧人物形象的特点

那么,司马迁是如何刻画这些悲剧人物形象的呢?作为"究天人之际、通古今之变"的史家,司马迁必须以张扬正义、批判邪恶来总结历史经验与教训,以宣扬大汉声威、倡导英雄主义为基本职责。因此,他必须用笔书写时代英雄的血泪悲愁、用笔总结历史悲剧和个人悲剧形成的原因和导致的结果。只有这样,才能给人以启迪和教育,才能实现其"成一家之言"的文人愿望。从个人原因来看,司马迁遭受宫刑的飞来横祸发生于《史记》草创阶段,这使他的身心遭受无法遗忘的重创。正如他在《报任安书》中对任安所说:"是以肠一日而九回,居则忽忽若有所亡,出则不知所往,每念斯耻,汗未尝不发背沾衣也。"这次经历,使司马迁更加清醒地看到了封建统治集团的黑暗腐朽和社会上的种种弊病,也使《史记》具有更为浓郁的悲剧性色彩。

1. 将悲剧人物的命运与社会历史的发展变迁联系在一起

司马迁除刻画了诸如秦始皇、刘邦、项羽、齐桓公、韩信等帝王将相、英雄豪杰人物,也刻画了诸如侯嬴、李同、王蠋、荆轲、高渐离等小人物。尽管他们的人生命运与生命历程不尽相同,但他们的悲剧结局皆与历史大事件有关。因此,《史记》通过描写社会现实问题、揭露社会矛盾,将他们置于社会历史大事件中,让人们从中了解他们对社会历史的贡献,了解他们走向悲剧结局的社会历史原因。例如,作者对秦始皇、刘邦、项羽、陈涉、商鞅、吴起、伍子胥、韩信、周亚夫、晁错、李广等人物形象的塑造,皆采用了这种方法。

比如,《秦始皇本纪》前半部分写秦始皇统一六国的过程与称帝后所建立、实行的一系列制度措施,这是建业;后半部分写始皇修阿房宫、修陵墓、巡游、求仙以及独裁、拒谏,陶醉于虚假的歌功颂德等等,则为守业。两相对比,司马迁显然肯定、赞扬了前者而否定、批评了后者。可以看出,统治前期的秦始皇尚是有为的帝王,而统治后期的他却躺在奢侈、浮华之中,过着骄奢淫逸的生活。不惟如此,司马迁交代了始皇临死及死后的事情主要有四项:第一,派徐市(福)等入海求神药;第二,始皇生病后因"恶言死,群臣莫敢言死事",以致死在路上,尸体腐臭,只好用鲍鱼"以乱其臭";第三,沙丘宫政变;第四,介绍修骊山陵墓的过程及陵墓特点、殉葬人员等。而这四件大事虽然写得简略,却正是导致始皇悲剧的直接原因。

对商鞅的刻画,也是置于社会大事件之中。据《商君列传》,商鞅因在魏国不受重用而入秦,经秦孝公宠臣景监举荐,得到重用。他主持变法,使秦国强大起来,但也引起秦宗室、贵戚的不满与怨恨。孝公死后,秦国发生政变,商鞅被处以车裂之极刑。应当说,商鞅变法是符合社会潮流的新生事物,但由于守旧势力的强大,终致身死族灭。司马迁肯定商鞅符合社会潮流的变法行为,但否定了他"刻薄少恩"的法家思想。司马迁认为,商鞅"欲干孝公以帝王之术"本没有错,但他"天资刻薄"、"挟持浮说",因嬖臣得以重用,"刑公子虔,欺魏将卬,不师赵良之言"。因此,尽管他的政治成就不小,但悲剧命运与其"刻薄少恩"有着必然联系。当然,作者将商鞅置于大的社会历史背景中,通过大事件和大矛盾来展示人物的性格悲剧和悲剧命运。

2. 司马迁也没有忽略个人的性格、理想对其悲剧命运的影响

举例说,项羽、刘邦、陈涉等人皆生活于秦王朝暴政肆虐的时代,他们揭竿而起进行反秦斗争,既有历史的必然,也有个人的偶然因素。那么,要展现这种历史的必然,就必须通过一系列的军国大事的描述,才能使人了解这些人物悲剧的社会历史背景;而要展现个人命运的偶然,必须了解他们的生活处境和生存态度。比如,项羽看到秦始皇出巡场面,不禁脱口而出"彼可取而代也";刘邦在咸阳服徭役,看到秦皇帝便"喟然太息曰:'嗟乎!大丈夫当如此也!'"陈涉为人佣耕,却对同伴说出"苟富贵,无相忘"的"鸿鹄之志"。从大的政治背景看,如果秦王朝没有暴政,则他们三位也只能徒劳感叹而已。正是由于暴政激起民变,他们才有展示自我的机会;也是由于具有不甘人后的理想,他们才在社会历史的画卷上留下了奋斗不息、勇敢作战的英雄痕迹;更是由于他们的优势、弱点有别,所以其结局大为不同。因此,项羽自杀、陈涉被杀、刘邦晚年伤感而死的悲剧结局,显然既与社会历史原因有关,更与个体自身的性格分不开。再如,李斯最终被处以极刑,也与他自私自利的本性有着必然的联系。从《李斯列传》来看,作者始终围绕着李斯太重名利的处世思想这一中心,充分展示了人物悲剧命运与自身的性格、生存心态之间的必然联系。

第七章 《史记》的写人艺术

尤其是司马迁所刻画的韩信这个人物形象,更具有这样的特点。据《淮阴侯列传》记载,韩信年少时"其志与众异",母亲死后尽管家"贫无以葬",但他仍然找了一块"行营高敞地,令其旁可置万家"。正是由于有这样的理想抱负,使他不惜忍受别人的白眼和侮辱,以期生存下去。等到功成名就之后,他赐给曾给他饭吃的漂母千金,而赐"为德不卒"的南昌亭长百钱,任命曾让自己遭受胯下之辱的少年为楚中尉,并对诸将相说:"此壮士也。方辱我时,我宁不能杀之邪?杀之无名,故忍而就于此。"可见,韩信不仅具有远大理想,而且具有强烈的感恩意识。所以,项王派武涉游说韩信,韩信却说:"汉王授我上将军印,予我数万众,解衣衣我,推食食我,言听计用,故吾得以至此。夫人深亲信我,我倍之不祥,虽死不易。"蒯通借相人之术劝说韩信称霸叛汉,韩信又说:"汉王遇我甚厚,载我以其车,衣我以其衣,食我以其食。吾闻之,乘人之车者载人之患,衣人之衣者怀人之忧,食人之食者死人之事,吾岂可以乡利倍义乎!"韩信自始至终没有谋反叛汉之意。他以莫须有的罪名被捕削职,最后被迫欲与陈豨起事而遭诛杀,完全是刘邦企图铲除后患的阴谋所致。所以,韩信的悲剧既与他没有政治头脑、不明政治险恶的缺点有关,也与他极其强烈的报恩意识有关。假如他没有感恩之心,或许会听从武涉、蒯通等人的话,如此则决不至于死的如此惨烈、如此窝囊!尤其是统治者剪除异己的险恶用心与韩信知恩图报的大丈夫心胸形成鲜明对比,其悲剧的感染力更强,显示了作者的良苦用心。所以,重视挖掘悲剧人物的个性特点及其悲剧命运的性格原因是《史记》写人艺术的一个特点。

3. 司马迁并没有将历史人物的悲剧结局归结为"天命"使然,而是客观地看待他们的生命历程

作为史家,司马迁力图"究天人之际",但并不赞同"天命论",甚至给予否定和批判。

比如,项羽的悲剧结局与他的性格有关,也与他的理想指向有关。他少时学书、学剑皆不成,令季父项梁很生气。他说:"书,足以记名姓而已。剑,一人敌,不足学。学万人敌。"然而,项羽学兵法"略知其意,又不肯竟学"!这说明其性格之中有不能坚持的因子。从项羽的一生可以看出,他本没有统一天下之志。早年随从项梁率领八千人起义,成为威慑天下的西楚霸王。后因不善用人,猜忌心太重,以至于日渐衰微,直至乌江自刎。项羽"由微而盛,由盛而亡",全在于胸中没有经营天下的大志,只为经营自身、期望荣身东归而已。这种胸襟必然造就其悲剧的命运。鸿门宴上,项羽不听范增建议,没有杀掉刘邦,铸成大错。之后,项羽屠杀咸阳、焚烧秦宫室,有人劝说可在关中称霸,他却说:"富贵不归故乡,如衣绣夜行,谁知之者!"楚汉成皋之战后,刘邦、项羽划鸿沟而分天下,项羽东归楚地。垓下被围

89

之后,项羽还有突围东归的机会,但他却迫于"面子",认为"纵江东父兄怜而王我,我何面目见之?纵彼不言,籍独不愧于心乎?"如此等等,皆说明项羽没有胸怀大志的野心。司马迁批评他"自矜功伐,奋其私智而不师古,谓霸王之业,欲以力征经营天下,五年卒亡其国,身死东城,尚不觉寤而不自责",并非天意,而是人为所致。作者从多侧面刻画了项羽这个英雄人物,使其具有凡人和英雄的双重性。作为凡人,项羽所为并不为过;但作为英雄,则其凡人的心志理想影响了他的事业成功,以至于最终自杀身亡。所以,司马迁认为项羽感叹"天亡我,非用兵之罪也",显然荒谬之极。

在《伯夷列传》中,司马迁对伯夷、叔齐的命运深表同情,而对"天道无亲,常与善人"的传统天命观念表示怀疑。他认为诸如伯夷、颜回等"善人"不得好报,而恶人如盗跖者反倒得以寿终。他批评当下社会中的一些人干尽坏事,反而身处富贵之位,过着锦衣玉食的生活。依此标准,司马迁在刻画悲剧人物时更重视客观、主观因素对其悲剧命运的影响,并未将其归于幽渺不可见的天命。因此,司马迁在刻画悲剧人物形象时便非常重视其生命历程的点点滴滴。比如,李斯仓鼠厕鼠之叹、项羽乌江自杀、韩信为母置坟、越王句践卧薪尝胆、伍子胥鞭打楚平王尸体、张汤儿时整治老鼠等等,都给人以非常清晰的印象。

4.司马迁也善于在激烈的矛盾冲突场面中展示悲剧人物的悲剧命运

比如,项羽自刎后,"王翳取其头,余骑相蹂践争项王,相杀者数十人"。卫人吴起先事鲁君,为避嫌而杀妻子,后事魏文侯,建立卓著功勋。魏武侯时,被迫投奔楚国,得到楚悼王重用。吴起在楚国变法,引起诸侯恐惧。楚悼王死,"宗室大臣作乱而攻吴起,吴起走之王尸而伏之。击起之徒因射刺吴起,并中悼王"。聂政受严仲子委托,刺杀韩相侠累。聂政来到韩国侠累府上,尽管"持兵戟而卫侍者甚众。聂政直入,上阶刺杀侠累,左右大乱。聂政大呼,所击杀者数十人,因自皮面决眼,自屠出肠,遂以死"。这些激烈的冲突场面,更加突显了英雄的悲剧命运,也彰显了悲剧的英雄形象。因此,《史记》善于在激烈的矛盾冲突场面中展示触目惊心的悲剧效果。

总之,《史记》不像希腊悲剧那样强调命运的作用,也不像法国、英国悲剧那样渲染突出个人性格原因,而是将悲剧人物的悲剧命运与社会历史发展趋势、与个人性格特点紧密结合在一起,从而塑造出真实可信的悲剧人物形象。在这些悲剧人物身上,体现着真善美与假恶丑的斗争,体现着正义与邪恶的斗争。由于斗争的激烈与残酷,这些人物往往被毁灭,但在毁灭中,却放射出耀眼的光芒,使其生命价值得到了实现。整部《史记》表现出强烈的悲剧精神,也产生了强烈的悲剧效果。韩兆琦先生曾指出:"我们从《史记》中读到的不是无所作为的哀叹,而是为壮丽事业而勇敢奋斗的豪歌;不是一蹶不振的颓丧,而是百折不挠、无所畏惧的进取;不是失败的感伤,而是一种胜利成功的快慰,是一种道德上获得满足的欢欣。"①

三 善于通过心理描写刻画人物的性格

司马迁善于运用细节描写、矛盾冲突场面描写等来刻画人物的性格,更善于通过心理描写展示人物的性格特点。

作为史书,《史记》应当更注重历史事件的实录和历史人物行为的介绍。不过,作为以写人为中心的传记文学作品,《史记》似乎更善于刻画人物的心理变化。

(一)通过拟言、代言等方式来刻画人物的心理变化,来表现人物的性格特点

这种写人手法早在《史记》之前的史传作品中已被运用。比如,《左传·宣公二年》写鉏麑受晋灵公之命刺杀赵盾前的内心独白,就是比较纯熟的心理描写。显然,作者是代历史人物说话,鉏麑暗杀赵盾,显然不会有人知道,更不会有人听到他的独白。之所以这样写,就是为了使历史人物"活"起来。《战国策》中也多次运用这样的手法描写刻画人物形象。例如,《战国策·秦策三》中记载苏秦游说秦王失败后回到家中,看到家中父母、妻、嫂等不理睬他,便感叹说:"妻不以我为夫,嫂不以我为叔,父母不以我为子,是皆秦之罪也。"由此可见苏秦对秦仇恨至极的内心世界。在家中受到冷遇,苏秦决定发奋读书,当夜读书至深夜,又自言自语:"安有说人主不能出其金玉锦绣取卿相之尊者乎!"于此,又说明他急欲成就功名的心态。可以看出,《史记》之前的史传作品已开始运用拟言、代言的方式,使历史人物活灵活现地站在了我们面前。

和前代史传作家相比,司马迁更善于运用拟言、代言的方式刻画人物的内心世界,以此表现人物的性格特点。比如,在《李斯列传》中写李斯的多次独白,其实就是心理描写手法。《淮阴侯列传》中描写韩信与武涉、蒯通、钟离眜、陈豨等人的对话,应当是密室所言,绝非外人所知。作者这样写,无非是代韩信等人"立言",完全是文学性描述语言。例如,韩信被拜为大将,平定齐国,被封为齐王。当时正值楚汉相持之际,项王派武涉游说韩信,希望韩信"反汉与楚连和,叁分天下",遭到韩信拒绝。不久,齐人蒯通又借看相之机,两度劝说韩信"莫若两利而俱存之,叁分天下,鼎足而居",同样遭到韩信的拒绝。此后,项王亡将钟离眜投奔韩信,刘邦企图借机剪除楚王韩信。韩信与钟离眜商量,钟离眜说:"汉所以不击取楚,以眜在公所。若欲捕我以自媚于汉,吾今日死,公亦随手亡矣。"果如其言,韩信为刘邦所擒。

---

① 韩兆琦:《史记评议赏析》,内蒙古人民出版社 1985 年版,第114页。

后陈豨与韩信密谋反汉的一段对话,也是无人所知。这些话语描写,皆是太史公根据事件前后发展的需要而设计的。不过,我们从这些对话中,可以看出韩信的心理变化过程。韩信与武涉对话,说明韩信刚受到重用,而对在项羽军中的待遇尚耿耿于怀,所以决不会轻易背汉;韩信与蒯通对话,韩信答之以不愿"乡利倍义";蒯通再说,韩信只说一句:"先生且休矣,吾将念之。"数日后蒯通又来游说,韩信并未言语,但《史记》中这样描写其心理活动:"韩信犹豫不忍倍汉,又自以为功多,汉终不夺我齐,遂谢蒯通。"这说明韩信居功自信,缺少危机意识。钟离眛投奔韩信,汉王刘邦借巡狩云梦欲捕韩信。《史记》这样描写韩信内心矛盾:"高祖且至楚,信欲发兵反,自度无罪;欲谒上,恐见禽。"韩信被降职为淮阴侯,郁郁寡欢,自嘲只能与樊哙等为伍。后陈豨被任命为巨鹿守,辞别韩信。他屏退左右,仰天长叹,对陈豨说:"子可与言乎?欲与子有言也。"于是密谋叛汉,事泄被杀。可见,作者一步步写来,只是通过悲剧人物的内心独白或与他人对白,将韩信的心理变化刻画得极为合情合理。

可见,"史传作家为了以生动的故事表现人物的个性,常常替人拟言、代言,包括进行心理描写。史传家就像一位高级的心理学家,深入到人物内心,根据人物处境及个性,为其设计语言……这种合理的想象,既超越了历史真实,同时又根植于历史真实。历史人物已成为过去,他们说过什么话,一般人难以知道,可以说是'死无对证'。史传家为了使历史人物'活'起来,就采用拟言代言形式,让历史人物自己说话,给读者以形象之感。"①司马迁通过对历史人物的内心独白来展现其性格特点,体现了作者写人的高妙之处。

(二)《史记》善于通过人物的动作、行为刻画其心理活动和性格特点

从写人角度衡量,人物的语言、动作、行为是展示人物内在心理变化的重要途径。因此,除了语言,动作、行为也能展现人物的内心世界。而通过对人物内心世界的展示,使读者更为深切地了解人物的性格特点。这也是《史记》写人艺术的一大特点。

在《廉颇蔺相如列传》中,蔺相如看到秦王无意用璧玉交换城池,便随机应变,借口璧玉有瑕疵,将和氏璧要回手中。在此,司马迁用"持"、"立"、"倚"、"怒"、"睨"等几个动作词,将蔺相如的内心变化描写得淋漓尽致。"持"表示蔺相如对和氏璧的保护心态;"立"、"倚"两个动作则说明蔺相如誓与璧玉共存亡的决绝之心;而"怒"、"睨"两个动作则反映了蔺相如佯装威胁秦王的内心活动。简单五个动作词,刻画了蔺相如临危不乱的机智和藐视秦王的勇毅。在《吕太后本纪》中有这样

---

① 张新科:《唐前史传文学研究》,西北大学出版社2000年版,第183-184页。

第七章 《史记》的写人艺术

一段描写：

>孝惠帝崩。发丧,太后哭,泣不下。留侯子张辟强为侍中,年十五,谓丞相曰:"太后独有孝惠,今崩,哭不悲,君知其解乎?"丞相曰:"何解?"辟强曰:"帝无壮子,太后畏君等。君今请拜吕台、吕产、吕禄为将,将兵居南北军,及诸吕皆入宫,居中用事,如此则太后心安,君等幸得脱祸矣。"丞相乃如辟强计。太后悦,其哭乃哀。

这段话极其精彩地将吕后的内心世界淋漓尽致地揭露了出来。尤其是文中的"哭"、"泣不下"、"悦"、"哭乃哀"等几个动作词,可谓神来之笔!吕太后哭而无泪,说明她心事重重,担心自身地位将被动摇;丞相陈平接受了张辟强的建议,吕太后方"悦"而"哀",说明其心事已了。作者如此描绘吕后哭子的心态,真正将人物的内心灵魂写活了!同时,这也让我们看到了张辟强的善于揣摩人意和陈平的见风使舵。所以,"司马迁的这段文字,实际上起到了一石三鸟的作用"①。

(三)通过一两个表示心理状态的动词,直接揭示人物的内心世界,也是司马迁运用最多的一种心理描写方法

《司马相如列传》中写卓文君偷听相如弹琴时,"心悦而好之,恐不得当也"。作者用"悦"、"好"、"恐"三个心理动词,将卓文君的喜、爱、愁的复杂心理活动表现得清清楚楚,而且极其恰当地展示了新寡美妇的矛盾内心世界。《吕太后本纪》中对吕后的心理活动描写,司马迁经常用"怒"、"大怒"、"恐"、"喜"、"不乐"、"欲"等表示心理变化的动词,将吕后工于心计、性格暴戾和喜怒无常的内心世界刻画得极为传神。尤其是文中运用了几十个"欲",将吕后假公济私的本性和企图巩固自己地位的野心刻画得极为准确。再如,据《魏其武安侯列传》,丞相田蚡让籍福告诉魏其侯窦婴,想倾夺其城南之田。"灌夫闻,怒,骂籍福。"一怒一骂,灌夫刚直、不好面谀的性格特征便展示无遗。武安侯取燕王女,大宴宾客,灌夫勉强去贺。当他看到武安侯敬酒时"座皆避席伏",而魏其侯敬酒时"独故人避席耳,余半膝席",便内心"不悦"。于是,他也去敬酒。走到武安侯面前,司马迁这样写道:

>武安膝席曰:"不能满觞。"夫怒,因嘻笑曰:"将军贵人也,属之!"时武安侯不肯。行酒次至临汝侯,临汝侯方与程不识耳语,又不避席。夫无所发怒,乃骂临汝侯曰:"生平毁程不识不直一钱,今日长者为寿,乃效女儿呫嗫耳语!"武安谓灌夫曰:"程、李俱东西宫卫尉,今众辱程将军,仲孺

---

① 韩兆琦:《史记讲座》,广西师范大学出版社2008年版,第163页。

独不为李将军地乎?"灌夫曰:"今日斩头陷胸,何知程李乎!"坐乃起更衣,稍稍去。魏其侯去,麾灌夫出。武安遂怒曰:"此吾骄灌夫罪。"乃令骑留灌夫。灌夫欲出不得。籍福起为谢,案灌夫项令谢。夫愈怒,不肯谢。

作者在文中曾介绍灌夫"贵戚诸有势在己之右,不欲加礼,必凌之"的性格特征,但尚给人以笼统之感,而灌夫大闹宴会的场面描写,则使人真真切切地看到了一个有血有肉的武夫形象。司马迁通过"不悦"、"怒"、"嘻笑"、"骂"、"愈怒"等一系列动作,细致入微地刻画出灌夫"刚直使酒,不好面谀"的性格。这让我们既了解了灌夫的心理活动过程,也领略了作者高超的写人技巧。

四 善于运用对比手法刻画人物形象

(一)在人物合传中的对比与烘托

对比手法是《史记》写人艺术的重要特点。通过对比,可以更好地衬托出人物的性格特征,可以真实地再现历史人物的生活点滴。例如《魏公子列传》中,魏王的平庸、昏聩与魏公子的胸有成竹、从容大度是一种鲜明的对比;平原君的不识人、假爱士与魏公子的真识人、真爱士又是一种鲜明对比,这在对待毛公、薛公上表现得很清楚;侯嬴的阴鸷深谋、老成持重与魏公子的宽厚慈和、热诚仁爱又是一种对比,这在筹划将夺符时表现得异常明显。再如,《刺客列传》中,在描写荆轲的同时,还写了田光的侠肝义胆,他是为了极力促成荆轲刺秦王,为了激励荆轲、坚定荆轲的反秦信念而自杀的。田光这种死的意义,与《魏公子列传》中侯嬴的死意义相同,都是因为自己年事已高,不能亲自去参加抗秦活动了,于是便以自己的死来激励、强化魏公子、荆轲等人的信念和决心。此外,作品还写了樊於期为助成荆轲刺秦,而献出了自己的人头;作品最后又写了高渐离的刺秦王,从而更加陪衬了荆轲,更突出了荆轲这一活动的意义。所谓"燕赵多慷慨之士",说的就是这一群豪侠之士们。同时,作品中还写了鞠舞、秦舞阳等一批软弱、不中用的人,用他们来和荆轲作对比。尤其是秦舞阳在秦王殿中那种"色变振恐"的表现,更从反面突出了荆轲的神勇。

再如,在《魏其武安侯列传》中,作者同样在魏其侯与武安侯的矛盾冲突中,将人物的特点作了鲜明的对比。比如,魏其侯窦婴虽为窦氏家族中的一员,但他为人正直,忠于皇室,敢于犯颜进谏,有战功而不贪财,能进士而讲义气。比如,在汉景帝为取悦窦太后而违心说出将来将帝位传给梁孝王时,窦婴据理力争,以至于惹怒太后,受到被除门籍,不得朝请的处罚;在灌夫被田蚡囚禁后,也是极尽其能,不顾

第七章 《史记》的写人艺术

生死,欲救灌夫。这和田蚡形成鲜明的对比。田蚡是势利小人,依靠裙带关系平步青云,专权跋扈,作威作福,贪婪骄奢,仗势害人,气焰嚣张。比如,他见窦婴失去权势,竟然落井下石,侵夺其田产。因灌夫怒骂其爪牙籍福,田蚡便公报私仇,以查办灌夫田产为名,欲置灌夫于死地。在灌夫骂座之后,他更是怀恨在心,企图将魏其侯与灌夫一网打尽。两相对比,不难看出作者的褒贬倾向。他同情、赞赏窦婴、灌夫,而极力鞭挞了田蚡这样的人。同时,为了陪衬这两个人物形象,作者又塑造了灌夫、籍福、韩安国等人物。尤其是灌夫,作者写其性格倔强、崇尚侠义、欺强而不凌弱、在强权面前不低头的个性特征,有力地衬托出窦婴、田蚡的性格特征。还有,籍福的息事宁人、韩安国的首鼠两端,都对窦婴、田蚡的性格特征的塑造是一个有力的烘托。他如《廉颇蔺相如列传》中廉颇与蔺相如的对比、《袁盎晁错列传》中袁盎与晁错的对比、《平津侯主父列传》中公孙弘与主父偃的对比等等,都说明作者善于在合传中运用对比手法塑造人物形象,从而增强了历史人物的真实感。

(二)在不同的篇章中进行对比与烘托

比如,《魏公子列传》与《孟尝君列传》、《平原君虞卿列传》、《春申君列传》等进行对比,则所谓"战国四公子"的特点便非常明显地显现出来。他们的共同特点是"好养士",而四人的思想品质、精神境界的差别则非常大。魏公子信陵君养士是为了国家,他身系国家安危,礼贤下士,"能以富贵下贫贱,贤能诎于不肖"(《太史公自序》)。孟尝君养士为了一己私利,为了维护自己的富贵尊荣。他甚至将外敌引来攻打自己的国家。他的养士,乃是一种豢养与被豢养、收买与被收买的关系。因此,孟尝君养士是一种自重尊己的行为。平原君平庸无识,养士徒有虚名,但能听人劝谏,忠于国家,这与信陵君不能相提并论。而春申君养士皆有为国家与自重的意味。他在前期能为国家之难而着急奔走,为相之后则重视尊荣富贵,利令智昏。前后对比鲜明。

再如,《李将军列传》与《卫将军骠骑列传》的对比,李广一生廉洁,"得赏赐辄分其麾下,饮食与士共之。终广之身,为两千石四十余年,家无余财,终不言家产事"。每遇乏绝之处,"见水,士卒不尽饮,广不近水;士卒不尽食,广不尝食"。而霍去病则大为不同:"少而侍中,贵,不省士。其从军,天子为遣太官赍数十乘,既还,重车余弃粱肉,而士有饥者。其在塞外,卒乏粮,或不能自振,而骠骑尚穿域踏鞠,事多类此。"两相对比,李广身先士卒、爱兵如命与霍去病的高高在上、不恤士卒形成鲜明对比。因此,李广的英雄气概与

李 广

霍去病的飞扬跋扈也便昭然若揭。另外，诸如《酷吏列传》与《循吏列传》、《项羽本纪》与《高祖本纪》、《萧相国世家》与《淮阴侯列传》等之间，也成功地运用了对比手法。

对比手法的运用，是《史记》写人艺术的突出成就。通过对比，一方面可以突显人物的性格、思想、境界等方面的差异性，另一方面，也使我们对历史人物有了更为真切的认识和理解。尤其是作者为不同的人物合传，既能抓住其相似性，也能自然地比较出他们的不同之处。同时，作者虽然没有特意强调对比的手法，但在每传之后或传中的评价中，使我们很容易比较出不同人物之间的特点。

五　《史记》对人物的外貌描写

尽管司马迁对人物的外貌与神态描写着墨较少，但也显示了其写人艺术的高超之处。比如，在《高祖本纪》中描写刘邦的外貌："隆准而龙颜，美须髯，左股有七十二黑子。仁而爱人，喜施，意豁如也。""隆准"即高鼻梁；"龙颜"则指上额突起；"美须髯"即胡须很长；"黑子"即黑痣。在《史记》中，为帝王"画像"者只有这一次。作者简笔勾勒，为我们提供了刘邦的速写画像，这既有助于我们更真切地了解刘邦，也相应地淡化了他的神秘色彩。

在《留侯世家》中，司马迁这样描写商山四皓："四人从太子，年皆八十有余，须眉皆白，衣冠甚伟。"尽管着墨简约，但四位老人的形貌特征跃然纸上，使我们看到了他们的睿智与神奇，这为此后的事件叙写作了卓有成效的铺垫。司马迁通过大量事例介绍了张良运筹帷幄、决胜千里之外的智者形象之后，说自己曾见过张良的画像，"状貌如妇人好女"。张良的状貌俊美和卓越功勋相映成趣，所谓才貌出众，卓然独立。在《陈丞相世家》中，作者仅用六个字来描写陈平的外貌特征："为人长大美色。"陈平也是汉朝功臣，其功不亚于张良。惠帝死后，吕后听政，陈平借机行事，左右逢源。在平定诸吕叛乱中，他也建立了奇功。陈平如此善于权谋，且为人"长大美色"，显然作者有突显其能的意图。在《魏其武安侯列传》中，司马迁描写武安侯田蚡的外貌仅用"貌侵"两字，则田蚡面貌丑陋、身材短小的形象跃然纸上。作者接着说他"生贵甚"，即生于贵戚之家。如此对比，既将田蚡善于玩弄权术、飞扬跋扈的原因告诉了读者，更将其丑陋的内心世界暴露于天下。在《平津侯主父列传》中，作者说公孙弘"状貌甚丽"，这让人感觉到公孙弘"曲学阿世"的内心世界与其外表的不相称。

而在《张丞相列传》中，作者对张苍的外貌描写兼用直接和间接之法。张苍曾"坐法当斩，解衣伏质，身长大，肥白如瓠"，王陵"见而怪其美士，乃言沛公，赦勿

第七章 《史记》的写人艺术

斩"。如此说来，张苍因祸得福，得以仰仗王陵而被重用。后因拥立刘恒有功，灌婴死后，被任命为丞相。他对王陵感恩戴德，"父事王陵"。作者还特别介绍了张苍一家的身高变化："张苍父长不满五尺，及生苍，苍长八尺余，为侯，为丞相。苍子复长。及孙类，长六尺余，坐法失侯。"司马迁的用意，由此明确，名义上赞美张苍，实则含有讥刺意味。似乎说明，张苍家族一代不如一代。太史公还介绍了张苍的奢靡生活，使人对张苍有了新的认识："苍之免相后，老，口中无齿，食乳，女子为乳母。妻妾以百数，尝孕者不复幸。"两相对比，这种讥刺的意味也更其浓郁。

在《司马相如列传》中，作者说相如"雍容娴雅甚都"，即司马相如从容大方、举止温雅、相貌俊美。这就为卓文君与司马相如私奔作了铺垫，也为司马相如日后的文学侍从处境埋下了伏笔。在《屈原贾生列传》中，司马迁写屈原的内心痛苦，则通过外貌与神态描写来表现："屈原至于江滨，被发行吟泽畔，颜色憔悴，形容枯槁。"可以看出，"披发行吟"是写屈原被流放后的落魄与孤独；而"颜色憔悴"、"形容枯槁"则是写其忧心忡忡的内心痛苦。自然，这不仅让我们同情屈原的悲剧命运，而且也给读者带来心灵上的震撼。读其赋，我们了解了屈原的内心苦痛；观其形，我们更体悟了屈原悲剧的审美力量。

总之，《史记》在描写人物外貌方面虽然着墨较少，但可以看出作者塑造人物形象时并未忽略人物外貌的刻画。而寥寥数语之中，我们仍可以看出司马迁写人艺术的独到之处。

思考与探究

1. 仔细阅读《李斯列传》，并分析作者是如何刻画李斯这一悲剧人物形象的。
2. 请阅读《史记·屈原贾生列传》，并结合《史记·太史公自序》、《史记·孔子世家》，说明司马迁为屈原、贾谊等悲剧人物作传的原因。
3. 谈谈《史记》是如何表现人物的心理活动的。
4. 《史记》是如何通过矛盾冲突来刻画人物形象的？

第八章 《史记》的语言成就

《史记》在写人记事方面,体现出了鲜明的语言特色,取得了很高的语言艺术成就。司马迁在《报任安书》中说自己:"所以隐忍苟活,函粪土之中而不辞者,恨私心有所不尽,鄙没世而文采不表于后也。"①在《太史公自序》中他又说要通过《史记》的著述来"述往事,思来者"。这其中,就包含着他对《史记》语言文采的一种追求、期待和自负。不论是同《史记》以前的散文相比,还是同《史记》以后的散文相比,《史记》的语言都有着自己显著的特点,很好地再现了从传说中的黄帝到汉武帝时期近3000年的历史,塑造了许许多多鲜活的历史人物,增添了《史记》奇异的光彩,对后代散文产生了深远的积极影响。

一 富有个性的叙述和描写

《史记》的语言,大体可以分为作者的记载叙述语言、作者的描写语言、作者的议论语言、转引典籍资料语言、歌谣谚语和历史人物话语等。在作者的叙述、描写和转引中,《史记》的语言能够做到凝练简洁、生动形象、错落有致和通俗明快。

《史记》叙述语言的凝练简洁,主要体现在司马迁能用极简练的文字来准确记载复杂的历史事件。从全书来看,司马迁用52.65万字记载了从传说中的黄帝到汉武帝时期将近3000年的历史,展现了这一历史过程中的漫长复杂的社会演变、纷繁的历史事件和众多的历史人物的生平事迹,揭示了自然社会的发展规律,发表了司马迁对天人之际、古今之变的"一家之言",文字简练程度可想而知。《魏其武安侯列传》记载魏其侯窦婴和武安侯田蚡之间的矛盾争斗,中间贯穿了灌夫的有关事迹,涉及上层社会窦太后、王太后等27个人物。司马迁仅仅用了3000字就形象

---

① 司马迁:《报任安书》,《汉书·司马迁传》,中华书局1962年版,第2733页。

第八章 《史记》的语言成就

地再现了窦、王两宫皇后干预朝政,窦婴、田蚡的你死我活的宫廷争斗。吴见思《史记论文》说:"窦太后、王太后两两相照,组织成文,而中间复插入梁王、淮南王、条侯、高遂、桃侯、田胜、丞相绾、籍福、赵绾、王臧、许昌、庄青翟、韩安国、盖侯、颍阴侯、窦甫、临汝侯、程不识、汲黯、郑当时、石建许多人,提花蹙锦,灿然可观,是固史公一篇佳文字也。"《项羽本纪》记载巨鹿之战道:"乃遣当阳君、蒲将军将卒二万渡河,救巨鹿。战少利,陈余复请兵。项羽乃悉引兵渡河,皆沉船,破釜甑,烧庐舍,持三日粮,以示士卒必死,无一还心。于是至则围王离,与秦军遇,九战,绝其甬道,大破之,杀苏角,虏王离。涉间不降楚,自烧杀。当是时,楚兵冠诸侯。诸侯军救巨鹿下者十余壁,莫敢纵兵。及楚击秦,诸将皆从壁上观。楚战士无不一以当十,楚兵呼声动天,诸侯军无不人人惴恐。于是已破秦军,项羽召见诸侯将,入辕门,无不膝行而前,莫敢仰视。项羽由是始为诸侯上将军,诸侯皆属焉。"一场激烈的战争,仅仅用了190个字,就形象地描写了战争的经过和结果,描写了诸侯军壁上观战和战后拜见项羽的情景。另外如《伯夷列传》记载伯夷、叔齐事迹道:"伯夷、叔齐,孤竹君之二子也。父欲立叔齐,及父卒,叔齐让伯夷。伯夷曰:'父命也。'遂逃去。叔齐亦不肯立而逃之。国人立其中子。于是伯夷、叔齐闻西伯昌善养老,盍往归焉。及至,西伯卒,武王载木主,号为文王,东伐纣。伯夷、叔齐叩马而谏曰:'父死不葬,爰及干戈,可谓孝乎?以臣弑君,可谓仁乎?'左右欲兵之。太公曰:'此义人也。'扶而去之。武王已平殷乱,天下宗周,而伯夷、叔齐耻之,义不食周粟,隐于首阳山,采薇而食之。及饿且死,作歌。其辞曰:'登彼西山兮,采其薇矣。以暴易暴兮,不知其非矣。神农、虞、夏忽焉没兮,我安适归矣?于嗟徂兮,命之衰矣!'遂饿死于首阳山。由此观之,怨邪非邪?"仅仅用了短短的220多字,就记载了伯夷、叔齐的事迹,颂扬了他们的高风亮节,还纠正了他们饿死无怨言的说法,真可谓惜墨如金。

在记载人物时,司马迁常常是以极简单的文字开门见山地交代人物的基本情况。如《项羽本纪》曰:"项籍者,下相人也,字羽。初起时,年二十四。"《陈涉世家》曰:"陈胜者,阳城人也,字涉。吴广者,阳夏人也,字叔。"《屈原贾生列传》曰:"屈原者,名平,楚之同姓也。为楚怀王左徒。"首先介绍人名、籍贯、字号、为官职务或其他主要事迹,清楚简洁,只几句话就能给读者留下很深刻的印象。

当然,《史记》中最简洁的文字,当数《史记》的十表。由于十表的写作目的、记载内容和表格形式的限制,十表成了《史记》中整体文字最简约的部分。除了表前的《太史公序》或表后的《太史公记》有整段的文字外,表格中的内容,一般只用极其简单的几句话甚至几个字来记载历史大事,不做任何细致的描写和交代。如《高祖功臣侯者年表》记载平阳侯曹参侯功和封侯情况为："以中涓从起沛,至霸上,侯。以将军入汉,以左丞相出征齐、魏,以右丞相为平阳侯,万六百户。"记载留侯张良侯功和封侯情况为："以厩将从起下邳,以韩申徒下韩国,言上张旗志,秦王恐,降,解上与项羽之隙,与汉王请汉中地,常计谋平天下,侯,万户。"记载酂侯萧何侯功和封侯情况为："以客初起从入汉,为丞相,备守蜀及关中,给军食,佐上定诸侯,为法令,立宗庙,侯,八千户。"最少的表格文字内容,甚至只有"绝"、"废"、"薨"、"伐周"、"宋服"、"灭江"、"伐郑"、"围卫"、"来朝"等一两个字。

《史记》中的描写语言,在准确凝练的前提下,更体现出了生动形象的特点。在描写事件时,司马迁能够做到准确生动,往往抓住事件的主要矛盾和主要方面进行描写,事件情节发展快,并且十分注意环境的描写和气氛的渲染。《刺客列传》中描写荆轲西行刺秦王在易水边与燕太子丹及宾客告别情景时写道:"太子及宾客知其事者,皆白衣冠以送之。至易水之上,既祖,取道,高渐离击筑,荆轲和而歌,为变徵之声,士皆垂泪涕泣。又前而为歌曰:'风萧萧兮易水寒,壮士一去兮不复还!'复为羽声慷慨,士皆瞋目,发尽上指冠。于是荆轲就车而去,终已不顾。"司马迁用"白衣冠以送之"、"为变徵之声,士皆垂泪涕泣"、"复为羽声慷慨,士皆瞋目,发尽上指冠"、"就车而去,终已不顾"等一步步加以渲染,表现了荆轲舍生就义视死如归的英雄气魄,展现了荆轲临危不惧勇敢反抗强暴的坚定意志和精神风貌,慷慨悲壮之情如在眼前。

在描写人物方面,司马迁特别注意了描摹人物的情态和心理活动。《汲郑列传》记载汲黯一次和汉武帝的对话道:"天子方招文学儒者,上曰吾欲云云,黯对曰:'陛下内多欲而外施仁义,奈何欲效唐虞之治乎!'上默然,怒,变色而罢朝。公卿皆为黯惧。上退,谓左右曰:'甚矣,汲黯之戆也!'群臣或数黯,黯曰:'天子置公卿辅弼之臣,宁令从谀承意,陷主于不义乎?且已在其位,纵爱身,奈辱朝廷何!'"汉武帝的难堪尴尬和汲黯急切直言的情态栩栩如生。《张丞相列传》记载了周昌对刘邦的一次廷谏:"及帝(指刘邦)欲废太子,而立戚姬子如意为太子,大臣固争之,莫能得。上(指刘邦)以留侯策即止。而周昌廷争之强,上问其说,昌为人吃,又盛怒,曰:'臣口不能言,然臣期期知其不可。陛下虽欲废太子,臣期期不奉诏。'上欣然而笑。"周昌情急口吃的情态俨然在目。

另外如,《万石张叔列传》记载石庆为汉武帝御车,武帝故意"问车中几马,庆以策数马毕,举手曰:'六马。'"石庆谨小慎微生怕出错的情态可掬。当韩信遭到淮阴无赖少年的挑衅时,"于是信孰视之,俛出袴下,蒲伏"。韩信一连串的动作背

第八章 《史记》的语言成就

后即蕴涵着他激烈的心理活动和思想斗争,他一边看着那个无赖少年,一边在思考着到底是杀了他,还是从他的胯下钻过去受辱,被人们所耻笑。经过激烈的思想斗争,韩信最终选择了胯下受辱。《史记》描写人物的心理活动,常常是在人物行为和语言之中体现的,在人物行为和语言的背后蕴涵着人物的心理活动。《鸿门宴》中,"张良是时从沛公,项伯乃夜驰之沛公军,私见张良,具告以事",项伯的心理活动就是"欲呼张良与俱去"。在张良同刘邦的对话中,张良不慌不忙,他心里所想的,就是首先要设法让刘邦知道自己"距关,毋内诸侯"做法的错误,知道他自己当时士卒不足以抵挡项王军队的严峻形势,然后才能让刘邦接受自己"请往谓项伯,言沛公不敢背项王也"的建议。而刘邦当时心里唯一想的,就是要张良尽快为自己出"为之奈何"的主意。当张良说出了他的主意后,刘邦马上又机警多疑地问道:"君安与项伯有故?"谈话时两人的心理活动十分清楚。另外如刘邦同韩信的一次有趣谈话:"上(刘邦)常从容与信言诸将能不,各有差。上问曰:'如我能将几何?'信曰:'陛下不过能将十万。'上曰:'于君何如?'曰:'臣多多而益善耳。'上笑曰:'多多益善,何为为我禽?'信曰:'陛下不能将兵,而善将将,此乃信之所以为陛下禽也。且陛下所谓天授,非人力也。'"评价诸将时刘邦和韩信心理都十分轻松,意见很一致。刘邦突然向韩信问到自己能将几何时,原本是想让韩信夸奖一下自己,但没有想到却落得了一个不过能将十万的评价。但因为当时还没有能同韩信的将才比较,两人的高下还分不出来,所以刘邦便又问韩信道:"于君何如?"刘邦怎么也不会想到,韩信的回答是自己将兵"多多而益善"。这样的评价,刘邦显然是不满意的,但又不便于直接说出,于是刘邦便对韩信反唇相讥,面带笑容却语含威胁地问道:"多多益善,何为为我禽?"此时的韩信方如梦初醒,认识到了眼前的刘邦是掌握自己生死大权的至高无上的皇帝,便赶紧改口想办法恭维起刘邦来,恭维了刘邦"不能将兵,而善将将",还觉得不够到位,于是又进一步恭维说刘邦是"所谓天授,非人力也"。两人谈话的背后,隐含着丰富的心理活动。

《史记》的描写语言,在节奏上具有错落有致的特点。司马迁的时代,盛行的是汉赋,汉赋在语言方面多采用生僻字,铺陈夸张描写,多对偶排比句式。而《史记》尽量避免生僻古奥的字词,还将有些难于理解的古代典籍资料翻译为当时通俗的书面语。其语句采用的是单句散体,字数参差不齐,富于节奏变化,错落有致,给人一种变化多样,回味无穷的感觉。《史记》中最长的句子有 20 多个字。如《孝文本纪》"赐天下鳏寡孤独穷困及年八十以上孤儿九岁以下以布帛米肉各有数",《汲郑列传》"愚民安知市买长安中物而文吏绳以为阑出财物于边关乎",《春申君列传》"而李园女弟初幸春申君有身而入之王所生子者遂立"等等。而最常见的则是生动活泼、富于变化的参差不齐的接近口语的语言。吴见思说："《史记》凡用数句排比，无一句不变，而后人不复宗法，独用呆板。"①如《伍子胥列传》："及吴兵入郢，伍子胥求昭王。既不得，乃掘楚平王墓，出其尸，鞭之三百，然后已。"《酷吏列传》："张汤者，杜人也。其父为长安丞，出，汤为儿守舍。还而鼠盗肉，其父怒，笞汤。汤掘窟得盗鼠及余肉，劾鼠掠治，传爰书，讯鞫论报，并取鼠与肉，具狱磔堂下。其父见之，视其文辞如老狱吏，大惊，遂使书狱。父死后，汤为长安吏，久之。"句式反复变化，节奏明快，诵读起来，都具有一种富于变化的节奏感和声韵美。

二　个性化的人物语言

司马迁记载历史人物时，常常能提炼出特色明显的历史人物个性化的语言，并通过个性化的语言，来塑造和再现不同性格特征的历史人物。日本学者斋藤正谦说道："子长同叙智者，子房有子房风姿，陈平有陈平风姿；同叙勇者，廉颇有廉颇面目，樊哙有樊哙面目；同叙刺客，豫让之于专诸，聂政之于荆轲，才出一语，乃觉口气各不同。"②

《史记》中的人物语言，能够做到符合人物的身份，符合说话的场合情景，符合人物的性格特征。如同时表达自己的理想，《项羽本纪》中项羽见到秦始皇时说："彼可取而代也。"《高祖本纪》中刘邦见到秦始皇时则喟然太息曰："嗟乎，大丈夫当如此也！"《陈涉世家》中陈涉与人佣耕，辍耕之垄上，怅恨久之，则曰："苟富贵，无相忘。""嗟乎，燕雀安知鸿鹄之志哉！"号召起义时则说："王侯将相宁有种乎？"《陈丞相世家》中陈平谈到自己的理想，则说："嗟乎，使平得宰天下，亦如是肉矣！"项羽心直口快，与叔父项梁一起观秦始皇，话语直截了当，反映了六国后裔和贵族时刻想推翻秦朝恢复从前生活的复仇心理和想占有权利的强烈欲望。刘邦富有心计，在咸阳公众场合观秦始皇，话语委婉巧妙，羡艳口气背后的依然是想登上最高的权利位置，反映了平民阶层时刻想占有权利的强烈愿望。陈涉处于社会底层，其人生的目标是富裕和富贵，努力成为王侯将相，但他并不仅仅是想自己如何富贵，而是想同佣耕者或戍卒们互相帮助共同来富裕显贵。陈平是在给社里乡亲分社肉

---

① 《史记论文》，中华书局影印本，1984年9月版，第四册，第4页。
② 见《史记会注考证》引《拙堂文话》，上海古籍出版社1986年版，第2112页。

第八章 《史记》的语言成就

时听到父老的夸奖后说的,话语随便轻松,充满自信,其人生目标就是宰天下。可以说,他们各自的话语,都体现了谈话时的情景、人物的身份地位和各自的性格特征。《史记》人物个性化的语言,还能够做到在《史记》中保持一致。比方刘邦的语言,始终保持着善言巧辩、机警灵活、老练精明和谨慎周密,又带有某些社会下层人物语言流俗的特点。"鸿门宴"上刘邦能够把"距关,毋内诸侯,秦地可尽王也"的所为,美化和虚假成"臣与将军戮力而攻秦,将军战河北,臣战河南,然不自意能先入关破秦,得复见将军于此。今者有小人之言,令将军与臣有郤"。在逃离鸿门时刘邦自作决定说:"从此道至吾军,不过二十里耳。度我至军中,公乃入。"当项羽以烹刘邦的父亲要挟刘邦投降时,刘邦竟然说道:"吾与项羽俱北面受命怀王,曰'约为兄弟',吾翁即若翁,必欲烹而翁,则幸分我一杯羹。"当韩信目中无人时,他还能笑曰:"多多益善,何为为我禽?"他说话有个口头禅,经常骂人,说一些诸如"乃公"、"竖子"、"竖儒"、"鲰生"等一类粗俗的话。这些话,换了项羽是绝对不可能如此说的。而项羽说话时的心直口快、草率愚蠢和目空一切也是一贯的。"鸿门宴"前,他自作主张,一怒之下说:"旦日飨士卒,为击破沛公军!""鸿门宴"中,他打断刘邦的话,葬送了耳目曹无伤,竟然说:"此沛公左司马曹无伤言之,不然,籍何以至此?"广武决战时,与刘邦久战不决,不免气急败坏起来,说:"今不急下,吾烹太公。"垓下之围时,对眼前的局面百思不解,干脆说:"此天之亡我,非战之罪也。"诸如此类话语,都是快人快语,直来直去,内心想法和盘托出,毫不矫揉造作。另外如,"鸿门宴"时亚父范增的"君王为人不忍,若入前为寿,寿毕,请以剑舞,因击沛公于坐,杀之。不者,若属皆且为所虏",张良的"甚急。今者项庄拔剑舞,其意常在沛公也"等话语,都聪明巧妙,富于心计,体现着他们各自的智慧和谋略,具有谋略家语言的特点。

在《魏其武安侯列传》中,司马迁写汉景帝为讨好窦太后,违心说"千秋之后传梁王"时,窦婴不惜以忤逆太后乃至于除籍的代价,当面提出反对意见:"天下者,高祖天下,父子相传,此汉之约也,上何以得擅传梁王!"灌夫为田蚡所拘,窦婴为营救灌夫四处活动,夫人劝他说:"灌将军得罪丞相,与太后家忤,宁可救邪?"窦婴回答:"侯自我得之,自我捐之,无所恨。且终不令灌仲孺独死,婴独生。"这些个性化的语言表现了窦婴的厚道、耿直、讲义气,同时也说明他缺乏起码的政治斗争经验。再如,灌夫在田蚡新婚酒宴上看到许多人趋炎附势,明显表现出厚此薄彼的投机丑态,便深为窦婴抱不平。于是借行酒之机,想替窦婴出气。当看到临汝侯与程不识耳语,"又不避席",便抓住机会骂道:"生平毁程不识不值一钱,今日长者为寿,乃效女儿咕哝耳语!"田蚡阻拦说:"程、李俱东西宫卫尉,今众辱程将军,仲孺独不为李将军地乎?"程不识时任王太后长乐宫卫尉,而田蚡话中有话,提醒灌夫要注意程不识的身份。灌夫也正看中这一点,所以说"今日斩头陷胸,何知程李乎!"显然,灌夫的粗直豪爽,敢作敢为,讲究义气,好打不平,为朋友之事可以不顾一切的性格特征,给读者留下了极其深刻的印象。

在《张仪列传》中,张仪曾与楚相饮酒,不久楚相的璧玉丢失,楚相门人怀疑是张仪所为,便将张仪捆绑来,"掠笞数百",张仪没有承认,只好放了他。其妻嘲笑他:"嘻!子毋读书游说,安得此辱乎?"岂知张仪挨打之后仍不乏幽默,他问妻子:"视吾舌尚在不?"其妻被逗笑了:"舌在也。"张仪说:"足矣。"如此一说,张仪幽默机智的个性与期望以舌辩之术立身处世的信心便突显在人们面前。

在《汲郑列传》中,司马迁通过几句话就将汲黯为人"性倨,少礼,面折,不能容人之过"以及"好直谏"的特点刻画了出来。比如,汉武帝刚即位,大量招聘文学儒者之士,经常说"吾欲"云云,汲黯便当面说武帝:"陛下内多欲而外施仁义,奈何欲效唐虞之治乎!"这让汉武帝极为难堪。同僚劝说汲黯不能这样,汲黯回答:"天子置公卿辅弼之臣,宁令从谀承意,陷主于不义乎?且已在其位,纵爱身,奈辱朝廷何!"汲黯原位居九卿,而公孙弘、张汤皆为小吏。后来公孙弘为丞相、张汤为御史大夫,曾经是汲黯手下者"皆与汲黯同列,或尊用过之"。汲黯心中不平,便对汉武帝说:"陛下用群臣如积薪耳,后来者居上。"这又让武帝难堪而黯然失神,他评价汲黯:"人果不可以无学,观汲黯之言也日益甚。"可见,司马迁用个性化的语言,将汲黯为人耿直、愚鲁,不避权威、敢说真话的性格特征写了出来。

三 诸多修辞手法在语言中的运用

司马迁继承发展了先秦诸子散文和历史散文中的各种修辞手法,并在《史记》中加以大量运用。诸如比喻、夸张、拟人、重复、引用、反问、设问、对比、双关、对偶、排比、借代、顶针、讽刺、讳饰、谐音等等,文学创作中习见的修辞手法几乎都得到了淋漓尽致的表现。《史记》运用修辞手法的情形是广泛而丰富的,有在作者叙述语言中使用的,有在作者笔下的人物语言中使用的,有在论赞中使用的,也有在援引他人的作品或引用的谚语、民谣等中运用的,不一而足。

《史记》运用各种修辞手法,在记载事件、塑造人物、叙事状物、抒情表意等方面发挥了积极作用。有的避免了枯燥质直的叙说,增强了作品的形象性;有的构成

第八章 《史记》的语言成就

了事件的完整性,揭示了事件发展的阶段性;有的使人物形象更加生动鲜明;有的则增强了语言的生动性、节奏感和韵味。

《张仪列传》记载陈轸劝秦惠王不要救援韩国和魏国,便运用故事进行比喻,避免了单纯的论理叙说。当时,韩国同魏国相攻一年,不得解和,秦惠王欲救之,大臣或曰可救,或曰不可救。秦惠王迟疑不决,乃问陈轸。陈轸首先给他讲述了卞庄子杀虎的故事。说:"(卞)庄子欲刺虎,馆竖子止之,曰:'两虎方且食牛,食甘必争,争则必斗,斗则大者伤,小者死。从伤而刺之,一举必有双虎之名。'卞庄子以为然,立须之。有顷,两虎果斗,大者伤,小者死。庄子从伤者而刺之,一举果有双虎之功。今韩魏相攻,期年不解,是必大国伤,小国亡,从伤而伐之,一举必有两实。此犹庄子刺虎之类也。"秦惠王听后便采纳了陈轸的建议,等韩国和魏国两败俱伤时,"秦兴兵而伐,大克之"。陈轸的比喻贴切形象,蕴涵的道理浅显易懂,所以便很容易得到了秦惠王的采纳。《田单列传》"太史公曰":"兵以正合,以奇胜。善之者,出奇无穷。奇正还相生,如环之无端。夫'始如处女,敌人开户;后如脱兔,敌不及距(按:通"拒")',其田单之谓邪?"这段话连续用了比喻手法。如果单就表达意思来说,这段文字写到"奇正还相生"就足够了。而司马迁却在这段文字中四次用到比喻,既增强了作品的形象性,又通俗易懂。司马迁首先用"环之无端"比喻"奇正"相互转化的道理,接着用"始如处女"和"后如脱兔"来分别比喻田单在战斗前和战斗中的奇谋。说田单首先向燕军示以弱小,然后抓住战机,用火牛阵冲杀燕军,如脱兔之迅猛,具有能出奇制胜的才干。

《史记》的重复修辞,有时构成了事件的完整性,有时揭示了事件发展的阶段性,有时使描写更为生动、人物形象更鲜明突出;有的抒发了作者强烈的感情,有的则增强了语言的生动性、节奏感和韵味。《高祖本纪》用"会项伯欲活张良,夜往见良,因以文谕项羽,项羽乃止"几句话来记载了鸿门宴前项伯私见张良事,构成了事件的完整性。方苞评论说:"《项羽本纪》高祖留侯项伯相语凡数百言,而此以三语括之,盖其事与言不可没,而于帝纪则不必详也。"① 《李斯列传》用两"天下"和五"叹"重复修辞来揭示事件发展的阶段性,进而进行提示和强调。李景星《史记评议》说:"《李斯传》以'竟并天下'、'遂以亡天下'二句为前后关锁。'竟并天下'是写其前之所以盛;'遂以亡天下'是写其后之所以衰。盛衰在秦,所以盛衰之故,则皆由于斯。行文以五叹为筋节,以六说当实叙。'于是李斯乃叹曰:人之贤不肖'

---

① 《评点史记》,见韩兆琦《史记选注集说》,江西人民出版社1982年版,第53页。

云云,是其未遇时而叹不得富贵也;'李斯喟然而叹曰:嗟乎'云云,是其志满而叹物极将衰也;'斯乃仰天而叹,垂泪太息曰'云云,是已坠赵高计中不能自主而叹也;'仰天而叹曰:嗟乎悲乎'云云,是已居囹圄之中不胜怨悔而叹也;'顾谓其中子曰'云云,是临死时无可奈何以不叹为叹也。以上所谓'五叹'也……文至此,酣畅之至,亦刻毒之至,则谓太史公为古今文人中第一辣手可也。"《项羽本纪》描写项羽勇猛善战,曾四次重复"莫敢":杀会稽太守,则"一府中皆慴服,莫敢起";杀宋义,则"诸将皆慴服,莫敢枝梧";领兵救巨鹿,则"诸侯军救巨鹿者十余壁,莫敢纵兵";打败秦军后,"项羽召见诸侯将,入辕门,无不膝行而前,莫敢仰视"。《史记评林》引明代凌约言说:"羽杀会稽守,则一府慴服'莫敢'起;羽杀宋义,诸将皆慴服,'莫敢'枝梧;羽救巨鹿,诸侯'莫敢'纵兵;已破秦军,诸侯膝行而前,'莫敢'仰视。势愈张而人愈惧,下四'莫敢',而羽当时勇猛可想见也。"《魏公子列传》中司马迁称信陵君为"公子"者多达147处,比记载其他几位战国公子传中称"公子"的总数还要多出几倍,以此抒发他对信陵君的敬佩感情。李景星《史记评议》说:"传中称公子者,凡一百四十七,因其钦佩公子者深,故低徊萦绕,特于繁复处作不尽之致。"《项羽本纪》描写楚军将士在巨鹿之战中英勇拼杀情景和所向无敌气魄时,曾三次运用"无不"字眼,富有形象性和节奏性,使其情景鲜明活现。《史记评林》引陈仁锡说:"叠用三'无不'字,有精神。《汉书》去其二,遂乏气魄。"

《史记》的夸张描写,表现了作者的强烈感情,渲染突出了事物的本质特征,增强了事物的形象性和故事情节的生动性,有时还取得了一种戏剧效果。《廉颇蔺相如列传》中:"王授璧,相如因持璧却立,倚柱,怒发上冲冠。"《项羽本纪》中:"哙遂入,披帷西乡立,瞋目视项王,头发上指,目眦尽裂。"对蔺相如和樊哙的情态描写就富有夸张性,形象地表现了他们的激愤情绪。《张丞相列传》中:"昌尝燕时入奏事,高帝方拥戚姬,昌还走,高帝逐得,骑周昌项,问曰:'我何如主也?'昌仰曰:'陛下即桀纣之主也。'于是上笑之,然尤惮周昌。"《吕太后本纪》中:"孝惠帝崩。发丧,太后哭,泣不下。留侯子张辟强为侍中,年十五,谓丞相曰:'太后独有孝惠,今崩,哭不悲,君知其解乎?'丞相曰:'何解?'辟强曰:'帝毋壮子,太后畏君等。君今请拜吕台、吕产、吕禄为将,将兵居南北军,及诸吕皆入宫,居中用事,如此则太后心安,君等幸得脱祸矣。'丞相乃如辟强计。太后说(同"悦"),其哭乃哀。"都具有夸张的因素,从而产生了强烈的喜剧效果。其他如"屋瓦尽振"、"侧肩争门而入"、"掉臂不顾"、"车毂击,人肩摩,连衽成帷,举袂成幕,挥汗成雨"等夸张,都能引起读者的丰富联想,留下深刻的印象。

第八章 《史记》的语言成就

《史记》有的地方也注意到了汉字的谐音。《李将军列传》记载李广霸陵受辱用到了汉字的反义词和谐音,造成了很好的喜剧效果。说李广"尝夜从一骑出,从人田间饮。还至霸陵亭,霸陵尉醉,呵止广。广骑曰:'故李将军。'尉曰:'今将军尚不得夜行,何乃故也!'止广宿亭下。"霸陵尉只是微醉,趁着酒劲以"今"(当今的或姓今的)和"故的"(原先的或姓故的)对举,揶揄羞辱李广,活现了霸陵尉的轻狂和李广被贬为庶人后的无可奈何。另如《刘敬叔孙通列传》记载刘邦为娄敬赏赐刘姓时说:"上曰:'本言都秦地者娄敬,娄者乃刘也。'赐姓刘氏,拜为郎中,号为奉春君。"也用到了谐音。

以上仅仅列举和介绍了《史记》部分修辞手法的运用,其他修辞手法在《史记》中运用的也相当普遍,在此不一一赘述。

四 对诗歌的引用和对民间语言的提炼

司马迁在《史记》中很注意诗歌的引用,有的引用佚诗,有的引用他人的诗歌,有的引用民歌民谣,用来烘托气氛、创造环境、表情达意和塑造人物,因而保留了不少诗歌。

刘邦和项羽肯定都没有想到他们能做一名诗人,给后世留下千古绝唱。正是司马迁在《史记》中记载了他们简短的诗歌,才使得他们的诗歌流传后世。《高祖本纪》记载,在汉高祖十二年(前202年),"高祖(刘邦)还归,过沛,留。置酒沛宫,悉召故人父老子弟纵酒,发沛中儿得百二十人,教之歌。酒酣,高祖击筑,自为歌诗曰:'大风起兮云飞扬,威加海内兮归故乡,安得猛士兮守四方!'令儿皆和习之。高祖乃起舞,慷慨伤怀,泣数行下"。这首《大风歌》气势恢弘,慷慨苍劲,只有短短的三句,23个字,却高度概括了楚汉之际的时代风云,饱含着刘邦对西汉帝业和故土的浓厚感情,渲染了当时的悲壮气氛,蕴涵着刘邦的复杂感情。第一句表面上是写自然现象,实际上则是写刘邦为实现抱负率领千军万马艰苦卓绝的奋斗历程。第二句写刘邦建立了西汉政权,统一了全国,恢复经济巩固政权取得了显著成果后,回故乡同父老乡亲欢聚。既表现了西汉政权的强大无比,也表现了汉天子的非凡威势和刘邦的故土之思。第三句立足将来,抒发刘邦的愿望和理想。政权虽然已经巩固,但依然存在着一定的内外忧患,刘邦不免慨叹起人才的缺乏,特别是缺乏那些能忠于朝廷为汉王朝守卫四方的猛士。朱熹《楚辞集说》卷上说《大风歌》是"自千载以来,人主之词,亦未有若是其壮丽而奇伟者也。呜呼,雄哉!"明代胡应麟则称其为"冠绝古今"、"千秋气概之祖"①。

《项羽本纪》记载的项羽的《垓下歌》更是一首千古绝唱的英雄悲歌。"项王军壁垓下,兵少食尽,汉军及诸侯兵围之数重。夜闻汉军四面皆楚歌,项王乃大惊曰:'汉皆已得楚乎?是何楚人之多也!'项王则夜起,饮帐中。有美人名虞,常幸从;骏马名骓,常骑之。于是项王乃悲歌慷慨,自为诗曰:'力拔山兮气盖世,时不利兮骓不逝。骓不逝兮可奈何,虞兮虞兮奈若何!'歌数阕,美人和之。项王泣数行下,左右皆泣,莫能仰视。"项羽被刘邦及诸侯军队团团包围,晚上四面阵阵楚歌传来,项羽同爱姬饮于帐中。他思古抚今,无限伤痛,英雄气短,儿女情长,悲愤缠绵之情,激昂不平之气,一应从胸中涌出,化作了呜咽慷慨凄楚动人的诗句。诗歌回顾了其起事灭秦分封征战诸侯的所向无敌的英雄气概,将眼前的不利战事归之于天命,向爱骑和爱姬倾吐心中的无限缠绵眷恋之情。《垓下歌》激昂不平,悲凉遒劲,渲染了项羽的悲剧气氛,令人回肠荡气,慨叹不已。朱熹《楚辞集注》卷上说《垓下歌》"慷慨激烈,有千载不平之余愤"。清代吴见思《史记论文》说:"'可奈何','奈若何',若无意义,乃一腔怒愤,万种低回,地厚天高,托身无所,写英雄失路之悲,至此极矣。"可见《垓下歌》在渲染项羽悲剧气氛上具有巨大的作用。《刺客列传》记载的《易水歌》也很好地营造了荆轲易水告别西刺强秦的悲壮苍凉气氛。"太子及宾客知其事者,皆白衣冠以送之。至易水之上,既祖,取道,高渐离击筑,荆轲和而歌,为变徵之声,士皆垂泪涕泣。又前而为歌曰:'风萧萧兮易水寒,壮士一去兮不复还!'复为羽声慷慨,士皆瞋目,发尽上指冠。于是荆轲就车而去,终已不顾。"简简单单的两句诗歌,慷慨悲凉,苍劲雄壮,情景浑然一体,悲伤而不低沉,昂扬而不轻浮,回环迭唱,往复无穷,感染力极强。孙月峰《评注昭明文选》曾说道:"只此两句,却无不尽,慷慨激烈,写得壮士心出,气概一世。"

此外,伯夷、叔齐的《采薇歌》、箕子的《麦秀歌》、刘邦的《鸿鹄歌》、赵王的《饿歌》、汉武帝的《秋风辞》等,都不仅很好地为主人公抒情言志,而且揭示了主人公的心理活动,渲染了气氛,产生了强烈的感染力。

《史记》在记叙语言、太史公曰和历史人物语言中,还提炼和引用了丰富的民间语言,大大增强了语言的表现力,丰富了《史记》的语言内涵。这些民间语言有政治经济的,有军事文化的,有人生经验的等等,它们常常是经验的总结,具有言简意赅、形象生动、涵义深邃、含蓄委婉、富有哲理等特点。

---

① 《诗薮》,上海古籍出版社1979年版,第22、49页。

第八章 《史记》的语言成就

如"家贫则思良妻,国乱则思良相"(《魏世家》),说明良妻对家的重要和良相对治国的重大作用。"天下熙熙,皆为利来;天下壤壤,皆为利往"(《货殖列传》),说明人们来往奔波都怀有求利的目的;"百里不贩樵,千里不贩籴"(《货殖列传》),总结经商的经验;"渊深而鱼生之,山深而兽往之,人富而仁义附焉"(《货殖列传》),用比喻说明人富裕了也就将仁义了;"不知其人,视其友"(《张释之冯唐列传》),总结交友的经验;"其身正,不令而行;其身不正,虽令不从"(《李将军列传》),总结李广治军和为人特点;"狡兔死,良狗烹;高鸟尽,良弓藏;敌国破,谋臣亡"(《淮阴侯列传》),总结人生经验;"楚虽三户,亡秦必楚"(《项羽本纪》),预言楚人灭秦;"尺有所短,寸有所长"(《白起王翦列传》),说明事物各有所长;"当断不断,反受其乱"(《春申君列传》),说明做事该果断时必须果断。

有的歌谣,则用来表达了作者的思想感情。在《淮南衡山列传》中司马迁引用"一尺布,尚可缝;一斗米,尚可舂。兄弟二人不能相容"歌谣,讽刺揭露汉文帝逼死淮南王刘长的行径。在《魏其武安侯列传》中,司马迁引用了当时流行于颍川一带的一首歌谣:"颍水清,灌氏宁;颍水浊,灌氏族。"表现了人们对灌夫在颍川一带横行作恶的诅咒。在《酷吏列传》中司马迁引用"宁见乳虎,无值宁成之怒"歌谣,揭示酷吏的凶恶残暴。在《李将军列传》中引用"桃李不言,下自成蹊"的谚语,来赞扬李广的品德功劳,说明李广的影响之大。

有的民间语言更富有哲理,很耐人寻味,引人深思。如"满而不损则溢,盈而不持则倾"(《乐书》);"忠言逆耳利于行,毒药苦口利于病"(《留侯世家》);"智者千虑,必有一失;愚者千虑,必有一得"(《淮阴侯列传》)等。

司马迁还注意了民间方言俗语和外来语的运用。如《陈涉世家》中记载当年与陈涉一起庸耕的伙伴见到陈王的宫殿后,惊呼道:"夥颐!涉之为王沈沈者!""夥颐"为楚地方言,"沈沈"为俗语。司马迁还解释道:"楚人谓多为夥,故天下传之,夥涉为王,由陈涉始。"《张耳陈余列传》记载说:"赵相贯高、赵午等……乃怒曰:'吾王,孱王也。'"而《史记集解》引孟康的话说:"冀州人谓懦弱为'孱'。"可知"孱"字当时为冀州一带的方言。《屈原贾生列传》介绍贾谊《鵩鸟赋》时说:"楚人命鸮曰'鵩'。"可知楚地人当时把猫头鹰称作"鵩"。《封禅书》"神君者,长陵女子,以子死,见神于先后宛若。宛若祠之其室,民多往祠。"其中的"先后"二字,据颜师古《古书·郊礼志》注引孟康的话说:"兄弟妻相谓先后。"颜师古也说:"先音苏见反,后音胡构反。古谓之'娣姒',今关中俗呼为'先后',吴楚俗呼之为'妯娌'。"现在,陕西关中有些地方仍然保留着称呼"妯娌"为"先后"这一方言,外来词语如"苜蓿"、"蒲陶"(即今"葡萄")等。可见司马迁采用了方言俗语和外来语,使其描写更符合历史实际,更能符合历史人物的身份和语言特点。

五 作者感情在语言中的蕴涵

司马迁把自己的感情蕴涵在了《史记》的人物故事和细节的选择、文章的结构安排、"太史公曰"中,也蕴涵在了《史记》的行文语言当中。

《项羽本纪》记载项羽在阴陵被田父所骗时写道:"项王至阴陵,迷失道,问一田父,田父绐曰'左'。左,乃陷大泽中。以故汉追及之。"其中的"绐"和"左,乃陷大泽中。以故汉追及之",即包含着司马迁的无限遗憾惋惜之情。

《李将军列传》中司马迁写道:"文帝曰:'惜乎,子不遇时!如令子当高帝时,万户侯岂足道哉!'""初,广之从弟李蔡与广俱事孝文帝。景帝时,蔡积功劳至二千石。孝武帝时,至代相。以元朔五年为轻车将军,从大将军击右贤王,有功中率,封为乐安侯。元狩二年中,代公孙弘为丞相。蔡为人在下中,名声出广下甚远,然广不得爵邑,官不过九卿,而蔡为列侯,位至三公。"对李广生不逢时和不得封侯表示深切惋惜。"广居右北平,匈奴闻之,号曰'汉之飞将军',避之数岁,不敢入右北平。""广之将兵,乏绝之处,见水,士卒不尽饮,广不近水,士卒不尽食,广不尝食。"对李广的治军才干和威势怀有无限钦佩之意。李广被迫自杀后,"广军士大夫一军皆哭。百姓闻之,知与不知,无老壮皆为垂涕",则又饱含着司马迁对李广不幸遭遇的无限同情。

其他如对文景之治和汉武帝即位初年经济的繁荣和百姓生活富庶的描写则流露出由衷的赞美感情。《律书》说:"至孝文即位……故百姓无内外之繇,得息肩于田亩,天下殷富,粟至十余钱,鸣鸡吠狗,烟火万里,可谓和乐者乎!"又说:"文帝时,会天下新去汤火,人民乐业,因其欲然,能不扰乱,故百姓遂安。自年六七十翁亦未尝至市井,游敖嬉戏如小儿状。孔子所称有德君子者邪!"《平准书》说:"至今上(指汉武帝)即位数岁,汉兴七十余年之间,国家无事,非遇水旱之灾,民则人给家足,都鄙廪庾皆满,而府库余货财。京师之钱累巨万,贯朽而不可校。太仓之粟陈陈相因,充溢露积于外,至腐败不可食。众庶街巷有马,阡陌之间成群,而乘字牝者傧而不得聚会。守闾阎者食粱肉,为吏者长子孙,居官者以为姓号。故人人自爱而重犯法,先行义而后绌耻辱焉。"颂扬向往之情溢于言表。而对汉武帝时"役财骄溢,或至兼并豪党之徒,以武断于乡曲。宗室有土公卿大夫以下,争于奢侈,室庐舆服僭于上,无限度"等社会丑恶现象和经济空虚的描写则表现出强烈的不满和担忧。

《史记》常常就是在不知不觉的描述中,巧妙地表达了作者的思想感情。我们在第九章中有详述,可参阅。

六 《史记》语言对后世的影响

《史记》语言对后代作家以及中华民族的语言都产生了深远影响。韩愈、柳宗元等不满当时文坛的骈文,提倡古文,掀起了古文运动,他们提倡的就是学习和效法先秦两汉的散文。明代的前七子、后七子、公安派、唐宋派等文学集团,都反对文坛的台阁体,十分推崇《史记》的语言和文学成就。唐代唐庚说:"六经以后便有司马迁,三百五篇之后便有杜子美。六经不可学,亦不须学,故作文当学司马迁,作诗当学杜子美。二书亦须常读,所谓不可一日无此君也。"①当代学者李长之说:"司马迁是被后来的古文家所认为宗师的。其中几乎有着'文统'的意味。因为,第一次的古文运动领袖是韩愈,他推崇司马迁。第二次的古文运动领袖是欧阳修,他推崇韩愈。后来的桐城派的先驱归有光,以司马迁为研究目标,后来者则追踪韩欧,而曾国藩一派又探索于《史记》。这样以来,前前后后,司马迁便成了古文运动的一个中心人物。"②由此即可知《史记》语言在后世学者心目中的崇高地位和对后世文坛的深远影响。

《史记》语言对后世的影响,还特别体现在汉语成语方面。《中国成语大辞典》等成语辞书中收录出自《史记》的成语就有 500 多条,仅《项羽本纪》、《淮阴侯列传》两篇,就产生了 30 多条成语。这些成语千百年来,代代相传,为汉语词汇的丰富和发展作出了积极的贡献。

《史记》中成语的形成,大体有三种情况:一是《史记》中的原句。如"一鸣惊人"、"人为刀俎,我为鱼肉"、"燕雀安知鸿鹄之志"、"不寒而栗"、"多多益善"、"三令五申"、"韦编三绝"、"奇货可居"、"倒行逆施"、"长袖善舞"、"天下熙熙,皆为利来;天下壤壤,皆为利往"、"前事不忘,后事之师"、"唇亡齿寒"、"利令智昏"、"尺有所短,寸有所长"、"智者千虑,必有一失;愚者千虑,必有一得"、"礼抗万乘"、"土崩瓦解"、"一败涂地"、"天下大乱"、"陈陈相因"、"如狼牧羊"、"约法三章"、"沐猴

---

① 《文录》,引自《史记研究集成》,华文出版社 2005 年版,第六卷,第 241 页。
② 李长之:《司马迁之人格与风格》,生活·读书·新知三联书店 1984 年版,第 296 页。

而冠"、"沾沾自喜"、"四分五裂"、"大喜过望"、"匹夫之勇"、"民不聊生"、"短小精悍"、"移风易俗"等。一是从《史记》原词语或句子改动或压缩而成的。如"强弩之末"、"兔死狗烹"、"耳食之谈"、"一字千金"、"一饭千金"、"家徒四壁"、"后来居上"、"养虎遗患"、"千金之裘"、"熙熙攘攘"、"取而代之"、"廉颇老矣"、"四面楚歌"、"项庄舞剑,意在沛公"、"死灰复燃"、"篝火狐鸣"、"民以食为天"、"劳苦功高"、"决一雌雄"、"披坚执锐"等。一是对《史记》记载的历史故事或历史事件提炼概括而成的。如"毛遂自荐"、"脱颖而出"、"破釜沉舟"、"背水一战"、"明修栈道,暗度陈仓"、"纸上谈兵"、"指鹿为马"、"卧薪尝胆"、"鸡鸣狗盗"、"完璧归赵"、"负荆请罪"、"卜式输边"、"一诺千金"、"胯下之辱"等。

司马迁不愧是语言大师,《史记》不愧是语言宝库。《史记》的语言艺术,无疑是中华民族一份弥足珍贵的放射着灿烂光芒的文化遗产,值得我们去深入学习和研究。

思考与探究

1. 试说说你所知道的出自《史记》的10个成语的历史故事。
2. 《鸿门宴》中,项羽、刘邦、张良、项伯、樊哙的语言各有什么特点?
3. 分析《张仪列传》中张仪游说词语的特点及其作用。

▶▶▶▶ 第九章 《史记》的抒情色彩

第九章 《史记》的抒情色彩

被鲁迅誉为"史家之绝唱,无韵之《离骚》"的《史记》①,不仅客观地叙述事实,而且饱含着司马迁强烈的爱憎情感。总览《史记》各篇传记,有的通篇是借古人行事来抒发自己的愤世之志,有的是夹叙夹议,喷泻着慷慨之音,有的则是插入一段淋漓尽致的悲悼惋叹。可以说,"整部《史记》是一首爱的颂歌,恨的诅曲,是司马迁用整个生命谱写的一篇饱含着全部血泪的悲愤诗"②。

一 《史记》抒情性的表现

司马迁写历史人物,熔铸了鲜明的爱恨感情,他叙事不是简单记录,而是笔端挟有感情,字里行间洋溢着激情,往往与书中人物息息相通,感情相融,借他人酒杯,浇自己块垒。因此,他痛苦愤怒时,感情激荡;悲哀伤痛时,凄绝哀婉;欢喜欣赏时,奔放恣肆。清代的刘鹗说:"《离骚》为屈大夫之哭泣,《庄子》为蒙叟之哭泣,《史记》为太史公之哭泣,草堂诗集为杜工部之哭泣,李后主以词哭,八大山人以画哭,王实甫寄哭泣于《西厢》,曹雪芹寄哭泣于《红楼梦》。"③这是说,凡文学作品其最深层的内涵,就是熔铸作家的激情。吴汝煜具体分析了《史记》的抒情性,他说:"《项羽本纪》是一首充满着悲壮叹惋之情的英雄史诗,《伯夷列传》是一首喷发出愤激不平之情的怨刺诗,《魏公子列传》是一首满怀崇敬之情的赞美诗,《滑稽列传》是一首洋溢轻松愉快之情的幽默诗,《司马相如列传》略去所附录的大赋,便是一首包藏着炽热感情和富于浪漫色彩的恋爱诗。"④这说明司马迁是以诗人的气质写史,使《史记》含有诗的情韵。正如李长之所说:"情感者,才是司马迁的本质。

---

① 鲁迅:《汉文学史纲要》,上海古籍出版社2005年版,第53页。
② 韩兆琦:《史记通论》,北京师范大学出版社1990年版,第89页。
③ 刘鹗:《老残游记·自叙》,人民文学出版社1957年版,第1页。
④ 吴汝煜:《史记论稿》,江苏教育出版社1986年版,第37页。

他的书是赞叹,是感慨,是苦闷,是情感的宣泄,总之,是抒情的而已!不惟抒自己的情,而且代抒一般人的情。这就是他之伟大处!"①

(一)对伟大、崇高、善良的人物倾注无限的热爱、敬仰与褒扬

身处盛世,心怀理想而又通晓古今的司马迁,站在历史的高度,俯瞰泱泱中华的盛衰史,有其独到而深刻的认识。歌颂明君贤臣、德仁之士是他社会理想的正面寄托。他认为:"国有贤相良将,民之师表也。"②他还说:"且欲兴圣统,唯在择任将相哉!唯在择任将相哉!"③以极为强烈的感叹,抒发了自己对明君贤臣美政的追求。因此,《五帝本纪》写黄帝"生而神灵,弱而能言,幼而徇齐,长而敦敏,成而聪明"。对古代明君贤臣的典范虞舜,写他笃谨诚孝,勤政爱民,重用人才,"举八恺,使主后土,以揆百事,莫不时序。举八元,使布五教于四方,父义,母慈,兄友,弟恭,子孝,内外平成"。他提倡音乐,重视教化,以为"诗言意,歌长言,声依永,律和声,八音能谐,毋相夺伦,神人以和"。深情歌颂舜艰苦创业的历程和治世功勋。文帝是司马迁心目中最合乎"仁"的君主,《孝文本纪》中写文帝初即位就"施德惠天下,填抚诸侯四夷皆洽驩"。执政期间政令宽省,废除酷刑;广开言路,积极纳谏;精兵简政,厉行节约;重视农业,轻徭薄赋;反省自励,以德治国。字里行间充溢着对文帝由衷的热爱。

司马迁在《史记》中,对自己所追慕和敬仰的人给予肯定和颂扬。他破例将孔子列入世家,在全文的记述尤其是篇末的评论中,充满对孔子的由衷敬仰和无比向往之情。司马迁推崇屈原的人格,在屈原本传中讴歌他疾恶如仇、正直不阿、忠贞敢谏、舍身为国的品德情操,着力颂扬屈原的人格、精神,为屈子鸣不平。《项羽本纪》中,项羽那"力拔山兮气盖世"的豪气,那破釜沉舟、一往无前的魄力,那喑噁叱咤,万人皆伏的英雄气概,那不肯苟活、自刎乌江的悲壮,都让司马迁敬佩。《李将军列传》中,写"李广才气,天下无双",他善骑射,勇猛异常,常能险中取胜,虎口脱险,李广廉洁仁爱,爱护下属,"广之将兵,乏绝之处,见水,士卒不尽饮,广不近水,士卒不尽食,广不尝食。宽缓不苛,士以此爱乐为用",字里行间充满对李广的崇敬之情。还有《陈涉世家》中对陈胜、吴广起义的肯定,《刺客列传》中对曹沫、荆轲的颂扬,"敢犯颜色,以达主义"的袁盎,"不顾其身,为国家树长画"的晁错,"守法不阿意"的张释之,"不能容人之过"、"任气节,内行修洁,好直谏"的汲黯。对这些人物事迹的记述,无不渗透着司马迁饱满的褒扬之情。

---

① 李长之:《司马迁之人格与风格》,生活·读书·新知三联书店1984年版,第92页。
② 司马迁:《史记·太史公自序》,中华书局1982年版,第3304页。
③ 司马迁:《史记·匈奴列传》,中华书局1982年版,第2919页。

第九章 《史记》的抒情色彩

司马迁在《史记》中,对社会上的中下层人物和有一技之能的人士给予了称赞。刺客、游侠、倡优、商贾、医卜等人物,在司马迁笔下得到了热情的歌颂和肯定。还有普普通通的人物,如《平原君虞卿列传》中的食客毛遂、邯郸舍人子李同;《魏公子列传》中的夷门监者侯嬴,市井鼓刀屠者朱亥以及邯郸博徒毛公、卖浆者薛公,他们具有傲视权贵的高尚情操,强烈的爱国感情,助人于危难的牺牲精神,司马迁以饱满的热情刻画了他们的光彩形象。

(二)对恶势力和卑鄙、奸邪、阴险人物的揭露和批判,表现作者极端的鄙视和憎恨感情

在《史记》中,司马迁以如椽之笔,深刻揭露了汉代帝王的种种劣迹和丑恶本质。写汉高祖刘邦"不事家人生产作业","好酒及色"。为了逃命,三次将亲生儿女推下车去。面对老父被杀的危险,大耍无赖:"吾翁即若翁,必欲烹而翁,幸分我一杯羹。"①得天下后,大肆剪除异己,杀害功臣。司马迁在《吕太后本纪》中大胆写吕后对戚夫人的残害:

> 太后遂断戚夫人手足,去眼,煇耳,饮瘖药,使居厕中,命曰"人彘"。居数日,乃召孝惠帝观人彘。孝惠见,问,乃知其戚夫人,乃大哭,因病,岁余不能起。使人请太后曰:"此非人所为。臣为太后子,终不能治天下。"

这段历史叙事,看似客观、"实录",但字里行间却涌动着司马迁对吕后阴险、毒辣的愤激之情。对自己心目中最理想的君王汉文帝,司马迁也借冯唐之口进行批评:"一言不相应,文吏以法绳之。其赏不行而吏奉法必用。臣愚,以为陛下法太明,赏太轻,罚太重。"②在《武帝本纪》中,辛辣嘲讽汉武帝敬鬼神、求长生、屡受欺骗的愚蠢行为和黩武、兴利、任用酷吏等一系列弊政。武帝时期,连年对外用兵,对内搜刮民财(《平准书》),并且大量任用酷吏,在酷吏的推波助澜下,汉代法令日益残暴,诛杀的人也日益增多(《酷吏列传》)。对于这些,虽没有正面直接评判,但也从侧面暴露了汉武帝好大喜功、横暴残忍的性格,流露出司马迁的愤懑之情。

在《史记》中,司马迁还直接对历史人物不光彩的"行事"表达鄙视之情。《卫将军骠骑列传》对霍去病因裙带关系受宠及带兵作战时不顾士卒、自行玩乐的叙事:

---

① 司马迁:《史记·项羽本纪》,中华书局1982年版,第328页。
② 司马迁:《史记·张释之冯唐列传》,中华书局1982年版,第2759页。

天子为治第,令骠骑视之,对曰:"匈奴未灭,无以家为也。"由此上益重爱之。然少而侍中,贵,不省士。其从军,天子为遣太官赍数十乘,既还,重车余弃粱肉,而士有饥者。其在塞外,卒乏粮,或不能自振,而骠骑尚穿域蹋鞠。事多此类。大将军为人仁善退让,以和柔自媚于上,然天下未有称也。

在这里,表面是对大将军卫青的直接揭露,其实也是对骠骑将军霍去病虚伪及将兵不管士兵饥寒而自行玩乐行径的批判。传末对卫青、霍去病媚附主上得以建功,司马迁以"天下之贤大夫毋称焉"、"其为将如此"二语论之,蔑视口吻直接流露于笔端。

(三) 对所写人物赋予深沉的人情味

赋予所记历史人物以人情味,这也是《史记》抒情性的表现之一。垓下之围,项羽悲歌别姬,江边赠马与亭长、赠人头与故人,情调悲凉,表现了一个倔强英雄在穷途末路时对人生的眷恋,寄托了作者无限的惋惜之情。司马迁写刘邦好酒及色、无赖、大言、斤斤计较、小肚鸡肠,都极富生活情趣。刘邦晚年还乡纵酒,与父老击筑歌怀,即席赋诗,作《大风歌》,令一百二十小儿和习歌唱,描绘的是一幅胜利者的夕阳返照,一生戎马征尘,难得有这样人生欢乐。君王与百姓同乐,极富有人情味。《魏公子列传》中,司马迁不仅以"公子"名篇。而且一篇之中,凡称公子147次,许多段落句句有公子,这不像在叙事,而是在娓娓讲故事,可以说每一个字都倾注了作者满腔热情的歌颂,魏公子的形象自然光彩照人。

对重情守信之士的描写就更切近司马迁内心对人情温暖的渴求。司马迁在遭受宫刑之后,"家贫,财赂不足以自赎,交游莫救,左右亲近不为壹言"①,他已深深感受到人情冷暖,世态炎凉,他最渴望得到人们的理解和安慰,他需要一个了解他"所以隐忍苟活,函粪土之中而不辞者,恨私心有所不尽,鄙没世而文采不表于后也"这一人生理想的知己。所以在《史记》中,他以极为深情的笔触,在描写着友情,呼唤着友情。在《管晏列传》中,他深情地描写管仲和鲍叔的友谊:

管仲贫困,常欺鲍叔,鲍叔终善遇之,不以为言。已而鲍叔事齐公子小白,管仲事公子纠。及小白立,为桓公,公子纠死,管仲囚焉。鲍叔遂进管仲。管仲既用,任政于齐。齐桓公以霸,九合诸侯,一匡天下,管仲之谋

---

① 司马迁:《报任安书》,《汉书·司马迁传》,中华书局1962年版,第2730页。

也。管仲曰:"吾始困时,尝与鲍叔贾,分财利多自与,鲍叔不以我为贪,知我贫也。吾尝为鲍叔谋事而更穷困,鲍叔不以我为愚,知时有利不利也。吾尝三仕三见逐于君,鲍叔不以我为不肖,知我不遭时也。吾尝三战三走,鲍叔不以我为怯,知我有老母也。公子纠败,召忽死之,吾幽囚受辱,鲍叔不以我为无耻,知我不羞小节而耻功名不显于天下也。生我者父母,知我者鲍子也。"

真可谓良将可求,知音难遇。这也是司马迁渴望人情的温暖、人与人之间的关爱之情的表述。

总之,司马迁写历史人物,在饱含的激情中,带有他自己的生活经验、生活背景和个人感情色彩,在历史实录之中注入了浓烈的感情。所以《史记》既是历史,又是文学,表现出了极强的抒情性。

二 《史记》抒情性产生的原因

司马迁写历史人物,熔铸了鲜明的爱憎情感,具有浓郁的抒情性。明代茅坤曾这样评价过《史记》:"读《游侠传》即欲轻生,读《屈原贾谊传》即欲流涕,读《庄周鲁仲连传》即欲遗世,读《李广传》即欲立斗,读《石建传》即欲俯躬,读《信陵平原君传》即欲养士。"[①]形象地描述了《史记》给予读者的情感感染。司马迁将自己的全部血泪灌注在作品中,因而感情色彩非常浓厚。《史记》中这种浓郁的抒情性的产生有着深刻的原因。

(一)著史明道、著史治世的人生追求和对美好政治的向往

司马迁有着"世典周史"的家学渊源,并继承了先秦士人"以天下为己任"的优秀传统,选择了著史的伟大事业。司马迁立志要做当世的孔子。因此他并不满足于只作单纯的历史记录者,而是要成为历史的代言人。《史记》在他的期待中,就不再只是一部历史著作,而应该是一部既能治国平天下,又能纲纪人伦的思想巨著,在著史目的的激励下,发表对社会、政治、人生的见解,也就是要像孔子一样借史的形式论世道,为当世立义制法。另外,司马迁以身为太史的优越条件,通过撰史来回答国家长治久安的问题。他上溯五帝,下至当世,笔墨纵横几千年,用通史的形式清晰演示着历史发展变化的规律。他不以空言立道,而从"深切著明"的历

---

① 茅坤:《史记钞》,引自鲁迅《汉文学史纲要》,上海古籍出版社2005年版,第53页。

史事实之中,以史家的通变眼光,撷隐探微,"稽其成败兴坏之理",寻求治国规律。从对历史的探讨展开对现实政治的深邃思考。撰史以治世的宗旨使司马迁把现政得失作为研究的重点。他在《高祖功臣侯者年表》中表示:

> 居今之世,志古之道,所以自镜也,未必尽同。帝王者各殊礼而异务,要以成功为统纪,岂可绲乎?观所以得尊宠及所以废辱,亦当世得失之林也,何必旧闻?

于是,他热切地关注秦汉以来的风云变幻,在写法上略古详今。在汉兴百年的历史风云中,司马迁对历史兴亡,人事变故,典章沿革展开了多角度的寻绎,对许多重大问题进行了全面的思考,以通古今的知识和辩然否的能力承担社会责任,这是士人精神在他身上的体现。于是,他谱写了壮丽的史诗,纵贯古今,横通人事,气势恢宏地发表自己的"一家之言"。于是,司马迁要在《史记》中对符合历史发展规律的美好事物给予热情的歌颂和赞扬,对历史上腐朽的东西给予批判和否定,褒其所当褒,贬其所当贬。因此,他对理想政治无比赞赏,对崇高的形象无比热爱,对邪恶的形象无限愤怒,无比痛恨。"在他的笔端纸上、字里行间不期而然地就滚动激荡着感情的波涛,给读者的心灵以强烈的震撼,这是《史记》抒情性的根本来源。"①

(二)"李陵之祸"的激发

司马迁内心蕴藏着无比的激情。他早期生命体验即家庭环境、读书生活和青年漫游培养了他充沛的激情。而他的情感气质又最接近于战国士林,以慷慨士人自许。也就是说,在他的主体意识中,早已蕴藏了无比的激情。而李陵之祸又更加激发出了其心灵的创造和生命的激情。司马迁在遭受腐刑之后,曾"肠一日而九回,居则忽忽若有所亡,出则不知所如往。每念斯耻,汗未尝不发背沾衣也"。他也深知"祸莫憯于欲利,悲莫痛于伤心,行莫丑于辱先,而诟莫大于宫刑。刑余之人,无所比数,非一世也,所从来远矣。昔卫灵公与雍渠载,孔子适陈;商鞅因景监见,赵良寒心;同子参乘,袁丝变色,自古而耻之"。可司马迁"所以隐忍苟活,函粪土之中而不辞者,恨私心有所不尽,鄙没世而文采不表于后也"。为了完成"究天人之际,通古今之变,成一家之言"的千秋事业,也为了实现父亲的遗愿,他承受着巨大的心灵之痛,选择了生存,这种痛时刻咬噬着他,挥之不去。他喟叹道:"是余之

---

① 吴汝煜:《史记论稿》,江苏教育出版社1986年版,第35-36页。

第九章 《史记》的抒情色彩

罪也夫！是余之罪也夫！身毁不用矣。"①受到奇耻大辱的司马迁,在遭受宫刑之后,对社会本质的认识更为深刻,对社会上的种种丑恶现象的批判更为尖锐。在前代圣贤受挫而奋发有为事迹的激励下,司马迁满腔的悲愤喷薄而出,深深地融入了《史记》这部巨著中,把它作为自己抒发悲愤之情的载体。司马迁正是在这种思想的指导下,在创作《史记》时,融入了自己对社会、对人生、对命运的深深慨叹,使《史记》中含有浓郁的感情色彩。同时,司马迁的一腔热血,满腹幽愤,都化作《史记》这部倾注着他心血和泪水的千古绝唱。他以诗人的笔触叙述历史,饱蘸感情,悲欢离合,不能自已,他常常沉浸在历史人物所处的环境中,任凭情感奔扬吞吐。司马迁借记述千载历史人物,抒发着对明君贤臣、德仁之士的崇敬之情,对怀才不遇、英雄失路之士坎坷命运的郁愤之情,对尔虞我诈、互相倾轧的政治人际关系的憎恨之情,对反抗强暴、慷慨赴义之士的景仰之情。他把自己的满腔郁愤,都倾注在历史人物身上,把自己的喜怒哀乐,都灌注在这些历史人物身上,通过他们来表现自己对高尚人格的礼赞、对美好政治理想的追求、对现实社会黑暗的不满,表现出了浓郁的爱憎情感。

(三)理性与感性的张力,产生情感共鸣

《史记》熔三千年历史于一炉,并对社会历史进行整体的观察和冷静的思考,作出理性的价值判断,这一价值判断有着十分明显的客观性。司马迁在《太史公自序》中说:"网罗天下放失旧闻,王迹所兴,原始察终,见盛观衰,论考之行事","以拾遗补艺,成一家之言,厥协《六经》异传,整齐百家杂语。"又在《报任安书》中说:"网罗天下放失旧闻,考之行事,稽其成败兴坏之理,凡百三十篇,亦欲以究天人之际,通古今之变,成一家之言。"他还说:"居今之世,志古之道,所以自镜也。"(《史记·高祖功臣侯者年表》)这些话表明了司马迁创作《史记》的宗旨。司马迁遵照这些宗旨所进行的创作,无论颂扬还是批判,都要求他保持独立的思考精神,体现强烈的理性色彩。这一理性思考的结果,又必然使其探究历史发展规律的过程具有客观性。

司马迁在客观记述历史人物的时候,有着鲜明的爱憎情感,因而感情色彩非常浓厚。一方面,司马迁内心蕴藏着丰富的激情。他早期生命体验即幼年家庭环境、读书生活和青年漫游培养了他充沛的激情。而他的情感气质又最接近于战国士林,以慷慨士人自许。李陵之祸更加激发出其心灵的创造力和生命的激情。另一方面,司马迁在《史记》中饱含着褒贬人物的爱憎情感。他不仅写了帝王将相,也写了刺客、游侠、倡优、商贾、医卜等等中下层人物,并对他们的优秀品德和一技之

---

① 司马迁:《史记·太史公自序》,中华书局1982年版,第3300页。

能,给予了热情的歌颂和肯定;反之,对暴君污吏则尽情地鞭挞和揭露。因此,他写历史人物,在饱含的激情中,带有他自己的生活背景、生活经验和个人感情色彩,具有强烈的主观性。司马迁的爱憎感情深深地渗透在他对历史人物的刻画上,几乎每篇他都是基于一种感情去写。在《史记·管晏列传》中,从管仲发自肺腑的言语中,我们可以清楚地看到司马迁本人的影子,尤其是"知我不羞小节而耻功名不显于天下也"一语,更是司马迁一生的真实写照。《史记》中的其他人物,如孔子、魏公子、鲁仲连、廉颇、蔺相如、李广等,无不打上司马迁主观感情的烙印,有些甚至是他用自己的理想品格塑造的。而对于酷吏张汤,儒者公孙弘、叔孙通等,他则是用批判的感情来刻画。以此还不足抒发感情时,他就直抒胸臆,如火山爆发,震撼人心。《伯夷列传》的大段议论,悲愤之情直如屈原之《天问》。《管晏列传·赞》流露出他对贤能知人之士的向往之情。《汲郑列传·赞》揭露世态炎凉入木三分。这样一来,司马迁对社会历史冷静分析并作出价值判断的理性思考与抒发激情和表达爱憎的感性表达之间的矛盾冲突,又使《史记》对客观世界的反映具有强烈的主观性。与此同时,在其表达赞美、歌颂、向往、同情、憎恶、厌烦等情感倾向时,又都不同程度地含有普遍的社会内涵,具有对现实价值判断的客观性。在理性与感性的张力中,使接受者的心理由平衡而波动,由有序而失序,由正常而非常。在历史的理性分析与情感的感性表达的对立、冲突、摩擦中,既显现出理性尊严的神圣不可侵犯,又显现出感性冲动的永远不可磨灭,让读者在这一理性与感性张力效果的体验中产生强烈的情感共鸣。

三 《史记》的抒情方式

司马迁的《史记》蕴含着丰富的爱憎情感,并通过一定的方式表达出来。

(一)通过叙事表达情感

《史记》作为一部纪传体通史,第一次把人确定为述史中心。因此,叙写人物"行事"则是其表达情感的重要方式之一。

《夏本纪》中叙写舜为天子时,与大臣禹、伯夷、皋陶等共同讨论政事,轻松、愉快地表达自己的见解,并相互提醒、警示:

> 禹曰:"于,帝!慎乃在位,安尔止。辅德,天下大应。清意以昭待上帝命,天其重命用休。"帝曰:"吁,臣哉,臣哉!臣作朕股肱耳目。予欲左右有民,女辅之。余欲观古人之象,日月星辰,作文绣服色,女明之。予欲闻六律五声八音,来始滑,以出入五言,女听。予即辟,女匡拂予。女无面谀,退而谤予。敬四辅臣。诸众谗嬖臣,君德诚施皆清矣。"禹曰:"然,帝

第九章 《史记》的抒情色彩

即不时,布同善恶则毋功。"

这是一个大公无私、孜孜不倦、君臣一心、共图国事的和谐而美好的场面,在这里,为君的慈爱谦和,胸襟开阔,谘诹善道,自强不息;为臣的居官尽职,无畏无私,知无不言,言无不尽。司马迁追求这样的君臣和谐,所以他最后叙述道:"于是夔行乐,祖考至,群后相让,鸟兽翔舞,箫韶九成,凤皇来仪,百兽率舞,百官信谐。"帝舜作歌,一片莺歌燕舞,和谐兴盛的景象。在这里,没有一句直接抒情的语句,但那种喜悦、赞颂、推崇之情通过叙写言行表现了出来。

《史记》的每一篇人物传记都按其行事有一个集中叙事线索,作者围绕这个线索组织素材,借历史人物的遭遇、命运、得失、成败来抒发自己的情感。

《项羽本纪》的叙事线索是表现项羽的悲剧英雄形象。文章开始便写了项羽不同常人的志向和才气,见秦始皇游会稽,以"彼可取而代也"为起点,项羽的英雄气概初露峥嵘,接着写秦末农民大起义风起云涌。再写项伯败亡,宋义当卿子冠军,情绪转入低潮,然后项羽杀宋义,率楚兵破釜沉舟,楚兵一以当十,九战,大破秦军,"召见诸侯将,入辕门,无不膝行而前,莫敢仰视",形成文中第一个情绪高潮。中间一段是灭秦和楚汉之争,其中既有鸿门宴上的惊心动魄,也有项羽登上权力顶峰时自立为西楚霸王的志得意满。文章的最后出现了英雄主义的悲剧高潮,可以说是文中悲剧情绪的顶点,这其中既有慷慨悲歌的英雄气概,又有悲歌别姬的侠骨柔情,将一个末路英雄的悲剧情绪渲染到了极致,紧随其后的决死快战和乌江自刎,可以说是太史公对项羽悲剧的一唱三叹,荡气回肠。项羽在死前曾三次提到了自己失败的原因是"天之亡我,非战之罪也"。按照项羽起兵到败亡的叙事线索,表现了悲剧英雄主义的抒情主题。

《史记》的许多篇章也以记述人物行事抒情。如《屈原贾生列传》记述屈原的事迹,表达了作者对其忠而被谤、怀才不遇的慨叹;《伍子胥列传》中对伍子胥的记述,是对其弃小义、雪大耻的复仇行为的肯定。

(二)通过叙议结合的手法来表现情感

司马迁为了追求自己无比热爱的美好政治,表达对现实社会强烈不满和对腐朽事物的无限愤怒与无比痛恨,在《史记》中,他以夹叙夹议、以叙代议、以议代叙、叙议结合的手法,把那种无比热爱和无比痛恨的情感,用诗歌的内在韵律全部体现在作者情绪的自然消涨上,使得整个作品就像一首抒情诗,给读者以心灵的强烈艺术震撼,引起人们无尽的遐想。这在《屈原贾生列传》、《游侠列传》、《伯夷列传》等作品中表现得十分明显。屈原本传除去引用屈原的《怀沙》赋外,纯粹的议论抒情部分就占了文章的一半。在这些议论抒情的叙写中,尤以作者对屈原被谗谤疏远、因愤怒而作《离骚》和对《离骚》的高度评价最为精彩。司马迁是这样评价屈原及

其《离骚》的:

> 上称帝喾,下道齐桓,中述汤武,以刺世事。明道德之广崇,治乱之条贯,靡不毕见。其文约,其辞微,其志洁,其行廉,其称文小而其指极大,举类迩而见义远。其志洁,故其称物芳。其行廉,故死而不容自疏。濯淖污泥之中,蝉蜕于浊秽,以浮游尘埃之外,不获世之滋垢,皭然泥而不滓者也。
>
> 屈平既嫉之,虽放流,睠顾楚国,系心怀王,不忘欲反,冀幸君之一悟,俗之一改也。其存君兴国而欲反覆之,一篇之中三致志焉。
>
> 人君无愚智贤不肖,莫不欲求忠以自为,举贤以自佐,然亡国破家相随属,而圣君治国累世而不见者,其所谓忠者不忠,而所谓贤者不贤也。

这几段文字可以说是夹叙夹议、叙议结合的典范。这种行云流水、一气呵成的叙写,不但中肯地称赞《离骚》兼有"国风好色而不淫,小雅怨诽而不乱"的文风,而且对屈原正道直行,竭忠尽智的崇高人格给予了推崇与高度评价。

《伯夷列传》在七十列传中位居第一,其传主是伯夷和叔齐二人。全篇共计788字,自"其传曰"以下为事迹"正文",仅218字。"正文"前后全为议论,计570字,超出"正文"一倍以上。全篇引用孔子之语四处,谣谚四处,贾谊之语一处,议论辗转反复,而终之以疑问。这一篇确实与其他传记不同,因为它基本上不再是"传",而是"论"。给读者的感觉是,对传主的生平叙述已退居为次,只是为作者的议论服务,成为"论据"。司马迁满腹疑虑,多发疑问,以至于满篇的"疑问":"由此观之,怨邪? 非邪?""是遵何德哉?""傥所谓天道,是邪? 非邪?"而几乎每一"问",都是一个关涉历史正义、现实良知和人类德行的大问题。而他却并没有给我们一个结论。显然,在下笔之前,司马迁已是感慨万端,有满腔郁积的话语需要发泄,所以,他握笔临纸,不能自控,骤然发之,满纸烟云。

(三)大量地引入诗赋、谚语歌谣,记述人物即景作歌,也是《史记》的一种抒情方式

司马迁爱好文章辞赋,为此他借助于诗歌韵律来抒情。《史记》中人物的即景作歌,经常引用楚辞的短诗,描绘演唱时的情景,声情并茂,情景交融,使传主形象更为传神,增加了文章的抒情色彩。在《屈原贾生列传》中,他收入了屈原的《怀沙》,贾谊的《吊屈原赋》、《鵩鸟赋》,在《司马相如列传》里他收入了《子虚赋》、《上林赋》、《哀二世赋》等,这些辞赋的收入都不同程度地增加了各篇传记的抒情性和韵律感。此外,《淮南衡山列传》中"一尺布,尚可缝;一斗粟,尚可舂;兄弟二人不能相容"的歌谣,《魏其武安侯列传》中"颍水清,灌氏宁;颍水浊,灌氏族"的歌谣,以及《河渠书》收入汉武帝的《瓠子歌》("瓠子决兮将奈何? 皓皓旴旴兮闾殚为河! 殚为河兮地不得宁,功无已时兮吾山平。吾山平兮钜野溢,鱼沸郁兮柏冬日。延道

第九章 《史记》的抒情色彩

弛兮离常流,蛟龙骋兮方远游。归旧川兮神哉沛,不封禅兮安知外!为我谓河伯兮何不仁,泛滥不止兮愁吾人?齧桑浮兮淮、泗满,久不反兮水维缓""河汤汤兮激潺湲,北渡污兮浚流难。搴长茭兮沉美玉,河伯许兮薪不属。薪不属兮卫人罪,烧萧条兮噫乎何以御水!颓林竹兮楗石菑,宣房塞兮万福来"),《吕太后本纪》收入赵王刘友的《饿死歌》("诸吕用事兮刘氏危,迫胁王侯兮强授我妃。我妃既妒兮诬我以恶,谗女乱国兮上曾不寤。我无忠臣兮何故弃国?自决中野兮苍天举直!于嗟不可悔兮宁蚤自财。为王而饿死兮谁者怜之!吕氏绝理兮托天报仇"),《齐悼惠王世家》收入刘章的《耕田歌》("深耕穊种,立苗欲疏,非其种者,鉏而去之")等,都为人物传记增加了抒情因素和无尽韵味。

记述历史人物即景作歌是《史记》最精彩、最传神的抒情方式之一。在这些人物的即景作歌中,以《高祖本纪》中的《大风歌》,《项羽本纪》中的《垓下歌》,《刺客列传》中的《易水歌》,《伯夷列传》中的《采薇歌》和《留侯世家》中的《鸿鹄歌》为代表。正是这即景之歌,突出了人物的精神气质,烘托和渲染了气氛,使得整篇人物传记具有浓厚的抒情韵味。关于《大风歌》,《高祖本纪》是这样记载的:

> 高祖还归……酒酣,高祖击筑,自为歌诗曰:"大风起兮云飞扬,威加海内兮归故乡,安得猛士兮守四方!"令儿皆和习之。高祖乃起舞,慷慨伤怀,泣数行下。

这是刘邦打败项羽,统一天下成为汉皇帝以后,衣锦还乡时的即景之歌,其胜利者的喜悦心情可见一斑。从这首歌诗的内容来看,刘邦虽贵为天子,想起自己由沛起家,南征北战十数年,虽统一了天下,但前有白登山被围之耻,又有黥布叛军未除之忧。现在自己虽位尊天下,仍不免寝食难安,希望能得到天下贤士猛将驻守边陲,令家乡父老永享太平。为了烘托《大风歌》的场景气氛,司马迁还紧紧抓住刘邦击筑起舞、自为歌诗、慷慨伤怀、喜极而泣等行动,表现高祖内心的真实情感,把这位从亭长到皇帝的刘邦描绘得有血有肉、真实可信,其雄心壮志和表露无遗的常人之怀,增加了作品抒情韵味,彰显出雄健与苍凉的意蕴。

而作为与刘邦争夺天下的项羽,司马迁在描写垓下大战形势时,真实地再现了一种凄凉肃杀的气氛。司马迁在《项羽本纪》中描绘道:

> 项王则夜起,饮帐中。有美人名虞,常幸从;骏马名骓,常骑之。于是项王乃悲歌慷慨,自为诗曰:"力拔山兮气盖世,时不利兮骓不逝。骓不逝兮可奈何,虞兮虞兮奈若何!"歌数阕,美人和之。项王泣数行下,左右皆泣,莫能仰视。

《垓下歌》以一种慷慨悲凉、英雄末路的诉说,道出了这位力敌万人的军事巨人项羽此时此刻的复杂心情。

《易水歌》是《刺客列传》的点睛之笔:

> 太子及宾客知其事者,皆白衣冠以送之。至易水之上,既祖,取道,高渐离击筑,荆轲和而歌,为变徵之声,士皆垂泪涕泣。又前而为歌曰:"风萧萧兮易水寒,壮士一去兮不复还!"复为羽声慷慨,士皆瞋目,发尽上指冠。

这段文字可谓匠心独具,除了宾客皆白衣冠为其送行的悲壮氛围外,在深秋的易水河畔,秋风萧瑟,易水荡荡,更是一幅悲凉的秋送诀别图,其紧张、肃穆、悲壮的气氛给人一种怅然若失的感觉。而高渐离击筑先为"徵"声,给人以悲壮凄清、苍凉悲切的韵味,为此士皆垂泪涕泣。后复为"羽"声,又给人以激昂慷慨的情怀,为此士皆瞋目,发尽上指冠。正是这"徵"、"羽"之声的变调,增强了送行的感情色彩,为易水送行平添了无尽的悲壮慷慨的诗情画意。《易水歌》虽然只有两句,但慷慨激烈,视死如归的英雄情怀,却表现得如滔滔河水,无穷无尽,渲染了气氛,增强了全文的抒情韵味。

(四)用"太史公曰"的论赞方式抒情

司马迁在感情不能自已的时候,就直接站出来,从"幕后"走到"台前",用论赞的方式直接抒情。《李将军列传》篇末"太史公曰":

> 传曰"其身正,不令而行,其身不正,虽令不从"。其李将军之谓也?余睹李将军悛悛如鄙人,口不能道辞。及死之日,天下知与不知,皆为尽哀。彼其忠实心诚信于士大夫也!谚曰:"桃李不言,下自成蹊"。此言虽小,可以谕大也。

赞中对李广仰慕之情溢于言表。

《项羽本纪》的"太史公曰":

> 吾闻之周生曰:"舜目盖重瞳子",又闻项羽亦重瞳子。羽岂其苗裔邪?何兴之暴也。夫秦失其政,陈涉首难,豪杰蜂起,相与并争,不可胜数。然羽非有尺寸,乘势起陇亩之中,三年,遂将五诸侯灭秦,分裂天下,而封王侯,政由羽出,号为"霸王",位虽不终,近古以来未尝有也。及羽背关怀楚,放逐义帝而自立,怨王侯叛己,难矣。自矜功伐,奋其私智而不

第九章 《史记》的抒情色彩

师古,谓霸王之业,欲以力征经营天下,五年卒亡其国,身死东城,尚不觉寤而不自责,过矣。乃引"天亡我,非用兵之罪也",岂不谬哉!

这里,既有对项羽灭秦之功的肯定。又有对其过失的批评。他历述五条过失:第一,分裂天下,引起争斗;第二,背关怀楚,失去地利;第三,放逐义帝,诸侯叛乱;第四,自矜功伐,不行仁政;第五,专恃武力,失去民心。这些直接评论,思想深刻,褒贬得体,感情真挚。

《孝文本纪》在篇末"太史公曰"中,司马迁情不自禁地赞道:

孔子言"必世然后仁。善人之治国百年,亦可以胜残去杀"。诚哉是言!汉兴,至孝文四十有余载,德至盛也。廪廪乡改正服封禅矣,谦让未成于今。呜呼,岂不仁哉!

司马迁最为崇敬的人是孔子,在《孔子世家》赞中,司马迁不无崇敬地说:

《诗》有之:"高山仰止,景行行止。"虽不能至,然心乡往之。余读孔氏书,想见其为人。适鲁,观仲尼庙堂车服礼器,诸生以时习礼其家,余祗回留之不能去云。天下君王至于贤人众矣,当时则荣,没则已焉。孔子布衣,传十余世,学者宗之。自天子王侯,中国言《六艺》者折中于夫子,可谓至圣矣!

而孔子那雍容博雅的风度、敦厚至诚的人格、漠视名利的志节得到了司马迁极大的赞颂。

我们说,司马迁用如椽之笔,饱蘸感情之墨,充分地表现自己的独特体验和思想,借历史人物抒发主观情感,使《史记》具有浓郁的抒情性,这是其成为伟大的文学著作的因素之一。

思考与探究

1. 清人刘熙载在《艺概》中曾说:"学《离骚》得其情者为太史公","叙事不合参入断语,太史公寓主意于情、肆于心而为文"。请结合本章学习,谈谈你对这两句话的理解。

2. 章学诚在《文史通义·史德》中说:"《离骚》与《史记》,皆深于诗者也。"鲁迅称《史记》为"史家之绝唱,无韵之《离骚》"。请试论《史记》对《离骚》抒情性的继承。

第十章 《史记》在中国文化史上的价值与地位

司马迁在中国文化史上有着崇高的地位,对中国文化有着巨大的影响,郭沫若先生曾赞颂他"功业追尼父",认为他是继孔子之后的另一位文化巨人。司马迁有广博的文化知识,从而使他写出了中国文化史上百科全书式的《史记》,《史记》不仅囊括了孔子所致力的诗、书、礼、乐,还萃集百家之学,在哲学、历史、文学,乃至经济、军事、天文、地理、科技诸领域都具有重要的地位。

一 史家之绝唱——《史记》的史学价值与地位

《史记》是一部记载从黄帝时代到汉武帝时代的纪传体通史,奠定了中国"正史"的基础,从此纪传体成为中国历史书的主要体例,延续近两千年。司马迁的修史原则、史官的正直人格无不对中国历史家有永久的影响。

(一)首创了纪传体,奠定了中国史书的编撰体例

被鲁迅先生誉为"史家之绝唱"的《史记》首创了纪传体记史的体例,对中国传统史学有深远的影响,奠定了中国史书编撰体例。此后各代正史都是按照《史记》所创立的体例来书写。如清代史学家赵翼在《廿二史札记》中所说的那样:"左史记言,右史记事,言为《尚书》,事为《春秋》,其后沿为编年、记事二种。记事者以一篇记一事,而不能通贯一代之全;编年者又不能即一人而各见其末。司马迁参酌古今,发凡起例,创为全史,本纪以序帝王,世家以记侯国,十表以系时事,八书以详制度,列传以志人物,然后一代君臣政事贤否得失总汇于一篇之中。自此例一定,历代作史者遂不能出其范围,信史家之极则也。"对此问题,可参看本书第二章有关论述。

(二)"秉公直书"的良史风范对后世的影响

司马迁通过《史记》为后世史家树立起良好的史家风范,首先是史家的秉笔直

第十章 《史记》在中国文化史上的价值与地位

书,不为尊者讳、亲者讳。由于司马迁生长在一个"自上世尝显功名于虞、夏,典天官事"、"世典周史"的有史官传统的家庭里,他的父亲司马谈也是一位很有见识的史学家。这样的家族、家庭对形成司马迁富有正义、刚正不阿的史家风范有很重要的作用。

中国是一个"史"的概念很早的国家,尽管史官是天子身边的侍从,但他们中常有敢于直言实录其事的良史。因此,许慎《说文解字》言:"史,记事者也。从又持中。中,正也。"意思是说"史"字就是象征手持中正以写事的人。这既是汉人对史的理解、要求,也是史官应遵循的人格规范。司马迁自觉以良史的风范要求自己。在《史记》的《晋世家》里详录了古之良史董狐"书法不隐"的史实,《齐世家》里记述了不畏满门被斩,敢于大胆直书"崔杼弑其君"的齐之良史。司马迁把不畏权臣、不怕掉头、敢于直书的史家风范视为史学家必须自觉遵守的一种史家精神。他写《史记》所持的"不虚美,不隐恶"的秉笔实录精神,成为中国史学长期为人珍视的优良传统。司马迁把汉代最高统治者真实事迹记录于史册,突破了孔子所言的"为尊者讳"的古训,表现出一代良史的正直人格力度。

刘知几在《史通·曲笔》中说:"史之不直,代有其书"。由于作史者以曲笔阿谀,于是便使历史上"空传伪录者矣"。司马迁却不是那样,他自觉追随齐之太史、晋之董狐这些良史风范,如他秉公直书刘邦的无赖相,并没有因为他是开国皇帝,又是当朝皇帝汉武帝的曾祖父就隐去他"好酒及色"的劣迹,也没有因为对项羽为人的推崇、结局的同情,而隐去刘邦的历史功绩。司马迁从历史的真实出发,充分肯定了刘邦取得天下的功业和他善于用人、从善如流的优点,尤其从领导艺术、人才观念的角度,肯定刘邦是一位政治家,但对刘邦的无赖行径并没有隐去,如楚汉战争间,当项羽要烹他父亲时,刘邦竟然无赖地说:"吾翁即若翁,必欲烹而翁,则幸分我一杯羹。"①当了皇帝后恶习不改,一次,他怀拥戚夫人被周昌无意看到,他便骑在周昌脖子上。诸如此类描写,使刘邦这个人物形象生动丰满,真实可信,表现出司马迁的写实的史学风格。因此,"《史记》为后世史书树立了秉公直书的规范,正是由于《史记》采用善恶必书的方法,即史学著作必须以历史事实为根据,必须按照历史事实的固有情况著录,使历史成为信史"②。

(三)创立了中国史学的系统思想体系

司马迁在《报任安书》中说:"网罗天下放失旧闻,考之行事,稽其成败兴坏之

---

① 司马迁:《史记·项羽本纪》,中华书局1982年版,第328页。
② 黄新亚:《司马迁评传》,光明日报出版社1991年版,第201页。

理,亦欲以究天人之际,通古今之变,成一家之言。"明确说明他修《史记》不是一般的"网罗天下旧闻",而是要研究"天"与"人"的关系。他尽管是董仲舒的学生,但他反对天人感应的神学思想。在《史记》中,他确立了人的地位,以人为中心表现历史的进程。尤其是他具有朴素的辩证唯物主义的历史观,从"变"的角度审视历史,"通古今之变",他认为历史总是在变化的,认为"物盛而衰,天地之常数也","是以物盛则衰,时极而转,一质一文,终始之变也","物盛而衰,固其变也"①。司马迁从"变"的角度观察古今变化,因此对诸多历史问题都能作出精辟的判断,最终可以使古今融会贯通,从而达到志古鉴今的目的,在探究历史发展的规律中,实现自己的"一家之言",这是司马迁历史观的核心,也是《史记》不同于后来的史书之处。前辈学者对此已有精辟论述,如梁启超在《要籍解题及其读法·史记》中说:

> 《史记》自是中国第一部史书。但吾侪最当注意者:"为作史而作史",不过近世史学家之新观念。从前史家作史,大率别有一"超史的"目的,而借史事为其手段。此在各国旧史皆然,而中国为尤甚也。司马迁实当《春秋》家大师董仲舒之受业弟子,其作《史记》盖窃比《春秋》。故其《自序》首引仲舒所述孔子之言曰:"我欲载之空言,不如见之于行事之深切著明也。"《春秋》旨趣如此,则窃比《春秋》之《史记》可知。故迁《报任安书》云:"略以拾遗补艺,成一家之言。厥协六经异传,整齐百家杂语。藏之名山,副在京师,俟后世圣人君子。"由此观之,其著书最大目的,乃在发表司马氏一家之言,与荀卿著《荀子》、董生著《春秋繁露》,性质正同。不过其"一家之言"乃借史的形式以发表耳。故仅以近世史的观念读《史记》,非能知《史记》也。

司马迁就是要借修史来实现自己的"一家言",而他的一家言又是要在对汉武帝前中国历史作以全面记载的基础上形成自己超卓的历史观,并使之成为完整的、系统的理论体系,《史记》实现了司马迁这一宏阔的历史构想,也形成了中国史学的系统思想体系。其进步的、系统的历史观大略首先表现为大一统的历史观。《史记》叙述了从黄帝统一到汉武帝的大一统,特别是司马迁主张中华境内的民族都是黄帝的子孙,华夏民族不断壮大,各民族互相融合,形成一统,四方民族,均谓黄帝子孙。司马迁这一伟大构想,对形成中华多民族统一国家有非常大的作用。其次

---

① 司马迁:《史记·平准书》,中华书局1982年版,第1420页。

第十章 《史记》在中国文化史上的价值与地位

表现为发展、进化、变革的历史观。司马迁扬弃和改造了董仲舒的循环论,主张历史是发展变化的,这对中国历史学是一大贡献。

二 无韵之离骚——《史记》在中国文学史上的地位与影响

司马迁不但是一位伟大的史学家,而且是一位伟大的文学家,他首创的纪传体历史编纂方法,以人为书写中心,突出了人在历史发展中的作用,这就使得《史记》不但是一部历史巨著,而且是中国文学史上的文学巨著。

(一)《史记》在中国史传文学史上的地位

在司马迁之前,先秦历史散文由《尚书》、《国语》、《左传》到《战国策》,史书写人意识逐渐在加强,《史记》继承并发展了先秦史传的传统,开创了以人物为中心的纪传体书写形式,因此,它是我国第一部纪传体史书,同时也是我国纪传文学的开山之作。

首先,《史记》在写人方面取得了很大成就。与先秦历史散文相比,作为纪传文学成熟的标志之作的《史记》,在写人方面突破了《左传》、《战国策》写人时受时间、空间的限制,使人物的活动在时、空方面得以大大扩展,给人物形象的塑造创造了有利条件:第一,通过典型的细节来塑造人物形象。《左传》、《战国策》中也有细节描写,但《史记》更多、更精彩、刻画得更细腻。如《陈涉世家》写陈涉佣耕时的叹息,《陈丞相世家》写陈平为乡党均分社肉,《李斯列传》写入厕见鼠,《淮阴侯列传》写韩信受"胯下之辱"等等,使人物形象更加生动丰满,充分显现出纪传体比编年体、国别体在通过细节描写刻画人物时的优势。第二,善于通过矛盾冲突集中、尖锐的场面刻画人物。如写项羽,最精彩的场面是鸿门宴。项羽与刘邦两大集团斗智斗勇,剑拔弩张,正是在激烈的矛盾斗争中塑造了项羽、刘邦、范增、张良、项伯、樊哙等生动而性格鲜明的人物形象。第三,善于运用对比烘托手法刻画人物形象。如《魏公子列传》中,魏王的昏聩平庸与魏公子的从容大度、平原君的假爱士与魏公子的真爱士、侯嬴的老成持重与魏公子的宽厚仁爱无不形成对比,正是在这强烈的对比中更显示出魏公子的为人品性。另外,司马迁还有意识地在不同的篇与篇中构成比对,如《李将军列传》和《卫将军骠骑列传》中间夹以《匈奴列传》,其用意是李广、卫青、霍去病,他们都和匈奴战争有关,但结果完全不一样。特别是李广一生廉洁奉公、爱护士卒,"见水,士卒不尽饮,广不近水;士卒不尽食,广不尝食"。而霍去病却是"少而侍中,贵,不省士。其从军,天子为遣太官赍数十乘,既还,重车余弃粱肉,而士有饥者。其在塞外,卒乏粮,或不能自振,而骠骑尚穿域蹋鞠,事多此类"。还有《项羽本纪》和《高祖本纪》、《酷吏列传》和《循吏列传》等等都构成对

129

比,表现出司马迁记史写人含无穷之意在言外的深意。除此之外,司马迁还运用了心理描写、人物的个性化语言等文学手法塑造人物,丰富了人物性格,在传记文学的发展历程中具有划时代的意义。

其次,《史记》对中国传记文学的影响。唐代韩愈、柳宗元倡导的古文运动学习先秦两汉散文,韩柳的一些纪传性质的散文明显有学习《史记》的痕迹,如韩愈的《毛颖传》、柳宗元的《种树郭橐驼传》,故刘熙载《艺概·文概》说:"太史公文,韩得其雄。"《古文雅正》卷九说柳宗元"文笔酷似子长"。明代的复古派"前后七子"、清代的古文流派"桐城派"都非常重视对《史记》的学习。《史记》对中国纪传文学的影响是多方面的,既有思想上的,也有艺术上的。首先,司马迁秉笔直书,"不虚美、不隐恶"的实录精神使《史记》能够真实地反映汉代社会的现实,暴露封建统治者内部的丑恶,因为司马迁是当代人写当代史,所以更显现他超乎时代的胆识。其次,司马迁不是为写史而写史,而是在写历史人物的同时,寄托着自己的人生理想,如通过《五帝本纪》歌颂禅让、歌颂天下为公,《李将军列传》歌颂李广的廉洁、爱士卒。第三,强烈的主观情感的倾注。《史记》是饱含司马迁个人情感的史书,这是它远远超乎后来史书的内在因素。文学创作从本质上说是个体独立抒发感情的产物。司马迁是借历史的载体抒发他对社会的认识,表达他对真、善、美的追求,对假、恶、丑的揭露,正如鲁迅先生在《汉文学史纲要》中所说:"恨为弄臣,寄心楮墨,感身世之戮辱,传畸人于千秋,虽背《春秋》之义,固不失为史家之绝唱,无韵之《离骚》矣。"读《史记》,我们能感觉到司马迁那颗在跳动的心,他对那些奸佞小人深恶痛绝,如在《平津侯列传》中他把汉武帝当朝权臣大儒公孙弘的丑态公之于众。公孙弘善于逢迎,以谄媚诡诈的手段取得武帝对他的重用。司马迁对公孙弘这种奸儒非常厌恶,故在他的传末写道:"元狩二年,弘病,竟以丞相终。"这一副词"竟",恰恰表露出司马迁的强烈的主观情感,言外之意,这样坏的人竟然有如此好的结果真不可思议。班固在《汉书·公孙弘传》中删去了这个"竟"字,于是感情色彩大减。司马迁对汉代那些谄媚之徒深恶痛绝,但同时对富有气节、为人正直的人予以赞颂,并在这些人身上寄托他的政治理想。在《张释之列传》里,司马迁塑造了一位"守法不阿意"的"长者"张释之,他敢于坚持真理,在汉文帝面前不亢不卑,坚持按律量刑,决狱公正从不阿谀顺从文帝。司马迁对"敢犯颜色,以达主义"的袁盎,"不顾其身,为国家树长画"的晁错,"不能容人之过","任气节,内行修洁,好直谏"的汲黯等正直之士进行歌颂,他喜欢用"其为人"这样的字眼对他们进行人格的透视,以此表现人物的精神世界,也将自己的崇尚之情倾注期间。

(二)《史记》对中国古典小说的影响

《史记》和中国古典小说关系极为密切,对中国古典小说的发生、发展及创作

▶▶▶ 第十章 《史记》在中国文化史上的价值与地位

都有很大的影响,正像陈平原所说:"如果要问哪一种文章体裁影响于中国小说最深,历代小说评论家会毫不犹豫地公推司马迁开创的纪传体。"①中国古典小说,从六朝的志怪、志人小说,到唐代的传奇小说,再到明清的文言短篇及白话长篇小说,从其艺术风格来审视,无不表现出受《史记》纪传体的影响。首先,以人物形象的刻画表现生活。《史记》创立的以人为中心的纪传体通过人物的塑造来反映历史,所以使《史记》又成为纪传文学的典范之作。《史记》刻画人物能够突出其个性,"子长同叙智者,子房有子房风姿,陈平有陈平风姿。同叙勇者,廉颇有廉颇面目,樊哙有樊哙面目。同叙刺客,豫让之于专诸,聂政之于荆轲,才出一语,乃觉口气各不同。《高祖本纪》,见宽仁之气于纸上;《项羽本纪》,觉暗噁叱咤来薄人。"②小说恰恰也是通过人物形象的塑造来反映生活,而且在刻画人物的个性特征上尤其如此。其次,叙事方法上。在这点上中国古典小说从《史记》那里借鉴了许多成功的方法,前辈学者多有论述。如金圣叹在《读第五才子书法》就说:"《水浒传》方法,都从《史记》出来,却有许多胜似《史记》处,若《史记》妙处,《水浒》已是件件有。"毛宗岗《读三国志法》说《三国演义》叙事"直与《史记》仿佛",张竹坡《批评第一奇书金瓶梅读法》说:"《金瓶梅》是一部《史记》。然而《史记》有独传,有合传,却是分开做的,《金瓶梅》却是一百回共成一传,而千百人总合一传,内却有断断续续、各人自有一传。固知做《金瓶梅》者,必能做《史记》也。"冯镇峦《读聊斋杂说》说:"《聊斋》以传记体叙小说之事,仿《史》《汉》遗法。"如是论述,足以说明中国古典小说与《史记》的密切关系。

(三)《史记》对中国戏曲形成的影响

对中国戏曲的形成,《史记》仍然有不可磨灭的史料学价值,尽管中国戏曲成熟期很晚,但可以说《史记》对形成中国戏曲观念、戏剧创作方法、戏曲的文化精神,无不具有重要的影响。

首先,《史记》记载的音乐理论和有关戏曲史料。在《史记》中,司马迁记述了我国从远古到汉代有关音乐的详细资料,尤其是专设《乐书》和《律书》来论述音乐,为后来史学家建立了修史典范,也总结了先秦以至汉代的音乐理论精华,确立了我国戏曲艺术强调音乐与政治密切关系的理论原则。《史记》对中国戏曲形成具有重要的史科学意义。《史记·滑稽列传》中"优孟衣冠"的故事,向来被戏曲研究家视为中国戏曲形成的滥觞。优孟穿戴孙叔敖的衣冠,装扮成孙叔敖的样子,言

---

① 陈平原:《中国小说叙事模式的转变》,上海人民出版社1988年版,第169页。
② (日)泷川资言:《史记会注考证》引斋藤正谦语。

行举止都模仿孙叔敖,既赞颂孙叔敖为官之清廉,又讽刺庄王不顾廉吏之后。此举已具有戏剧由演员扮演角色之艺术特质,故正如台湾著名戏剧理论家唐文标所赞:"也许这正是中国戏剧的特质呢!"①

《史记》中详细记述了秦汉百戏"角抵戏"的演出情况。百戏,是秦汉时期一种新兴的表演艺术,它是民间歌舞、杂技魔术、杂耍、体育竞技等各种表演的总称。"百",即"多"的意思。《史记·李斯列传》中说:"是时,二世在甘泉,方作角抵优俳之观。"秦二世胡亥也曾在甘泉宫观看宫廷百戏里的"角抵戏"表演。在《史记·大宛列传》中记载:"大角抵,出奇戏诸怪物,多聚观者。"上世纪90年代末,考古人员曾在临潼秦始皇陵的一个陪葬坑里发现了一批非常罕见的陶俑,有的像是扛鼎者,有的像是持竿者,有的像是摔跤者,形状各异。这就是百戏俑。这些出土的文物有力地印证了《史记》里有关秦汉百戏记载的真实可信性,使我们可以窥测到这种古老戏曲形式的发展历程,这在中国戏曲史上都是非常重要的史料。

其次,《史记》文化精神对戏曲的影响。

1. 司马迁"不虚美,不隐恶"的正直精神对戏曲的影响

司马迁具有刚正不阿的独立人格,尽管他也说过"考信于六艺"、"折中于夫子"之类的话语,但他绝不以圣人的准则作为自己审视历史、评判人物的尺度。他可以把自己的思想观念倾注在自己的文章中,从而形成他敢于正视现实、不为尊者讳的正直精神。因此,《史记》真实地记录了从黄帝到汉武帝时长达三千年的历史,尤其是对汉高祖刘邦、汉武帝刘彻的描写,充分表现出司马迁正直不阿的精神风范。正是他的这种精神激励和鼓舞着后来无数个正直志士面对黑暗现实敢于为民呐喊。戏剧作品所具有的揭露社会黑暗的批判现实精神正是司马迁这种精神的体现。例如,被明人韩邦奇比作司马迁的元杂剧最杰出的作家关汉卿"能够像司马迁那样褒贬分明地描写元代社会上的各色人物,敢于深刻揭露元代社会政治的黑暗和社会上恶势力的猖獗"②。关汉卿的杂剧始终贯穿着反映现实的精神,体现了他的正义、自由、平等的理念。据钟嗣成《录鬼簿》载关汉卿共有杂剧63种,其中《薄太后走马救周勃》、《升仙桥相如题柱》、《鲁元公主三噉奢》三种取材于《史记》,可惜今皆佚。但由此可证关汉卿肯定熟悉《史记》,故司马迁正直的人格必然对这位本身就具有狂傲不羁个性的戏剧家有着深刻的影响。在他现存的杂剧里,

---

① 唐文标:《中国古代戏剧史》,中国戏剧出版社1985年版,第43页。
② 俞樟华:《史记新探》,民族出版社1994年版,第241页。

第十章 《史记》在中国文化史上的价值与地位

最具有批判现实精神的是《窦娥冤》,它表现出关汉卿对贪官当道、好人受欺的黑暗现实的极度愤慨,尤其是揭示出封建天道思想对人民的欺骗性,这点无疑来源于司马迁。

2. "爱奇"审美观的影响

李泽厚说:"在司马迁的思想中,我们看到了儒道两家思想精华的一种很为理想的结合。"①司马迁"爱奇"的审美观正是儒道两家思想精华的集中体现。对"爱奇"的具体含义历来有多种解释,鲁迅在《汉文学史纲要》中解释为"恨为弄臣,寄心楮墨,感身世之戮辱,传畸人于千秋"。鲁迅说出了司马迁"爱奇"的本质。司马迁由于个人的遭际,形成了他喜爱千古奇人的审美意识。"爱奇"使他敢于突破传统,描写千古的倜傥之士,从而形成了《史记》使后来史书难以达到的思想高度。他的这种进步的价值取向为戏曲作者所赞赏,在戏曲作品中得以发扬。在戏曲作品中,不管取材于历史,还是描写现实生活,都表现出剧作者不受礼教约束,崇尚奇特无羁精神的审美取向。他们借助戏曲以抒其志,这如同司马迁借《史记》"究天人之际,通古今之变,成一家之言"一样,他们要通过戏剧表现自己对生活的理解,抒发其远大的情怀和对济世匡正理想的追求。取材《史记》的历史剧大多保持了原作的精神,表现出司马迁"传畸人于千秋"的"爱奇"审美观。如《萧何月夜追韩信》写了韩信具有传奇色彩的一生,紧扣韩信充满传奇色彩的人生,展示楚汉相争时这位叱咤风云、左右乾坤的英雄的人生。再如《伍员吹箫》中的伍员,《赵氏孤儿》中的程婴等,《渑池会》中的蔺相如,《介子推》中的介子推等,无不是倜傥非常之人。

3. 悲剧精神的影响

《史记》可谓是悲剧人物的画廊,它里面洋溢着浓烈的悲剧的壮美气息。司马迁塑造的悲剧人物主要有两类:一类是具有"力拔山兮气盖世"的气概,敢于以生命成就英名的悲剧英雄,如项羽、荆轲、豫让等。司马迁冲破了儒家"乐而不淫,哀而不伤"的中和美的樊篱,极力赞颂他们活则活得痛痛快快,死则死得慷慨悲壮。另一类则是忍受屈辱,成就功名的悲壮之士,如伍子胥、范雎、韩信等。司马迁歌颂这些人忍受屈辱,终究成就功名的精神也是值得人称赞的。他在《伍子胥传赞》中深有感触地说:"向令伍子胥从奢俱死,何异蝼蚁。弃小义,雪大耻,名垂于后世,悲夫!方子胥窘于江上,道乞食,志岂尚须臾忘郢邪!故隐忍就功名,非烈丈夫孰能致此哉?"无论哪类悲剧人物,都给后人以奋进的力量,正如韩兆琦说:"我们从《史

---

① 李泽厚、刘纲纪:《中国美学史》(第1卷),中国社会科学出版社1984年版,第502页。

记》中读到的不是无所作为的哀叹,而是为壮丽事业而勇敢奋斗的豪歌;不是一蹶不振的颓丧,而是百折不挠、无所畏惧的进取;不是失败的感伤,而是一种胜利成功的快感,是一种道德上获得满足的欢欣。"①《史记》的这种悲剧精神对后世文学影响极大,尤其是对中国戏曲。戏剧中的悲剧,基本上保持了《史记》的悲剧精神,它们是我国戏剧的奠基之作。其中最著名的"如关汉卿的《窦娥冤》,纪君祥之《赵氏孤儿》,剧中虽有恶人交构其间,而其蹈汤赴火者,仍出于其主人翁之意志,即列之于世界悲剧中,亦无愧色也"②。这类杂剧塑造的形象都属《史记》里第一类悲剧人物。他们为了正义,不畏牺牲生命,决不向恶势力低头,窦娥如此,《赵氏孤儿》里的英雄更是如此。《赵氏孤儿》取材于《史记》,保持了《史记》的悲剧精神。再如《豫让吞炭》也属此类悲剧,戏剧充分展示了豫让重义轻生的豪侠气概。《晋文公火烧介子推》也充满着侠义精神。戏剧赞颂介子推的忠义精神,洋溢着摄人心魂的悲壮美。这类悲剧都具有朱光潜先生所说的"悲剧的基本成分之一就是能唤起我们的惊奇和赞美心情的英雄气魄。我们虽然为悲剧人物的不幸遭遇感到惋惜,却又赞美他的力量和坚毅"③。剧作描写更多的还是忍辱就名,始困终亨的悲剧人物,这同司马迁赞颂这类人物有着类似的心理。司马迁受宫刑后忍辱要完成《史记》,他从这些战胜困厄、建立功业的英雄身上汲取精神力量。剧作家在现实中不得志,他们写这类人物,也是为了寻找一种精神力量和理想寄托,给人以奋进的精神。因此,这类悲剧的思想精髓可以说是司马迁"困厄发奋"说的形象展示。司马迁从先贤在困境中奋进的历史事实中汲取了战胜厄运的精神力量,戏曲作家继承并发扬了这种精神。

再次,写人及叙事方式等艺术形式对中国戏曲的影响

《史记》以人物为中心的纪传体模式,正暗合戏剧以主要人物为中心构建情节的体制。《史记》所记载的历史背景下的完整事件也符合戏曲揭示故事发展全过程的需要。有了这样的前提,剧作家们就可以在较高的起点上更多地考虑剧本的创作规律及戏剧表演体制方面的问题,这样无疑有助于古典戏曲的成熟和发展。

1. 在人物塑造方法上的影响

《史记》开始了真正写人的历史,确立了人在历史中的重要位置,以写人来再现历史。所以《史记》在塑造人物方面取得的成就是它以前的史书难以达到的,而且对后来的叙事文学影响极大。《史记》的人物形象各具姿态,人物既具有其类型

---

① 韩兆琦:《史记评议赏析》,内蒙古人民出版社1985年版,第114页。
② 王国维:《宋元戏曲史》,上海古籍出版社1998年版,第99页。
③ 朱光潜:《悲剧心理学》,人民文学出版社1983年版,第83页。

第十章 《史记》在中国文化史上的价值与地位

化特征,更具有其个性化特征,如《酷吏列传》所写酷吏都具有狠毒、残忍等共性,但具体表现张汤是张汤,决不同杜周。再如战国四大公子孟尝君、平原君、春申君、信陵君都以好士闻名,但又各具个性。苏秦、张仪同是战国策士,但苏秦以发奋精神著称于世,张仪更多为狡诈权谋。张良、陈平都是刘邦的谋士,张良神异莫测,陈平智奇世俗。戏曲作品在人物性格塑造上明显吸取了《史记》这种手法,由简单的类型化逐渐发展为个性化手法的运用。如元杂剧中的贪官污吏都是昏庸无能,才子都是聪俊风流,小姐都是美丽聪慧,流氓都是无赖坑骗虚伪,权豪势要都是飞扬跋扈。元杂剧这种类型化人物主要表现为净、丑等喜剧人物。但元杂剧中同一类型人物性格中也有其个性化特征。如同是追求爱情和婚姻自由的千金小姐,崔莺莺情感细腻,内热外凉,最终情战胜于理;张倩女对爱执着热烈,忠贞不渝;李千金一见钟情,大胆热烈;《举案齐眉》中的孟光对爱情坚贞专一,贫贱不移。

2.《史记》在人物个性化语言方面成就很高

司马迁往往通过人物富有个性的语言塑造人物形象。如《廉颇蔺相如列传》中写蔺相如同舍人的对话:

> 于是舍人相与谏曰:"臣所以去亲戚而事君者,徒慕君之高义也。今君与廉颇同列,廉君宣恶言,而君畏匿之,恐惧殊甚。且庸人尚羞之,况于将相乎?臣等不肖,请辞去。"蔺相如固止之,曰:"公之视廉将军孰与秦王?"曰:"不若也。"相如曰:"夫以秦王之威,而相如廷叱之,辱其群臣。相如虽驽,独畏廉将军哉?顾吾念之,强秦之所以不敢加兵于赵者,徒以吾两人在也。今两虎共斗,其势不俱生。吾所以为此者,以先国家之急而后私仇也。"

这段话把蔺相如同其门客的不同个性都表现得非常鲜明,蔺相如胸怀宽广,见识远博,而门客目光浅短,只从个人的情感看问题。《史记》诸如此类对话语言比比皆是。作为主要通过对话来刻画人物性格的戏剧,更是重视对话的描写,以此来展现人物的个性特征。再看《渑池会》中这段对话:

> [吕成云]丞相,论你有经纶济世之才,补完天地之手,凭三寸舌完璧还朝,仗英豪渑池会救主除难,丞相何故惧怯廉将军?[正末云]先生言者差矣。[吕成云]丞相,小官何差之有?[正末云]廉将军他比我何强?[吕成云]廉将军虽然不强,只因你名扬七国。[正末云]则视廉将军比秦公如何?[吕成云]秦昭公乃虎狼之国,雄兵百万战将千员,廉将军难以

并比。[正末云]想秦公在渑池会上,大将数员,更雄兵百万,我独自一人,拔剑在手,张目叱咤之间,喝众将不敢近前,使昭公击缶。酒罢,我保赵公无事还国,量廉将军一人,我何惧之有,见今秦国不敢加兵于赵国者,徒以二人在也。今若两虎共斗,其势不俱生,吾所以为此者,先国家之急也,我岂惧廉将军哉!

  这段对话,基本保持了《史记》的语言特点,只是稍加改变,就变成戏剧语言,作者又加以合理的想象,更突出主要人物的精神风貌,蔺相如形象较之于《史记》更显得豪迈自信。但戏剧中门客的形象显然逊色于《史记》。再如《豫让吞炭》第四折,写豫让为智伯报仇时被赵襄子认出,豫让说:"我就是豫让,当日宫中刺你不着,因此向山中漆身为癞,吞炭为哑,变了形容,务要刺了你,为我主报仇。"然后他请求赵襄子脱下衣服,拔剑将襄子衣服剁碎,高唱:"虽不能勾碎分肢体诛了襄子,灿剁了这件衣服便是报了俺主公。至如把残生送,下埋黄土,仰问苍空。"然后自刎。这段戏文几乎是《史记·刺客列传》的语言照搬,只不过比《史记》语言显得更通俗,更接近民众,正如李渔在《闲情偶寄》中说:"传奇不比文章,文章做与读书人看,故不怪其深,戏文做与读书人与不读书人同看,故贵浅不贵深。"像这样的戏文在取材于《史记》的杂剧中比比皆是,由此可见,元杂剧在语言艺术上受《史记》的影响是显而易见的。

  3.《史记》具有戏剧色彩的情节描写对戏曲作品,尤其是取材于《史记》的历史剧在情节安排上影响极大

  《史记》里的很多场面描写都具有戏剧性。如《廉颇蔺相如列传》中"完璧归赵"、"渑池会"、"将相和",《淮阴侯列传》中韩信的传奇人生,以及"伍子胥乞食"、"庞涓被杀马陵道"等,都具有跌宕起伏、扣人心弦的情节波澜,这些故事,极易被剧作者摄入剧中,成为美妙的杂剧作品。正如姚华在《曲海一勺》中说:"曲之于文,盖诗之遗裔,于事,则史之支流也。"戏曲作者喜欢摄取历史题材,以史讽今,表现他们对元蒙黑暗统治的不满。他们既取材于历史,又不完全局限于历史,往往根据表达思想情感的需要,加以丰富的想象,使剧情更加合理化。如《渑池会》,"完璧归赵"与"渑池之会"在《史记》中本无什么联系,但剧作者利用合理的想象,将它们变成因果相关的故事,从而使剧情发展更加合理集中。戏剧第一折蔺相如完璧归赵,秦昭公为重骗得和氏璧,采取白起计谋"主公设一会于渑池,则说与赵成公会盟,他必然来赴宴,来时臣设三计,会上擒了赵成公,觑玉璧何罕之有"。于是引出第二折渑池相会,整个剧情发展浑然一体。再如《赵氏孤儿》中的程婴和公孙杵臼为救孤儿而分别献子舍命,屠岸贾找不到孤儿,要杀全国婴儿;《介子推》中介子推

▶▶▶ 第十章 《史记》在中国文化史上的价值与地位

为救重耳,把自己儿子的头腐烂冒充重耳之头,割下自己腿上肉给重耳充饥;《马陵道》中的孙膑中了庞涓之计,被诬为谋反而被处死,但他以传写六卷天书之计得以免死,又装疯魔,设计逃出齐国后用计报仇。这些情节既有历史的真实,又有合理的夸张,"虽征之古人,或张冠而李戴,而按之世态,则形赠而影答,迹若诬于稗史,实则信于正史"①。这些带有夸张性、看似失真的情节,其实既有历史的真实,又具想象的影子,它要比完全纯记史的东西更具有艺术感染力,这便显示出戏曲艺术新的生命活力。

三 《史记》在中国文化史上的地位

《史记》不仅仅是一部历史经典、传记文学名著,而且是一部名副其实的中国文化的百科全书。在多个文化领域,《史记》都有创建之功,它对中国文化的影响,毋庸置疑是广泛而又深远的。陕西人民教育出版社出版的《司马迁与华夏文化丛书》,涉及政治、经济、文学、农学、医学乃至天文、地理、建筑、音乐等多方面,相当全面地探讨了司马迁与华夏文化的种种联系,形象地展示出《史记》在中国文化史上的价值与地位。

(一)《史记》对中国思想史的贡献

首先,对儒家思想的高度重视。由于司马迁所受教育和所处时代的影响,儒家思想是其主要思想,道家则是对儒家思想的一种补充,这从司马迁对孔子的态度可以看出。司马迁不但把布衣的孔子写进"世家",而且尊孔子为"至圣"。又写了《仲尼弟子列传》,对孔子的弟子作了详尽的论述。在《太史公自序》中司马迁明确地说他著《史记》的宗旨就是"继《春秋》",可见他把《史记》与孔子学说融为一体。从《太史公自序》对写作《孔子世家》的用意更能说明司马迁对孔子在中国文化史上作用的肯定:"周室既衰,诸侯恣行。仲尼悼礼废乐崩,追修经术,以达王道,匡乱世反之于正,见其文辞,为天下制议法,垂六艺之统纪于后世,作《孔子世家》。"他肯定孔子的学说具有拨乱反正、作为天下统纪和社会伦理准则的价值。因此,司马迁为确立孔子为中国古代文化的代表人物、古代圣贤的崇高地位,具有巨大的贡献。司马迁在《报任安书》中说:"仆闻之:修身者,智之符也;爱施者,仁之端也;取予者,义之表也;耻辱者,勇之决也;立名者,行之极也。士有此五者,然后可以托于世,而列于君子之林矣。"显然这都是从儒家的人生价值来判断人生,司马迁自觉继

---

① 姚华:《曲海一勺》,载郭绍虞主编《中国历代文论选》(第四册),上海古籍出版社1990年版,第421页。

承和发扬儒家思想中的优良传统,对弘扬儒家思想也具有重要的贡献。《史记》为儒家思想在中国历史上居于正统地位,并在历史上保持长期而深远的影响,起到了不可代替的重大作用。

其次,《史记》对整理和研究中国先秦典籍具有重要意义。司马迁撰写《史记》,从文化史的角度来说,对整理和研究中国先秦典籍作出了巨大贡献。班固在《汉书·司马迁传》中说司马迁作《史记》"据《左氏》、《国语》,采《世本》、《战国策》,述《楚汉春秋》"。这仅仅说出了司马迁写《史记》涉及到的极少一部分书籍。实际上,司马迁对先秦典籍进行了细致的整理与研究,尤其是对儒家经典。他高度评价六经对治理国家的作用:"是故《礼》以节人,《乐》以发和,《书》以道事,《诗》以达意,《易》以道化,《春秋》以道义。"《史记》中保留了大量的经学史料,这是中国古代文化史上的宝贵财富。同时《史记》对其他各家学说理论评价也颇有见地。司马迁不是简单地序列古籍书目,而是从研究中国文化史的角度对先秦学术流派考辨源流。司马迁的父亲司马谈的《论六家之要指》第一次明确地把春秋至汉初的学术文化发展划分为"六家",并对其学术得失作了批判性总结。司马迁以此作为概括中国古代学术思想发展的理论依据和思想准则,由此来探究中国古代的学术源流。司马迁对"六家"都作过深刻的研究,故《史记》对法家、道家、墨家等的评述都是很有见地的,从文化学术史的角度说,司马迁对整理研究先秦经典作出了重大贡献。

(二)《史记》所表现的理性精神、人文精神和民族精神,对塑造中华民族的民族性具有重要的文化贡献

面对着由先秦诸侯并立到秦汉封建大一统政治,时代急需要理论依据,司马迁博采众家,完成中国文化史上的巨著《史记》,为中华民族文化注入了理性精神和人文精神,《史记》是真正写人的史书,表达了人的发现,尤其是他积极改造儒学所形成的正直、进取的人生观对后人有很大的影响,这也是他对中国文化的伟大贡献。"因为司马迁通过《史记》为中华民族输入的理性精神、人文精神、科学的实践精神、强烈的历史责任感共同组成的世界观的同时,又在他的文化建设实践中贡献出他的与中国传统文化实用理性思维密切联系的方法论","司马迁要用《史记》向社会提供一种学术思想并期望它能成为社会所承认的意识形态"①。司马迁运用适应中国传统实用理性的思维方法来描写历史,形成中国人尊重客观、尊重实践、尊重事实的理性精神,由此可见司马迁对中国民族基本精神形成的巨大贡献。另外,司马迁在《史记》中很成功地体现了大一统的民族观,对形成中华民族多民族统一国家具有重大的意义。记载中华民族自古以来不断加强的统一趋势,构成了

---

① 黄新亚:《司马迁评传》,光明日报出版社1991年版,第272-273页。

第十章 《史记》在中国文化史上的价值与地位

《史记》"通古今之变"的重要内容。在《五帝本纪》中,司马迁称黄帝为天子,"天子号令天下",并且记述颛顼、帝喾、尧、舜、禹,这些古代帝王都出自同一个祖先——黄帝。同时,司马迁通过《匈奴列传》、《南越列传》、《东越列传》、《朝鲜列传》、《西南夷列传》、《大宛列传》说明这些个"蛮夷"民族其实和中原民族自古就是兄弟关系。司马迁继承并发扬了孔孟的大一统民族观,形象地展示了中华民族形成的历史历程,这对教育中华民族世世代代树立民族统一观念,具有深远的影响,直到今天,仍然具有强烈的现实意义。

(三)《史记》是研究中国诸多文化专史的丰富的资料宝库

司马迁在《史记》中不是简单地只叙述历史过程,描绘历史人物的活动,而是在纵横交错的历史过程中,深挖历史思想、人生哲理,概括中华民族的文化成果。故《史记》记述和反映了中华文化的方方面面,是研究中华文化诸多文化专史的材料库,除思想、历史、文学外,还有军事、经济、天文、地理、建筑文化等,可谓中华文化的百科全书。

第一,《史记》是记载中国古代军事文化的一座丰碑。司马迁在《史记》的"八书"中特设《律书》,首开史书中"兵书"篇章之先河,他从历史发展的角度重新认识军事文化的重要性,并且高度赞扬军事艺术。《律书》成为专门研究古代军事思想、认识战争规律、指导战争胜利、总结战争经验的专史。《史记》不仅设有《律书》专门讲兵法,而且记载了孙武、伍员、范蠡、吴起、孙膑、乐毅、廉颇、蒙恬、王翦、李广等一大批军事家和著名将领,这些兵家战将的英雄群像哺育了我国一代又一代军事将领,对后世影响极大。其次,《史记》所记录的光辉战例为后世兵家战将提供了研究战争、指挥战争的宝贵资料和教材。《史记》记载的成功战术,对后世影响相当深远。譬如《孙子吴起列传》中记叙孙膑教田忌赛马的故事,为历代兵家称道并运用。再次,《史记》战事的记叙、兵家战将的描写,对后世史家写战事及军事文学有深远影响。

第二,《史记》首创关乎民生民计的经济文化。司马迁在"八书"中专门列入《平准书》、《货殖列传》,专门谈经济,加之《河渠书》谈兴修水利与农业生产的关系。司马迁站在历史的高度,创立《河渠书》、《平准书》,从解决老百姓基本生存的温饱民生问题出发,并将其上升到国家安危的高度。在《货殖列传》里司马迁表现出远远超乎他们时代的经济思想,如司马迁所谈的察时测变、待乏储饶、物极趋反、贵贱可料,行如流水、薄利多销等等经营之道直到今天仍然具有现实意义。

第三,《史记》对中国天文学的影响。司马迁不但是伟大的史学家、文学家,而且也是伟大的天文学家。司马迁继承父业,任太史公,记录国家大事、搜集各种典籍,同时掌管天文、历法、占星之术。所以他具有丰富的天文历法知识,他对中国古代天文学作出了巨大贡献。首先,司马迁发现了五大行星的逆行现象,进而描述了五大行星在一个会合周期内完整的位置动态表。其次,司马迁对五大行星分别进行了一个会合周期内的观察,并记录了它的规律。再次,司马迁发现了月食发生周期中的一种周期。第四,司马迁编制了包括五百二十二颗恒星的星表。第五,司马迁给人类保存了一部完整的古代历谱①。

第四,《史记》对中国建筑文化的影响。司马迁在记述历史进程和描写历史人物的同时,也记述了历史的各个时期的建筑活动和主要的城邑以及著名建筑物,对我国古代建筑文化的保留与发展作出了重要的贡献。首先,《史记》记述了我国古代社会西汉以前的建筑文化产生发展的历史。司马迁记载了自黄帝时代至汉武帝太初年间上下数千年的重要建筑活动和主要城邑、宫殿、苑囿、陵墓、长城、道路等建筑实体和土木工程,勾勒出我国先秦到秦汉时期建筑文化发展的基本线索。其次,记载和发挥了建筑规划和设计思想。司马迁记载了不少关于城市选址、城市规划、建筑设计、建筑装饰等有关建筑的文化思想,为我们探讨中国传统建筑文化的内在精神,提供了极为珍贵的历史资料。再次,《史记》记载和评论了中国古代"侈靡"与"节俭"两种对立的建筑观,促进了建筑节俭传统美德的形成。司马迁高度赞扬夏禹、晏婴、汉文帝等的建筑节俭观念,抨击、讽刺殷纣王、秦始皇、汉武帝等的大兴土木的奢侈之风。这对于反对奢靡,形成中华民族崇尚节俭的建筑观念具有重要的作用②。

另外,《史记》中所涉及的地理学、民族学、教育学、姓氏学、人才学等诸多方面,在中国文化史上都占有重要地位,并且产生了积极影响,值得重视。

总之,司马迁对中国文化作出了杰出的贡献,《史记》所记述的中华民族的灿烂文化,滋养着华夏子孙。不管我们从中国文化史的哪个角度研究《史记》都能有惊人的发现,这正有力地说明了《史记》确实是一部中华民族文化的百科全书。

思考与探究

1. 略论《史记》在中国史学上的地位。
2. 《史记》对中国古典小说有哪些影响?
3. 阅读《史记·赵世家》,并与元杂剧《赵氏孤儿》进行对比分析。

---

① 详见吴守贤《司马迁与中国天文》,陕西人民教育出版社2000年版,第187—192页。
② 详见赵安启等《史记与中国古代建筑文化·前言》,陕西人民教育出版社2000年版。

第十一章 《史记》研究史略

司马迁的不朽巨著《史记》在中国文化史上占有重要地位,历代研究不绝,逐渐形成了一门新的而且颇有影响的学问——"史记学"。这里就《史记》研究的历史和现状作一简略论述。

一 汉魏六朝:《史记》研究的发端期

《史记》完成之日,正是汉武帝"罢黜百家、独尊儒术"的思想确立之时,人们的思想受到禁锢。在正统思想家眼里,《史记》是离经叛道之作,是"谤书"。同时,史学在两汉时期还没有它应有的独立地位,它被作为经学的附庸而列入《春秋》类中。另一方面,当时的文人学士,喜欢的是对偶工整、语言华丽的辞赋,而司马迁的《史记》则是用一种自由奔放、参差不齐的散体长短句,这就使得它的流传受到影响,直到东汉中期以后,《史记》才在社会上得到比较广泛的流传。魏晋以后,史学摆脱了经学附庸地位,在学术领域内形成一门独立的学科,《史记》的身价得以提高。汉魏六朝时期,就传播而言,司马迁的外孙杨恽是《史记》的第一个传播者。后来,《史记》在流传中有所残缺,褚少孙又补续了某些篇章,使《史记》成为完璧。另据《汉书·艺文志》、《史通·正史篇》等资料,在班彪、班固父子之前,续写《史记》的还有冯商、卫衡等16人。桓宽《盐铁论》、刘向《别录》已开始节引或直接引用《史记》原文,高诱用《史记》注释《吕氏春秋》、《战国策》,他们对《史记》的传播都作出了一定的贡献。魏晋以后,读《史记》的风气愈来愈浓。研究方面,本时期属于起步阶段,主要涉及以下几个方面的问题。

肯定司马迁的史才。班固《司马迁传》云:"自刘向、扬雄博极群书,皆称迁有良史之才,服其善序事理,辨而不华,质而不俚,其文直,其事核,不虚美,不隐恶,故谓之实录。"裴骃《史记集解序》称赞司马迁为"命世宏才"。这些评论,肯定了司马迁的史才,尤其是肯定了司马迁秉笔直书的实录精神。

对《史记》"爱奇"倾向的认识。扬雄《法言·君子篇》:"多爱不忍,子长也。仲尼多爱,爱义也;子长多爱,爱奇也。"刘勰《文心雕龙·史传篇》则说《史记》有"爱奇反经之尤"。以上各家,都没有深入到"奇"的真正内涵,只认识到"奇"的表面现象,甚至把"奇"与"义"、"奇"与"经"对等看待,后来许多学者继承了这种观点。不过,他们的提示能够帮助我们从新的角度去认识《史记》。

班氏父子提出"史公三失"。对于司马迁的学术思想,扬雄曾指出:"不与圣人同,是非颇谬于经。"可以说看出了《史记》一书的独特之处,但带有贬义。班彪、班固继承了扬雄的观点,在《司马迁传》中更明确地说司马迁有三个方面的失误:"是非颇谬于圣人,论大道则先黄老而后六经,序游侠则退处士而进奸雄,述货殖则崇势利而羞贱贫,此其所蔽也。"他们的评价对后代影响很大,以至于成为整个封建社会《史记》研究的一条主线,但也引起了历代学者的争议。

班、马优劣之论。《史记》、《汉书》是汉代两部有代表性的史书,汉魏六朝时期,人们已经开始对它们进行比较研究了。刘知几《史通·鉴识》说"王充著书,既甲班而乙马,张辅持论,又劣固而优迁",王充《论衡》中说班氏父子"文义浃备,纪事详赡,观者以为胜于《史记》"。晋人张辅撰《班马优劣论》,认为"迁之著述,辞约而事举,叙三千年事,唯五十万言;班固叙二百年事,乃八十万言,烦省不同,不如迁一也"。这是以文字的多少来判断《史记》、《汉书》的优劣,结论自然难以折服人心。范晔《后汉书·班固传》曰:"迁文直而事核,固文赡而事详。"较公允地指出了两书的不同特征。他们的评论,在后代也引起了无休止的争议。

二 唐宋:《史记》研究的形成期

唐代,奠定了《史记》在史学史和文学史上的地位。本时期,由于史学地位的提高,尤其是"正史"地位之尊使《史记》在史学史上备受尊崇,纪传体成为修史之宗。唐代编纂的八部史书全都采用纪传体。史学理论家刘知几是历史上第一个广泛评论《史记》的史学家,他的《史通》尽管有"抑马扬班"倾向,但对《史记》有许多精彩的见解。唐代史学家对《史记》非常推崇,且注意发扬光大司马迁的思想,如杜佑发展了《史记》八书的传统,著《通典》一书,从古今典章制度沿革的利弊上去寻求解决当时社会政治经济问题的方法,开辟了新的研究途径。唐代以《史记》、《汉书》、《后汉书》为"三史",并把三史作为科举考试的一科,形成了学习《史记》的良好风气。

唐代对于《史记》的评论和研究主要表现在三个方面:其一是注释《史记》,成就最大的是司马贞的《史记索隐》与张守节的《史记正义》。这两部书和南朝刘宋年间裴骃所作的《史记集解》,被后人合称为《史记》三家注,三家注的形成是《史

第十一章 《史记》研究史略

记》研究史上的第一座里程碑。三家注从文字考证、注音释义，到注人、注事、注天文历法、山川草木、鸟兽虫鱼、典章制度等等，无所不备，成为后人阅读理解《史记》的重要参考书。

唐人研究《史记》的第二个成就是评论《史记》体例，这是对汉魏六朝评论的进一步发展。司马贞、张守节、刘知几、皇甫湜等人，对司马迁易编年为纪传的创新精神作出了许多肯定性的评论。尤其是皇甫湜，旗帜鲜明地提出废除编年而弘扬纪传的主张，认为司马迁"革旧典，开新程，为纪为传为表为志，首尾具叙述，表里相发明，庶为得中，将以垂不朽"。就《史记》五体而言，唐人一般对书以肯定为主，对表的认识还不明确，如刘知几一方面有废表之论，一方面又肯定其长处。对于本纪，司马贞主张在《五帝本纪》前补写《三皇本纪》，司马贞、刘知几还认为《秦本纪》、《项羽本纪》不当列入本纪。对于世家，司马贞、刘知几认为它有当立不立、不当立而立等升降失序之病，如《陈涉世家》、《孔子世家》等。对于列传，司马贞、刘知几也提出一些不同意见。总之，唐人对《史记》五体的评论，有不少偏激之辞，但总体上还是持肯定态度。

唐代掀起的古文运动，举起了向《史记》文章学习的旗帜，使《史记》所蕴藏的丰富的文学价值得到空前未有的认识，这是唐代《史记》研究的第三个成就。清人刘熙载《艺概》说："昌黎谓柳州文雄深雅健，似司马子长。观此评，非独可知柳州，并可知昌黎所得于子长处。""太史公文，韩得其雄。"可见，韩愈文章的雄健风格来自于司马迁。柳宗元在《报袁君秀才书》中说"太史公甚峻洁，可以出入"，在《答韦中立书》中说"参之太史以著其洁"，在《与杨凭兆书》中说"峻如马迁"，可见司马迁对柳宗元的影响。尤其是韩愈、柳宗元等人从文学实践上学习《史记》，奠定了《史记》在文学史上的地位。

唐代文学史上还应注意的是，唐诗中许多作品运用《史记》的典故，如涉及《李将军列传》的典故就有一百多篇。有的咏史诗直接取材于《史记》。唐代传奇小说，在形式结构上学习《史记》人物传记的特点。这些都说明《史记》在唐代已得到广泛的流传，并且产生了多方面的影响。

宋代，《史记》研究步入一个新的阶段。由于统治者对修史的重视，加之活字印刷术的发明，宋代大量刊刻印行《史记》，为人们研读《史记》提供了方便。而且，科举考试也促进了《史记》的广泛流传。宋人也注重学习《史记》的作文之法，欧阳修、曾巩、王安石、"三苏"等人都是宋代古文大家，他们继承唐代古文运动的传统，提倡学习《史记》，并身体力行，取得了可喜成果，《史记》在文学史上的地位有了进一步提高。宋代始开评论《史记》之风气，或论史事，或评人物，或谈文章，有褒有贬，不宗一派。大部分学者都对《史记》持肯定态度。尤其注意用"通"的思想认识历史、认识《史记》,司马光的《资治通鉴》、郑樵的《通志》,充分说明《史记》对史学带来的变化。郑樵《通志·总序》指出司马迁的重大贡献在于"通",这是第一个在理论上从"通"的角度评论《史记》的人。黄震的《黄氏日钞·史记》、叶适的《习学纪言·史记》也都是评论方面的重要著作。宋人在前人研究的基础上,提出了两个重要课题:

其一,苏洵首先提出司马迁写人叙事的"互见法",开拓了《史记》研究新领域,为人们进一步认识《史记》的写人叙事、褒贬色彩提供了新的思路。

其二,苏辙《上枢密韩太尉书》、马存《赠盖邦式序》认为,司马迁壮游天下的阅历对他性情的陶冶、文章风格的形成产生了极大的影响,这是把司马迁的经历与《史记》文章风格联系在一起,也是《史记》评论中一个新的亮点。

本时期的评论,还把汉魏六朝时期提出的"班马优劣"问题发展到一个新的阶段,苏洵、郑樵、朱熹、叶适、黄履翁、洪迈、王若虚等人都发表过评论。郑樵《通志·总序》扬马抑班:"自《春秋》之后,惟《史记》擅制作之规模,不幸班固非其人,遂失会通之旨,司马氏之门户自此衰矣。班固者,浮华之士也,全无学术,专事剽窃……"《史记评林》引黄履翁说《史记》"抑扬去取,自成一家,如天马骏足,步骤不凡,不肯少就于笼络。彼孟坚摹规效矩,甘寄篱下,安敢望子长之风?"亦扬马抑班。而王若虚《史记辨惑》却扬班抑马:"迁记事疏略而剩语甚多,固记事详备而删削精当,然则迁似简而实繁,固似繁而实简也。"在宋代,出现了倪思、刘辰翁的《班马异同评》、娄机《班马字类》这样的专门著作,使这一问题的研究向前推进一步。宋代对班马优劣问题的研究,对明清乃至于当代《史记》研究产生了重要影响。

本时期的评论往往有不足之处。宋代,有大量的《史记》人物论,但由于时代的局限,不可能对历史人物作出公允的评价。不仅如此,宋人在一些理论问题上,还是不能深入下去,如班氏父子提出的"史公三失"问题,晁公武的反驳最有代表性。他认为,史公之所以有"三失",是与史公的时代和个人遭遇密切相关。本来是反驳"史公三失"的,结果,由于驳论的前提是承认有"三失",只不过司马迁事出有因,以此来为司马迁作辩护,这样的驳论没有从根本上解决问题。

宋代对于《史记》事实考证方面,王若虚《史记辨惑》颇有代表性。对《史记》的取材、立论、体例、文字等方面的失误,广为疑惑,并略作辨证,多有偏激之辞。

三 元明:《史记》研究的发展期

元代在《史记》刊刻方面有一定成就,如彭寅翁刊刻的《史记集解索隐正义》,在《史记》版本史上具有重要意义。评论方面继承前代并有所发展,如刘因、马端

第十一章 《史记》研究史略

临、王恽等人肯定司马迁的史才和创造新体例之功；戴表元的《剡源集》中有19篇文章评论《史记》中的人物，一些看法还颇有新颖之处。从总的方面看，元代人的主要贡献在于把《史记》中的历史人物、历史事件搬上舞台，进行广泛的宣传。据傅惜华《元代杂剧全目》所载就有180多种，这些剧目的流传，反过来又扩大了《史记》的影响。

明代是《史记》评论的兴盛期。由于印刷技术的提高，给刻印《史记》提供了有利条件，明代刻印《史记》达20多种，对于推动《史记》研究起了积极的作用。由于文学复古运动的出现，《史记》的地位随之提高。明代成就最大的是评点《史记》。除综合性评论外，大部分是逐篇评点批注，即"评点"、"评钞"，这种著作在明代多达30余种，如杨慎《史记题评》、唐顺之《荆川先生精选批点史记》、何孟春《史记评钞》、王慎中《史记评钞》、董份《史记评钞》、钟惺《钟敬伯评史记》等，其中最有代表性的是茅坤的《史记钞》和归有光的《归震川评点史记》。总的来看，明代评论《史记》的主要成就有以下几方面。

传统评论课题的进一步发展。如班马异同问题，许相卿《史汉方驾》一书，是对宋代《班马异同评》著作的发展，从文字比较中分析《史记》、《汉书》的特点。在具体评论中，各有不同看法，如《史记评林》引凌约言说："子长之文豪，如老将用兵，纵横不可羁，而自中于律；孟坚之文整，方之武事，其游奇布列不爽尺寸，而部勒雍容可观，殆有儒将之风焉。"认为两人各有风格。茅坤《刻汉书评林序》认为"《史记》以风神胜，而《汉书》以矩矱胜"，而在《史记钞·序》中说《史记》"指次古今，出风入骚，譬之韩、白提兵而战山河之间，当其壁垒部曲，旌旗钲鼓，左提右挈，中权后劲，起伏翱翔，倏忽变化，若一夫舞剑于曲旃之上，而无不如意者，西京以来，千古绝调也。即如班掾《汉书》，严密过之，而所当疏宕逍逸，令人读之，杳然神游于云幢羽衣之间，所可望而不可挹者，予窃疑班掾犹不能登其堂而洞其窍也，而况其下乎！"胡应麟《少室山房笔丛》卷十三评《史记》、《汉书》的长短："子长叙事喜驰骋，故其词芜蔓者多。谓繁于孟坚可也，然而胜孟坚者，以其驰骋也。孟坚叙事尚剪裁，故其词芜蔓者寡，谓简于子长可也，然而逊于子长者，以其剪裁也。执前说可与概诸史之是非，通后说可与较二史之优劣。"可见，明代在班马异同问题上表现出一定的矛盾性，但从大的方面看，仍然比较肯定司马迁，尤其是肯定《史记》的文学成就。

明代从文学角度评论《史记》取得的成就最大，对于《史记》的创作目的、审美价值、刻画人物形象的方法、多样化的艺术风格等都进行了有益的探索。尤为突出的是，由于小说的繁荣，人们对《史记》的认识也开辟了新的角度，探讨《史记》与小说的关系，这是前所未有的新成就。天都外臣《水浒传序》把《史记》与《水浒传》从精神到艺术都进行了比较。金圣叹的评点尤为突出。他用读《水浒传》的方法读《史记》，又用读《史记》的方法读《水浒传》，令人耳目一新。如《读第五才子书法》中他说：“《水浒传》方法，都从《史记》出来，却有许多胜似《史记》处。”"《史记》是以文运事，《水浒》是因文生事。以文运事，是先有事生成如此如此，却要算计出一篇文字来，虽是史公高才，也毕竟是吃苦事。因文生事却不然，只是顺着笔性去，削高补低都由我。"《水浒传》一个人出来分明便是一篇列传，至于中间事迹，又逐段逐段自成文字。"这些评论，为后代进一步认识《史记》与小说的关系问题奠定了良好的基础。

明代对《史记》历史事实的考辨与纠谬也有一定成就，杨慎《史记题评》、柯维骐《史记考要》、郝敬《史记愚按》等，在考辨方面颇有新意。一些笔记著作，如王鏊《震泽长语》、郑瑷《井观琐言》、杨慎《丹铅杂录》等，对《史记》的事实虚实也有一定的纠谬。

明代《史记》研究除上述成就外，值得一提的还有以凌稚隆《史记评林》为代表的辑评工作。《史记评林》搜集整理历代百余家的评论，汇为一编，给研究者提供了便利，后来，明代的李光缙在《评林》基础上进行了增补，使该书更加完备。

四 清代：《史记》研究的高潮期

清代是《史记》研究的高潮期。据统计，研究《史记》并有文章著作的学者达300多人。清代《史记》研究成就最大的在于考证方面。由于统治者实行高压政策，屡兴文字狱，文人学者只好埋头于考证古籍，以免遭祸；加之清人治学重事实，重证据，实事求是，于是，考证《史记》蔚然成风。最有代表性的著作是梁玉绳的《史记札记》、张文虎的《校勘史记集解索隐正义札记》以及郭嵩焘和李慈铭的《札记》。清人考证《史记》，涉及的范围非常广泛，或考订《史记》文字，或考订《史记》的人名、地名，或考订《史记》记事，或考订《史记》史实，或考订《史记》疑案，成就斐然。

除考据外，清人的另一大成就是评论《史记》。许多学者是考中有评，如赵翼《廿二史札记》说：“司马迁参酌古今，发凡起例，创为全史，本纪以序帝王，世家以记侯国，十表以系时事，八书以详制度，列传以志人物”，"自此例一定，历代作史者，遂不能出其范围，信史家之极则也"。章学诚《文史通义》虽不是专门评论《史记》的著作，但其中多处涉及对《史记》的评论，是清代评论中最有代表性的一位。清人评论的问题十分广泛，有些是传统课题，有些是新出课题，许多见解十分精辟。如《史记》十表，唐人刘知几《史通》曾有废表之论，从宋代开始人们对史表的认识有了提高，到了清代，出现了许多论表著作，对《史记》各表的功用、书法、详略等方面进行分析阐发。吴见思《史记论文》说:"诸表画而为图,纵横明晰,于列国楚汉时事,纷然之际,开卷无不了然。此法创自史公,是千古绝奇。"邱逢年《史记阐要》说:"史分创为表式,尺幅一经一纬,昭穆之次,时事先后之序,强弱之势,君臣上下得失之林,一一分明,乃本纪、世家、列传之总会也。"顾炎武《日知录》说十表"与纪传相为出入",等等,都是有价值的评论。在评论十表的论著中,汪越撰、徐克范补的《读史记十表》,最有代表性,分析每一表的内容、主旨、意义,阐发表序的价值,有许多可取之处。

又如《史记》中的"太史公曰",前代对此评论不一,清人对此却十分重视,牛运震《史记评注》说:"太史公论赞或隐括全篇,或偏举一事,或考诸涉历所亲见,或征诸典记所参合,或于类传之中摘一人以例其余,或于正传之外摭轶事以补其漏,皆有深义运神,诚为千古绝笔。"对"太史公曰"的作用进行了精辟的概括。"太史公曰"表现了司马迁对历史的深刻认识,邵晋涵《史记辑评》评《蒙恬列传赞》说:"轻百姓力易见也,阿意兴功难见也,深文定案,使贤者不能以才与功自解罪,此史家眼力高处。""太史公曰"还对人物进行评价,表现作者的褒贬态度,许多学者对此有较明确的认识。对于《史记》论赞的笔法,清人也多有评论,如吴调侯、吴楚材《古文观止》等。

班马异同问题。前代对此多有评论,清代进一步发展。杨于果《史汉笺论》、杨琪光《史汉求是》是两部专门研究马、班异同的著作。蒋中和、徐乾学、沈德潜、浦起龙、邱逢年等都有专文论述,其他如钱谦益、顾炎武、牛运震、王鸣盛、赵翼、章学诚等也有一定的评说。涉及马班思想、文字、体例、风格等方面的比较。章学诚《文史通义·书教下》的评论最为精彩:"马则近于圆而神,班则近于方以智","迁书通变化,而班氏守绳墨"。对两人的不同特点进行了高度概括。

小说问题。明代提出这一问题,清代进一步探讨。如戚蓼生《红楼梦序》说《红楼梦》"殆稗官野史中之盲左、腐迁",看出《红楼梦》与《左传》、《史记》在艺术上有相似之处。冯镇峦《读聊斋杂说》:"《聊斋》以传记体叙小说之事,仿《史》、《汉》遗法。"何彤文《注聊斋志异序》:"《聊斋》胎息《史》、《汉》,浸淫魏晋六朝……至其每篇后异史氏曰一段,则直与太史公列传神与古会,登其堂而入其室",看出《聊斋志异》与《史记》的关系。张竹坡《批评第一奇书金瓶梅读法》:"《金瓶梅》是一部《史记》。然而《史记》有独传,有合传,却是分开做的。《金瓶梅》却是一百回共成一传,而千百人总合一传,内却有断断续续、各人自有一传。固知作《金瓶梅》者,必能作《史记》也。"这些评论,是对明代《史记》与小说关系认识的进一步发展。

清人对《史记》文学成就也进行了多方面的评述,尤其是桐城派的评论,把《史记》艺术研究推向了一个新阶段。方苞用"义法"论《史记》,他在《又书货殖传后》

中说:"《春秋》之制义法,自太史公发之,而后之深于文者亦具焉。义即《易》之所谓言有物也,法即《易》之所谓言有序也。"在《古文约选序例》中又说:"义法最精者莫如《左传》、《史记》。"刘大櫆《论文偶记》中用"奇"、"高"、"大"、"疏"、"远"、"变"来概括《史记》文章的特点。林纾是桐城派最后一位代表人物,他从声调入手,对《史记》文章情韵之美的分析,对司马迁委曲逼真地描绘人情世态的分析,对各篇结尾艺术的分析,都颇有新意。除桐城派外,许多学者对《史记》艺术进行评论。刘熙载《艺概》说:"《史记》叙事,文外无穷,虽一溪一壑,皆与长江大河相若。"汤谐《史记半解》说:"《史记》之文,一篇自有一法,或一篇兼具数法。烟云缭绕处,几于勺水不漏,而寄托遥深,迷离变幻,使人莫可端倪。一片惨澹经营之意匠,皆藏于浑浑沦沦浩浩落落之中,所以为微密之至,而其貌反似阔疏也。"李晚芳《史记管见》、吴见思《史记论文》等,都在评论《史记》艺术美方面作出了成就。许多古文选本的评论,如《古文观止》等也都有许多可取之处。这些评论,主要涉及《史记》的叙事和写人两大方面。叙事而言,评论者说《史记》有整叙、散叙、虚叙、实叙、单叙、双叙、分叙、合叙、插叙、补叙、夹叙夹议、以议代叙、以叙为议、即事以寓情、寓论断于叙事等多种手法。就写人而言,评论者谓《史记》有正面写人、侧面写人、大处写人、细处写人等方法。

清代的辑评工作继续发展,其中有代表性的是程余庆的《史记集说》。

五 近现代:《史记》研究的转折期

此时的史学界,梁启超提倡"史界革命",顾颉刚等形成"古史辨学派",都对封建传统史学进行了批判。特别是顾颉刚的"积累的造成的中国古史"观,张扬了理性的怀疑精神。伴随着时代前进的步伐,《史记》研究取得了多方面成果,如崔适《史记探源》、魏元旷《史记达旨》、李笠《史记订补》、杨启高《史记通论》、刘咸炘《太史公书知意》、齐树楷《史记意》、李景星《史记评议》、鲁实先《史记会注考证驳议》、靳德峻《史记释例》、张鹏一《太史公年谱》、郑鹤声《史汉研究》、《司马迁年谱》、施章《史记新论》、朱东润《史记考索》、李长之《司马迁之人格与风格》等,都是有影响的著作。其他如章炳麟、梁启超、王国维、顾颉刚、鲁迅、范文澜、吕思勉、余嘉锡、罗根泽、郭沫若、翦伯赞、周谷城、郑振铎等著名学者,在自己的著作中程度不同地论述了《史记》。此期的《史记》研究有以下特点。

第一,深化传统课题。梁启超称司马迁为"史界太祖",鲁迅则认为《史记》是"史家之绝唱,无韵之离骚",顾颉刚则称"自古迄今,未有能与之抗颜而行者矣"。在整体评价《史记》的价值之外,在一些具体问题的认识上,也比前人有了进步。

第十一章 《史记》研究史略

就纪传体体例而言,梁启超的《要籍解题及其读法》、蔡尚思《中国历史新研究法》不仅充分肯定了《史记》创造纪传体通史这一贡献,而且初步挖掘了《史记》体例的丰富内涵及其五体结构在社会史等角度上的结构意义。关于《史记》的成因,徐浩、杨启高、李长之等从司马谈遗命,司马迁壮游各地,李陵之祸影响,司马迁个人素质,汉代大一统的时代背景各个方面进行考察,比前代更为周全细致。而像《史记》文章风格,李长之从司马迁人格入手进行探讨,使这一问题大大向前推进了一步。李景星的《史记评议》,在继承前代评点成就基础上,重点从文学方面分析《史记》的文章结构、写人艺术等。刘咸炘《史记知意》主要从史学思想方面评论《史记》,亦有许多出新的地方。

第二,考证又上一层楼。王国维对司马迁的生卒年的考证,顾颉刚、李长之对司马谈作史的探究,余嘉锡对太史公书亡篇的考释,鲁实先对日本泷川资言《史记会注考证》的驳议,朱东润对《史记》断限、伪窜等问题的考索,都取得了一定成就。尽管有些问题未达成共识,但这种考证,无疑积累了丰富的资料,有助于问题的逐步解决。崔适的《史记探源》以大胆的疑古精神对《史记》进行考证,认为《史记》本属今文经学,由于刘歆窜乱,才杂有古文说,凡《史记》之出于《左传》的内容,皆为刘歆所窜入。关于《史记》的亡缺,他认为有二十九篇为后人所补和妄人所续。这些看法,可备一说。关于司马迁生卒年的考证以王国维贡献为大,他的《太史公行年考》经过严密考证,认为司马迁生于汉景帝中元五年,即公元前145年,另外,李长之认为司马迁生于汉武帝建元六年,即公元前135年。此两种观点影响甚大,至今也还是不易推翻的"一家之言"。

第三,西学东渐为研究输入新观念。如潘吟阁的《史记货殖列传新诠》,第一次用近代资产阶级的新观点和新术语系统诠释《货殖列传》所体现的经济思想。梁启超在《中国历史研究法》中联系国际国内经济事例对《货殖列传》作了新的评论。"五四"以后,马克思主义传入中国,李大钊、范文澜、翦伯赞等人在评论《史记》时也渗透着这种新思想。

第四,开拓新的领域,从新的视角来审视和考察《史记》。如关于司马迁的思想的探讨。程金造的《司马迁崇尚道家说》和张鹏一的《史记本于公羊考》,都注意到了司马迁思想的复杂性,从多个侧面论述了司马迁思想产生的历史根源。齐树楷《史记意》用"势"来阐释《史记》意旨和司马迁的进步思想,发前人所未发。这表明对《史记》的研究已逐渐由浅入深,开始注意探寻其内部规律。

另外,此期的《史记》普及工作也有较大成就。各种版本的《史记》相继出现,如影印殿本、国学基本丛书本、万有文库本、四部备要本等,还有胡怀琛《史记选注》、高步瀛《史记举要》等通俗本的出现,为广泛普及《史记》起了积极作用。梁启超《要籍解题及其读法》、《中学作文教学法》等对《史记》读法的论述、指导,也有积极的意义。

六 当代:《史记》研究的大盛期

1949年中华人民共和国的成立,标志着中国社会跨入了新的时代。《史记》研究发生了质的变化,走上了新的发展道路,所取得的成果大大超过历代的成果总和。

50年代是新中国成立后《史记》研究的初见成效时期,显示出许多新特点。

第一,广大文史工作者开始运用马克思主义的立场观点和方法研究历史,使《史记》研究面目焕然一新,这是《史记》研究史上的一次巨大飞跃。如翦伯赞《中国历史学的开创者司马迁》一文①,以马克思主义的唯物史观这一全新思想、全新方法研究《史记》,分析了司马迁"不朽"的原因,充分肯定了司马迁在中国史学史上的重大贡献。卢南乔《论司马迁及其历史编纂学》、《司马迁在祖国文化遗产上的伟大贡献》等文②,用历史唯物主义观点对司马迁的编纂学进行评价,得出令人信服的结论。另外像对司马迁哲学思想等问题的研究,都是历史唯物主义观点方法的体现。

第二,许多学者在宣传普及方面作出了努力,他们的文章深入浅出,语言平易明快,对司马迁的思想、生平以及《史记》的价值等进行了全面的介绍。荣孟源、尚钺、李长之等人都撰写了通俗性的评价论文,从而形成了一股普及《史记》的热潮。《文史哲》杂志发表了大量研究《史记》的论文,尤其是中华书局出版了校点本《史记》,为《史记》爱好者提供了完善的读本。

第三,本阶段学术空气活跃,围绕司马迁的生卒年问题展开了一场讨论。郭沫若首先发难,他的《太史公行年考有问题》③,对王国维考证的太史公生于汉景帝中元五年提出异议,认为司马迁生于汉武帝建元六年,即公元前135年。郭沫若的文章在当时引起了很大反响,很多学者围绕这一问题发表了自己的见解。王达津完全赞同"建元六年"说,并列举一些事实,进行了具体的论证。程金造《从史记三家注商榷司马迁的生年》一文④,则列举大量例证,反驳郭沫若"建元六年"说,认为司

---

① 《中国青年》1951年总57期。
② 分别载《文史哲》1955年第11期、《文史哲》1956年第1期。
③ 《历史研究》1955年第6期。
④ 《文史哲》1957年第2期。

第十一章 《史记》研究史略

马迁生年应为汉景帝中元五年。郑鹤声《司马迁年谱》书后附有《司马迁生年问题的商榷》一文,也坚持"司马迁生于中元五年"说。

第四,研究方法呈现出多样化。许多学者已经运用历史比较法对《史记》进行较为全面深入的研究,把《史记》与先秦史学进行对比,与《史记》以后的史书作对比,与希腊史书作对比等等,提高了对《史记》价值的认识。如齐思和的《史记产生的历史条件和它在世界史学上的地位》一文①,通过历史比较认为,"司马迁不但是中国史学家之父,也是全世界古代最伟大的历史学家之一"。

第五,研究工作全面展开,重点向思想性、人民性、艺术性等方面倾斜。如许多学者对司马迁的哲学思想进行探讨,侯外庐《司马迁著作中的思想性和人民性》与任继愈《司马迁的哲学思想》是其中的佼佼者和代表作②。本时期开始用新的文学理论思想评论《史记》艺术特征。如季镇淮《司马迁是怎样写历史人物传记的——从"实录"到典型化》,从"实录"和典型化的角度对《史记》人物传记进行分析。冯其庸、任访秋、高亨、苏仲翔等,都对《史记》的思想性、艺术性进行探讨。还有许多学者注意到了《史记》的语言艺术特征。

另外,陈直《太史公书名考》一文③,列举九条证据证明《史记》书名开始于东汉桓帝之时。他的另一文章《汉晋人对史记的传播及其评价》④,对《史记》早期传播情况进行了研究。程金造《从史记三家注商榷司马迁的生年》⑤,对《史记》三家注进行研究,贺次君《史记书录》对六朝至民国60余种《史记》版本进行研究。

由于马克思主义立场、观点、方法的引入,这一阶段的《史记》研究呈现出全新的繁荣景象,这是20世纪《史记》研究的一大新变。但也出现了过分拔高、美化的倾向,有人认为司马迁的著作"充满了人民性,处处从人民立场上来评价历史人物和历史事件",有人认为司马迁是"人民的歌手"等,用今人的思想改造司马迁。

60年代前半期为建国后《史记》研究的逐步深入时期。此期研究主要有以下特征。

第一,学术空气依然活跃,学术研究向深入方向发展。60年代前半期,继续保持着50年代活跃的学术氛围,就游侠问题展开了一场大讨论。冉昭德《关于史记游侠列传人物的评价问题》、吴汝煜《关于游侠的评价问题》、唐赞功《游侠列传有

---

① 《光明日报》1956年1月19日。
② 分别载《人民日报》1955年12月31日、《新建设》1956年第6期。
③ 《文史哲》1956年第6期。
④ 《四川大学学报》1957年第3期。
⑤ 《文史哲》1957年第2期。

人民性吗?》、李庆善《游侠到底属于那个阶级》等都专门探讨了游侠问题①。另外，施锡才《论司马迁与史记研究中的非马列主义倾向》、王启兴《如何评价司马迁的道德观》等文也涉及游侠问题②。概括起来，讨论的焦点在三个问题上。一，关于游侠及其游侠行为的阶级属性划分。冉昭德、李庆善、施锡才等多数学者认为游侠不应该归属于下层人物。而吴汝煜则认为，从郭解、剧孟等的具体出身来看，这些"布衣之侠"确实是下层人物。两种观点针锋相对。由于对游侠阶级属性看法不同，他们对游侠行为的看法也完全不同，这是一个前因后果的连带关系。二，关于游侠的来源。王启兴、李庆善等多数学者认为，汉初的游侠由战国时"士"这一特殊阶层发展演变而来。而吴汝煜与郭沫若一致，认为大抵由战国市井细民衍变而来。三，如何评价司马迁写《游侠列传》。关于这个问题，多数学者认为司马迁没有超出封建道德标准，站在统治阶级立场上说话。

对司马迁思想的研究，是本阶段的一个重点，并取得了突破性进展。50年代许多学者已涉及了司马迁的思想。本时期研究更进一步，对拔高、美化司马迁的倾向进行了反拨。白寿彝《司马迁与班固》一文系统论述了司马迁思想，精辟分析了《史记》的人民性，并对传统课题的班马优劣作了深入的对比研究，对传统的马班并举表示异议，认为班固的《汉书》是把西汉历史妥帖地实录下来，"答复如何维持目前局面"，而司马迁的《史记》却是形成自己独特见解的"一家之言"，"答复历史怎样变化发展"，两者不可等同论之③。此外，陈可青、王启兴、施锡才等也较深入地研究了司马迁思想。

本时期金德建《司马迁所见书考》一书，对《史记》所凭借的各种典籍加以探讨，成就卓异。程金造对《史记》三家注作进一步研究，发表了一系列论文。

第二，受政治环境影响，学术观点和研究方法出现了不同程度的偏差。这一时期的《史记》研究，受政治环境影响，阶级分析法流于形式，许多人机械地给司马迁及《史记》人物贴上标签。有些文章以今人的思想苛求司马迁，从而贬低甚至否定司马迁及其创作的《史记》。这种唯阶级论的方法与50年代的拔高、美化司马迁一样，都违背了历史唯物主义的基本原则。

60年代后期至70年代前半期，由于"文化大革命"十年内乱，学术研究被政治斗争风暴吞没，《史记》研究处于停顿沉寂状态。

---

① 分别载《光明日报》1964年6月3日、《光明日报》1964年9月9日、《文史哲》1965年第5期、《光明日报》1964年10月21日。
② 分别载《文史哲》1965年第4期、《文史哲》1965年第5期。
③ 《北京师范大学学报》1963年第4期。

第十一章 《史记》研究史略

70年代后期至今是《史记》研究的全面丰收时期,《史记》研究获得了长足发展,是以往任何时期无法比拟的。这一时期的研究有以下主要特征。

第一,研究领域不断扩大。对司马迁的天文学思想、学术思想、民族思想、法律思想、医学思想、地理思想、人才观、价值观、生死观、荣辱观、战争观等进行了探讨,另外还从人口学、卫生学、养生学、档案学等角度研究《史记》,并对历代《史记》研究成果进行了总结清理,门类众多,观点新颖。从政治到经济,从文学艺术到人学,从历史到地理,从社会科学到自然科学,学者们都在进行努力而全新的探讨。如《史记》的悲剧性问题、《史记》的美学问题等,都是前代很少涉及的问题。陕西省司马迁研究会组织编写的《司马迁与华夏文化丛书》,已出版17种,力图多角度探讨《史记》对中国文化的贡献。

第二,研究问题逐步深入。研究的热点主要集中在司马迁行年、司马迁精神、司马迁与先秦诸子、司马迁经济思想、《史记》的文学成就、《史记》的史学成就、《史记》、《汉书》比较、《史记》在中外文化史上的地位、《史记》三家注、《史记》疑案研究(续补、断限、书名、司马谈作史、太史公释名)、《史记》研究史的总结等十多个方面,取得了较大的突破。这些研究,从三个层面切入和深化对问题的认识。其一,在传统大课题的范围之内,从微观角度将研究细致化,小问题大深入,从而以内涵的横向增长促进研究的深入。如关于《史记》文学成就这个热点问题,从微观的视角出现了大量的专题研究,如关于《史记》的讽刺艺术、心理描写、浪漫主义、抒情特征、民间文学色彩,深入挖掘了各方面的价值和意义。其二,研究层面的深化。《史记》研究开始理论化,如陈其泰《史学与中国文化传统》论著①,从"宣汉"角度入手,对《史记》的创作主旨进行了新的深入分析;还从"构建独立学说体系的著述宗旨"、"从多元文化格局到独尊儒术的历史转折"、"平民阶层政治要求的反映"、"拥抱全民族文化的胸怀"等方面深入探讨了《史记》久远生命力的原因。杨燕起《司马迁的历史思想》、《司马迁关于"势"的思想》二文②,将司马迁的历史思想概括为通、变、理、势四个方面,并认为"势"是其核心,一指事物发展的带有规律必然性的总趋势,一指某些历史人物在其活动期限内作为历史背景的具体时势。"势"就是历史发展必然性与偶然性的结合。又如,关于司马迁的"爱奇"倾向,汉魏以来就有许多评论,但都没有深入到根本问题上。刘振东《论司马迁之"爱奇"》一

---

① 陈其泰:《史学与中国文化传统》,书目文献出版社1992年版。
② 分别见刘乃和主编《司马迁和史记》论文集(北京出版社1987年)和《人文杂志》1983年第5期。

文①,从"爱奇"的内涵、价值、表现手法、对中国叙事文学的影响等方面进行了深入探讨,将传统的课题大大推进了一步。又如,《史记》与小说的关系问题,明清以来的学者提出了不少新见,但还没有形成系统理论。陈磊《略谈史记在中国小说史上的地位》、《再谈史记在中国小说史上的地位》、韩兆琦《史记的小说因素》、吴功正《传记散文和古典小说的审美关系》等文都较系统地论述了《史记》与小说的关系②,尤其是李少雍的《司马迁传记文学论稿》一书③,更深入地探讨了《史记》纪传体与古典小说的内在、外在的关系。其他如班马异同问题、司马迁与先秦诸子的关系问题、《史记》论赞问题、《史记》体例问题,等等,这些传统的课题在本时期都有了深入的发展。其三,多元化研究格局的形成。多元的各方都彼此尊重和承认,允许出现各种不同的声音,相互对话和交流,从而推进了研究的深入。

第三,研究方法日益改进和多样化。其一,纵横比较的方法。有《史记》本身篇目的比较研究,如将《儒林列传》与《游侠列传》作比较;有将《史记》与前代史书、后代史书作比较,与文学著作如《离骚》、《三国演义》、《儒林外史》以及唐传奇、诗歌、戏曲比较;有将《史记》与国外史学作比较,如将司马迁与古希腊史学家、悲剧家比较。其二,艺术辩证法。唯物辩证法是马克思主义的重要方法论,这种普遍真理在《史记》研究中广泛运用。如用艺术辩证法探讨《史记》的实录与想象、共性与个性、虚与实、疏与密、奇与正等二律背反却又相反相成的艺术特征,既全面又深刻。其三,国外新方法的借鉴和运用。系统论、符号学、价值论等国外新方法引入《史记》研究,给《史记》研究注入了全新的活力。由于使用的是国外新观点和新方法,从事的是开创性的研究,许多观点给人以耳目一新之感。当然,这决不是将国外的新术语、新名词、新理论简单地嫁接到《史记》研究上。其四,表论结合,文献与考古结合。表论结合,将复杂的论述化为简单的表格形式,再结合表格进行论证,既简明扼要,又清晰可观。如张大可《史记研究》一书,多处运用这种方法,使复杂的史据和考辨得到集中简明的反映。陈直《史记新证》则是把文献资料与考古成果相结合。由于考古文物的真实性和文献材料的可信度,使该书论证准确、精当。其五,积极利用现代化手段。随着科学技术的迅速发展,将《史记》全文、注释及其相关研究输入电脑,可以对其进行迅速的检索。李晓光、李波《史记索引》就是典型一例。现代化的研究手段,使近年来的研究者能避免盲目研究和重复研究,能快出

---

①《文学评论》1984年第4期。

② 分别见《广西民族学院学报》1983年第4期、《广西民族学院学报》1984年第4期、韩兆琦《史记评议赏析》(内蒙古人民出版社1985年)、《学习与探索》1986年第4期。

③ 重庆出版社1987年出版。

第十一章 《史记》研究史略

成果,多出成果。

第四,研究成果丰富多样。除了专题论著外,本时期还有大量考证性成果、资料整理成果等。有些成果富有浓厚的乡土气息。在出成果的同时,也出现了一大批《史记》研究专家,使研究队伍日益壮大。

第五,学术交流频繁。继1987年5月在北京首次召开全国性《史记》研讨座谈会之后,又在陕西、吉林、北京、安徽、河南、江苏、重庆等地举办了多次全国性学术研讨会议。

第六,普及工作进一步加强。许多出版社相继出版了各种普及性的注释读本和通俗性的评价本。此外还有许多选注本、导读本、赏析本。电视也成了《史记》宣传的媒介,许多《史记》内容被拍成电视片,更为广泛地普及《史记》。

台湾的《史记》研究在五十年间也取得了丰硕的成果。主要有以下几个特点:一是大力普及《史记》,六十教授合译的《白话史记》、马持盈《史记今注》、杨家骆《史记今释》、徐文珊《史记评介》等,都是这方面的代表作。二是进行专题研究,郑梁生《司马迁的世界》、赖明德《司马迁之学术思想》、范文芳《司马迁的创作意识与写作技巧》、吴福助《史汉关系》、施人豪《史记论赞研究》、徐复观《两汉思想史》、徐文珊《由史记看中国社会》、阮芝生《司马迁的史学方法与历史思想》等,对司马迁的学术思想、史学思想、社会思想、创作技巧以及班马异同等问题进行深入探讨。三是考证精细,钱穆的《史记地名考》、吴福助的《汉书袭录史记考》、施之勉的《史记会注考证订补》、李伟泰《汉书对史记的补正》等,都是颇有特色的论著;在这方面成就最大的是王叔岷的《史记斠证》,对《史记》全书的文字、史实进行细致的校勘、考订。四是方法严密,台湾学者的研究,非常注重以扎实的资料为基础,不空发议论。另外,台湾学者也重视与大陆学者进行学术交流,举行有大陆学者参加的《史记》学术会议,而且有多人到大陆参加《史记》学术研讨会,张维岳选编的《司马迁与史记新探》论文集、张高评主编的《史记研究粹编》论文集,也都收录了大陆学者的成果。我们相信,随着形势的发展变化,两岸学者之间的学术交流会愈来愈广泛。

《史记》研究也具有世界性。唐初李延寿《北史·高丽传》记载,唐以前"三史"已传到高丽。又《旧唐书·高丽传》说,高丽"俗爱书籍","其书有《五经》,及《史记》、《汉书》、范晔《后汉书》、《三国志》、孙盛《晋阳秋》、《玉篇》、《字统》、《字林》,又有《文选》,尤爱重之"。另据资料,自60年代中期至1994年,韩国出版韩文《史记》翻译本10余种;从1971年至1994年,韩国发表研究《史记》论文26篇,专著4部,硕士学位论文7部,博士学位论文5部,涉及司马迁思想、《史记》文学成就、《史记》与《汉书》比较研究等领域的问题①。李成珪、朴宰雨、洪淳昶、李寅浩等都在《史记》研究方面取得了丰硕成果。

关于《史记》传入日本的时间,据覃启勋《史记与日本文化》一书考证,《史记》是在公元600年至604年之间由第一批遣隋使始传日本的,明清之际,是《史记》东传日本的黄金时代。《史记》传入日本后,很受重视,据《正斋书籍考》、《三代实录》、《日本纪略》以及《扶桑略记》日本史书记载,推古以降,历代天皇都有攻读《史记》的风气。此外,为了培养大批了解外国的政治人才,日本朝廷曾将数百"传生"组织起来专攻《史记》等"三史",与此同时,日本皇室还经常将《史记》作为赐品赐给府库,以供政府文武官员学习研究,到了奈良、平安时代,《史记》还被正式列为宫廷教科书,甚至僧侣也读《史记》。

在日本,读《史记》者众,研究《史记》的人也不少,已经形成一支实力强大的《史记》专门研究队伍。日本对《史记》研究的最大贡献,是资料整理。日本对《史记》资料的整理,可分为两类:一类是书目解题性的,池田四郎次郎、池田英雄的《史记研究书目解题》分版本、总说、校订注释、校勘、文字、音韵、文评、佳句、名言、史汉异同、太史公年谱、地理、国字解、稗史、史记研究关连图书等十几类,对680多种《史记》研究的有关著作作了提要介绍。

资料整理的另一类是汇注汇评。成就最著、影响最大的是泷川资言编撰的《史记会注考证》。作者广采博搜,用力勤至,汇集了日人及我国对《史记》的各家注释计100多种,这是一部集前人时贤《史记》注释考证之大成的书。后来水泽利忠又作《史记会注考证校补》,使其更加完备。日本还有一部重要的资料书,是有井范平的《补标史记评林》。其底本是我国明代学者凌稚隆的《史记评林》。有井范平除了补充了凌氏未收的明人的《史记》评论外,还补充了不少清人的评论,并增加了他自己的许多评语。

在法国,汉学家沙畹曾把《史记》从《五帝本纪》到《孔子世家》这些篇章译成法文,并加以注释,这在法国是个有一定影响的《史记》读本。在美国,汉学家瓦特逊著有《司马迁传》,罗切斯特大学魏汉明教授正在选译《史记》,还有威斯康星大学教授郑再发、倪豪士等人也正在进行《史记》翻译工作。还有像英、德汉学家也翻译过《史记》中的一些名篇。我国外文出版社出版的英文版《史记选》,也为外国朋友阅读《史记》提供了方便。

---

① [韩]诸海星:《史记在韩国的译介与研究》,载袁仲一等主编《司马迁与史记论集》,陕西人民出版社1996年版。

七 《史记》研究应进一步深入

司马迁与《史记》研究从汉代开始,至今已两千多年了,研究成果也不少,但仍然需要继续开辟新的研究领域,不断深化旧课题,提出新课题,推动司马迁与《史记》研究不断向前发展。第一,走综合化之路。《史记》研究适时地进行总结与综合是很有必要的。如明代凌稚隆《史记评林》、清代程余庆《史记集说》、日本学者泷川资言《史记会注考证》等都具有综合的特点。但我们所谓的综合化,更是新手段、新方法、新思想、新理论的融通互汇这样一种意义上的综合。而且不只是《史记》学内部的一种汇集和融通共作,还必须处理好其与其他学科间的关系。第二,以理论作统帅。以马克思主义为指导思想,更新观念,用现代意识、现代精神和现代价值去把握《史记》,但同时又要立足基础,实事求是,不把今人的思想强加给古人。20世纪以来,《史记》研究的理论化色彩逐步加强。理论化不但表现在对研究对象从表象到本质的深入把握,提取具有抽象概括性、规律性的东西,也表现在运用新的理论方法去提出问题,切入到《史记》研究的对象中去,从而获得新的成果。第三,多样化的形式。包括研究氛围的多元化、研究领域的多学科性、研究方法的多样化、研究成果的多样化、研究手段的多样化等。第四,立体化的研究。《史记》研究应是横面的广泛铺展,纵向的理论提升,以及在历史中不断深化发展的研究,这三者就构成了一幅立体化的图景。立体化要求我们不只着眼于现在,还必须有远、中、近的规划,促进《史记》研究的健康发展。第五,世界化的目标。面对全球化的世界趋势,我们的研究应走出国门,在世界化大背景下开展研究。不仅要把国外研究成果译介进来,更重要的是国内研究要走出去。第六,生产化的方式。《史记》爱好者和研究者越来越多,而且由于跨学科研究的增多,要求建立起完善的多级学术组织,统一力量,共同攻关。而且材料日益增多,个人的力量是根本无法看完的,有必要集中起来,以规模生产的方式来进行研究。生产化还表现在越来越依赖于多种多样的设备,依赖于科学技术手段,其中最重要的是电子计算机的使用。生产化的趋势也要求培养更多的研究者,使《史记》研究的再生产持续下去。

思考与探究

1. 请对你熟悉的一部《史记》研究著作进行评论。
2. "班马异同"问题从古至今有许多不同的看法,请结合具体作品,谈谈你的认识。
3. 你认为当前的《史记》研究还存在哪些不足?《史记》研究应怎样深入?

史记概论

《五帝本纪》（节选）

阅读提示 《五帝本纪》是《史记》的第一篇。五帝即黄帝、颛顼、帝喾、尧、舜，是我国远古传说时代的五位著名帝王。尧、舜的事迹在《尚书》中有记载，比较可信；而黄帝的传说各家"文不雅驯"，大多难以据信。司马迁经过细心考辨，依据孔子所传《五帝德》、《帝系姓》二书中的记载，结合自己到各地游历所得到的相关口传资料，并对各种史料进行慎重甄别、选择和整合，写成了这篇本纪。文章依次记叙了五帝的品德、才能和功业等，勾勒出从黄帝到虞舜这一传说时代的大致历史进程，反映了当时部落战争与统一、首领推举与禅让和国家肇基、制度草创以至初具规模的实际情形，从一个层面上揭示了我国早期社会发展、文明进步的基本情况。

黄　帝

这里节选的是其篇首的"黄帝本纪"和篇末的作者论赞。"黄帝本纪"叙写黄帝的事迹，包括他自幼聪慧、长而修德，尤其是打败炎帝、擒杀蚩尤、统一各部落并初创国家、建立制度、勤于政事等故事，兼及子孙昌盛的情况。作者论赞主要说明本篇的资料来源和写作情况。黄帝是中华民族的共同祖先，后世帝王、列国诸侯、天下万民、四方夷狄，无一不是黄帝子孙。《史记》以黄帝开篇，是为了确立黄帝的始祖地位，宣扬大一统的历史观，这对中华民族之民族观念及其强大凝聚力的形成产生过巨大影响。

　　黄帝者，少典之子，姓公孙，名曰轩辕。生而神灵，弱而能言，幼而徇齐，长而敦敏，成而聪明。

　　轩辕之时，神农氏世衰。诸侯相侵伐，暴虐百姓，而神农氏弗能征。于是轩辕乃习用干戈，以征不享，诸侯咸来宾从。而蚩尤最为暴，莫能伐。炎帝欲侵陵诸侯，诸侯咸归轩辕。轩辕乃修德振兵，治五气，艺五种，抚万民，度四方，教熊罴貔貅䝙

《五帝本纪》（节选）

虎，以与炎帝战于阪泉之野。三战，然后得其志。蚩尤作乱，不用帝命。于是黄帝乃征师诸侯，与蚩尤战于涿鹿之野，遂禽杀蚩尤。而诸侯咸尊轩辕为天子，代神农氏，是为黄帝。天下有不顺者，黄帝从而征之，平者去之，披山通道，未尝宁居。

东至于海，登丸山，及岱宗。西至于空桐，登鸡头。南至于江，登熊、湘。北逐荤粥，合符釜山，而邑于涿鹿之阿。迁徙往来无常处，以师兵为营卫。官名皆以云命，为云师。置左右大监，监于万国。万国和，而鬼神山川封禅与为多焉。获宝鼎，迎日推筴。举风后、力牧、常先、大鸿以治民。顺天地之纪，幽明之占，死生之说，存亡之难。时播百谷草木，淳化鸟兽虫蛾，旁罗日月星辰水波土石金玉，劳勤心力耳目，节用水火材物。有土德之瑞，故号黄帝。

黄帝二十五子，其得姓者十四人。黄帝居于轩辕之丘，而娶于西陵之女，是为嫘祖。嫘祖为黄帝正妃，生二子，其后皆有天下：其一曰玄嚣，是为青阳，青阳降居江水；其二曰昌意，降居若水。昌意娶蜀山氏女，曰昌仆，生高阳，高阳有圣德焉。

黄帝崩，葬桥山。其孙昌意之子高阳立，是为帝颛顼也。

……

太史公曰：学者多称五帝，尚矣。然《尚书》独载尧以来；而百家言黄帝，其文不雅驯，荐绅先生难言之。孔子所传宰予问《五帝德》及《帝系姓》，儒者或不传。余尝西至空桐，北过涿鹿，东渐于海，南浮江淮矣，至长老皆各往往称黄帝、尧、舜之处，风教固殊焉，总之不离古文者近是。予观《春秋》、《国语》，其发明《五帝德》、《帝系姓》章矣，顾弟弗深考，其所表见皆不虚。《书》缺有间矣，其轶乃时时见于他说。非好学深思，心知其意，固难为浅见寡闻道也。余并论次，择其言尤雅者，故著为本纪书首。

史记概论

《项羽本纪》(节选)

阅读提示 按照《史记》体例,"本纪"记载的主要对象是帝王,但因项羽在秦汉之际起到了号令天下的实际作用,故而司马迁将项羽列入"本纪"之中,由此表现出司马迁从历史事实出发的客观态度。《项羽本纪》全面记载了项羽生平事业的成败始末,生动展示了秦汉之际的风云变幻,塑造出一个性格复杂的悲剧英雄形象。《项羽本纪》是《史记》人物传记中最富有文学性的篇章之一,其有血有肉的人物塑造,曲折多变的情节安排,朴拙雄浑的语言描写,都堪称中国史传文学的典范。这里节选"垓下之围"部分。项羽归于失败自是一种必然。但在司马迁的笔下,"垓下之围"中的项羽仍然是一个拔山盖世的英雄。纵观"垓下之围"一文,先忙中偷闲,宕开一笔,写项羽帐中夜饮,一曲别姬之歌写尽了一种感人肺腑的英雄之气和儿女之情;而后又以雄迈之笔写项羽突围奔驰,再现出项羽在战场上雄视一切的

霸王别姬

英雄本性。尤令人感动的是,项羽在可以生还的情况下,却主动地选择了自杀,并且在临死之际以名马送长者,以头颅送故人,可以说是慷慨自杀而非受辱被杀。对于这位三十二岁的英雄之死,后人深表惋惜。杜牧《题乌江亭》诗云:"胜败兵家事不期,包羞忍耻是男儿。江东子弟多才俊,卷土重来未可知。"但在项羽看来,大丈夫可以被人爱,可以被人恨,却不能被人怜。正因如此,他勇敢地走向了死亡,挥洒的是血性男儿一往无悔的青春活力。此正所谓"诚既勇兮又以武,终刚强兮不可凌。身既死兮神以灵,子魂魄兮为鬼雄!"正因如此,李清照有诗赞曰:"生当作人杰,死亦为鬼雄。至今思项羽,不肯过江东。"而钱穆先生在《现代中国学术论衡》一书中更云:"项王年尚壮,渡江东回,焉知不能负隅再起?然项王求成功之心,终不胜其愧惭失败之心为大。持我头往领赏,临终慷慨,此情此义,亦可长在天地间,

《项羽本纪》(节选)

获后世之同情矣。此亦一成功,非失败。"

  项王军壁垓下,兵少食尽,汉军及诸侯兵围之数重。夜闻汉军四面皆楚歌,项王乃大惊曰:"汉皆已得楚乎?是何楚人之多也!"项王则夜起,饮帐中。有美人名虞,常幸从;骏马名骓,常骑之。于是项王乃悲歌慷慨,自为诗曰:"力拔山兮气盖世,时不利兮骓不逝。骓不逝兮可奈何,虞兮虞兮奈若何!"歌数阕,美人和之。项王泣数行下,左右皆泣,莫能仰视。

  于是项王乃上马骑,麾下壮士骑从者八百余人,直夜溃围南出,驰走。平明,汉军乃觉之,令骑将灌婴以五千骑追之。项王渡淮,骑能属者百余人耳。项王至阴陵,迷失道,问一田父,田父绐曰:"左。"左,乃陷大泽中,以故汉追及之。项王乃复引兵而东,至东城,乃有二十八骑。汉骑追者数千人。项王自度不得脱,谓其骑曰:"吾起兵至今八岁矣,身七十余战,所当者破,所击者服,未尝败北,遂霸有天下。然今卒困于此,此天之亡我,非战之罪也。今日固决死,愿为诸君快战,必三胜之,为诸君溃围,斩将,刈旗,令诸君知天亡我,非战之罪也。"乃分其骑以为四队,四向。汉军围之数重。项王谓其骑曰:"吾为公取彼一将。"令四面骑驰下,期山东为三处。于是项王大呼驰下,汉军皆披靡,遂斩汉一将。是时,赤泉侯为骑将,追项王,项王嗔目而叱之,赤泉侯人马俱惊,辟易数里。与其骑会为三处。汉军不知项王所在,乃分军为三,复围之。项王乃驰,复斩汉一都尉,杀数十百人,复聚其骑,亡其两骑耳。乃谓其骑曰:"何如?"骑皆伏曰:"如大王言!"

  于是项王乃欲东渡乌江。乌江亭长舣船待,谓项王曰:"江东虽小,地方千里,众数十万人,亦足王也。愿大王急渡。今独臣有船,汉军至,无以渡。"项王笑曰:"天之亡我,我何渡为!且籍与江东子弟八千人渡江而西,今无一人还,纵江东父兄怜而王我,我何面目见之?纵彼不言,籍独不愧于心乎?"乃谓亭长曰:"吾知公长者。吾骑此马五岁,所当无敌,尝一日行千里,不忍杀之,以赐公。"乃令骑皆下马步行,持短兵接战。独籍所杀汉军数百人。项王身亦被十余创,顾见汉骑司马吕马童,曰:"若非吾故人乎?"马童面之,指王翳曰:"此项王也。"项王乃曰:"吾闻汉购我头千金,邑万户,吾为若德。"乃自刎而死。王翳取其头,余骑相蹂践争项王,相杀者数十人。最其后,郎中骑杨喜、骑司马吕马童、郎中吕胜、杨武,各得其一体。五人共会其体,皆是。故分其地为五:封吕马童为中水侯,封王翳为杜衍侯,封杨喜为赤泉侯,封杨武为吴防侯,封吕胜为涅阳侯。

史记概论

《高祖本纪》（节选）

阅读提示 《高祖本纪》是汉高祖刘邦的传记。刘邦出身平民，早年只当过亭长，在反秦起义中乘势崛起，先入关中灭秦，被项羽封为汉王，后在楚汉战争中打败项羽，成为汉朝的开国皇帝，开创并奠定了刘汉王朝四百年的基业。司马迁在本文中比较详细地记叙了刘邦一生的经历和主要事迹，突出强调了刘邦作为政治家善于顺应民心、举贤任能、虚心纳谏、从善如流的优点和长处，充分肯定了他的历史功绩；与此同时，文章也如实地反映了刘邦好酒好色、外宽内狭、猜忌残忍，有时甚至近乎流氓无赖的缺点和毛病，生动地展示了其复杂多面的性格。

汉高祖刘邦

这里节选的是"高祖还乡"一节和篇末的论赞。"高祖还乡"写刘邦在平定黥布叛乱时路过故乡，置酒招待父老乡亲，慷慨悲歌抒怀，以及父老乡亲依依不舍、一再挽留的情景，表现了刘邦对故乡的深厚感情和父老对刘邦的真诚热爱。其中的《大风歌》表达了刘邦的心声，既显示出其威加海内、荣归故里的踌躇满志，又流露了他猛士难得、守业不易的深沉感叹。篇末论赞主要赞扬汉朝的政治合乎天道，顺应人心，肯定了刘邦的历史功绩。

十二年，十月，高祖已击布军会甄，布走，令别将追之。高祖还归，过沛，留。置酒沛宫，悉召故人父老子弟纵酒，发沛中儿得百二十人，教之歌。酒酣，高祖击筑，自为歌诗曰："大风起兮云飞扬，威加海内兮归故乡，安得猛士兮守四方！"令儿皆和习之。高祖乃起舞，慷慨伤怀，泣数行下。谓沛父兄曰："游子悲故乡。吾虽都关中，万岁后吾魂魄犹乐思沛。且朕自沛公以诛暴逆，遂有天下，其以沛为朕汤沐邑，复其民，世世无有所与。"沛父兄诸母故人日乐饮极欢，道旧故为笑乐。十余日，高祖欲去，沛父兄固请留高祖。高祖曰："吾人众多，父兄不能给。"乃去。沛中空县皆之邑西献。高祖复留止，张饮三日。沛父兄皆顿首曰："沛幸得复，丰未复，唯陛下哀怜之。"高祖曰："丰吾所生长，极不忘耳，吾特为其以雍齿故反我为魏。"沛父

《高祖本纪》(节选)

兄固请,乃并复丰,比沛。于是拜沛侯刘濞为吴王。

....

太史公曰:夏之政忠。忠之敝,小人以野,故殷人承之以敬。敬之敝,小人以鬼,故周人承之以文。文之敝,小人以僿,故救僿莫若以忠。三王之道若循环,终而复始。周秦之间,可谓文敝矣。秦政不改,反酷刑法,岂不缪乎?故汉兴,承敝易变,使人不倦,得天统矣。朝以十月。车服黄屋左纛。葬长陵。

《吕太后本纪》（节选）

阅读提示 《吕太后本纪》是汉高祖刘邦的皇后吕雉的传记。高祖死后，惠帝垂拱，吕太后专权称制。司马迁不为"为人仁弱"、形同傀儡的惠帝立纪而为执掌实权的吕太后立纪，显示了其求实的精神和过人的胆识。本篇主要记叙了吕太后专权及称制后大肆残害刘氏宗室、大封诸吕为王及其死后刘氏宗室与元老功臣一举铲除吕氏集团、安定刘氏天下等事件，有意突出吕太后残暴忌妒、偏私专横等丑恶的一面。但对其推行无为政治、保持社会稳定、发展经济生产的历史贡献，司马迁在本篇论赞和他篇中也作了充分肯定。

吕太后

　　这里节选其中的两段，其一是写吕太后鸩杀赵王如意、残害戚姬命为"人彘"这一"非人所为"、令人发指的残暴行径，揭露其生性毒辣、凶狠无比的丑恶本质，表现出作者对吕太后为人的不满和厌恶。其二是篇末论赞，则着重肯定吕太后无为而治的历史功绩，表现出作者爱憎分明、褒贬得当的公正精神。

　　吕后最怨戚夫人及其子赵王，乃令永巷囚戚夫人，而召赵王。使者三反，赵相建平侯周昌谓使者曰："高帝属臣赵王，赵王年少。窃闻太后怨戚夫人，欲召赵王并诛之，臣不敢遣王。王且亦病，不能奉诏。"吕后大怒，乃使人召赵相。赵相征至长安，乃使人复召赵王。王来，未到。孝惠帝慈仁，知太后怒，自迎赵王霸上，与入宫，自挟与赵王起居饮食。太后欲杀之，不得间。孝惠元年十二月，帝晨出射。赵王少，不能蚤起。太后闻其独居，使人持酖饮之。犁明，孝惠还，赵王已死。于是乃徙淮阳王友为赵王。夏，诏赐郦侯父追谥为令武侯。太后遂断戚夫人手足，去眼，煇耳，饮瘖药，使居厕中，命曰"人彘"。居数日，乃召孝惠帝观人彘。孝惠见，问，乃

《吕太后本纪》(节选)

知其戚夫人,乃大哭,因病,岁余不能起。使人请太后曰:"此非人所为。臣为太后子,终不能治天下。"孝惠以此日饮为淫乐,不听政,故有病也。

....

太史公曰:孝惠皇帝、高后之时,黎民得离战国之苦,君臣俱欲休息乎无为,故惠帝垂拱,高后女主称制,政不出房户,天下晏然。刑罚罕用,罪人是希。民务稼穑,衣食滋殖。

《六国年表序》

阅读提示　"表"是《史记》五种体例之一,以列表的形式记载历史事件,便于观览、检索,了解历史发展的大势。《六国年表》上起周元王元年(前476年),下至秦二世卒年(前207年),首尾总共二百七十年,列表编排出魏、韩、赵、楚、燕、齐六国发生的大小事件,反映了秦并六国的历史过程。本文记叙了"春秋之后,陪臣秉政,强国相王;以至于秦,卒并诸夏,灭封地,擅其号"(《太史公自序》)的历史过程,并由此论述了道义的沦亡和秦以暴力攻取天下的问题。对于秦以暴力攻取天下而终因暴力不及二世而亡的问题,汉初士人大多从伦理主义的立场予以简单否定。而司马迁则一方面坚守伦理主义的立场,对六国时期的道义沦亡与秦的残暴表现出一种悲苦心情;一方面又站在历史主义的发展高度肯定了秦统一天下的历史功绩。可以说,"秦取天下多暴"为伦理主义的价值判断,"世异变,成功大"为历史主义的理性判断。在这种伦理主义与历史主义的双重判断中,司马迁超越了"牵于所闻"、"不察其终始"的短见,表现出"通古今之变"的卓越史识。阅读《六国年表序》,可以引申出历史与伦理的"二律背反"问题:一方面历史在进步,另一方面道德伦理在败坏、倒退,历史往往就是这样在不以人的良好心愿为转移的悲剧中艰难前行。司马迁在面对这种历史与伦理"二律背反"问题时,其可贵之处就在于既高扬了伦理价值的道德精神,又表现了摆脱单一价值判断而忠实于客观史实的理性立场。

太史公读《秦记》,至犬戎败幽王,周东徙洛邑,秦襄公始封为诸侯,作西畤用事上帝,僭端见矣。《礼》曰:"天子祭天地,诸侯祭其域内名山大川。"今秦杂戎翟之俗,先暴戾,后仁义,位在藩臣而胪于郊祀,君子惧焉。及文公逾陇,攘夷狄,尊陈宝,营岐雍之间,而穆公修政,东竟至河,则与齐桓、晋文中国侯伯侔矣。是后陪臣执政,大夫世禄,六卿擅晋权,征伐会盟,威重于诸侯。及田常杀简公而相齐国,诸侯晏然弗讨,海内争于战功矣。三国终之卒分晋,田和亦灭齐而有之,六国之盛自此始。务在强兵并敌,谋诈用而从衡短长之说起。矫称蜂出,誓盟不信,虽置质剖

《六国年表序》

符犹不能约束也。秦始小国僻远，诸夏宾之，比于戎翟，至献公之后常雄诸侯。论秦之德义不如鲁卫之暴戾者，量秦之兵不如三晋之强也，然卒并天下，非必险固便形势利也，盖若天所助焉。

或曰："东方物所始生，西方物之成孰。"夫作事者必于东南，收功实者常于西北。故禹兴于西羌，汤起于亳，周之王也以丰镐伐殷，秦之帝用雍州兴，汉之兴自蜀汉。

秦既得意，烧天下《诗》、《书》，诸侯史记尤甚，为其有所刺讥也。《诗》、《书》所以复见者，多藏人家，而史记独藏周室，以故灭。惜哉，惜哉！独有《秦记》，又不载日月，其文略不具。然战国之权变亦有可颇采者，何必上古。秦取天下多暴，然世异变，成功大。传曰："法后王"，何也？以其近己而俗变相类，议卑而易行也。学者牵于所闻，见秦在帝位日浅，不察其终始，因举而笑之，不敢道，此与以耳食无异。悲夫！

余于是因《秦记》，踵《春秋》之后，起周元王，表六国时事，讫二世，凡二百七十年，著诸所闻兴坏之端。后有君子，以览观焉。

史记概论

《平准书》（节选）

阅读提示 "书"是《史记》的"五体"之一，着重说明重大制度的演变并指陈现实。《平准书》为《史记》八书之一，着重记载了汉初至汉武一百年间社会经济、财政状况、经济政策的变化。在司马迁的笔下，可以看到："汉兴，接秦之敝，丈夫从军旅，老弱转粮饷，作业剧而财匮。"经过汉初七十余年的休养生息，社会经济获得了前所未有的恢复与发展："至今上即位数年，汉兴七十余年之间，国家无事，非遇水旱之灾，民则人给家足，都鄙廪庾皆满，而府库余货财。"但这种经七十余年休养生息积累的社会财富，在武帝一朝就消耗殆尽。"于是县官大空"、"江淮之间萧然烦费矣"、"府库益虚"，莫不显露出经济由盛而衰的社会败相。武帝因国用衰竭而实行直接控制市场的"平准"措施以大肆搜刮民间财富，因大肆搜刮民间财富而任用"兴利之臣"；同时又以"卖爵"、"赎罪"之法增加收入，从而造成"选举陵迟，廉耻相冒"的人心恶化。由此，司马迁对汉武好大喜功、穷兵黩武而导致"财赂衰耗而不赡"的财政政策给予了严厉批评，并且暗示出国家专制对经济发展的摧败作用。在《太史公自序》中，司马迁言明作《平准书》，为的是"以观事变"。结合《平准书》的实际内容看，司马迁以其对经济问题的系统、细密的观察，对汉武"盛世"发出了"物盛而衰"的警诫之声。这里节选部分内容，尤其是卜式输财助边的事迹，颇有启发意义。

汉兴，接秦之弊，丈夫从军旅，老弱转粮饷，作业剧而财匮，自天子不能具钧驷，而将相或乘牛车，齐民无藏盖。于是为秦钱重难用，更令民铸钱，一黄金一斤，约法省禁。而不轨逐利之民，蓄积余业以稽市物，物踊腾粜，米至石万钱，马一匹则百金。

天下已平，高祖乃令贾人不得衣丝乘车，重租税以困辱之。孝惠、高后时，为天下初定，复弛商贾之律，然市井之子孙亦不得仕宦为吏。量吏禄，度官用，以赋于民。而山川园池市井租税之入，自天子以至于封君汤沐邑，皆各为私奉养焉，不领于天下之经费。漕转山东粟，以给中都官，岁不过数十万石。

《平准书》(节选)

至孝文时，荚钱益多，轻，乃更铸四铢钱，其文为"半两"，令民纵得自铸钱。故吴，诸侯也，以即山铸钱，富埒天子，其后卒以叛逆。邓通，大夫也，以铸钱财过王者。故吴、邓氏钱布天下，而铸钱之禁生焉。

匈奴数侵盗北边，屯戍者多，边粟不足给食当食者。于是募民能输及转粟于边者拜爵，爵得至大庶长。

孝景时，上郡以西旱，亦复修卖爵令，而贱其价以招民；及徒复作，得输粟县官以除罪。益造苑马以广用，而宫室列观舆马益增修矣。

至今上即位数岁，汉兴七十余年之间，国家无事，非遇水旱之灾，民则人给家足，都鄙廪庾皆满，而府库余货财。京师之钱累巨万，贯朽而不可校。太仓之粟陈陈相因，充溢露积于外，至腐败不可食。众庶街巷有马，阡陌之间成群，而乘字牝者傧而不得聚会。守闾阎者食粱肉，为吏者长子孙，居官者以为姓号。故人人自爱而重犯法，先行义而后绌耻辱焉。当此之时，网疏而民富，役财骄溢，或至兼并豪党之徒，以武断于乡曲。宗室有土公卿大夫以下，争于奢侈，室庐舆服僭于上，无限度。物盛而衰，固其变也。

自是之后，严助、朱买臣等招来东瓯，事两越，江淮之间萧然烦费矣。唐蒙、司马相如开路西南夷，凿山通道千余里，以广巴蜀，巴蜀之民罢焉。彭吴贾灭朝鲜，置沧海之郡，则燕齐之间靡然发动。及王恢设谋马邑，匈奴绝和亲，侵扰北边，兵连而不解，天下苦其劳，而干戈日滋。行者赍，居者送，中外骚扰而相奉，百姓抏弊以巧法，财赂衰耗而不赡。入物者补官，出货者除罪，选举陵迟，廉耻相冒，武力进用，法严令具。兴利之臣自此始也。

…………

初，卜式者，河南人也，以田畜为事。亲死，式有少弟，弟壮，式脱身出分，独取畜羊百余，田宅财物尽予弟。式入山牧十余岁，羊致千余头，买田宅。而其弟尽破其业，式辄复分予弟者数矣。

是时汉方数使将击匈奴，卜式上书，原输家之半县官助边。天子使使问式："欲官乎？"式曰："臣少牧，不习仕宦，不愿也。"使问曰："家岂有冤，欲言事乎？"式曰："臣生与人无分争。式邑人贫者贷之，不善者教顺之，所居人皆从式，式何故见冤于人！无所欲言也。"使者曰："苟如此，子何欲而然？"式曰："天子诛匈奴，愚以为贤者宜死节于边，有财者宜输委，如此而匈奴可灭也。"使者具其言入以闻。天子以语丞相弘。弘曰："此非人情。不轨之臣，不可以为化而乱法，愿陛下勿许。"于是上久不报式，数岁，乃罢式。

式归，复田牧。岁余，会军数出，浑邪王等降，县官费众，仓府空。其明年，贫民大徙，皆仰给县官，无以尽赡。卜式持钱二十万予河南守，以给徙民。河南上富人助贫人者籍,天子见卜式名,识之,曰"是固前而欲输其家半助边",乃赐式外繇四百人。式又尽复予县官。是时富豪皆争匿财,唯式尤欲输之助费。天子于是以式终长者,故尊显以风百姓。

初,式不愿为郎。上曰:"吾有羊上林中,欲令子牧之。"式乃拜为郎,布衣屩而牧羊。岁余,羊肥息。上过见其羊,善之。式曰:"非独羊也,治民亦犹是也。以时起居;恶者辄斥去,毋令败群。"上以式为奇,拜为缑氏令试之,缑氏便之。迁为成皋令,将漕最。上以为式朴忠,拜为齐王太傅。而孔仅之使天下铸作器,三年中拜为大农,列于九卿。而桑弘羊为大农丞,筦诸会计事,稍稍置均输以通货物矣。始令吏得入谷补官,郎至六百石。

…………

天子既下缗钱令而尊卜式,百姓终莫分财佐县官,于是告缗钱纵矣。郡国多奸铸钱,钱多轻,而公卿请令京师铸钟官赤侧,一当五,赋官用非赤侧不得行。白金稍贱,民不宝用,县官以令禁之,无益。岁余,白金终废不行。是岁也,张汤死而民不思。

其后二岁,赤侧钱贱,民巧法用之,不便,又废。于是悉禁郡国无铸钱,专令上林三官铸。钱既多,而令天下非三官钱不得行,诸郡国所前铸钱皆废销之,输其铜三官。而民之铸钱益少,计其费不能相当,唯真工大奸乃盗为之。

卜式相齐,而杨可告缗遍天下,中家以上大抵皆遇告。杜周治之,狱少反者。乃分遣御史廷尉正监分曹往,即治郡国缗钱,得民财物以亿计,奴婢以千万数,田大县数百顷,小县百余顷,宅亦如之。于是商贾中家以上大率破,民偷甘食好衣,不事畜藏之产业,而县官有盐铁缗钱之故,用益饶矣。益广关,置左右辅。

…………

齐相卜式上书曰:"臣闻主忧臣辱。南越反,臣愿父子与齐习船者往死之。"天子下诏曰:"卜式虽躬耕牧,不以为利,有余辄助县官之用。今天下不幸有急,而式奋愿父子死之,虽未战,可谓义形于内。赐爵关内侯,金六十斤,田十顷。"布告天下,天下莫应。列侯以百数,皆莫求从军击羌、越。至酎,少府省金,而列侯坐酎金失侯者百余人。乃拜式为御史大夫。

式既在位,见郡国多不便县官作盐铁,铁器苦恶,贾贵,或强令民卖买之。而船有算,商者少,物贵,乃因孔仅言船算事。上由是不悦卜式。

汉连兵三岁,诛羌,灭南越,番禺以西至蜀南者置初郡十七,且以其故俗治,毋赋税。南阳、汉中以往郡,各以地比给初郡吏卒奉食币物,传车马被具。而初郡时时小反,杀吏,汉发南方吏卒往诛之,间岁万余人,费皆仰给大农。大农以均输调盐铁助赋,故能赡之。然兵所过县,为以訾给毋乏而已,不敢言擅赋法矣。

其明年,元封元年,卜式贬秩为太子太傅。而桑弘羊为治粟都尉,领大农,尽代

《平准书》(节选)

仅笼天下盐铁。弘羊以诸官各自市,相与争,物故腾跃,而天下赋输或不偿其僦费,乃请置大农部丞数十人,分部主郡国,各往往县置均输盐铁官,令远方各以其物贵时商贾所转贩者为赋,而相灌输。置平准于京师,都受天下委输。召工官治车诸器,皆仰给大农。大农之诸官尽笼天下之货物,贵即卖之,贱则买之。如此,富商大贾无所牟大利,则反本,而万物不得腾踊。故抑天下物,名曰"平准"。天子以为然,许之。于是天子北至朔方,东到太山,巡海上,并北边以归。所过赏赐,用帛百余万匹,钱金以巨万计,皆取足大农。

弘羊又请令吏得入粟补官,及罪人赎罪。令民能入粟甘泉各有差,以复终身,不告缗。他郡各输急处,而诸农各致粟,山东漕益岁六百万石。一岁之中,太仓、甘泉仓满。边余谷诸物均输帛五百万匹。民不益赋而天下用饶。于是弘羊赐爵左庶长,黄金再百斤焉。

是岁小旱,上令官求雨,卜式言曰:"县官当食租衣税而已,今弘羊令吏坐市列肆,贩物求利。亨弘羊,天乃雨。"

太史公曰:农工商交易之路通,而龟贝金钱刀布之币兴焉。所从来久远,自高辛氏之前尚矣,靡得而记云。故《书》道唐虞之际,《诗》述殷周之世,安宁则长庠序,先本绌末,以礼义防于利;事变多故而亦反是。是以物盛则衰,时极而转,一质一文,终始之变也。《禹贡》九州,各因其土地所宜,人民所多少而纳职焉。汤武承弊易变,使民不倦,各兢兢所以为治,而稍陵迟衰微。齐桓公用管仲之谋,通轻重之权,徼山海之业,以朝诸侯,用区区之齐显成霸名。魏用李克,尽地力,为强君。自是以后,天下争于战国,贵诈力而贱仁义,先富有而后推让。故庶人之富者或累巨万,而贫者或不厌糟糠;有国强者或并群小以臣诸侯,而弱国或绝祀而灭世。以至于秦,卒并海内。虞夏之币,金为三品,或黄,或白,或赤;或钱,或布,或刀,或龟贝。及至秦,中一国之币为二等,黄金以溢名,为上币;铜钱识曰半两,重如其文,为下币。而珠玉、龟贝、银锡之属为器饰宝藏,不为币。然各随时而轻重无常。于是外攘夷狄,内兴功业,海内之士力耕不足粮饷,女子纺绩不足衣服。古者尝竭天下之资财以奉其上,犹自以为不足也。无异故云,事势之流,相激使然,曷足怪焉。

史记概论

《越王句践世家》(节选)

阅读提示 本文以越国在句践时代的强盛为主线,记载了当时吴越兴衰之事,全力刻画出在屈辱中隐忍苟活而终成霸业的句践形象。句践苦身焦思,刻苦自励,阴谋二十二年之久,终报会稽之辱。与之相比,吴王夫差只知沽名钓誉,自毁长城,落了个国灭身死的下场。一兴一亡,一骄一忍,吴越两王的成败得失成为后世论议的经典话题。而司马迁之所以对句践卧薪尝胆一事大加称颂,也自与其"就极刑而无愠色"的个人经历有着内在的关联。值得注意的是,司马迁在称颂句践的同时,还通过对句践杀害功臣一事的记载,表现出句践阴毒的一面,由此全面塑造了越王句践的形象。除吴越两王之外,吴越两国的谋臣志士如伍子胥、文种、范蠡等也都塑造得性格鲜明。其中"兔死狗烹"的故事,尤能给人以深刻的教训。此外,本文后半部分所附范蠡传以及范蠡中子杀人一段叙写,也颇曲折生动,读来富有哲理性、戏剧性。

卧薪尝胆

越王句践,其先禹之苗裔,而夏后帝少康之庶子也。封于会稽,以奉守禹之祀。文身断发,披草莱而邑焉。后二十余世,至于允常。允常之时,与吴王阖庐战而相怨伐。允常卒,子句践立,是为越王。

元年,吴王阖庐闻允常死,乃兴师伐越。越王句践使死士挑战,三行,至吴陈,呼而自刭。吴师观之,越因袭击吴师,吴师败于槜李,射伤吴王阖庐。阖庐且死,告其子夫差曰:"必毋忘越。"

三年,句践闻吴王夫差日夜勒兵,且以报越,越欲先吴未发往伐之。范蠡谏曰:"不可。臣闻兵者凶器也,战者逆德也,争者事之末也。阴谋逆德,好用凶器,试身于所末,上帝禁之,行者不利。"越王曰:"吾已决之矣。"遂兴师。吴王闻之,悉发精

《越王句践世家》(节选)

兵击越,败之夫椒。越王乃以余兵五千人保栖于会稽。吴王追而围之。

越王谓范蠡曰:"以不听子故至于此,为之奈何?"蠡对曰:"持满者与天,定倾者与人,节事者以地。卑辞厚礼以遗之,不许,而身与之市。"句践曰:"诺。"乃令大夫种行成于吴,膝行顿首曰:"君王亡臣句践使陪臣种敢告下执事:句践请为臣,妻为妾。"吴王将许之。子胥言于吴王曰:"天以越赐吴,勿许也。"种还,以报句践。句践欲杀妻子,燔宝器,触战以死。种止句践曰:"夫吴太宰嚭贪,可诱以利,请间行言之。"

于是句践乃以美女宝器令种间献吴太宰嚭。嚭受,乃见大夫种于吴王。种顿首言曰:"愿大王赦句践之罪,尽入其宝器。不幸不赦,句践将尽杀其妻子,燔其宝器,悉五千人触战,必有当也。"嚭因说吴王曰:"越以服为臣,若将赦之,此国之利也。"吴王将许之。子胥进谏曰:"今不灭越,后必悔之。句践贤君,种、蠡良臣,若反国,将为乱。"吴王弗听,卒赦越,罢兵而归。

句践之困会稽也,喟然叹曰:"吾终于此乎?"种曰:"汤系夏台,文王囚羑里,晋重耳奔翟,齐小白奔莒,其卒王霸。由是观之,何遽不为福乎?"

吴既赦越,越王句践反国,乃苦身焦思,置胆于坐,坐卧即仰胆,饮食亦尝胆也。曰:"女忘会稽之耻邪?"身自耕作,夫人自织,食不加肉,衣不重采,折节下贤人,厚遇宾客,振贫吊死,与百姓同其劳。欲使范蠡治国政,蠡对曰:"兵甲之事,种不如蠡;填抚国家,亲附百姓,蠡不如种。"于是举国政属大夫种,而使范蠡与大夫柘稽行成,为质于吴。二岁而吴归蠡。

句践自会稽归七年,拊循其士民,欲用以报吴。大夫逢同谏曰:"国新流亡,今乃复殷给,缮饰备利,吴必惧,惧则难必至。且鸷鸟之击也,必匿其形。今夫吴兵加齐、晋,怨深于楚、越,名高天下,实害周室,德少而功多,必淫自矜。为越计,莫若结齐,亲楚,附晋,以厚吴。吴之志广,必轻战。是我连其权,三国伐之,越承其弊,可克也。"句践曰:"善。"

居二年,吴王将伐齐。子胥谏曰:"未可。臣闻句践食不重味,与百姓同苦乐。此人不死,必为国患。吴有越,腹心之疾,齐与吴,疥癣也。愿王释齐先越。"吴王弗听,遂伐齐,败之艾陵,虏齐高、国以归。让子胥。子胥曰:"王毋喜!"王怒,子胥欲自杀,王闻而止之。越大夫种曰:"臣观吴王政骄矣,请试尝之贷粟,以卜其事。"请贷,吴王欲与,子胥谏勿与,王遂与之,越乃私喜。子胥言曰:"王不听谏,后三年吴其墟乎!"太宰嚭闻之,乃数与子胥争越议,因谗子胥曰:"伍员貌忠而实忍人,其父兄不顾,安能顾王?王前欲伐齐,员强谏,已而有功,用是反怨王。王不备伍员,员必为乱。"与逢同共谋,谗之王。

王始不从,乃使子胥于齐,闻其托子于鲍氏,王乃大怒,曰:"伍员果欺寡人!"

役反,使人赐子胥属镂剑以自杀。子胥大笑曰:"我令而父霸,我又立若,若初欲分吴国半予我,我不受,已,今若反以谗诛我。嗟乎,嗟乎,一人固不能独立!"报使者曰:"必取吾眼置吴东门,以观越兵入也!"于是吴任嚭政。

居三年,句践召范蠡曰:"吴已杀子胥,导谀者众,可乎?"对曰:"未可。"

至明年春,吴王北会诸侯于黄池,吴国精兵从王,惟独老弱与太子留守。句践复问范蠡,蠡曰"可矣"。乃发习流二千人,教士四万人,君子六千人,诸御千人,伐吴。吴师败,遂杀吴太子。吴告急于王,王方会诸侯于黄池,惧天下闻之,乃秘之。吴王已盟黄池,乃使人厚礼以请成越。越自度亦未能灭吴,乃与吴平。

其后四年,越复伐吴。吴士民罢弊,轻锐尽死于齐、晋。而越大破吴,因而留围之三年,吴师败,越遂复栖吴王于姑苏之山。吴王使公孙雄肉袒膝行而前,请成越王曰:"孤臣夫差敢布腹心,异日尝得罪于会稽,夫差不敢逆命,得与君王成以归。今君王举玉趾而诛孤臣,孤臣惟命是听,意者亦欲如会稽之赦孤臣之罪乎?"句践不忍,欲许之。范蠡曰:"会稽之事,天以越赐吴,吴不取。今天以吴赐越,越其可逆天乎?且夫君王蚤朝晏罢,非为吴邪?谋之二十二年,一旦而弃之,可乎?且夫天与弗取,反受其咎。伐柯者,其则不远,君忘会稽之厄乎?"句践曰:"吾欲听子言,吾不忍其使者。"范蠡乃鼓进兵,曰:"王已属政于执事,使者去,不者且得罪。"吴使者泣而去。句践怜之,乃使人谓吴王曰:"吾置王甬东,君百家。"吴王谢曰:"吾老矣,不能事君王!"遂自杀。乃蔽其面,曰:"吾无面以见子胥也!"越王乃葬吴王而诛太宰嚭。

句践已平吴,乃以兵北渡淮,与齐、晋诸侯会于徐州,致贡于周。周元王使人赐句践胙,命为伯。句践已去,渡淮南,以淮上地与楚,归吴所侵宋地于宋,与鲁泗东方百里。当是时,越兵横行于江、淮东,诸侯毕贺,号称霸王。

范蠡遂去,自齐遗大夫种书曰:"蜚鸟尽,良弓藏;狡兔死,走狗烹。越王为人长颈鸟喙,可与共患难,不可与共乐。子何不去?"种见书,称病不朝。人或谗种且作乱,越王乃赐种剑曰:"子教寡人伐吴七术,寡人用其三而败吴,其四在子,子为我从先王试之。"种遂自杀。

句践卒,子王鼫与立。……

太史公曰:禹之功大矣,渐九川,定九州,至于今诸夏艾安。及苗裔句践,苦身焦思,终灭强吴,北观兵中国,以尊周室,号称霸王。句践可不谓贤哉!盖有禹之遗烈焉。范蠡三迁皆有荣名,名垂后世。臣主若此,欲毋显得乎!

▶▶▶ 《赵世家》(节选)

《赵世家》(节选)

阅读提示 《赵世家》专门记叙秦统一前赵国的历史,和吴、齐、鲁、燕、卫、宋、楚、越诸世家一样,具有国别史的性质。文章由赵氏之先开始,依次写到其自中衍历十六代至赵浣称诸侯,称诸侯后又历十代至幽穆王赵迁而亡国。时间跨度虽大,但前后谱系十分清晰,叙写也有条不紊,详略得当,既有对一般大事的扼要记载,又有对重要事件的详细描述。其中关于"赵氏孤儿"、"赵简子梦"、"赵襄子灭知氏"、"赵武灵王胡服骑射及饿死沙丘宫"、"触龙说赵太后"等故事尤为详实生动。

这里节选的"赵氏孤儿"一节,写的是春秋晋景公时大夫屠岸贾灭了赵氏一族,赵朔妻逃匿宫中生下一遗腹孤男,公孙杵臼和程婴为存赵氏孤儿先后死义的悲壮故事。本节文字歌颂了公孙杵臼和程婴重义轻生的高风亮节,情节曲折,场面惊险,文笔生动,描写细致,人物形象鲜明,是《史记》中著名的精彩片断之一。此节所写与《左传》所载有很大出入,当是根据民间流传而来,有很强的戏剧性和传奇色彩,故在后世常被改编成剧本,在戏曲舞台上长演不衰。

晋景公之三年,大夫屠岸贾欲诛赵氏。初,赵盾在时,梦见叔带持要而哭,甚悲;已而笑,拊手且歌。盾卜之,兆绝而后好。赵史援占之,曰:"此梦甚恶,非君之身,乃君之子,然亦君之咎。至孙,赵将世益衰。"屠岸贾者,始有宠于灵公,及至于景公而贾为司寇,将作难,乃治灵公之贼以致赵盾,遍告诸将曰:"盾虽不知,犹为贼首。以臣弑君,子孙在朝,何以惩罪?请诛之。"韩厥曰:"灵公遇贼,赵盾在外,吾先君以为无罪,故不诛。今诸君将诛其后,是非先君之意而今妄诛。妄诛谓之乱。臣有大事而君不闻,是无君也。"屠岸贾不听。韩厥告赵朔趣亡。朔不肯,曰:"子必不绝赵祀,朔死不恨。"韩厥许诺,称疾不出。贾不请而擅与诸将攻赵氏于下宫,杀赵朔、赵同、赵括、赵婴齐,皆灭其族。

赵朔妻成公姊,有遗腹,走公宫匿。赵朔客曰公孙杵臼,杵臼谓朔友人程婴曰:"胡不死?"程婴曰:"朔之妇有遗腹,若幸而男,吾奉之;即女也,吾徐死耳。"居无

175

何,而朔妇免身,生男。屠岸贾闻之,索于宫中。夫人置儿绔中,祝曰:"赵宗灭乎,若号;即不灭,若无声。"及索,儿竟无声。已脱,程婴谓公孙杵臼曰:"今一索不得,后必且复索之,奈何?"公孙杵臼曰:"立孤与死孰难?"程婴曰:"死易,立孤难耳。"公孙杵臼曰:"赵氏先君遇子厚,子强为其难者,吾为其易者,请先死。"乃二人谋取他人婴儿负之,衣以文葆,匿山中。程婴出,谬谓诸将军曰:"婴不肖,不能立赵孤。谁能与我千金,吾告赵氏孤处。"诸将皆喜,许之,发师随程婴攻公孙杵臼。杵臼谬曰:"小人哉程婴!昔下宫之难不能死,与我谋匿赵氏孤儿,今又卖我。纵不能立,而忍卖之乎!"抱儿呼曰:"天乎天乎!赵氏孤儿何罪?请活之,独杀杵臼可也。"诸将不许,遂杀杵臼与孤儿。诸将以为赵氏孤儿良已死,皆喜。然赵氏真孤乃反在,程婴卒与俱匿山中。

居十五年,晋景公疾,卜之,大业之后不遂者为祟。景公问韩厥,厥知赵孤在,乃曰:"大业之后在晋绝祀者,其赵氏乎?夫自中衍者皆嬴姓也。中衍人面鸟噣,降佐殷帝大戊,及周天子,皆有明德。下及幽厉无道,而叔带去周适晋,事先君文侯,至于成公,世有立功,未尝绝祀。今吾君独灭赵宗,国人哀之,故见龟策。唯君图之。"景公问:"赵尚有后子孙乎?"韩厥具以实告。于是景公乃与韩厥谋立赵孤儿,召而匿之宫中。诸将入问疾,景公因韩厥之众以胁诸将而见赵孤。赵孤名曰武。诸将不得已,乃曰:"昔下宫之难,屠岸贾为之,矫以君命,并命群臣。非然,孰敢作难!微君之疾,群臣固且请立赵后。今君有命,群臣之愿也。"于是召赵武、程婴遍拜诸将,遂反与程婴、赵武攻屠岸贾,灭其族。复与赵武田邑如故。

及赵武冠,为成人,程婴乃辞诸大夫,谓赵武曰:"昔下宫之难,皆能死。我非不能死,我思立赵氏之后。今赵武既立,为成人,复故位,我将下报赵宣孟与公孙杵臼。"赵武啼泣顿首固请,曰:"武愿苦筋骨以报子至死,而子忍去我死乎!"程婴曰:"不可。彼以我为能成事,故先我死;今我不报,是以我事为不成。"遂自杀。赵武服齐衰三年,为之祭邑,春秋祠之,世世勿绝。

>>>> 《孔子世家》

《孔子世家》

阅读提示 作为中国的文化先圣,孔子及其所创立的儒家学派对中国文化传统的形成与发展产生了极其重要的影响。以孔子立《诗》、《书》、《礼》、《乐》、《易》、《春秋》六艺之教而论,六艺之教在中国历史上造就了多少能以诗书发抒情性、以仁义修身行事的古之贤士大夫,造就了多少具有恢宏博雅气度的文化心灵。正是出于对孔子创立儒家文化之深远意义的充分估价,司马迁将孔子写入"世家",使之与诸侯等列,并在赞文中表达出对孔子的无限仰慕之情。在《史记》一书中,司马迁将历史不惟写成了政治的历史、经济的历史,而且写成了文化的历史、精神的历史,由此弘扬了一种文化的意义、精神的意义。他自称上学孔子之《春秋》,实说明他的《史记》寄寓着文化的大义、精神的大义。《孔子世家》在《史记》中的出现,正强调了文化价值、精神价值在历史中的深远影响。就《孔子世家》的内容而言,全文以详尽的材料,生动具体地记述了孔子的生平活动及其在思想与文化上的成就,是研究孔子生平思想的重要依据。孔子一生事迹很多,头绪也很纷繁,但司马迁在这篇洋洋万言的文章中记述得脉络清楚,有条不紊,而且重点突出,在记述故事的同时,又大量引用了孔子的原话,不仅使孔子的形象栩栩如生,而且也亲切感人。

孔 子

孔子生鲁昌平乡陬邑。其先宋人也,曰孔防叔。防叔生伯夏,伯夏生叔梁纥。纥与颜氏女野合而生孔子,祷于尼丘得孔子。鲁襄公二十二年而孔子生。生而首上圩顶,故因名曰丘云。字仲尼,姓孔氏。

丘生而叔梁纥死,葬于防山。防山在鲁东,由是孔子疑其父墓处,母讳之也。孔子为儿嬉戏,常陈俎豆,设礼容。孔子母死,乃殡五父之衢,盖其慎也。郰人挽父之母诲孔子父墓,然后往合葬于防焉。

孔子要绖,季氏飨士,孔子与往。阳虎绌曰:"季氏飨士,非敢飨子也。"孔子由

177

是退。

孔子年十七，鲁大夫孟釐子病且死，诫其嗣懿子曰："孔丘，圣人之后，灭于宋。其祖弗父何始有宋而嗣让厉公。及正考父佐戴、武、宣公，三命兹益恭，故鼎铭云：'一命而偻，再命而伛，三命而俯，循墙而走，亦莫敢余侮。饘于是，粥于是，以糊余口。'其恭如是。吾闻圣人之后，虽不当世，必有达者。今孔丘年少好礼，其达者欤？吾即没，若必师之。"及釐子卒，懿子与鲁人南宫敬叔往学礼焉。是岁，季武子卒，平子代立。

孔子贫且贱。及长，尝为季氏史，料量平；尝为司职吏而畜蕃息。由是为司空。已而去鲁，斥乎齐，逐乎宋、卫，困于陈、蔡之间，于是反鲁。孔子长九尺有六寸，人皆谓之"长人"而异之。鲁复善待，由是反鲁。

鲁南宫敬叔言鲁君曰："请与孔子适周。"鲁君与之一乘车，两马，一竖子俱，适周问礼，盖见老子云。辞去，而老子送之曰："吾闻富贵者送人以财，仁人者送人以言。吾不能富贵，窃仁人之号，送子以言，曰：'聪明深察而近于死者，好议人者也。博辩广大危其身者，发人之恶者也。为人子者毋以有己，为人臣者毋以有己。'"孔子自周反于鲁，弟子稍益进焉。

是时也，晋平公淫，六卿擅权，东伐诸侯；楚灵王兵强，陵轹中国；齐大而近于鲁。鲁小弱，附于楚则晋怒；附于晋则楚来伐；不备于齐，齐师侵鲁。

鲁昭公之二十年，而孔子盖年三十矣。齐景公与晏婴来适鲁，景公问孔子曰："昔秦穆公国小处辟，其霸何也？"对曰："秦，国虽小，其志大；处虽辟，行中正。身举五羖，爵之大夫，起累绁之中，与语三日，授之以政。以此取之，虽王可也，其霸小矣。"景公说。

孔子年三十五，而季平子与郈昭伯以斗鸡故得罪鲁昭公，昭公率师击平子，平子与孟氏、叔孙氏三家共攻昭公，昭公师败，奔于齐，齐处昭公乾侯。其后顷之，鲁乱。孔子适齐，为高昭子家臣，欲以通乎景公。与齐太师语乐，闻《韶》音，学之，三月不知肉味，齐人称之。

景公问政孔子，孔子曰："君君，臣臣，父父，子子。"景公曰："善哉！信如君不君，臣不臣，父不父，子不子，虽有粟，吾岂得而食诸！"他日又复问政于孔子，孔子曰："政在节财。"景公说，将欲以尼溪田封孔子。晏婴进曰："夫儒者滑稽而不可轨法；倨傲自顺，不可以为下；崇丧遂哀，破产厚葬，不可以为俗；游说乞贷，不可以为国。自大贤之息，周室既衰，礼乐缺有间。今孔子盛容饰，繁登降之礼，趋详之节，累世不能殚其学，当年不能究其礼。君欲用之以移齐俗，非所以先细民也。"后景公敬见孔子，不问其礼。异日，景公止孔子曰："奉子以季氏，吾不能。"以季、孟之间待之。齐大夫欲害孔子，孔子闻之。景公曰："吾老矣，弗能用也。"孔子遂行，反

《孔子世家》

乎鲁。

孔子年四十二，鲁昭公卒于乾侯，定公立。定公立五年，夏，季平子卒，桓子嗣立。季桓子穿井得土缶，中若羊，问仲尼，云"得狗"。仲尼曰："以丘所闻，羊也。丘闻之，木石之怪夔、罔阆，水之怪龙、罔象，土之怪坟羊。"

吴伐越，堕会稽，得骨节专车。吴使使问仲尼："骨何者最大？"仲尼曰："禹致群神于会稽山，防风氏后至，禹杀而戮之，其节专车，此为大矣。"吴客曰："谁为神？"仲尼曰："山川之神足以纲纪天下，其守为神，社稷为公侯，皆属于王者。"客曰："防风何守？"仲尼曰："汪罔氏之君守封、禺之山，为釐姓。在虞、夏、商为汪罔，于周为长翟，今谓之大人。"客曰："人长几何？"仲尼曰："僬侥氏三尺，短之至也。长者不过十之，数之极也。"于是吴客曰："善哉圣人！"

桓子嬖臣曰仲梁怀，与阳虎有隙。阳虎欲逐怀，公山不狃止之。其秋，怀益骄，阳虎执怀。桓子怒，阳虎因囚桓子，与盟而醳之。阳虎由此益轻季氏。季氏亦僭于公室，陪臣执国政，是以鲁自大夫以下皆僭离于正道。故孔子不仕，退而修诗书礼乐，弟子弥众，至自远方，莫不受业焉。

定公八年，公山不狃不得意于季氏，因阳虎为乱，欲废三桓之适，更立其庶孽阳虎素所善者，遂执季桓子。桓子诈之，得脱。定公九年，阳虎不胜，奔于齐。是时孔子年五十。

公山不狃以费畔季氏，使人召孔子。孔子循道弥久，温温无所试，莫能己用，曰："盖周文武起丰镐而王，今费虽小，傥庶几乎！"欲往。子路不说，止孔子。孔子曰："夫召我者岂徒哉？如用我，其为东周乎！"然亦卒不行。

其后定公以孔子为中都宰，一年，四方皆则之。由中都宰为司空，由司空为大司寇。

定公十年春，及齐平。夏，齐大夫黎鉏言于景公曰："鲁用孔丘，其势危齐。"乃使使告鲁为好会，会于夹谷。鲁定公且以乘车好往。孔子摄相事，曰："臣闻有文事者必有武备，有武事者必有文备。古者诸侯出疆，必具官以从。请具左右司马。"定公曰："诺。"具左右司马。会齐侯夹谷，为坛位，土阶三等，以会遇之礼相见，揖让而登。献酬之礼毕，齐有司趋而进曰："请奏四方之乐。"景公曰："诺。"于是旍旄羽被矛戟剑拨鼓噪而至。孔子趋而进，历阶而登，不尽一等，举袂而言曰："吾两君为好会，夷狄之乐何为于此！请命有司！"有司却之，不去，则左右视晏子与景公。景公心怍，麾而去之。有顷，齐有司趋而进曰："请奏宫中之乐。"景公曰："诺。"优倡侏儒为戏而前。孔子趋而进，历阶而登，不尽一等，曰："匹夫而营惑诸侯者罪当诛！请命有司！"有司加法焉，手足异处。景公惧而动，知义不若，归而大恐，告其群臣曰："鲁以君子之道辅其君，而子独以夷狄之道教寡人，使得罪于鲁君，为之奈何？"

有司进对曰:"君子有过则谢以质,小人有过则谢以文。君若悼之,则谢以质。"于是齐侯乃归所侵鲁之郓、汶阳、龟阴之田以谢过。

定公十三年夏,孔子言于定公曰:"臣无藏甲,大夫毋百雉之城。"使仲由为季氏宰,将堕三都。于是叔孙氏先堕郈。季氏将堕费,公山不狃、叔孙辄率费人袭鲁。公与三子入于季氏之宫,登武子之台。费人攻之,弗克,入及公侧。孔子命申句须、乐颀下伐之,费人北。国人追之,败诸姑蔑。二子奔齐,遂堕费。将堕成,公敛处父谓孟孙曰:"堕成,齐人必至于北门。且成,孟氏之保鄣,无成是无孟氏也。我将弗堕。"十二月,公围成,弗克。

定公十四年,孔子年五十六,由大司寇行摄相事,有喜色。门人曰:"闻君子祸至不惧,福至不喜。"孔子曰:"有是言也。不曰'乐其以贵下人'乎?"于是诛鲁大夫乱政者少正卯。与闻国政三月,粥羔豚者弗饰贾;男女行者别于塗;塗不拾遗;四方之客至乎邑者不求有司,皆予之以归。

齐人闻而惧,曰:"孔子为政必霸,霸则吾地近焉,我之为先并矣。盍致地焉?"黎鉏曰:"请先尝沮之;沮之而不可则致地,庸迟乎!"于是选齐国中女子好者八十人,皆衣文衣而舞《康乐》,文马三十驷,遗鲁君。陈女乐文马于鲁城南高门外,季桓子微服往观再三,将受,乃语鲁君为周道游,往观终日,怠于政事。子路曰:"夫子可以行矣。"孔子曰:"鲁今且郊,如致膰乎大夫,则吾犹可以止。"桓子卒受齐女乐,三日不听政;郊,又不致膰俎于大夫。孔子遂行,宿乎屯。而师己送,曰:"夫子则非罪。"孔子曰:"吾歌可夫?"歌曰:"彼妇之口,可以出走;彼妇之谒,可以死败。盖优哉游哉,维以卒岁!"师己反,桓子曰:"孔子亦何言?"师己以实告。桓子喟然叹曰:"夫子罪我以群婢故也夫!"

孔子遂适卫,主于子路妻兄颜浊邹家。卫灵公问孔子:"居鲁得禄几何?"对曰:"奉粟六万。"卫人亦致粟六万。居顷之,或谮孔子于卫灵公。灵公使公孙余假一出一入。孔子恐获罪焉,居十月,去卫。

将适陈,过匡,颜刻为仆,以其策指之曰:"昔吾入此,由彼缺也。"匡人闻之,以为鲁之阳虎。阳虎尝暴匡人,匡人于是遂止孔子。孔子状类阳虎,拘焉五日,颜渊后,子曰:"吾以汝为死矣。"颜渊曰:"子在,回何敢死!"匡人拘孔子益急,弟子惧。孔子曰:"文王既没,文不在兹乎?天之将丧斯文也,后死者不得与于斯文也。天之未丧斯文也,匡人其如予何!"孔子使从者为宁武子臣于卫,然后得去。

去即过蒲。月余,反乎卫,主蘧伯玉家。灵公夫人有南子者,使人谓孔子曰:"四方之君子不辱欲与寡君为兄弟者,必见寡小君。寡小君愿见。"孔子辞谢,不得已而见之。夫人在絺帷中。孔子入门,北面稽首。夫人自帷中再拜,环佩玉声璆然。孔子曰:"吾乡为弗见,见之礼答焉。"子路不说。孔子矢之曰:"予所不者,天

《孔子世家》

厌之！天厌之！"居卫月余,灵公与夫人同车,宦者雍渠参乘,出,使孔子为次乘,招摇市过之。孔子曰:"吾未见好德如好色者也。"于是丑之,去卫,过曹。是岁,鲁定公卒。

孔子去曹适宋,与弟子习礼大树下。宋司马桓魋欲杀孔子,拔其树。孔子去。弟子曰:"可以速矣。"孔子曰:"天生德于予,桓魋其如予何!"

孔子适郑,与弟子相失,孔子独立郭东门。郑人或谓子贡曰:"东门有人,其颡似尧,其项类皋陶,其肩类子产,然自要以下不及禹三寸。累累若丧家之狗。"子贡以实告孔子。孔子欣然笑曰:"形状,末也。而谓似丧家之狗,然哉！然哉！"

孔子遂至陈,主于司城贞子家。岁余,吴王夫差伐陈,取三邑而去。赵鞅伐朝歌。楚围蔡,蔡迁于吴。吴败越王句践会稽。

有隼集于陈廷而死,楛矢贯之,石砮,矢长尺有咫。陈愍公使使问仲尼。仲尼曰:"隼来远矣,此肃慎之矢也。昔武王克商,通道九夷百蛮,使各以其方贿来贡,使无忘职业。于是肃慎贡楛矢石砮,长尺有咫。先王欲昭其令德,以肃慎矢分大姬,配虞胡公而封诸陈。分同姓以珍玉,展亲;分异姓以远方职,使无忘服。故分陈以肃慎矢。"试求之故府,果得之。

孔子居陈三岁,会晋楚争强,更伐陈,及吴侵陈,陈常被寇。孔子曰:"归与归与！吾党之小子狂简,进取不忘其初。"于是孔子去陈。

过蒲,会公叔氏以蒲畔,蒲人止孔子。弟子有公良孺者,以私车五乘从孔子。其为人长贤,有勇力,谓曰:"吾昔从夫子遇难于匡,今又遇难于此,命也已。吾与夫子再罹难,宁斗而死。"斗甚疾。蒲人惧,谓孔子曰:"苟毋适卫,吾出子。"与之盟,出孔子东门。孔子遂适卫。子贡曰:"盟可负邪？"孔子曰:"要盟也,神不听。"

卫灵公闻孔子来,喜,郊迎。问曰:"蒲可伐乎？"对曰:"可。"灵公曰:"吾大夫以为不可。今蒲,卫之所以待晋楚也,以卫伐之,无乃不可乎？"孔子曰:"其男子有死之志,妇人有保西河之志。吾所伐者不过四五人。"灵公曰:"善。"然不伐蒲。

灵公老,怠于政,不用孔子。孔子喟然叹曰:"苟有用我者,期月而已,三年有成。"孔子行。

佛肸为中牟宰。赵简子攻范、中行,伐中牟。佛肸畔,使人召孔子。孔子欲往。子路曰:"由闻诸夫子:'其身亲为不善者,君子不入也。'今佛肸亲以中牟畔,子欲往,如之何？"孔子曰:"有是言也。不曰坚乎,磨而不磷;不曰白乎,涅而不淄。我岂匏瓜也哉,焉能系而不食？"

孔子击磬。有荷蒉而过门者,曰:"有心哉,击磬乎！硁硁乎,莫己知也夫而已矣！"

孔子学鼓琴师襄子,十日不进。师襄子曰:"可以益矣。"孔子曰:"丘已习其曲矣,未得其数也。"有间,曰:"已习其数,可以益矣。"孔子曰:"丘未得其志也。"有间,曰:"已习其志,可以益矣。"孔子曰:"丘未得其为人也。"有间,曰:"有所穆然深思焉,有所怡然高望而远志焉。"曰:"丘得其为人,黯然而黑,几然而长,眼如望羊,如王四国,非文王其谁能为此也!"师襄子辟席再拜,曰:"师盖云《文王操》也。"

孔子既不得用于卫,将西见赵简子。至于河而闻窦鸣犊、舜华之死也,临河而叹曰:"美哉水,洋洋乎!丘之不济此,命也夫!"子贡趋而进曰:"敢问何谓也?"孔子曰:"窦鸣犊、舜华,晋国之贤大夫也。赵简子未得志之时,须此两人而后从政;及其已得志,杀之乃从政。丘闻之也,刳胎杀夭则麒麟不至郊,竭泽涸渔则蛟龙不合阴阳,覆巢毁卵则凤皇不翔。何则?君子讳伤其类也。夫鸟兽之于不义也尚知辟之,而况乎丘哉!"乃还息乎陬乡,作为《陬操》以哀之。而反乎卫,入主蘧伯玉家。

他日,灵公问兵陈。孔子曰:"俎豆之事则尝闻之,军旅之事未之学也。"明日,与孔子语,见蜚鴈,仰视之,色不在孔子。孔子遂行,复如陈。

夏,卫灵公卒,立孙辄,是为卫出公。六月,赵鞅内太子蒯聩于戚。阳虎使太子絻,八人衰绖,伪自卫迎者,哭而入,遂居焉。冬,蔡迁于州来。是岁鲁哀公三年,而孔子年六十矣。齐助卫围戚,以卫太子蒯聩在故也。

夏,鲁桓釐庙燔,南宫敬叔救火。孔子在陈,闻之,曰:"灾必于桓釐庙乎?"已而果然。

秋,季桓子病,辇而见鲁城,喟然叹曰:"昔此国几兴矣,以吾获罪于孔子,故不兴也。"顾谓其嗣康子曰:"我即死,若必相鲁;相鲁,必召仲尼。"后数日,桓子卒,康子代立。已葬,欲召仲尼。公之鱼曰:"昔吾先君用之不终,终为诸侯笑。今又用之,不能终,是再为诸侯笑。"康子曰:"则谁召而可?"曰:"必召冉求。"于是使使召冉求。冉求将行,孔子曰:"鲁人召求,非小用之,将大用之也。"是日,孔子曰:"归乎归乎!吾党之小子狂简,斐然成章,吾不知所以裁之。"子赣知孔子思归,送冉求,因诫曰"即用,以孔子为招"云。

冉求既去,明年,孔子自陈迁于蔡。蔡昭公将如吴,吴召之也。前昭公欺其臣迁州来,后将往,大夫惧复迁,公孙翩射杀昭公。楚侵蔡。秋,齐景公卒。

明年,孔子自蔡如叶。叶公问政,孔子曰:"政在来远附迩。"他日,叶公问孔子于子路,子路不对。孔子闻之,曰:"由,尔何不对曰'其为人也,学道不倦,诲人不厌,发愤忘食,乐以忘忧,不知老之将至'云尔。"

去叶,反于蔡。长沮、桀溺耦而耕,孔子以为隐者,使子路问津焉。长沮曰:"彼执舆者为谁?"子路曰:"为孔丘。"曰:"是鲁孔丘与?"曰:"然。"曰:"是知津矣。"桀溺谓子路曰:"子为谁?"曰:"为仲由。"曰:"子,孔丘之徒与?"曰:"然。"桀溺曰:"悠悠者天下皆是也,而谁以易之?且与其从辟人之士,岂若从辟世之士哉!"耰而

《孔子世家》

不辍。子路以告孔子,孔子怃然曰:"鸟兽不可与同群。天下有道,丘不与易也。"

他日,子路行,遇荷蓧丈人,曰:"子见夫子乎?"丈人曰:"四体不勤,五谷不分,孰为夫子!"植其杖而芸。子路以告,孔子曰:"隐者也。"复往,则亡。

孔子迁于蔡三岁,吴伐陈。楚救陈,军于城父。闻孔子在陈蔡之间,楚使人聘孔子。孔子将往拜礼,陈蔡大夫谋曰:"孔子贤者,所刺讥皆中诸侯之疾。今者久留陈蔡之间,诸大夫所设行皆非仲尼之意。今楚,大国也,来聘孔子。孔子用于楚,则陈蔡用事大夫危矣。"于是乃相与发徒役围孔子于野。不得行,绝粮。从者病,莫能兴。孔子讲诵弦歌不衰。子路愠见曰:"君子亦有穷乎?"孔子曰:"君子固穷,小人穷斯滥矣。"

子贡色作。孔子曰:"赐,尔以予为多学而识之者与?"曰:"然。非与?"孔子曰:"非也。予一以贯之。"

孔子知弟子有愠心,乃召子路而问曰:"《诗》云'匪兕匪虎,率彼旷野'。吾道非邪?吾何为于此?"子路曰:"意者吾未仁邪?人之不我信也。意者吾未知邪?人之不我行也。"孔子曰:"有是乎!由,譬使仁者而必信,安有伯夷、叔齐?使知者而必行,安有王子比干?"

子路出,子贡入见。孔子曰:"赐,《诗》云'匪兕匪虎,率彼旷野'。吾道非邪?吾何为于此?"子贡曰:"夫子之道至大也,故天下莫能容夫子。夫子盖少贬焉?"孔子曰:"赐,良农能稼而不能为穑,良工能巧而不能为顺。君子能修其道,纲而纪之,统而理之,而不能为容。今尔不修尔道而求为容。赐,而志不远矣!"

子贡出,颜回入见。孔子曰:"回,《诗》云'匪兕匪虎,率彼旷野'。吾道非邪?吾何为于此?"颜回曰:"夫子之道至大,故天下莫能容。虽然,夫子推而行之,不容何病,不容然后见君子!夫道之不修也,是吾丑也。夫道既已大修而不用,是有国者之丑也。不容何病,不容然后见君子!"孔子欣然而笑曰:"有是哉颜氏之子!使尔多财,吾为尔宰。"

于是使子贡至楚。楚昭王兴师迎孔子,然后得免。

昭王将以书社地七百里封孔子。楚令尹子西曰:"王之使使诸侯有如子贡者乎?"曰:"无有。""王之辅相有如颜回者乎?"曰:"无有。""王之将率有如子路者乎?"曰:"无有。""王之官尹有如宰予者乎?"曰:"无有。""且楚之祖封于周,号为子男五十里。今孔丘述三五之法,明周召之业,王若用之,则楚安得世世堂堂方数千里乎?夫文王在丰,武王在镐,百里之君卒王天下。今孔丘得据土壤,贤弟子为佐,非楚之福也。"昭王乃止。其秋,楚昭王卒于城父。

楚狂接舆歌而过孔子,曰:"凤兮凤兮,何德之衰!往者不可谏兮,来者犹可追也!已而已而,今之从政者殆而!"孔子下,欲与之言。趋而去,弗得与之言。

于是孔子自楚反乎卫。是岁也，孔子年六十三，而鲁哀公六年也。

其明年，吴与鲁会缯，征百牢。太宰嚭召季康子。康子使子贡往，然后得已。

孔子曰："鲁卫之政，兄弟也。"是时，卫君辄父不得立，在外，诸侯数以为让。而孔子弟子多仕于卫，卫君欲得孔子为政。子路曰："卫君待子而为政，子将奚先？"孔子曰："必也正名乎！"子路曰："有是哉，子之迂也！何其正也？"孔子曰："野哉由也！夫名不正则言不顺，言不顺则事不成，事不成则礼乐不兴，礼乐不兴则刑罚不中，刑罚不中则民无所错手足矣。夫君子为之必可名，言之必可行。君子于其言，无所苟而已矣。"

其明年，冉有为季氏将师，与齐战于郎，克之。季康子曰："子之于军旅，学之乎？性之乎？"冉有曰："学之于孔子。"季康子曰："孔子何如人哉？"对曰："用之有名；播之百姓，质诸鬼神而无憾。求之至于此道，虽累千社，夫子不利也。"康子曰："我欲召之，可乎？"对曰："欲召之，则毋以小人固之，则可矣。"而卫孔文子将攻太叔，问策于仲尼。仲尼辞不知，退而命载而行，曰："鸟能择木，木岂能择鸟乎！"文子固止。会季康子逐公华、公宾、公林，以币迎孔子，孔子归鲁。

孔子之去鲁凡十四岁而反乎鲁。

鲁哀公问政，对曰："政在选臣。"季康子问政，曰："举直错诸枉，则枉者直。"康子患盗，孔子曰："苟子之不欲，虽赏之不窃。"然鲁终不能用孔子，孔子亦不求仕。

孔子之时，周室微而礼乐废，《诗》《书》缺。追迹三代之礼，序《书传》，上纪唐虞之际，下至秦缪，编次其事。曰："夏礼吾能言之，杞不足征也。殷礼吾能言之，宋不足征也。足，则吾能征之矣。"观殷夏所损益，曰："后虽百世可知也，以一文一质。周监二代，郁郁乎文哉。吾从周。"故《书传》、《礼记》自孔氏。

孔子语鲁大师："乐其可知也。始作翕如，纵之纯如，皦如，绎如也，以成。""吾自卫反鲁，然后乐正，《雅》《颂》各得其所。"

古者《诗》三千余篇，及至孔子，去其重，取可施于礼义，上采契后稷，中述殷周之盛，至幽厉之缺，始于衽席，故曰："《关雎》之乱以为《风》始，《鹿鸣》为《小雅》始，《文王》为《大雅》始，《清庙》为《颂》始。"三百五篇孔子皆弦歌之，以求合《韶》《武》《雅》《颂》之音。礼乐自此可得而述，以备王道，成六艺。

孔子晚而喜《易》，序彖、系、象、说卦、文言。读《易》，韦编三绝。曰："假我数年，若是，我于《易》则彬彬矣。"

孔子以诗书礼乐教，弟子盖三千焉，身通六艺者七十有二人。如颜浊邹之徒，颇受业者甚众。

孔子以四教：文，行，忠，信。绝四：毋意，毋必，毋固，毋我。所慎：齐，战，疾。子罕言利与命与仁。不愤不启，举一隅不以三隅反，则弗复也。

《孔子世家》

其于乡党，恂恂似不能言者。其于宗庙朝廷，辩辩言，唯谨尔。朝，与上大夫言，誾誾如也；与下大夫言，侃侃如也。

入公门，鞠躬如也；趋进，翼如也。君召使傧，色勃如也。君命召，不俟驾行矣。鱼馁，肉败，割不正，不食。席不正，不坐。食于有丧者之侧，未尝饱也。

是日哭，则不歌。见齐衰、瞽者，虽童子必变。

"三人行，必得我师。""德之不修，学之不讲，闻义不能徙，不善不能改，是吾忧也。"使人歌，善，则使复之，然后和之。

子不语：怪，力，乱，神。

子贡曰："夫子之文章，可得闻也。夫子言天道与性命，弗可得闻也已。"颜渊喟然叹曰："仰之弥高，钻之弥坚。瞻之在前，忽焉在后。夫子循循然善诱人，博我以文，约我以礼，欲罢不能。既竭我才，如有所立，卓尔。虽欲从之，蔑由也已。"达巷党人曰："大哉孔子，博学而无所成名。"子闻之曰："我何执？执御乎？执射乎？我执御矣。"牢曰："子云：'不试，故艺'。"

鲁哀公十四年春，狩大野。叔孙氏车子鉏商获兽，以为不祥。仲尼视之，曰："麟也。"取之。曰："河不出图，洛不出书，吾已矣夫！"颜渊死，孔子曰："天丧予！"及西狩见麟，曰："吾道穷矣！"喟然叹曰："莫知我夫！"子贡曰："何为莫知子？"子曰："不怨天，不尤人，下学而上达，知我者其天乎！"

"不降其志，不辱其身，伯夷、叔齐乎！"谓："柳下惠、少连降志辱身矣。"谓："虞仲、夷逸隐居放言，行中清，废中权。我则异于是，无可无不可。"

子曰："弗乎弗乎，君子病没世而名不称焉。吾道不行矣，吾何以自见于后世哉？"乃因史记作《春秋》，上至隐公，下讫哀公十四年，十二公。据鲁，亲周，故殷，运之三代。约其文辞而指博。故吴楚之君自称王，而《春秋》贬之曰"子"；践土之会实召周天子，而《春秋》讳之曰："天王狩于河阳。"推此类以绳当世。贬损之义，后有王者举而开之。《春秋》之义行，则天下乱臣贼子惧焉。

孔子在位听讼，文辞有可与人共者，弗独有也。至于为《春秋》，笔则笔，削则削，子夏之徒不能赞一辞。弟子受《春秋》，孔子曰："后世知丘者以《春秋》，而罪丘者亦以《春秋》。"

明岁，子路死于卫。孔子病，子贡请见。孔子方负杖逍遥于门，曰："赐，汝来何其晚也？"孔子因叹，歌曰："太山坏乎！梁柱摧乎！哲人萎乎！"因以涕下。谓子贡曰："天下无道久矣，莫能宗予。夏人殡于东阶，周人于西阶，殷人两柱间。昨暮予梦坐奠两柱之间，予始殷人也。"后七日卒。

孔子年七十三，以鲁哀公十六年四月己丑卒。

哀公诔之曰："旻天不吊，不慭遗一老，俾屏余一人以在位，茕茕余在疚。呜呼哀哉！尼父，毋自律！"子贡曰："君其不没于鲁乎！夫子之言曰：'礼失则昏，名失则愆。失志为昏，失所为愆。'生不能用，死而诔之，非礼也。称'余一人'，非名也。"

孔子葬鲁城北泗上，弟子皆服三年。三年心丧毕，相诀而去，则哭，各复尽哀；或复留。唯子赣庐于冢上，凡六年，然后去。弟子及鲁人往从冢而家者百有余室，因命曰孔里。鲁世世相传以岁时奉祠孔子冢，而诸儒亦讲礼乡饮大射于孔子冢。孔子冢大一顷。故所居堂、弟子内，后世因庙，藏孔子衣冠琴车书，至于汉二百余年不绝。高皇帝过鲁，以太牢祠焉。诸侯卿相至，常先谒然后从政。

孔子生鲤，字伯鱼。伯鱼年五十，先孔子死。

伯鱼生伋，字子思，年六十二。尝困于宋。子思作《中庸》。

子思生白，字子上，年四十七。子上生求，字子家，年四十五。子家生箕，字子京，年四十六。子京生穿，字子高，年五十一。子高生子慎，年五十七，尝为魏相。

子慎生鲋，年五十七，为陈王涉博士，死于陈下。

鲋弟子襄，年五十七。尝为孝惠皇帝博士，迁为长沙太守。长九尺六寸。

子襄生忠，年五十七。忠生武，武生延年及安国。安国为今皇帝博士，至临淮太守，蚤卒。安国生卬，卬生驩。

太史公曰："《诗》有之：'高山仰止，景行行止。'虽不能至，然心乡往之。余读孔氏书，想见其为人。适鲁，观仲尼庙堂车服礼器，诸生以时习礼其家，余祗回留之不能去云。天下君王至于贤人众矣，当时则荣，没则已焉。孔子布衣，传十余世，学者宗之。自天子王侯，中国言六艺者折中于夫子，可谓至圣矣！"

《萧相国世家》

阅读提示 本篇是汉代开国元勋萧何的传记。萧何在汉代开国功臣中功居第一,刘邦对他既委以重任,又不无猜忌;萧何为保全自己,不得不恭谨自敛甚至自污以免祸,就此还曾因小事被囚禁过。本文紧紧抓住萧何与刘邦君臣之间的微妙关系这一主线进行叙写,肯定了萧何为创建汉朝在后勤保障上所建立的功绩,着重突出其在政治和为人上机警、恭谨的性格特征,同时也揭露了刘邦对待功臣的阴暗心理。正如清人吴汝纶在评点《史记》时所说:"此篇以恭谨自免祸为主,所以发明高帝之雄猜也。"作者在本篇对传主的材料作了审慎选择,叙萧何实绩仅有收秦律令图书、举韩信、镇抚关中、临终举曹参自代四件事,而将定汉家律令、设计害韩信诸事写入他传,又着重叙写刘邦、鄂君两次论功,刘邦三次猜忌及说客三次提醒而免祸,这都有助于表现主题和传主的性格特点。尤其是文中关于萧何为自保而作出某些举动或微妙反应,以及刘邦两次"大悦"、一次"大喜"、一次"笑曰"、一次"大怒"、一次"不怿"的描写,十分出色地揭示了他们各自的心理活动,发人深省,耐人寻味。

萧 何

萧相国何者,沛丰人也。以文无害为沛主吏掾。高祖为布衣时,何数以吏事护高祖。高祖为亭长,常左右之。高祖以吏繇咸阳,吏皆送奉钱三,何独以五。秦御史监郡者与从事,常辨之。何乃给泗水卒史事,第一。秦御史欲入言徵何,何固请,得毋行。

及高祖起为沛公,何常为丞督事。沛公至咸阳,诸将皆争走金帛财物之府分之,何独先入收秦丞相御史律令图书藏之。沛公为汉王,以何为丞相。项王与诸侯屠烧咸阳而去。汉王所以具知天下阨塞,户口多少,强弱之处,民所疾苦者,以何具

187

得秦图书也。何进言韩信,汉王以信为大将军。语在《淮阴侯》事中。汉王引兵东定三秦,何以丞相留收巴蜀,填抚谕告,使给军食。汉二年,汉王与诸侯击楚,何守关中,侍太子,治栎阳。为法令约束,立宗庙社稷宫室县邑,辄奏上,可,许以从事;即不及奏上,辄以便宜施行,上来以闻。关中事计户口转漕给军,汉王数失军遁去,何常兴关中卒,辄补缺。上以此专属任何关中事。

汉三年,汉王与项羽相距京索之间,上数使使劳苦丞相。鲍生谓丞相曰:"王暴衣露盖,数使使劳苦君者,有疑君心也。为君计,莫若遣君子孙昆弟能胜兵者悉诣军所,上必益信君。"于是何从其计,汉王大说。

汉五年,既杀项羽,定天下,论功行封。群臣争功,岁余功不决。高祖以萧何功最盛,封为酂侯,所食邑多。功臣皆曰:"臣等身被坚执锐,多者百余战,少者数十合,攻城略地,大小各有差。今萧何未尝有汗马之劳,徒持文墨议论,不战,顾反居臣等上,何也?"高帝曰:"诸君知猎乎?"曰:"知之。""知猎狗乎?"曰:"知之。"高帝曰:"夫猎,追杀兽兔者狗也,而发踪指示兽处者人也。今诸君徒能得走兽耳,功狗也。至如萧何,发踪指示,功人也。且诸君独以身随我,多者两三人。今萧何举宗数十人皆随我,功不可忘也。"群臣皆莫敢言。列侯毕已受封,及奏位次,皆曰:"平阳侯曹参身被七十创,攻城略地,功最多,宜第一。"上已桡功臣,多封萧何,至位次未有以复难之,然心欲何第一。关内侯鄂君进曰:"群臣议皆误。夫曹参虽有野战略地之功,此特一时之事。夫上与楚相距五岁,常失军亡众,逃身遁者数矣。然萧何常从关中遣军补其处,非上所诏令召,而数万众会上之乏绝者数矣。夫汉与楚相守荥阳数年,军无见粮,萧何转漕关中,给食不乏。陛下虽数亡山东,萧何常全关中以待陛下,此万世之功也。今虽亡曹参等百数,何缺于汉?汉得之不必待以全。奈何欲以一旦之功而加万世之功哉!萧何第一,曹参次之。"高祖曰:"善。"于是乃令萧何第一,赐带剑履上殿,入朝不趋。上曰:"吾闻进贤受上赏。萧何功虽高,得鄂君乃益明。"于是因鄂君故所食关内侯邑封为安平侯。是日,悉封何父子兄弟十余人,皆有食邑。乃益封何二千户,以帝尝繇咸阳时何送我独赢奉钱二也。

汉十一年,陈豨反,高祖自将,至邯郸。未罢,淮阴侯谋反关中,吕后用萧何计,诛淮阴侯,语在《淮阴》事中。上已闻淮阴侯诛,使使拜丞相何为相国,益封五千户,令卒五百人一都尉为相国卫。诸君皆贺,召平独吊。召平者,故秦东陵侯。秦破,为布衣,贫,种瓜于长安城东,瓜美,故世俗谓之"东陵瓜",从召平以为名也。召平谓相国曰:"祸自此始矣。上暴露于外而君守于中,非被矢石之事而益君封置卫者,以今者淮阴侯新反于中,疑君心矣。夫置卫卫君,非以宠君也。愿君让封勿受,悉以家私财佐军,则上心说。"相国从其计,高帝乃大喜。

汉十二年秋,黥布反,上自将击之,数使使问相国何为。相国为上在军,乃拊循

《萧相国世家》

勉力百姓，悉以所有佐军，如陈豨时。客有说相国曰："君灭族不久矣。夫君位为相国，功第一，可复加哉？然君初入关中，得百姓心，十余年矣，皆附君，常复孳孳得民和。上所为数问君者，畏君倾动关中。今君胡不多买田地，贱贳贷以自汙？上心乃安。"于是相国从其计，上乃大说。上罢布军归，民道遮行上书，言相国贱强买民田宅数千万。上至，相国谒。上笑曰："夫相国乃利民！"民所上书皆以与相国，曰："君自谢民。"相国因为民请曰："长安地狭，上林中多空地，弃，愿令民得入田，毋收稿为禽兽食。"上大怒曰："相国多受贾人财物，乃为请吾苑！"乃下相国廷尉，械系之。数日，王卫尉侍，前问曰："相国何大罪，陛下系之暴也？"上曰："吾闻李斯相秦皇帝，有善归主，有恶自与。今相国多受贾竖金而为民请吾苑，以自媚于民，故系治之。"王卫尉曰："夫职事苟有便于民而请之，真宰相事，陛下奈何乃疑相国受贾人钱乎！且陛下距楚数岁，陈豨、黥布反，陛下自将而往，当是时，相国守关中，摇足则关以西非陛下有也。相国不以此时为利，今乃利贾人之金乎？且秦以不闻其过亡天下，李斯之分过，又何足法哉。陛下何疑宰相之浅也。"高帝不怿。是日，使使持节赦出相国。相国年老，素恭谨，入，徒跣谢。高帝曰："相国休矣！相国为民请苑，吾不许，我不过为桀纣主，而相国为贤相。吾故系相国，欲令百姓闻吾过也。"

何素不与曹参相能，及何病，孝惠自临视相国病，因问曰："君即百岁后，谁可代君者？"对曰："知臣莫如主。"孝惠曰："曹参何如？"何顿首曰："帝得之矣！臣死不恨矣！"何置田宅必居穷处，为家不治垣屋。曰："后世贤，师吾俭；不贤，毋为势家所夺。"孝惠二年，相国何卒，谥为文终侯。后嗣以罪失侯者四世，绝，天子辄复求何后，封续酂侯，功臣莫得比焉。

太史公曰：萧相国何于秦时为刀笔吏，录录未有奇节。及汉兴，依日月之末光，何谨守管籥，因民之疾秦法，顺流与之更始。淮阴、黥布等皆以诛灭，而何之勋烂焉。位冠群臣，声施后世，与闳夭、散宜生等争烈矣。

史记概论

《留侯世家》

阅读提示 张良善为画策而与韩信、萧何并称为汉之三杰。张良本是一个血气方刚的豪侠人物,曾因博浪沙伏击秦始皇而震动天下。经过黄石公一番颇有折辱意味的人生教诲,张良完成了由外在之勇向内在之智的精神转型。黄石公以"堕其履圯下"等一系列行事"折辱"张良,其良苦用心诚如苏轼《留侯论》所言:"子房以盖世之才,不为伊尹、太公之谋,而特出于荆轲、聂政之计,以侥幸于不死,此圯上老人之所为深惜者也,是故倨傲鲜腆而深折之,彼其能有所忍,然后可以就大事。""夫老人者,以为子房才有余,而忧其度量之不足,故深折其少年刚锐之气,使之忍小忿而就大谋。"而司马迁之所谓:"余以为其人计魁梧奇伟,至见其图,状貌如妇人好女",也显示出张良深谙黄老智谋而形之于外貌的精神特质。张良追随刘邦以后,处处表现出"运筹策帷帐中,决胜千里外"的高超谋略,由此成为千古称誉的谋士典型。因有黄老智谋的深敛守藏,

张　良

张良入关后"即道引不食谷,闭门不出岁余",并声明"愿弃人间事,欲从赤松子游",真可谓进退有度,善始善终。《留侯世家》通过以上叙述,生动再现了张良富有传奇的一生。值得玩味的是,传文在写实中夹杂了诸多传奇性的描写,如张良"东见仓海君"、"得力士",遇圯上老人授书,十三年后于谷城山下祭祀黄石,"欲从赤松子游"等等,扑朔迷离,真幻难辨,这样的描写正与传主张良善为智谋的特质两相对应。

留侯张良者,其先韩人也。大父开地,相韩昭侯、宣惠王、襄哀王。父平,相釐王、悼惠王。悼惠王二十三年,平卒。卒二十岁,秦灭韩。良年少,未宦事韩。韩

《留侯世家》

破,良家僮三百人,弟死不葬,悉以家财求客刺秦王,为韩报仇,以大父、父五世相韩故。

良尝学礼淮阳。东见仓海君。得力士,为铁椎重百二十斤。秦皇帝东游,良与客狙击秦皇帝博浪沙中,误中副车。秦皇帝大怒,大索天下,求贼甚急,为张良故也。良乃更名姓,亡匿下邳。

良尝闲从容步游下邳圯上,有一老父,衣褐,至良所,直堕其履圯下,顾谓良曰:"孺子,下取履!"良鄂然,欲殴之。为其老,强忍,下取履。父曰:"履我!"良业为取履,因长跪履之。父以足受,笑而去。良殊大惊,随目之。父去里所,复还,曰:"孺子可教矣。后五日平明,与我会此。"良因怪之,跪曰:"诺。"五日平明,良往。父已先在,怒曰:"与老人期,后,何也?"去,曰:"后五日早会。"五日鸡鸣,良往,父又先在,复怒曰:"后,何也?"去,曰:"后五日复早来。"五日,良夜未半往。有顷,父亦来,喜曰:"当如是。"出一编书,曰:"读此则为王者师矣。后十年兴。十三年孺子见我济北,谷城山下黄石即我矣。"遂去,无他言,不复见。旦日视其书,乃《太公兵法》也。良因异之,常习诵读之。

居下邳,为任侠。项伯常杀人,从良匿。

后十年,陈涉等起兵,良亦聚少年百余人。景驹自立为楚假王,在留。良欲往从之,道遇沛公。沛公将数千人,略地下邳西,遂属焉。沛公拜良为厩将。良数以《太公兵法》说沛公,沛公善之,常用其策。良为他人言,皆不省。良曰:"沛公殆天授。"故遂从之,不去见景驹。

及沛公之薛,见项梁。项梁立楚怀王。良乃说项梁曰:"君已立楚后,而韩诸公子横阳君成贤,可立为王,益树党。"项梁使良求韩成,立以为韩王。以良为韩申徒,与韩王将千余人西略韩地,得数城,秦辄复取之,往来为游兵颍川。

沛公之从洛阳南出轘辕,良引兵从沛公,下韩十余城,击破杨熊军。沛公乃令韩王成留守阳翟,与良俱南,攻下宛,西入武关。沛公欲以兵二万人击秦峣下军,良说曰:"秦兵尚强,未可轻。臣闻其将屠者子,贾竖易动以利。愿沛公且留壁,使人先行,为五万人具食,益为张旗帜诸山上,为疑兵,令郦食其持重宝啖秦将。"秦将果畔,欲连和俱西袭咸阳,沛公欲听之。良曰:"此独其将欲叛耳,恐士卒不从。不从必危,不如因其解击之。"沛公乃引兵击秦军,大破之。遂北至蓝田,再战,秦兵竟败。遂至咸阳,秦王子婴降沛公。

沛公入秦宫,宫室帷帐狗马重宝妇女以千数,意欲留居之。樊哙谏沛公出舍。沛公不听。良曰:"夫秦为无道,故沛公得至此。夫为天下除残贼,宜缟素为资。今始入秦,即安其乐,此所谓'助桀为虐'。且'忠言逆耳利于行,毒药苦口利于病',愿沛公听樊哙言。"沛公乃还军霸上。

项羽至鸿门下,欲击沛公,项伯乃夜驰入沛公军,私见张良,欲与俱去。良曰:"臣为韩王送沛公,今事有急,亡去不义。"乃具以语沛公。沛公大惊,曰:"为将奈何?"良曰:"沛公诚欲倍项羽邪?"沛公曰:"鲰生教我距关无内诸侯,秦地可尽王,故听之。"良曰:"沛公自度能却项羽乎?"沛公默然良久,曰:"固不能也。今为奈何?"良乃固要项伯。项伯见沛公。沛公与饮为寿,结宾婚。令项伯具言沛公不敢倍项羽,所以距关者,备他盗也。及见项羽后解,语在《项羽》事中。

汉元年正月,沛公为汉王,王巴蜀。汉王赐良金百溢,珠二斗,良具以献项伯。汉王亦因令良厚遗项伯,使请汉中地。项王乃许之,遂得汉中地。汉王之国,良送至褒中,遣良归韩。良因说汉王曰:"王何不烧绝所过栈道,示天下无还心,以固项王意。"乃使良还。行,烧绝栈道。

良至韩,韩王成以良从汉王故,项王不遣成之国,从与俱东。良说项王曰:"汉王烧绝栈道,无还心矣。"乃以齐王田荣反书告项王。项王以此无西忧汉心,而发兵北击齐。

项王竟不肯遣韩王,乃以为侯,又杀之彭城。良亡,间行归汉王,汉王亦已还定三秦矣。复以良为成信侯,从东击楚。至彭城,汉败而还。至下邑,汉王下马踞鞍而问曰:"吾欲捐关以东等弃之,谁可与共功者?"良进曰:"九江王黥布,楚枭将,与项王有郤;彭越与齐王田荣反梁地:此两人可急使。而汉王之将独韩信可属大事,当一面。即欲捐之,捐之此三人,则楚可破也。"汉王乃遣随何说九江王布,而使人连彭越。及魏王豹反,使韩信将兵击之,因举燕、代、齐、赵。然卒破楚者,此三人力也。

张良多病,未尝特将也,常为画策臣,时时从汉王。

汉三年,项羽急围汉王荥阳,汉王恐忧,与郦食其谋桡楚权。食其曰:"昔汤伐桀,封其后于杞。武王伐纣,封其后于宋。今秦失德弃义,侵伐诸侯社稷,灭六国之后,使无立锥之地。陛下诚能复立六国后世,毕已受印,此其君臣百姓必皆戴陛下之德,莫不乡风慕义,愿为臣妾。德义已行,陛下南乡称霸,楚必敛衽而朝。"汉王曰:"善。趣刻印,先生因行佩之矣。"

食其未行,张良从外来谒。汉王方食,曰:"子房前!客有为我计桡楚权者。"具以郦生语告,曰:"于子房何如?"良曰:"谁为陛下画此计者?陛下事去矣。"汉王曰:"何哉?"张良对曰:"臣请藉前箸为大王筹之。"曰:"昔者汤伐桀而封其后于杞者,度能制桀之死命也。今陛下能制项籍之死命乎?"曰:"未能也。""其不可一也。武王伐纣封其后于宋者,度能得纣之头也。今陛下能得项籍之头乎?"曰:"未能也。""其不可二也。武王入殷,表商容之间,释箕子之拘,封比干之墓。今陛下能封圣人之墓,表贤者之间,式智者之门乎?"曰:"未能也。""其不可三也。发钜桥之

《留侯世家》

粟,散鹿台之钱,以赐贫穷。今陛下能散府库以赐贫穷乎?"曰:"未能也。""其不可四矣。殷事已毕,偃革为轩,倒置干戈,覆以虎皮,以示天下不复用兵。今陛下能偃武行文,不复用兵乎?"曰:"未能也。""其不可五矣。休马华山之阳,示以无所为。今陛下能休马无所用乎?"曰:"未能也。""其不可六矣。放牛桃林之阴,以示不复输积。今陛下能放牛不复输积乎?"曰:"未能也。""其不可七矣。且天下游士离其亲戚,弃坟墓,去故旧,从陛下游者,徒欲日夜望咫尺之地。今复六国,立韩、魏、燕、赵、齐、楚之后,天下游士各归事其主,从其亲戚,反其故旧坟墓,陛下与谁取天下乎?其不可八矣。且夫楚唯无强,六国立者复桡而从之,陛下焉得而臣之?诚用客之谋,陛下事去矣。"汉王辍食吐哺,骂曰:"竖儒,几败而公事!"令趣销印。

汉四年,韩信破齐而欲自立为齐王,汉王怒。张良说汉王,汉王使良授齐王信印,语在《淮阴》事中。

其秋,汉王追楚至阳夏南,战不利而壁固陵,诸侯期不至。良说汉王,汉王用其计,诸侯皆至。语在《项籍》事中。

汉六年正月,封功臣。良未尝有战斗功,高帝曰:"运筹策帷帐中,决胜千里外,子房功也。自择齐三万户。"良曰:"始臣起下邳,与上会留,此天以臣授陛下。陛下用臣计,幸而时中,臣愿封留足矣,不敢当三万户。"乃封张良为留侯,与萧何等俱封。

六年,上已封大功臣二十余人,其余日夜争功不决,未得行封。上在雒阳南宫,从复道望见诸将往往相与坐沙中语,上曰:"此何语?"留侯曰:"陛下不知乎?此谋反耳。"上曰:"天下属安定,何故反乎?"留侯曰:"陛下起布衣,以此属取天下,今陛下为天子,而所封皆萧、曹故人所亲爱,而所诛者皆生平所仇怨。今军吏计功,以天下不足遍封,此属畏陛下不能尽封,恐又见疑平生过失及诛,故即相聚谋反耳。"上乃忧曰:"为之奈何?"留侯曰:"上平生所憎,群臣所共知,谁最甚者?"上曰:"雍齿与我故,数尝窘辱我。我欲杀之,为其功多,故不忍。"留侯曰:"今急先封雍齿以示群臣,群臣见雍齿封,则人人自坚矣。"于是上乃置酒,封雍齿为什方侯,而急趣丞相、御史定功行封。群臣罢酒,皆喜曰:"雍齿尚为侯,我属无患矣。"

刘敬说高帝曰:"都关中。"上疑之。左右大臣皆山东人,多劝上都雒阳:"雒阳东有成皋,西有崤黾,倍河,向伊雒,其固亦足恃。"留侯曰:"雒阳虽有此固,其中小,不过数百里,田地薄,四面受敌,此非用武之国也。夫关中左崤函,右陇蜀,沃野千里,南有巴蜀之饶,北有胡苑之利,阻三面而守,独以一面东制诸侯,诸侯安定,河渭漕挽天下,西给京师;诸侯有变,顺流而下,足以委输。此所谓金城千里,天府之国也,刘敬说是也。"于是高帝即日驾,西都关中。

留侯从入关。留侯性多病,即道引不食谷,杜门不出岁余。

上欲废太子,立戚夫人子赵王如意。大臣多谏争,未能得坚决者也。吕后恐,不知所为。人或谓吕后曰:"留侯善画计策,上信用之。"吕后乃使建成侯吕泽劫留侯,曰:"君常为上谋臣,今上欲易太子,君安得高枕而卧乎?"留侯曰:"始上数在困急之中,幸用臣策。今天下安定,以爱欲易太子,骨肉之间,虽臣等百余人何益。"吕泽强要曰:"为我画计。"留侯曰:"此难以口舌争也。顾上有不能致者,天下有四人。四人者年老矣,皆以为上慢侮人,故逃匿山中,义不为汉臣。然上高此四人。今公诚能无爱金玉璧帛,令太子为书,卑辞安车,因使辩士固请,宜来。来,以为客,时时从入朝,令上见之,则必异而问之。问之,上知此四人贤,则一助也。"于是吕后令吕泽使人奉太子书,卑辞厚礼,迎此四人。四人至,客建成侯所。

汉十一年,黥布反,上病,欲使太子将,往击之。四人相谓曰:"凡来者,将以存太子。太子将兵,事危矣。"乃说建成侯曰:"太子将兵,有功则位不益太子;无功还,则从此受祸矣。且太子所与俱诸将,皆尝与上定天下枭将也,今使太子将之,此无异使羊将狼也,皆不肯为尽力,其无功必矣。臣闻'母爱者子抱',今戚夫人日夜侍御,赵王如意常抱居前,上曰'终不使不肖子居爱子之上',明乎其代太子位必矣。君何不急请吕后承间为上泣言:'黥布,天下猛将也,善用兵,今诸将皆陛下故等夷,乃令太子将此属,无异使羊将狼,莫肯为用,且使布闻之,则鼓行而西耳。上虽病,强载辎车,卧而护之,诸将不敢不尽力。上虽苦,为妻子自强。'"于是吕泽立夜见吕后,吕后承间为上泣涕而言,如四人意。上曰:"吾惟竖子固不足遣,而公自行耳。"于是上自将兵而东,群臣居守,皆送至灞上。留侯病,自强起,至曲邮,见上曰:"臣宜从,病甚。楚人剽疾,愿上无与楚人争锋。"因说上曰:"令太子为将军,监关中兵。"上曰:"子房虽病,强卧而傅太子。"是时叔孙通为太傅,留侯行少傅事。

汉十二年,上从击破布军归,疾益甚,愈欲易太子。留侯谏,不听,因疾不视事。叔孙太傅称说引古今,以死争太子。上详许之,犹欲易之。及燕,置酒,太子侍。四人从太子,年皆八十有余,须眉皓白,衣冠甚伟。上怪之,问曰:"彼何为者?"四人前对,各言名姓,曰东园公,角里先生,绮里季,夏黄公。上乃大惊,曰:"吾求公数岁,公辟逃我,今公何自从吾儿游乎?"四人皆曰:"陛下轻士善骂,臣等义不受辱,故恐而亡匿。窃闻太子为人仁孝,恭敬爱士,天下莫不延颈欲为太子死者,故臣等来耳。"上曰:"烦公幸卒调护太子。"

四人为寿已毕,趋去。上目送之,召戚夫人指示四人者曰:"我欲易之,彼四人辅之,羽翼已成,难动矣。吕后真而主矣。"戚夫人泣,上曰:"为我楚舞,吾为若楚歌。"歌曰:"鸿鹄高飞,一举千里。羽翮已就,横绝四海。横绝四海,当可奈何!虽有矰缴,尚安所施!"歌数阕,戚夫人嘘唏流涕,上起去,罢酒。竟不易太子者,留侯本招此四人之力也。

留侯从上击代,出奇计马邑下,及立萧何相国,所与上从容言天下事甚众,非天

《留侯世家》

下所以存亡,故不著。留侯乃称曰:"家世相韩,及韩灭,不爱万金之资,为韩报仇强秦,天下振动。今以三寸舌为帝者师,封万户,位列侯,此布衣之极,于良足矣。愿弃人间事,欲从赤松子游耳。"乃学辟谷,道引轻身。会高帝崩,吕后德留侯,乃强食之,曰:"人生一世间,如白驹过隙,何至自苦如此乎!"留侯不得已,强听而食。

后八年卒,谥为文成侯。子不疑代侯。

子房始所见下邳圯上老父与《太公书》者,后十三年从高帝过济北,果见谷城山下黄石,取而葆祠之。留侯死,并葬黄石冢。每上冢伏腊,祠黄石。

留侯不疑,孝文帝五年坐不敬,国除。

太史公曰:学者多言无鬼神,然言有物。至如留侯所见老父予书,亦可怪矣。高祖离困者数矣,而留侯常有功力焉,岂可谓非天乎?上曰:"夫运筹策帷帐之中,决胜千里外,吾不如子房。"余以为其人计魁梧奇伟,至见其图,状貌如妇人好女。盖孔子曰:"以貌取人,失之子羽。"留侯亦云。

《陈丞相世家》（节选）

阅读提示 在刘邦谋臣中，陈平以能出奇计而为刘邦所重。观《陈丞相世家》，陈平少时"贫不事事，一县中尽笑其所为"，其生存的困顿与韩信"家贫无行，不能推择为吏，又不能治生为商贾，常从人寄食"两相仿佛。但他胸怀大志，又擅黄老之学，与韩信、张良一样具有深藏不露的智谋。里中分肉甚均一事，已初露其宰治天下的怀抱。此后，陈平以其解荥阳之困、开平城之围、反间项羽、智擒韩信、解平城之围、剪除诸吕等诸多事迹，尽现其"常出奇计，救纷纠之难，振国家之患"的特殊才干。陈平不惟足智多谋，而且能"以荣名终"，这其中的一大秘因已为司马迁所言"本好黄帝、老子之术"一语道破。陈平密谋剪除诸吕一事足为显证。曹参死后，陈平任左丞相。面对吕后专权，少时即"治黄帝老子之术"的陈平深谙进退之道，深自守藏，"不治事，日饮醇酒，戏妇人"，对吕后所为均"伪听之"而大得吕后欢心。待到吕后崩后，陈平审时度势，处事深密，在不露声色中即与太尉周勃合谋诛灭了诸吕。大功告成，陈平又谢病"以相让勃"。黄老之术的运用可谓至极。而司马迁写人的高明之处就在于将最能体现陈平智谋的言行重点地加以描绘，显示出陈平智深谋熟的本质特征。这里节选陈平投奔刘邦前的事迹，以显陈平奇人之特点，亦体现《史记》用细节写人之特点。

陈　平

　　陈丞相平者，阳武户牖乡人也。少时家贫，好读书，有田三十亩，独与兄伯居。伯常耕田，纵平使游学。平为人长，美色。人或谓陈平曰："贫何食而肥若是？"其嫂嫉平之不视家生产，曰："亦食糠核耳。有叔如此，不如无有。"伯闻之，逐其妇而弃之。

　　及平长，可娶妻，富人莫肯与者，贫者平亦耻之。久之，户牖富人有张负，张负女孙五嫁而夫辄死，人莫敢娶。平欲得之。邑中有丧，平贫，侍丧，以先往后罢为

《陈丞相世家》（节选）

助。张负既见之丧所，独视伟平，平亦以故后去。负随平至其家，家乃负郭穷巷，以敝席为门，然门外多有长者车辙。张负归，谓其子仲曰："吾欲以女孙予陈平。"张仲曰："平贫不事事，一县中尽笑其所为，独奈何予女乎？"负曰："人固有好美如陈平而长贫贱者乎？"卒与女。为平贫，乃假贷币以聘，予酒肉之资以内妇。负诫其孙曰："毋以贫故，事人不谨。事兄伯如事父，事嫂如母。"平既娶张氏女，赍用益饶，游道日广。

里中社，平为宰，分肉食甚均。父老曰："善，陈孺子之为宰！"平曰："嗟乎，使平得宰天下，亦如是肉矣！"

陈涉起而王陈，使周市略定魏地，立魏咎为魏王，与秦军相攻于临济。陈平固已前谢其兄伯，从少年往事魏王咎于临济。魏王以为太仆。说魏王不听，人或谗之，陈平亡去。

久之，项羽略地至河上，陈平往归之，从入破秦，赐平爵卿。项羽之东王彭城也，汉王还定三秦而东，殷王反楚。项羽乃以平为信武君，将魏王咎客在楚者以往，击降殷王而还。项王使项悍拜平为都尉，赐金二十溢。居无何，汉王攻下殷。项王怒，将诛定殷者将吏。陈平惧诛，乃封其金与印，使使归项王，而平身间行杖剑亡。渡河，船人见其美丈夫独行，疑其亡将，要中当有金玉宝器，目之，欲杀平。平恐，乃解衣裸而佐刺船。船人知其无有，乃止。

平遂至修武降汉，因魏无知求见汉王，汉王召入。是时万石君奋为汉王中涓，受平谒，入见平。平等七人俱进，赐食。王曰："罢，就舍矣。"平曰："臣为事来，所言不可以过今日。"于是汉王与语而说之，问曰："子之居楚何官？"曰："为都尉。"是日乃拜平为都尉，使为参乘，典护军。诸将尽讙，曰："大王一日得楚之亡卒，未知其高下，而即与同载，反使监护军长者！"汉王闻之，愈益幸平。遂与东伐项王。

《伯夷列传》

阅读提示 司马迁置伯夷、叔齐两人于七十列传第一,高踞于其他人物列传之上,表现了他对历史的深沉思虑。从表面上看,伯夷、叔齐无功业可言,对历史的实际进程似乎并没有什么影响。按照一般史学家的理解,只有那些对历史进程有实际作用的人才能称之为"历史人物",才能载入史册。然而司马迁独具慧眼,在《史记·太史公自序》中明言道:"末世争利,维彼奔义;让国饿死,天下称之。作《伯夷列传》第一。"这样,司马迁通过弘扬一种高士品格,强调了精神价值在历史中的深远影响。在本篇传记中,司马迁叙写了伯夷、叔齐的简短事迹,极力称扬了他们积仁洁行的高尚品格。此外,司马迁还以大量篇幅将伯夷、叔齐的善行与盗跖的恶行两相比照,对恶人无恶报、善人无善报的不合理现象发出了悲怆的"天问":"余甚惑焉,倘所谓天道,是邪非邪",显现出一个深入历史的史家面对"天道"之"不仁"而大惑不解的悲苦心境。本文在写法上独具一格。纵观《史记》本纪、世家、列传之篇末,大体均有"太史公曰",而《伯夷列传》则无。通篇都是论议、咏叹并夹以叙事,名为传记,实为传论,而且写得跌宕起伏,极尽抑扬顿挫之能事。

夫学者载籍极博,尤考信于六艺。《诗》、《书》虽缺,然虞、夏之文可知也。尧将逊位,让于虞舜,舜、禹之间,岳牧咸荐,乃试之于位,典职数十年,功用既兴,然后授政。示天下重器,王者大统,传天下若斯之难也。而说者曰尧让天下于许由,许由不受,耻之逃隐。及夏之时,有卞随、务光者。此何以称焉?太史公曰:余登箕山,其上盖有许由冢云。孔子序列古之仁圣贤人,如吴太伯、伯夷之伦详矣。余以所闻由、光义至高,其文辞不少概见,何哉?

孔子曰:"伯夷、叔齐,不念旧恶,怨是用希。""求仁得仁,又何怨乎?"余悲伯夷之意,睹轶诗可异焉。其传曰:伯夷、叔齐,孤竹君之二子也。父欲立叔齐。及父卒,叔齐让伯夷。伯夷曰:"父命也。"遂逃去。叔齐亦不肯立而逃之。国人立其中子。于是伯夷、叔齐闻西伯昌善养老,盍往归焉。及至,西伯卒,武王载木主,号为文王,东伐纣。伯夷、叔齐叩马而谏曰:"父死不葬,爰及干戈,可谓孝乎?以臣弑君,

《伯夷列传》

可谓仁乎?"左右欲兵之。太公曰:"此义人也。"扶而去之。武王已平殷乱,天下宗周,而伯夷、叔齐耻之,义不食周粟,隐于首阳山,采薇而食之。及饿且死,作歌,其辞曰:"登彼西山兮,采其薇矣。以暴易暴兮,不知其非矣。神农、虞、夏忽焉没兮,我安适归矣?于嗟徂兮,命之衰矣。"遂饿死于首阳山。由此观之,怨邪非邪?

或曰:"天道无亲,常与善人。"若伯夷、叔齐,可谓善人者非邪?积仁洁行如此而饿死。且七十子之徒,仲尼独荐颜渊为好学。然回也屡空,糟糠不厌,而卒蚤夭。天之报施善人,其何如哉?盗跖日杀不辜,肝人之肉,暴戾恣睢,聚党数千人,横行天下,竟以寿终,是遵何德哉?此其尤大彰明较著者也。若至近世,操行不轨,事犯忌讳,而终身逸乐,富厚累世不绝。或择地而蹈之,时然后出言,行不由径,非公正不发愤,而遇祸灾者,不可胜数也。余甚惑焉,倘所谓天道,是邪非邪?

子曰:"道不同不相为谋。"亦各从其志也。故曰:"富贵如可求,虽执鞭之士,吾亦为之。如不可求,从吾所好。""岁寒,然后知松柏之后凋。"举世混浊,清士乃见。岂以其重若彼,其轻若此哉?"君子疾没世而名不称焉。"贾子曰:"贪夫徇财,烈士徇名,夸者死权,众庶冯生。""同明相照,同类相求。""云从龙,风从虎,圣人作而万物睹。"伯夷、叔齐虽贤,得夫子而名益彰;颜渊虽笃学,附骥尾而行益显。岩穴之士,趋舍有时若此,类名湮灭而不称,悲夫!闾巷之人,欲砥行立名者,非附青云之士,恶能施于后世哉?

《孙子吴起列传》（节选）

阅读提示　《孙子吴起列传》是春秋战国时孙武、孙膑、吴起三位杰出军事家的合传。作者记叙三人的事迹，各有其侧重点，写孙武突出其"严"，写孙膑突出其"智"，写吴起突出其"悲"，从而成功地塑造出了这三位兵家杰出人物的鲜明形象，写出了他们各自不同的人生遭际和性格特征。

　　这里节选的是其中的"孙膑传"。司马迁从孙膑一生中选取了四件事进行叙写，一是被庞涓妒忌，遭受刖刑和墨刑；二是调换上、中、下三等马的出场顺序，使得田忌赛马赌胜；三是献围魏救赵之计，使赵国得救并大败魏军；四是用减灶诱敌之计，于马陵道再败魏军且迫使庞涓自杀。前两件事重在侧面烘托，以小见大；后两件事属于正面描写，直接写其高超的军事指挥艺术，从而把孙膑这一足智多谋、用兵如神的兵家"智"者、军事天才的形象凸现了出来。

　　孙武既死，后百余岁有孙膑。膑生阿鄄之间，膑亦孙武之后世子孙也。孙膑尝与庞涓俱学兵法。庞涓既事魏，得为惠王将军，而自以为能不及孙膑，乃阴使召孙膑。膑至，庞涓恐其贤于己，疾之，则以法刑断其两足而黥之，欲隐勿见。齐使者如梁，孙膑以刑徒阴见，说齐使。齐使以为奇，窃载与之齐。齐将田忌善而客待之。忌数与齐诸公子驰逐重射。孙子见其马足不甚相远，马有上、中、下辈。于是孙子谓田忌曰："君弟重射，臣能令君胜。"田忌信然之，与王及诸公子逐射千金。及临质，孙子曰："今以君之下驷与彼上驷，取君上驷与彼中驷，取君中驷与彼下驷。"既驰三辈毕，而田忌一不胜而再胜，卒得王千金。于是忌进孙子于威王。威王问兵法，遂以为师。

　　其后魏伐赵，赵急，请救于齐。齐威王欲将孙膑，膑辞谢曰："刑余之人不可。"于是乃以田忌为将，而孙子为师，居辎车中，坐为计谋。田忌欲引兵之赵，孙子曰："夫解杂乱纷纠者不控捲，救斗者不搏撠，批亢捣虚，形格势禁，则自为解耳。今梁赵相攻，轻兵锐卒必竭于外，老弱罢于内。君不若引兵疾走大梁，据其街路，冲其方虚，彼必释赵而自救。是我一举解赵之围而收獘于魏也。"田忌从之，魏果去邯郸，与齐

《孙子吴起列传》(节选)

战于桂陵,大破梁军。

后十三岁,魏与赵攻韩,韩告急于齐。齐使田忌将而往,直走大梁。魏将庞涓闻之,去韩而归,齐军既已过而西矣。孙子谓田忌曰:"彼三晋之兵素悍勇而轻齐,齐号为怯,善战者因其势而利导之。兵法,百里而趣利者蹶上将,五十里而趣利者军半至。使齐军入魏地为十万灶,明日为五万灶,又明日为三万灶。"庞涓行三日,大喜,曰:"我固知齐军怯,入吾地三日,士卒亡者过半矣。"乃弃其步军,与其轻锐倍日并行逐之。孙子度其行,暮当至马陵。马陵道狭,而旁多阻隘,可伏兵,乃斫大树白而书之曰"庞涓死于此树之下"。于是令齐军善射者万弩,夹道而伏,期曰"暮见火举而俱发"。庞涓果夜至斫木下,见白书,乃钻火烛之。读其书未毕,齐军万弩俱发,魏军大乱相失。庞涓自知智穷兵败,乃自刭,曰:"遂成竖子之名!"齐因乘胜尽破其军,虏魏太子申以归。孙膑以此名显天下,世传其兵法。

··········

太史公曰:世俗所称师旅,皆道《孙子》十三篇,吴起《兵法》,世多有,故弗论,论其行事所施设者。语曰:"能行之者未必能言,能言之者未必能行。"孙子筹策庞涓明矣,然不能蚤救患于被刑。吴起说武侯以形势不如德,然行之于楚,以刻暴少恩亡其躯。悲夫!

史记概论

《商君列传》

阅读提示 本篇是先秦法家代表人物商鞅的传记。商鞅原名公孙鞅或卫鞅,后因在秦国变法有功被封于商,史称商鞅,又称商君。文章记叙了商鞅一生先在魏国不受重用,后在秦国变法成功,以及最后被反对派车裂示众等主要经历,尤其是详细记叙了商鞅变法的全过程。尽管司马迁由于个人遭遇的原因,对商鞅这种刻薄少恩之人非常反感,在论赞中给予激烈抨击,但在文中对商鞅变法使秦国富兵强、一跃称雄诸侯的历史功绩仍作了客观、公正的记录和高度的评价。文章选材精当,匠心独具,着力描写了商鞅变法前的准备、变法的内容及所遇到的阻碍和所取得的辉煌成果,详略分明,重点突出,表现出作者卓越的胆识和进步的历史观。在刻画商鞅形象时,作者运用了对比、反衬、细节描写等多种手法,收到了生动传神、跃然纸上的艺术效果。如写商鞅说服秦孝公时,主要从侧面烘托出其才华横溢、巧于心计、善于调整策略来适应对方的政治家风貌。文章开头公叔座与魏王、商鞅的一次谈话,亦表现出商鞅老谋深算、遇事不慌、胸有成竹的气魄和风度。

商 鞅

  商君者,卫之诸庶孽公子也,名鞅,姓公孙氏,其祖本姬姓也。鞅少好刑名之学,事魏相公叔座为中庶子。公叔座知其贤,未及进。会座病,魏惠王亲往问病,曰:"公叔病有如不可讳,将奈社稷何?"公叔曰:"座之中庶子公孙鞅,年虽少,有奇才,愿王举国而听之。"王嘿然。王且去,座屏人言曰:"王即不听用鞅,必杀之,无令出境。"王许诺而去。公叔座召鞅谢曰:"今者王问可以为相者,我言若,王色不许我。我方先君后臣,因谓王即弗用鞅,当杀之。王许我。汝可疾去矣,且见禽。"鞅曰:"彼王不能用君之言任臣,又安能用君之言杀臣乎?"卒不去。惠王既去,而谓左右曰:"公叔病甚,悲乎,欲令寡人以国听公孙鞅也,岂不悖哉!"

  公叔既死,公孙鞅闻秦孝公下令国中求贤者,将修缪公之业,东复侵地,乃遂西入秦,因孝公宠臣景监以求见孝公。孝公既见卫鞅,语事良久,孝公时时睡,弗听。

《商君列传》

罢而孝公怒景监曰:"子之客妄人耳,安足用邪!"景监以让卫鞅。卫鞅曰:"吾说公以帝道,其志不开悟矣。"后五日,复求见鞅。鞅复见孝公,益愈,然而未中旨。罢而孝公复让景监,景监亦让鞅。鞅曰:"吾说公以王道而未入也。请复见鞅。"鞅复见孝公,孝公善之而未用也。罢而去。孝公谓景监曰:"汝客善,可与语矣。"鞅曰:"吾说公以霸道,其意欲用之矣。诚复见我,我知之矣。"卫鞅复见孝公。公与语,不自知厀之前于席也。语数日不厌。景监曰:"子何以中吾君?吾君之驩甚也。"鞅曰:"吾说君以帝王之道比三代,而君曰:'久远,吾不能待。且贤君者,各及其身显名天下,安能邑邑待数十百年以成帝王乎?'故吾以强国之术说君,君大说之耳。然亦难以比德于殷周矣。"

孝公既用卫鞅,鞅欲变法,恐天下议己。卫鞅曰:"疑行无名,疑事无功。且夫有高人之行者,固见非于世;有独知之虑者,必见敖于民。愚者闇于成事,知者见于未萌。民不可与虑始而可与乐成。论至德者不和于俗,成大功者不谋于众。是以圣人苟可以强国,不法其故;苟可以利民,不循其礼。"孝公曰:"善。"甘龙曰:"不然。圣人不易民而教,知者不变法而治。因民而教,不劳而成功;缘法而治者,吏习而民安之。"卫鞅曰:"龙之所言,世俗之言也。常人安于故俗,学者溺于所闻。以此两者居官守法可也,非所与论于法之外也。三代不同礼而王,五伯不同法而霸。智者作法,愚者制焉;贤者更礼,不肖者拘焉。"杜挚曰:"利不百,不变法;功不十,不易器。法古无过,循礼无邪。"卫鞅曰:"治世不一道,便国不法古。故汤武不循古而王,夏殷不易礼而亡。反古者不可非,而循礼者不足多。"孝公曰:"善。"以卫鞅为左庶长,卒定变法之令。

令民为什伍,而相牧司连坐。不告奸者腰斩,告奸者与斩敌首同赏,匿奸者与降敌同罚。民有二男以上不分异者,倍其赋。有军功者,各以率受上爵;为私斗者,各以轻重被刑大小。僇力本业,耕织致粟帛多者复其身。事末利及怠而贫者,举以为收孥。宗室非有军功论,不得为属籍。明尊卑爵秩等级,各以差次名田宅,臣妾衣服以家次。有功者显荣,无功者虽富无所芬华。

令既具,未布,恐民之不信,已乃立三丈之木于国都市南门,募民有能徙置北门者予十金。民怪之,莫敢徙。复曰"能徙者予五十金"。有一人徙之,辄予五十金,以明不欺。卒下令。令行于民期年,秦民之国都言初令之不便者以千数。于是太子犯法。卫鞅曰:"法之不行,自上犯之。"将法太子。太子,君嗣也,不可施刑,刑其傅公子虔,黥其师公孙贾。明日,秦人皆趋令。行之十年,秦民大说,道不拾遗,山无盗贼,家给人足。民勇于公战,怯于私斗,乡邑大治。秦民初言令不便者有来言令便者,卫鞅曰"此皆乱化之民也",尽迁之于边城。其后民莫敢议令。

于是以鞅为大良造。将兵围魏安邑,降之。居三年,作为筑冀阙宫庭于咸阳,秦自雍徙都之。而令民父子兄弟同室内息者为禁。而集小乡邑聚为县，置令、丞，凡三十一县。为田开阡陌封疆，而赋税平。平斗桶权衡丈尺。行之四年，公子虔复犯约，劓之。居五年，秦人富强，天子致胙于孝公，诸侯毕贺。其明年，齐败魏兵于马陵，虏其太子申，杀将军庞涓。其明年，卫鞅说孝公曰："秦之与魏，譬若人之有腹心疾，非魏并秦，秦即并魏。何者？魏居领阨之西，都安邑，与秦界河而独擅山东之利。利则西侵秦，病则东收地。今以君之贤圣，国赖以盛。而魏往年大破于齐，诸侯畔之，可因此时伐魏。魏不支秦，必东徙。东徙，秦据河山之固，东乡以制诸侯，此帝王之业也。"孝公以为然，使卫鞅将而伐魏。魏使公子卬将而击之。军既相距，卫鞅遗魏将公子卬书曰："吾始与公子驩，今俱为两国将，不忍相攻，可与公子面相见，盟，乐饮而罢兵，以安秦魏。"魏公子卬以为然。会盟已，饮，而卫鞅伏甲士而袭虏魏公子卬，因攻其军，尽破之以归秦。魏惠王兵数破于齐秦，国内空，日以削，恐，乃使使割河西之地献于秦以和。而魏遂去安邑，徙都大梁。梁惠王曰："寡人恨不用公叔痤之言也。"卫鞅既破魏还，秦封之於、商十五邑，号为商君。

　　商君相秦十年，宗室贵戚多怨望者。赵良见商君。商君曰："鞅之得见也，从孟兰皋，今鞅请得交，可乎？"赵良曰："仆弗敢愿也。孔丘有言曰：'推贤而戴者进，聚不肖而王者退。'仆不肖，故不敢受命。仆闻之曰：'非其位而居之曰贪位，非其名而有之曰贪名。'仆听君之义，则恐仆贪位贪名也。故不敢闻命。"商君曰："子不说吾治秦与？"赵良曰："反听之谓聪，内视之谓明，自胜之谓强。虞舜有言曰：'自卑也尚矣。'君不若道虞舜之道，无为问仆矣。"商君曰："始秦戎翟之教，父子无别，同室而居。今我更制其教，而为其男女之别，大筑冀阙，营如鲁卫矣。子观我治秦也，孰与五羖大夫贤？"赵良曰："千羊之皮，不如一狐之掖；千人之诺诺，不如一士之谔谔。武王谔谔以昌，殷纣墨墨以亡。君若不非武王乎，则仆请终日正言而无诛，可乎？"商君曰："语有之矣，貌言华也，至言实也，苦言药也，甘言疾也。夫子果肯终日正言，鞅之药也。鞅将事子，子又何辞焉！"赵良曰："夫五羖大夫，荆之鄙人也。闻秦缪公之贤而愿望见，行而无资，自粥于秦客，被褐食牛。期年，缪公知之，举之牛口之下，而加之百姓之上，秦国莫敢望焉。相秦六七年，而东伐郑，三置晋国之君，一救荆国之祸。发教封内，而巴人致贡；施德诸侯，而八戎来服。由余闻之，款关请见。五羖大夫之相秦也，劳不坐乘，暑不张盖，行于国中，不从车乘，不操干戈，功名藏于府库，德行施于后世。五羖大夫死，秦国男女流涕，童子不歌谣，舂者不相杵。此五羖大夫之德也。今君之见秦王也，因嬖人景监以为主，非所以为名也。相秦不以百姓为事，而大筑冀阙，非所以为功也。刑黥太子之师傅，残伤民以骏刑，是积怨畜祸也。教之化民也深于命，民之效上也捷于令。今君又左建外易，非所以为教也。君又南面而称寡人，日绳秦之贵公子。《诗》曰：'相鼠有体，人而无礼；人而

《商君列传》

无礼,何不遄死。'以《诗》观之,非所以为寿也。公子虔杜门不出已八年矣,君又杀祝懽而黥公孙贾。《诗》曰:'得人者兴,失人者崩。'此数事者,非所以得人也。君之出也,后车十数,从车载甲,多力而骈胁者为骖乘,持矛而操闟戟者旁车而趋。此一物不具,君固不出。《书》曰:'恃德者昌,恃力者亡。'君之危若朝露,尚将欲延年益寿乎?则何不归十五都,灌园于鄙,劝秦王显岩穴之士,养老存孤,敬父兄,序有功,尊有德,可以少安。君尚将贪商於之富,宠秦国之教,畜百姓之怨,秦王一旦捐宾客而不立朝,秦国之所以收君者,岂其微哉?亡可翘足而待。"商君弗从。

　　后五月而秦孝公卒,太子立。公子虔之徒告商君欲反,发吏捕商君。商君亡至关下,欲舍客舍。客人不知其是商君也,曰:"商君之法,舍人无验者坐之。"商君喟然叹曰:"嗟乎,为法之敝一至此哉!"去之魏。魏人怨其欺公子卬而破魏师,弗受。商君欲之他国。魏人曰:"商君,秦之贼。秦强而贼入魏,弗归,不可。"遂内秦。商君既复入秦,走商邑,与其徒属发邑兵北出击郑。秦发兵攻商君,杀之于郑黾池。秦惠王车裂商君以徇,曰:"莫如商鞅反者!"遂灭商君之家。

　　太史公曰:商君,其天资刻薄人也。迹其欲干孝公以帝王术,挟持浮说,非其质矣。且所因由嬖臣,及得用,刑公子虔,欺魏将卬,不师赵良之言,亦足发明商君之少恩矣。余尝读商君开塞耕战书,与其人行事相类。卒受恶名于秦,有以也夫!

《张仪列传》(节选)

阅读提示 本篇主要是先秦纵横家代表人物张仪的传记,只是在篇末附有陈轸、犀首的小传而已。苏秦和张仪分别是战国时合纵派和连横派的代表,二人的主张截然相反,但在司马迁看来,他们都是阴险狡诈的"倾危之士",而且张仪的行事"甚于苏秦"。作者在本文虽然也写了张仪早年落魄不得志的情况和最终"卒于魏"的结局,但重点却放在其得志后凭三寸不烂之舌和倾危之术为秦游说六国之君使之与秦连横而"成其衡(横)道"的具体情形,从而完整地展示了张仪一生招摇倾诈、力求连横且使之成功这一主要事迹,生动地刻画了张仪这一纵横家代表人物机敏多智、善于权变,更汲汲于功名富贵、利欲熏心、阴险狡诈的典型形象。

张　仪

这里节选的是其中的"张仪说楚"一节和篇末的论赞。"张仪说楚"虚许楚怀王商於之地六百里,使楚、齐绝交,而后又谎称只许六里,翻云覆雨,巧舌如簧,诡计多端,不择手段,乃是其欺诈本性最直接最典型的暴露。篇末论赞是作者对张仪以及苏秦的评论和批判。

秦欲伐齐,齐楚从亲,于是张仪往相楚。楚怀王闻张仪来,虚上舍而自馆之。曰:"此僻陋之国,子何以教之?"仪说楚王曰:"大王诚能听臣,闭关绝约于齐,臣请献商於之地六百里,使秦女得为大王箕帚之妾,秦楚娶妇嫁女,长为兄弟之国。此北弱齐而西益秦也,计无便此者。"楚王大说而许之。群臣皆贺,陈轸独吊之。楚王怒曰:"寡人不兴师发兵得六百里地,群臣皆贺,子独吊,何也?"陈轸对曰:"不然,以臣观之,商於之地不可得而齐秦合,齐秦合则患必至矣。"楚王曰:"有说乎?"陈轸对曰:"夫秦之所以重楚者,以其有齐也。今闭关绝约于齐,则楚孤。秦奚贪夫孤国,而与之商於之地六百里?张仪至秦,必负王,是北绝齐交,西生患于秦也,而两国之兵必俱至。善为王计者,不若阴合而阳绝于齐,使人随张仪。苟与吾地,绝齐未晚也;不与吾地,阴合谋计也。"楚王曰:"愿陈子闭口毋复言,以待寡人得地。"乃

《张仪列传》(节选)

以相印授张仪,厚赂之。于是遂闭关绝约于齐,使一将军随张仪。

张仪至秦,详失绥堕车,不朝三月。楚王闻之,曰:"仪以寡人绝齐未甚邪?"乃使勇士至宋,借宋之符,北骂齐王。齐王大怒,折节而下秦。秦齐之交合,张仪乃朝,谓楚使者曰:"臣有奉邑六里,愿以献大王左右。"楚使者曰:"臣受令于王,以商於之地六百里,不闻六里。"还报楚王,楚王大怒,发兵而攻秦。陈轸曰:"轸可发口言乎?攻之不如割地反以赂秦,与之并兵而攻齐,是我出地于秦,取偿于齐也,王国尚可存。"楚王不听,卒发兵而使将军屈匄击秦。秦齐共攻楚,斩首八万,杀屈匄,遂取丹阳、汉中之地。楚又复益发兵而袭秦,至蓝田,大战,楚大败,于是楚割两城以与秦平。秦要楚欲得黔中地,欲以武关外易之。楚王曰:"不愿易地,愿得张仪而献黔中地。"秦王欲遣之,口弗忍言。张仪乃请行。惠王曰:"彼楚王怒子之负以商於之地,是且甘心于子。"张仪曰:"秦强楚弱,臣善靳尚,尚得事楚夫人郑袖,袖所言皆从。且臣奉王之节使楚,楚何敢加诛。假令诛臣而为秦得黔中之地,臣之上愿。"遂使楚。楚怀王至则囚张仪,将杀之。靳尚谓郑袖曰:"子亦知子之贱于王乎?"郑袖曰:"何也?"靳尚曰:"秦王甚爱张仪而不欲出之,今将以上庸之地六县赂楚,以美人聘楚,以宫中善歌讴者为媵。楚王重地尊秦,秦女必贵而夫人斥矣。不若为言而出之。"于是郑袖日夜言怀王曰:"人臣各为其主用。今地未入秦,秦使张仪来,至重王。王未有礼而杀张仪,秦必大怒攻楚。妾请子母俱迁江南,毋为秦所鱼肉也。"怀王后悔,赦张仪,厚礼之如故。

张仪既出,未去,闻苏秦死,乃说楚王曰:"秦地半天下,兵敌四国,被险带河,四塞以为固。虎贲之士百余万,车千乘,骑万匹,积粟如丘山。法令既明,士卒安难乐死,主明以严,将智以武,虽无出甲,席卷常山之险,必折天下之脊,天下有后服者先亡。且夫为从者,无以异于驱群羊而攻猛虎,虎之与羊不格明矣。今王不与猛虎而与群羊,臣窃以为大王之计过也。凡天下强国,非秦而楚,非楚而秦,两国交争,其势不两立。大王不与秦,秦下甲据宜阳,韩之上地不通。下河东,取成皋,韩必入臣,梁则从风而动。秦攻楚之西,韩、梁攻其北,社稷安得毋危?且夫从者聚群弱而攻至强,不料敌而轻战,国贫而数举兵,危亡之术也。臣闻之,兵不如者勿与挑战,粟不如者勿与持久。夫从人饰辩虚辞,高主之节,言其利不言其害,卒有秦祸,无及为已。是故愿大王之熟计之。秦西有巴蜀,大船积粟,起于汶山,浮江已下,至楚三千余里。舫船载卒,一舫载五十人与三月之食,下水而浮,一日行三百余里,里数虽多,然而不费牛马之力,不至十日而距扞关。扞关惊,则从境以东尽城守矣,黔中、巫郡非王之有。秦举甲出武关,南面而伐,则北地绝。秦兵之攻楚也,危难在三月之内,而楚待诸侯之救,在半岁之外,此其势不相及也。夫恃弱国之救,忘强秦之祸,此臣所以为大王患也。大王尝与吴人战,五战而三胜,阵卒尽矣;偏守新城,存民苦矣。臣闻功大者易危,而民敝者怨上。夫守易危之功而逆强秦之心,臣窃为大王危之。且夫秦之所以不出兵函谷十五年以攻齐、赵者,阴谋有合天下之心。楚尝与秦构难,战于汉中,楚人不胜,列侯执珪死者七十余人,遂亡汉中。楚王大怒,兴兵袭秦,战于蓝田。此所谓两虎相搏者也。夫秦楚相敝而韩魏以全制其后,计无危于此者矣。愿大王孰计之。秦下甲攻卫阳晋,必大关天下之匈。大王悉起兵以攻宋,不至数月而宋可举,举宋而东指,则泗上十二诸侯尽王之有也。凡天下而以信约从亲相坚者苏秦,封武安君,相燕,即阴与燕王谋伐破齐而分其地;乃详有罪出走入齐,齐王因受而相之;居二年而觉,齐王大怒,车裂苏秦于市。夫以一诈伪之苏秦,而欲经营天下,混一诸侯,其不可成亦明矣。今秦与楚接境壤界,固形亲之国也。大王诚能听臣,臣请使秦太子入质于楚,楚太子入质于秦,请以秦女为大王箕帚之妾,效万室之都以为汤沐之邑,长为昆弟之国,终身无相攻伐。臣以为计无便于此者。"于是楚王已得张仪而重出黔中地与秦,欲许之。屈原曰:"前大王见欺于张仪,张仪至,臣以为大王烹之;今纵弗忍杀之,又听其邪说,不可。"怀王曰:"许仪而得黔中,美利也。后而倍之,不可。"故卒许张仪,与秦亲。

....

太史公曰:三晋多权变之士,夫言从衡强秦者大抵皆三晋之人也。夫张仪之行事甚于苏秦,然世恶苏秦者,以其先死,而仪振暴其短以扶其说,成其衡道。要之,此两人真倾危之士哉!

《平原君虞卿列传》(节选)

阅读提示 本篇是战国四公子之一的赵之平原君赵胜和赵之上卿虞卿二人的合传。平原君在战国四公子中最为平庸,本文虽然表现了他尚能纳谏等好的一面,但更多的是表现他的平庸无能,在论赞中也对其颇多批判之辞。关于虞卿,本文虽也表现了他的某些不足之处,但更多的却是对其料事工巧、见解独到和发愤著书的肯定和称赞。

本文在写平原君时,特意写了毛遂和李谈两个陪衬人物,其形象要比平原君光辉得多,特别是毛遂的形象更其光辉。这里节选的一节,即是写毛遂自荐随平原君如楚,以三寸之舌说服楚王,使之与赵国合纵结盟的经过。作者通过对人物言行的生动描写和先抑后扬、对比衬托等手法,成功地刻画出了毛遂这一熠熠生辉的形象,他的自信、勇敢、果断、精干,脱颖而出的才气,呵叱楚王的勇气,对各国形势的了解以及能言善辩的口才,都给人留下了深刻、难忘的印象。因此,"毛遂自荐"一节遂成为本篇乃至整部《史记》中最精彩的片断之一。

毛 遂

秦之围邯郸,赵使平原君求救,合从于楚,约与食客门下有勇力文武备具者二十人偕。平原君曰:"使文能取胜,则善矣。文不能取胜,则歃血于华屋之下,必得定从而还。士不外索,取于食客门下足矣。"得十九人,余无可取者,无以满二十人。门下有毛遂者,前,自赞于平原君曰:"遂闻君将合从于楚,约与食客门下二十人偕,不外索。今少一人,愿君即以遂备员而行矣。"平原君曰:"先生处胜之门下几年于此矣?"毛遂曰:"三年于此矣。"平原君曰:"夫贤士之处世也,譬若锥之处囊中,其末立见。今先生处胜之门下三年于此矣,左右未有所称诵,胜未有所闻,是先生无所有也。先生不能，先生留。"毛遂曰："臣乃今日请处囊中耳。使遂蚤得处囊中，乃颖脱而出，非特其末见而已。"平原君竟与毛遂偕。十九人相与目笑之而未废也。

　　毛遂比至楚，与十九人论议，十九人皆服。平原君与楚合从，言其利害，日出而言之，日中不决。十九人谓毛遂曰："先生上。"毛遂按剑历阶而上，谓平原君曰："从之利害，两言而决耳。今日出而言从，日中不决，何也？"楚王谓平原君曰："客何为者也？"平原君曰："是胜之舍人也。"楚王叱曰："胡不下！吾乃与而君言，汝何为者也！"毛遂按剑而前曰："王之所以叱遂者，以楚国之众也。今十步之内，王不得恃楚国之众也，王之命县于遂手。吾君在前，叱者何也？且遂闻汤以七十里之地王天下，文王以百里之壤而臣诸侯，岂其士卒众多哉，诚能据其势而奋其威。今楚地方五千里，持戟百万，此霸王之资也。以楚之强，天下弗能当。白起，小竖子耳，率数万之众，兴师以与楚战，一战而举鄢郢，再战而烧夷陵，三战而辱王之先人。此百世之怨而赵之所羞，而王弗知恶焉。合从者为楚，非为赵也。吾君在前，叱者何也？"楚王曰："唯唯，诚若先生之言，谨奉社稷而以从。"毛遂曰："从定乎？"楚王曰："定矣。"毛遂谓楚王之左右曰："取鸡狗马之血来。"毛遂奉铜槃而跪进之楚王曰："王当歃血而定从，次者吾君，次者遂。"遂定从于殿上。毛遂左手持槃血而右手招十九人曰："公相与歃此血于堂下。公等录录，所谓因人成事者也。"平原君已定从而归，归至于赵，曰："胜不敢复相士。胜相士多者千人，寡者百数，自以为不失天下之士，今乃于毛先生而失之也。毛先生一至楚，而使赵重于九鼎大吕。毛先生以三寸之舌，强于百万之师。胜不敢复相士。"遂以为上客。

《田单列传》(节选)

阅读提示　本篇是战国时齐国著名将领田单的传记。公元前284年,燕昭王派乐毅率五国之师伐齐,攻破齐都临淄及七十余城,"惟独莒、即墨不下"。本文即记叙了田单以奇术率族人脱险后,在齐濒临灭亡的绝境中施展奇谋,率领即墨军民反击燕军、尽复齐地的过程,歌颂了田单出奇制胜的非凡智慧和杰出军事才能。由于本篇所写人、事皆以"奇"著称,所以作者在选择材料、塑造人物、组织结构等方面,都突现出"奇"的色彩。写主人公田单,就紧紧抓住他的奇术、奇谋、奇功,步步展开,环环相扣,使人物形象极富传奇色彩。情节和场面的描写,也很奇特。尤其是"火牛阵"一战乃齐生死存亡的关键,也是所谓"兵以正合,以奇胜"之用兵谋略的集中体现,因而司马迁不惜在原有历史的基础上加工夸饰,壮其场面、声威,写得有声有色、生动逼真,从而把田单破燕复齐的奇功推向高潮。论赞中连用三个"奇"字,点明篇旨,亦很引人注目。因此,本篇虽是《史记》人物传记中最短的一篇,但也是传奇色彩最浓、小说性最强的一篇奇文。这里除删去论赞后疑为后人补缀的奇女、奇士的两小节文字外,基本上选录了本篇全文。

田　单

　　田单者,齐诸田疏属也。湣王时,单为临菑市掾,不见知。及燕使乐毅伐破齐,齐湣王出奔,已而保莒城。燕师长驱平齐,而田单走安平,令其宗人尽断其车轴末而傅铁笼。已而燕军攻安平,城坏,齐人走,争涂,以轊折车败,为燕所虏,唯田单宗人以铁笼故得脱,东保即墨。燕既尽降齐城,唯独莒、即墨不下。燕军闻齐王在莒,并兵攻之。淖齿既杀湣王于莒,因坚守,距燕军,数年不下。燕引兵东围即墨,即墨大夫出与战,败死。城中相与推田单,曰:"安平之战,田单宗人以铁笼得全,习兵。"立以为将军,以即墨距燕。

　　顷之,燕昭王卒,惠王立,与乐毅有隙。田单闻之,乃纵反间于燕,宣言曰:"齐王已死,城之不拔者二耳。乐毅畏诛而不敢归,以伐齐为名,实欲连兵南面而王齐。齐人未附,故且缓攻即墨以待其事。齐人所惧,唯恐他将之来,即墨残矣。"燕王以为然,使骑劫代乐毅。

　　乐毅因归赵,燕人士卒忿。而田单乃令城中人食必祭其先祖于庭,飞鸟悉翔舞城中下食。燕人怪之。田单因宣言曰:"神来下教我。"乃令城中人曰:"当有神人为我师。"有一卒曰:"臣可以为师乎?"因反走。田单乃起,引还,东乡坐,师事之。卒曰:"臣欺君,诚无能也。"田单曰:"子勿言也!"因师之。每出约束,必称神师。乃宣言曰:"吾唯惧燕军之劓所得齐卒,置之前行,与我战,即墨败矣。"燕人闻之,如其言。城中人见齐诸降者尽劓,皆怒,坚守,唯恐见得。单又纵反间曰:"吾惧燕人掘吾城外冢墓,僇先人,可为寒心。"燕军尽掘垄墓,烧死人。即墨人从城上望见,皆涕泣,俱欲出战,怒自十倍。田单知士卒之可用,乃身操版插,与士卒分功,妻妾编于行伍之间,尽散饮食飨士。令甲卒皆伏,使老弱女子乘城,遣使约降于燕,燕军皆呼万岁。田单又收民金,得千溢,令即墨富豪遗燕将,曰:"即墨即降,愿无虏掠吾族家妻妾,令安堵。"燕将大喜,许之。燕军由此益懈。

　　田单乃收城中得千余牛,为绛缯衣,画以五彩龙文,束兵刃于其角,而灌脂束苇于尾,烧其端。凿城数十穴,夜纵牛,壮士五千人随其后。牛尾热,怒而奔燕军,燕军夜大惊。牛尾炬火光明炫耀,燕军视之皆龙文,所触尽死伤。五千人因衔枚击之,而城中鼓噪从之,老弱皆击铜器为声,声动天地。燕军大骇,败走。齐人遂夷杀其将骑劫。燕军扰乱奔走,齐人追亡逐北,所过城邑皆畔燕而归田单,兵日益多,乘胜,燕日败亡,卒至河上,而齐七十余城皆复为齐。乃迎襄王于莒,入临菑而听政。襄王封田单,号曰安平君。

　　太史公曰:兵以正合,以奇胜。善之者,出奇无穷。奇正还相生,如环之无端。夫始如处女,适人开户;后如脱兔,适不及距:其田单之谓邪!

》》》《刺客列传》(节选)

《刺客列传》(节选)

阅读提示 《刺客列传》依次记载了曹沫、专诸、豫让、聂政、荆轲五位置生死于度外的刺客事迹,堪称一篇沉雄千古的血性文字,深受历代评家激赏。李景星《史记评议》曰:"此五人者,在天地间别具一种激烈性情,故太史公汇归一处,别成一种激烈文字。"吴见思《史记论文》曰:"刺客是天壤间第一种激烈人,《刺客传》是《史记》中第一种激烈文字,故至今浅读之而须眉四照,深读之则刻骨十分。"全文五千多字,而其中荆轲一个人就用了三千多字,可见"史公之传刺客,为荆卿也,而深惜其事不成"(郭嵩焘《史记札记》)。在荆轲一传中,司马迁不单描述了荆轲刺秦王这一历史事件,而且也写尽了一个壮士在出发之前的延宕。荆轲深知秦舞阳徒有勇士之名,为完成刺杀秦王的大业,他一再焦急等待着能共担重任的朋友的到来。无奈,太子丹一再催促他上路。于是,他只好高歌一曲"风萧萧兮易水寒,壮士一去兮不复还",奔向秦廷。如果不是这样草率出行,其结果或许就是另一番景象了。而荆轲之所以刺秦王不中,除了秦舞阳的畏怯以外,更为重要的原因是荆轲剑术不精。故此,司马迁"终惜荆卿之不知剑术,借鲁句践之言以发之,为传末波澜"(郭嵩焘《史记札记》)。

荆轲者,卫人也。其先乃齐人,徙于卫,卫人谓之庆卿。而之燕,燕人谓之荆卿。荆卿好读书击剑,以术说卫元君,卫元君不用。其后秦伐魏,置东郡,徙卫元君之支属于野王。

荆轲尝游过榆次,与盖聂论剑,盖聂怒而目之。荆轲出,人或言复召荆卿。盖聂曰:"曩者吾与论剑有不称者,吾目之;试往,是宜去,不敢留。"使使往之主人,荆卿则已驾而去榆次矣。使者还报,盖聂曰:"固去也,吾曩者目摄之!"荆轲游于邯郸,鲁句践与荆轲博,争道,鲁句践怒而叱之,荆轲嘿而逃去,遂不复会。

荆轲既至燕,爱燕之狗屠及善击筑者高渐离。荆轲嗜酒,日与狗屠及高渐离饮于燕市,酒酣以往,高渐离击筑,荆轲和而歌于市中,相乐也,已而相泣,旁若无人者。

荆轲虽游于酒人乎,然其为人沉深好书;其所游诸侯,尽与其贤豪长者相结。其之燕,燕之处士田光先生亦善待之,知其非庸人也。

居顷之,会燕太子丹质秦亡归燕。燕太子丹者,故尝质于赵,而秦王政生于赵,其少时与丹驩。及政立为秦王,而丹质于秦。秦王之遇燕太子丹不善,故丹怨而亡归。归而求为报秦王者,国小,力不能。其后秦日出兵山东以伐齐、楚、三晋,稍蚕食诸侯,且至于燕,燕君臣皆恐祸之至。

太子丹患之,问其傅鞠武。武对曰:"秦地遍天下,威胁韩、魏、赵氏,北有甘泉、谷口之固,南有泾、渭之沃,擅巴、汉之饶,右陇、蜀之山,左关、殽之险,民众而士厉,兵革有余。意有所出,则长城之南,易水以北,未有所定也。奈何以见陵之怨,欲批其逆鳞哉!"丹曰:"然则何由?"对曰:"请入图之。"

居有间,秦将樊於期得罪于秦王,亡之燕,太子受而舍之。鞠武谏曰:"不可。夫以秦王之暴而积怒于燕,足为寒心,又况闻樊将军之所在乎?是谓'委肉当饿虎之蹊'也,祸必不振矣!虽有管、晏,不能为之谋也。愿太子疾遣樊将军入匈奴以灭口。请西约三晋,南连齐、楚,北购于单于,其后乃可图也。"太子曰:"太傅之计,旷日弥久,心惛然,恐不能须臾。且非独于此也,夫樊将军穷困于天下,归身于丹,丹终不以迫于强秦而弃所哀怜之交,置之匈奴,是固丹命卒之时也。愿太傅更虑之。"鞠武曰:"夫行危欲求安,造祸而求福,计浅而怨深,连结一人之后交,不顾国家之大害,此所谓'资怨而助祸'矣。夫以鸿毛燎于炉炭之上,必无事矣。且以雕鸷之秦,行怨暴之怒,岂足道哉!燕有田光先生,其为人智深而勇沉,可与谋。"太子曰:"愿因太傅而得交于田先生,可乎?"鞠武曰:"敬诺。"出见田先生,道"太子愿图国事于先生也"。田光曰:"敬奉教。"乃造焉。

太子逢迎,却行为导,跪而蔽席。田光坐定,左右无人,太子避席而请曰:"燕秦不两立,愿先生留意也。"田光曰:"臣闻骐骥盛壮之时,一日而驰千里;至其衰老,驽马先之。今太子闻光盛壮之时,不知臣精已消亡矣。虽然,光不敢以图国事,所善荆卿可使也。"太子曰:"愿因先生得结交于荆卿,可乎?"田光曰:"敬诺。"即起,趋出。太子送至门,戒曰:"丹所报,先生所言者,国之大事也,愿先生勿泄也!"田光俯而笑曰:"诺。"偻行见荆卿,曰:"光与子相善,燕国莫不知。今太子闻光壮盛之时,不知吾形已不逮也,幸而教之曰'燕秦不两立,愿先生留意也'。光窃不自外,言足下于太子也,愿足下过太子于宫。"荆轲曰:"谨奉教。"田光曰:"吾闻之,长者为行,不使人疑之。今太子告光曰:'所言者,国之大事也,愿先生勿泄',是太子疑光也。夫为行而使人疑之,非节侠也。"欲自杀以激荆卿,曰:"愿足下急过太子,言光已死,明不言也。"因遂自刎而死。

荆轲遂见太子,言田光已死,致光之言。太子再拜而跪,膝行流涕,有顷而后言

《刺客列传》(节选)

曰:"丹所以诫田先生毋言者,欲以成大事之谋也。今田先生以死明不言,岂丹之心哉!"荆轲坐定,太子避席顿首曰:"田先生不知丹之不肖,使得至前,敢有所道,此天之所以哀燕而不弃其孤也。今秦有贪利之心,而欲不可足也。非尽天下之地,臣海内之王者,其意不厌。今秦已虏韩王,尽纳其地。又举兵南伐楚,北临赵;王翦将数十万之众距漳、邺,而李信出太原、云中。赵不能支秦,必入臣,入臣则祸至燕。燕小弱,数困于兵,今计举国不足以当秦。诸侯服秦,莫敢合从。丹之私计愚,以为诚得天下之勇士使于秦,阚以重利;秦王贪,其势必得所愿矣。诚得劫秦王,使悉反诸侯侵地,若曹沫之与齐桓公,则大善矣;则不可,因而刺杀之。彼秦大将擅兵于外而内有乱,则君臣相疑,以其间诸侯得合从,其破秦必矣。此丹之上愿,而不知所委命,唯荆卿留意焉。"久之,荆轲曰:"此国之大事也,臣驽下,恐不足任使。"太子前顿首,固请毋让,然后许诺。于是尊荆卿为上卿,舍上舍。太子日造门下,供太牢具,异物间进,车骑美女恣荆轲所欲,以顺适其意。

久之,荆轲未有行意。秦将王翦破赵,虏赵王,尽收入其地,进兵北略地至燕南界。太子丹恐惧,乃请荆轲曰:"秦兵旦暮渡易水,则虽欲长侍足下,岂可得哉!"荆轲曰:"微太子言,臣愿谒之。今行而毋信,则秦未可亲也。夫樊将军,秦王购之金千斤,邑万家。诚得樊将军首与燕督亢之地图,奉献秦王,秦王必说见臣,臣乃得有以报。"太子曰:"樊将军穷困来归丹,丹不忍以己之私而伤长者之意,愿足下更虑之!"

荆轲知太子不忍,乃遂私见樊於期曰:"秦之遇将军可谓深矣,父母宗族皆为戮没。今闻购将军首金千斤,邑万家,将奈何?"於期仰天太息流涕曰:"於期每念之,常痛于骨髓,顾计不知所出耳!"荆轲曰:"今有一言可以解燕国之患,报将军之仇者,何如?"於期乃前曰:"为之奈何?"荆轲曰:"愿得将军之首以献秦王,秦王必喜而见臣,臣左手把其袖,右手揕其匈,然则将军之仇报而燕见陵之愧除矣。将军岂有意乎?"樊於期偏袒搤捥而进曰:"此臣之日夜切齿腐心也,乃今得闻教!"遂自刭。太子闻之,驰往,伏尸而哭,极哀。既已不可奈何,乃遂盛樊於期首函封之。

于是太子豫求天下之利匕首,得赵人徐夫人匕首,取之百金,使工以药焠之,以试人,血濡缕,人无不立死者。乃装为遣荆卿。燕国有勇士秦舞阳,年十三,杀人,人不敢忤视。乃令秦舞阳为副。

荆轲有所待,欲与俱;其人居远未来,而为治行。顷之,未发,太子迟之,疑其改悔,乃复请曰:"日已尽矣,荆卿岂有意哉?丹请得先遣秦舞阳。"荆轲怒,叱太子曰:"何太子之遣?往而不返者,竖子也!且提一匕首入不测之强秦,仆所以留者,待吾客与俱。今太子迟之,请辞决矣!"遂发。

太子及宾客知其事者,皆白衣冠以送之。至易水之上,既祖,取道,高渐离击筑,荆轲和而歌,为变徵之声,士皆垂泪涕泣。又前而为歌曰:"风萧萧兮易水寒,壮士一去兮不复还!"复为羽声慷慨,士皆瞋目,发尽上指冠。于是荆轲就车而去,终已不顾。

遂至秦,持千金之资币物,厚遗秦王宠臣中庶子蒙嘉。嘉为先言于秦王曰:"燕王诚振怖大王之威,不敢举兵以逆军吏,愿举国为内臣,比诸侯之列,给贡职如郡县,而得奉守先王之宗庙。恐惧不敢自陈,谨斩樊於期之头,及献燕督亢之地图,函封,燕王拜送于庭,使使以闻大王,唯大王命之。"秦王闻之,大喜,乃朝服,设九宾,见燕使者咸阳宫。

荆轲奉樊於期头函,而秦舞阳奉地图柙,以次进。至陛,秦舞阳色变振恐,群臣怪之。荆轲顾笑舞阳,前谢曰:"北蕃蛮夷之鄙人,未尝见天子,故振慑。愿大王少假借之,使得毕使于前。"秦王谓轲曰:"取舞阳所持地图。"

轲既取图奏之,秦王发图,图穷而匕首见。因左手把秦王之袖,而右手持匕首揕之。未至身,秦王惊,自引而起,袖绝。拔剑,剑长,操其室。时惶急,剑坚,故不可立拔。荆轲逐秦王,秦王环柱而走。群臣皆愕,卒起不意,尽失其度。而秦法,群臣侍殿上者不得持尺寸之兵;诸郎中执兵皆陈殿下,非有诏召不得上。方急时,不及召下兵,以故荆轲乃逐秦王。而卒惶急,无以击轲,而以手共搏之。是时侍医夏无且以其所奉药囊提荆轲也。秦王方环柱走,卒惶急,不知所为,左右乃曰:"王负剑!"负剑,遂拔以击荆轲,断其左股。荆轲废,乃引其匕首以擿秦王,不中,中桐柱。秦王复击轲,轲被八创。

轲自知事不就,倚柱而笑,箕踞以骂曰:"事所以不成者,以欲生劫之,必得约契以报太子也。"于是左右既前杀轲,秦王不怡者良久。已而论功,赏群臣及当坐者各有差,而赐夏无且黄金二百溢,曰:"无且爱我,乃以药囊提荆轲也。"

于是秦王大怒,益发兵诣赵,诏王翦军以伐燕。十月而拔蓟城。燕王喜、太子丹等尽率其精兵东保于辽东。秦将李信追击燕王急,代王嘉乃遗燕王喜书曰:"秦所以尤追燕急者,以太子丹故也。今王诚杀丹献之秦王,秦王必解,而社稷幸得血食。"其后李信追丹,丹匿衍水中,燕王乃使使斩太子丹,欲献之秦。秦复进兵攻之。

后五年,秦卒灭燕,虏燕王喜。其明年,秦并天下,立号为皇帝。于是秦逐太子丹、荆轲之客,皆亡。高渐离变名姓为人庸保,匿作于宋子。久之,作苦,闻其家堂上客击筑,傍徨不能去。每出言曰:"彼有善有不善。"从者以告其主,曰:"彼庸乃知音,窃言是非。"

家丈人召使前击筑,一坐称善,赐酒。而高渐离念久隐畏约无穷时,乃退,出其装匣中筑与其善衣,更容貌而前。举坐客皆惊,下与抗礼,以为上客。使击筑而歌,客无不流涕而去者。宋子传客之,闻于秦始皇。秦始皇召见,人有识者,乃曰:"高

《刺客列传》(节选)

渐离也。"秦皇帝惜其善击筑,重赦之,乃矐其目。使击筑,未尝不称善。稍益近之,高渐离乃以铅置筑中,复进得近,举筑朴秦皇帝,不中。于是遂诛高渐离,终身不复近诸侯之人。

鲁句践已闻荆轲之刺秦王,私曰:"嗟乎,惜哉其不讲于刺剑之术也!甚矣吾不知人也!曩者吾叱之,彼乃以我为非人也!"

太史公曰:世言荆轲,其称太子丹之命,"天雨粟,马生角"也,太过。又言荆轲伤秦王,皆非也。始公孙季功、董生与夏无且游,具知其事,为余道之如是。自曹沫至荆轲五人,此其义或成或不成,然其立意较然,不欺其志,名垂后世,岂妄也哉!

《李斯列传》

阅读提示 《李斯列传》几乎涉及整个秦王朝的兴亡史,而秦王朝的兴亡,又与李斯的浮沉息息相关。他帮助秦王嬴政实现了"灭诸侯,成帝业,为天下一统"的宏伟目标,并在统一天下后为秦帝国建立了一整套与之相适应的中央政府机构和制度。然而,也正是李斯建议秦始皇"焚书坑儒",与赵高一同"弑长立幼",竭力推行"严刑酷法"制度,终使秦帝国不及二世而亡。《李斯列传》的深刻之处就在于:以入木三分的笔法写出了一个卑劣生命的始终。本传一开始,司马迁选取了李斯"年少观鼠"这一典型事例,由此说明李斯在他人生之初就表现出一种猥琐、阴暗的心理。叶玉麟《批注史记》曰:"斯毕生得丧,在入仓观鼠一段,全罩通篇。"为了保住自己"仓鼠"的地位,他把同学韩非推向了死亡之地,而后又参与了赵高、胡亥改写遗诏。吴见思《史记论文》曰:"盖贪位慕禄,无可奈何,不得不就赵高之缠索,而李斯之为李斯,已为赵高窥破矣。"李晚芳《读史管见》曰:"惟小人能知小人,早被赵高冷眼看透,即以富贵动之,又以失富贵动之。"龌龊的本性产生龌龊的行为,李斯这一"仓鼠"由于本性的溃疡,不惜以牺牲他人生命、他人天下为代价,竭力想保住自己"食积粟"的生存状态,但最终死于他人"毒手",落了个夷灭三族的可悲结局。纵观《李斯列传》全篇,我们看到的是一个由"厕鼠"而"仓鼠"而"囚鼠"而终至于"死鼠"的历史。从这一意义上看,《李斯列传》实为一篇"鼠传"。

李 斯

  李斯者,楚上蔡人也。年少时,为郡小吏,见吏舍厕中鼠食不絜,近人犬,数惊恐之。斯入仓,观仓中鼠,食积粟,居大庑之下,不见人犬之忧。于是李斯乃叹曰:"人之贤不肖譬如鼠矣,在所自处耳!"

  乃从荀卿学帝王之术。学已成,度楚王不足事,而六国皆弱,无可为建功者,欲

《李斯列传》

西入秦。辞于荀卿曰："斯闻得时无怠,今万乘方争时,游者主事。今秦王欲吞天下,称帝而治,此布衣驰骛之时而游说者之秋也。处卑贱之位而计不为者,此禽鹿视肉,人面而能强行者耳。故诟莫大于卑贱,而悲莫甚于穷困。久处卑贱之位,困苦之地,非世而恶利,自托于无为,此非士之情也。故斯将西说秦王矣。"

至秦,会庄襄王卒,李斯乃求为秦相文信侯吕不韦舍人;不韦贤之,任以为郎。李斯因以得说,说秦王曰:"胥人者,去其几也。成大功者,在因瑕衅而遂忍之。昔者秦穆公之霸,终不东并六国者,何也?诸侯尚众,周德未衰,故五伯迭兴,更尊周室。自秦孝公以来,周室卑微,诸侯相兼,关东为六国,秦之乘胜役诸侯,盖六世矣。今诸侯服秦,譬若郡县。夫以秦之强,大王之贤,由灶上骚除,足以灭诸侯,成帝业,为天下一统,此万世之一时也。今怠而不急就,诸侯复强,相聚约从,虽有黄帝之贤,不能并也。"秦王乃拜斯为长史,听其计,阴遣谋士赍持金玉以游说诸侯。诸侯名士可下以财者,厚遗结之;不肯者,利剑刺之。离其君臣之计,秦王乃使其良将随其后。秦王拜斯为客卿。

会韩人郑国来间秦,以作注溉渠,已而觉。秦宗室大臣皆言秦王曰:"诸侯人来事秦者,大抵为其主游间于秦耳,请一切逐客。"李斯议亦在逐中。斯乃上书曰:

"臣闻吏议逐客,窃以为过矣。昔缪公求士,西取由余于戎,东得百里奚于宛,迎蹇叔于宋,来丕豹、公孙支于晋。此五子者,不产于秦,而缪公用之,并国二十,遂霸西戎。孝公用商鞅之法,移风易俗,民以殷盛,国以富强,百姓乐用,诸侯亲服,获楚、魏之师,举地千里,至今治强。惠王用张仪之计,拔三川之地,西并巴、蜀,北收上郡,南取汉中,包九夷,制鄢、郢,东据成皋之险,割膏腴之壤,遂散六国之从,使之西面事秦,功施到今。昭王得范雎,废穰侯,逐华阳,强公室,杜私门,蚕食诸侯,使秦成帝业。此四君者,皆以客之功。由此观之,客何负于秦哉!向使四君却客而不内,疏士而不用,是使国无富利之实而秦无强大之名也。

今陛下致昆山之玉,有随、和之宝,垂明月之珠,服太阿之剑,乘纤离之马,建翠凤之旗,树灵鼍之鼓。此数宝者,秦不生一焉,而陛下说之,何也?必秦国之所生然后可,则是夜光之璧不饰朝廷,犀象之器不为玩好,郑、卫之女不充后宫,而骏良駃騠不实外厩,江南金锡不为用,西蜀丹青不为采。所以饰后宫充下陈娱心意说耳目者,必出于秦然后可,则是宛珠之簪,傅玑之珥,阿缟之衣,锦绣之饰不进于前,而随俗雅化佳冶窈窕赵女不立于侧也。夫击瓮叩缶弹筝搏髀,而歌呼呜呜快耳者,真秦之声也;《郑》、《卫》、《桑间》、《昭》、《虞》、《武》、《象》者,异国之乐也。今弃击瓮叩缶而就《郑》《卫》,退弹筝而取《昭》《虞》,若是者何也?快意当前,适观而已矣。今取人则不然。不问可否,不论曲直,非秦者去,为客者逐。然则是所重者在乎色乐珠玉,而所轻者在乎人民也。此非所以跨海内制诸侯之术也。

臣闻地广者粟多,国大者人众,兵强则士勇。是以太山不让土壤,故能成其大;河海不择细流,故能就其深;王者不却众庶,故能明其德。是以地无四方,民无异国,四时充美,鬼神降福,此五帝、三王之所以无敌也。今乃弃黔首以资敌国,却宾客以业诸侯,使天下之士退而不敢西向,裹足不入秦,此所谓'藉寇兵而赍盗粮'者也。

夫物不产于秦,可宝者多;士不产于秦,而愿忠者众。今逐客以资敌国,损民以益雠,内自虚而外树怨于诸侯,求国无危,不可得也。"

秦王乃除逐客之令,复李斯官,卒用其计谋。官至廷尉。二十余年,竟并天下,尊主为皇帝,以斯为丞相。夷郡县城,销其兵刃,示不复用。使秦无尺土之封,不立子弟为王,功臣为诸侯者,使后无战攻之患。

始皇三十四年,置酒咸阳宫,博士仆射周青臣等颂始皇威德。齐人淳于越进谏曰:"臣闻之,殷周之王千余岁,封子弟功臣自为支辅。今陛下有海内,而子弟为匹夫,卒有田常、六卿之患,臣无辅弼,何以相救哉?事不师古而能长久者,非所闻也。今青臣等又面谀以重陛下过,非忠臣也。"始皇下其议丞相。丞相谬其说,绌其辞,乃上书曰:"古者天下散乱,莫能相一,是以诸侯并作,语皆道古以害今,饰虚言以乱实,人善其所私学,以非上所建立。今陛下并有天下,别白黑而定一尊;而私学乃相与非法教之制,闻令下,即各以其私学议之,入则心非,出则巷议,非主以为名,异趣以为高,率群下以造谤。如此不禁,则主势降乎上,党与成乎下。禁之便。臣请诸有文学《诗》《书》百家语者,蠲除去之。令到满三十日弗去,黥为城旦。所不去者,医药卜筮种树之书。若有欲学者,以吏为师。"始皇可其议,收去《诗》《书》百家之语以愚百姓,使天下无以古非今。明法度,定律令,皆以始皇起。同文书。治离宫别馆,周遍天下。明年,又巡狩,外攘四夷,斯皆有力焉。

斯长男由为三川守,诸男皆尚秦公主,女悉嫁秦诸公子。三川守李由告归咸阳,李斯置酒于家,百官长皆前为寿,门廷车骑以千数。李斯喟然而叹曰:"嗟乎!吾闻之荀卿曰'物禁大盛'。夫斯乃上蔡布衣,闾巷之黔首,上不知其驽下,遂擢至此。当今人臣之位无居臣上者,可谓富贵极矣。物极则衰,吾未知所税驾也!"

始皇三十七年十月,行出游会稽,并海上,北抵琅邪。丞相斯、中车府令赵高兼行符玺令事,皆从。始皇有二十余子,长子扶苏以数直谏上,上使监兵上郡,蒙恬为将。少子胡亥爱,请从,上许之。余子莫从。

其年七月,始皇帝至沙丘,病甚,令赵高为书赐公子扶苏曰:"以兵属蒙恬,与丧会咸阳而葬。"书已封,未授使者,始皇崩。书及玺皆在赵高所,独子胡亥、丞相李斯、赵高及幸宦者五六人知始皇崩,余群臣皆莫知也。李斯以为上在外崩,无真太子,故秘之。置始皇居辒辌车中,百官奏事上食如故,宦者辄从辒辌车中可诸奏事。

《李斯列传》

赵高因留所赐扶苏玺书,而谓公子胡亥曰:"上崩,无诏封王诸子而独赐长子书。长子至,即立为皇帝,而子无尺寸之地,为之奈何?"胡亥曰:"固也。吾闻之,明君知臣,明父知子。父捐命,不封诸子,何可言者!"赵高曰:"不然。方今天下之权,存亡在子与高及丞相耳,愿子图之。且夫臣人与见臣于人,制人与见制于人,岂可同日道哉!"胡亥曰:"废兄而立弟,是不义也;不奉父诏而畏死,是不孝也;能薄而材谫,强因人之功,是不能也:三者逆德,天下不服,身殆倾危,社稷不血食。"高曰:"臣闻汤、武杀其主,天下称义焉,不为不忠。卫君杀其父,而卫国载其德,孔子著之,不为不孝。夫大行不小谨,盛德不辞让,乡曲各有宜而百官不同功。故顾小而忘大,后必有害;狐疑犹豫,后必有悔。断而敢行,鬼神避之,后有成功。愿子遂之!"胡亥喟然叹曰:"今大行未发,丧礼未终,岂宜以此事干丞相哉!"赵高曰:"时乎时乎,间不及谋!赢粮跃马,唯恐后时!"

胡亥既然高之言,高曰:"不与丞相谋,恐事不能成,臣请为子与丞相谋之。"高乃谓丞相斯曰:"上崩,赐长子书,与丧会咸阳而立为嗣。书未行,今上崩,未有知者也。所赐长子书及符玺皆在胡亥所,定太子在君侯与高之口耳。事将何如?"斯曰:"安得亡国之言!此非人臣所当议也!"高曰:"君侯自料能孰与蒙恬?功高孰与蒙恬?谋远不失孰与蒙恬?无怨于天下孰与蒙恬?长子旧而信之孰与蒙恬?"斯曰:"此五者皆不及蒙恬,而君责之何深也?"高曰:"高固内官之厮役也,幸得以刀笔之文进入秦宫,管事二十余年,未尝见秦免罢丞相功臣有封及二世者也,卒皆以诛亡。皇帝二十余子,皆君之所知。长子刚毅而武勇,信人而奋士,即位必用蒙恬为丞相,君侯终不怀通侯之印归于乡里,明矣。高受诏教习胡亥,使学以法事数年矣,未尝见过失。慈仁笃厚,轻财重士,辩于心而诎于口,尽礼敬士,秦之诸子未有及此者,可以为嗣。君计而定之。"斯曰:"君其反位!斯奉主之诏,听天之命,何虑之可定也?"高曰:"安可危也,危可安也。安危不定,何以贵圣?"斯曰:"斯,上蔡闾巷布衣也,上幸擢为丞相,封为通侯,子孙皆至尊位重禄者,故将以存亡安危属臣也。岂可负哉!夫忠臣不避死而庶几,孝子不勤劳而见危,人臣各守其职而已矣。君其勿复言,将令斯得罪。"高曰:"盖闻圣人迁徙无常,就变而从时,见末而知本,观指而睹归。物固有之,安得常法哉!方今天下之权命悬于胡亥,高能得志焉。且夫从外制中谓之惑,从下制上谓之贼。故秋霜降者草花落,水摇动者万物作,此必然之效也。君何见之晚?"斯曰:"吾闻晋易太子,三世不安;齐桓兄弟争位,身死为戮;纣杀亲戚,不听谏者,国为丘墟,遂危社稷:三者逆天,宗庙不血食。斯其犹人哉,安足为谋!"高曰:"上下合同,可以长久;中外若一,事无表里。君听臣之计,即长有封侯,世世称孤,必有乔松之寿,孔、墨之智。今释此而不从,祸及子孙,足以为寒心。善者因祸为福,君何处焉?"斯乃仰天而叹,垂泪太息曰:"嗟乎!独遭乱世,既以不能死,安托命哉!"于是斯乃听高。高乃报胡亥曰:"臣请奉太子之明命以报丞相,丞相斯敢不奉令!"

于是乃相与谋,诈为受始皇诏丞相,立子胡亥为太子。更为书赐长子扶苏曰:"朕巡天下,祷祠名山诸神以延寿命。今扶苏与将军蒙恬将师数十万以屯边,十有余年矣,不能进而前,士卒多耗,无尺寸之功,乃反数上书直言诽谤我所为,以不得罢归为太子,日夜怨望。扶苏为人子不孝,其赐剑以自裁!将军恬与扶苏居外,不匡正,宜知其谋。为人臣不忠,其赐死,以兵属裨将王离。"封其书以皇帝玺,遣胡亥客奉书赐扶苏于上郡。

使者至,发书,扶苏泣,入内舍,欲自杀。蒙恬止扶苏曰:"陛下居外,未立太子,使臣将三十万众守边,公子为监,此天下重任也。今一使者来,即自杀,安知其非诈?请复请,复请而后死,未暮也。"使者数趣之。扶苏为人仁,谓蒙恬曰:"父而赐子死,尚安复请!"即自杀。蒙恬不肯死,使者即以属吏,系于阳周。

使者还报,胡亥、斯、高大喜。至咸阳,发丧,太子立为二世皇帝。以赵高为郎中令,常侍中用事。

二世燕居,乃召高与谋事,谓曰:"夫人生居世间也,譬犹骋六骥过决隙也。吾既已临天下矣,欲悉耳目之所好,穷心志之所乐,以安宗庙而乐万姓,长有天下,终吾年寿,其道可乎?"高曰:"此贤主之所能行也,而昏乱主之所禁也。臣请言之,不敢避斧钺之诛,愿陛下少留意焉。夫沙丘之谋,诸公子及大臣皆疑焉,而诸公子尽帝兄,大臣又先帝之所置也。今陛下初立,此其属意怏怏皆不服,恐为变。且蒙恬已死,蒙毅将兵居外,臣战战栗栗,唯恐不终。且陛下安得为此乐乎?"二世曰:"为之奈何?"赵高曰:"严法而刻刑,令有罪者相坐诛,至收族,灭大臣而远骨肉;贫者富之,贱者贵之。尽除去先帝之故臣,更置陛下之所亲信者近之。此则阴德归陛下,害除而奸谋塞,群臣莫不被润泽,蒙厚德,陛下则高枕肆志宠乐矣。计莫出于此。"二世然高之言,乃更为法律。于是群臣诸公子有罪,辄下高,令鞫治之。杀大臣蒙毅等,公子十二人僇死咸阳市,十公主矺死于杜,财物入于县官,相连坐者不可胜数。

公子高欲奔,恐收族,乃上书曰:"先帝无恙时,臣入则赐食,出则乘舆。御府之衣,臣得赐之;中厩之宝马,臣得赐之。臣当从死而不能,为人子不孝,为人臣不忠。不忠者无名以立于世,臣请从死,愿葬郦山之足。唯上幸哀怜之。"书上,胡亥大说,召赵高而示之,曰:"此可谓急乎?"赵高曰:"人臣当忧死而不暇,何变之得谋!"胡亥可其书,赐钱十万以葬。

法令诛罚日益刻深,群臣人人自危,欲畔者众。又作阿房之宫,治直、驰道,赋敛愈重,戍徭无已。于是楚戍卒陈胜、吴广等乃作乱,起于山东,杰俊相立,自置为

《李斯列传》

侯王,叛秦,兵至鸿门而却。李斯数欲请间谏,二世不许。而二世责问李斯曰:"吾有私议而有所闻于韩子也,曰'尧之有天下也,堂高三尺,采椽不斲,茅茨不翦,虽逆旅之宿不勤于此矣。冬日鹿裘,夏日葛衣,粢粝之食,藜藿之羹,饭土匦,啜土铏,虽监门之养不觳于此矣。禹凿龙门,通大夏,疏九河,曲九防,决渟水致之海,而股无胈,胫无毛,手足胼胝,面目黎黑,遂以死于外,葬于会稽,臣虏之劳不烈于此矣'。然则夫所贵于有天下者,岂欲苦形劳神,身处逆旅之宿,口食监门之养,手持臣虏之作哉?此不肖人之所勉也,非贤者之所务也。彼贤人之有天下也,专用天下适己而已矣,此所以贵于有天下也。夫所谓贤人者,必能安天下而治万民,今身且不能利,将恶能治天下哉!故吾愿赐志广欲,长享天下而无害,为之奈何?"李斯子由为三川守,群盗吴广等西略地,过去弗能禁。章邯以破逐广等兵,使者覆案三川相属,诮让斯居三公位,如何令盗如此。李斯恐惧,重爵禄,不知所出,乃阿二世意,欲求容,以书对曰:

"夫贤主者,必且能全道而行督责之术者也。督责之,则臣不敢不竭能以徇其主矣。此臣主之分定,上下之义明,则天下贤不肖莫敢不尽力竭任以徇其君矣。是故主独制于天下而无所制也。能穷乐之极矣,贤明之主也,可不察焉!

故申子曰'有天下而不恣睢,命之曰以天下为桎梏'者,无他焉,不能督责,而顾以其身劳于天下之民,若尧、禹然,故谓之'桎梏'也。夫不能修申、韩之明术,行督责之道,专以天下自适也,而徒务苦形劳神,以身徇百姓,则是黔首之役,非畜天下者也,何足贵哉!夫以人徇己,则己贵而人贱;以己徇人,则己贱而人贵。故徇人者贱,而人所徇者贵,自古及今,未有不然者也。凡古之所为尊贤者,为其贵也;而所为恶不肖者,为其贱也。而尧、禹以身徇天下者也,因随而尊之,则亦失所为尊贤之心矣,夫可谓大缪矣。谓之为'桎梏',不亦宜乎?不能督责之过也。

故韩子曰'慈母有败子而严家无格虏'者,何也?则能罚之加焉必也。故商君之法,刑弃灰于道者。夫弃灰,薄罪也,而被刑,重罚也。彼唯明主为能深督轻罪。夫罪轻且督深,而况有重罪乎?故民不敢犯也。是故韩子曰'布帛寻常,庸人不释,铄金百溢,盗跖不搏'者,非庸人之心重,寻常之利深,而盗跖之欲浅也;又不以盗跖之行,为轻百镒之重也。搏必随手刑,则盗跖不搏百镒;而罚不必行也,则庸人不释寻常。是故城高五丈,而楼季不轻犯也;泰山之高百仞,而跛牂牧其上。夫楼季也而难五丈之限,岂跛牂也而易百仞之高哉?峭堑之势异也。明主圣王之所以能久处尊位,长执重势,而独擅天下之利者,非有异道也,能独断而审督责,必深罚,故天下不敢犯也。今不务所以不犯,而事慈母之所以败子也,则亦不察于圣人之论矣。夫不能行圣人之术,则舍为天下役何事哉?可不哀邪!

且夫俭节仁义之人立于朝,则荒肆之乐辍矣;谏说论理之臣间于侧,则流漫之志诎矣;烈士死节之行显于世,则淫康之虞废矣。故明主能外此三者,而独操主术以制听从之臣,而修其明法,故身尊而势重也。凡贤主者,必将能拂世磨俗,而废其所恶,立其所欲,故生则有尊重之势,死则有贤明之谥也。是以明君独断,故权不在臣也。然后能灭仁义之涂,掩驰说之口,困烈士之行,塞聪揜明,内独视听,故外不可倾以仁义烈士之行,而内不可夺以谏说忿争之辩。故能荦然独行恣睢之心而莫之敢逆。若此然后可谓能明申、韩之术,而修商君之法。法修术明而天下乱者,未之闻也。故曰'王道约而易操'也。唯明主为能行之。若此则谓督责之诚,则臣无邪,臣无邪则天下安,天下安则主严尊,主严尊则督责必,督责必则所求得,所求得则国家富,国家富则君乐丰。故督责之术设,则所欲无不得矣。群臣百姓救过不给,何变之敢图?若此则帝道备,而可谓能明君臣之术矣。虽申、韩复生,不能加也。"

书奏,二世悦。于是行督责益严,税民深者为明吏。二世曰:"若此则可谓能督责矣。"刑者相半于道,而死人日成积于市。杀人众者为忠臣。二世曰:"若此则可谓能督责矣。"

初,赵高为郎中令,所杀及报私怨众多,恐大臣入朝奏事毁恶之,乃说二世曰:"天子所以贵者,但以闻声,群臣莫得见其面,故号曰'朕'。且陛下富于春秋,未必尽通诸事,今坐朝廷,遣举有不当者,则见短于大臣,非所以示神明于天下也。且陛下深拱禁中,与臣及侍中习法者待事,事来有以揆之。如此则大臣不敢奏疑事,天下称圣主矣。"二世用其计,乃不坐朝廷见大臣,居禁中。赵高常侍中用事,事皆决于赵高。

高闻李斯以为言,乃见丞相曰:"关东群盗多,今上急益发繇治阿房宫,聚狗马无用之物。臣欲谏,为位贱。此真君侯之事,君何不谏?"李斯曰:"固也,吾欲言之久矣。今时上不坐朝廷,上居深宫,吾有所言者,不可传也,欲见无间。"赵高谓曰:"君诚能谏,请为君候上间语君。"于是赵高待二世方燕乐,妇女居前,使人告丞相:"上方间,可奏事。"丞相至宫门上谒,如此者三。二世怒曰:"吾常多闲日,丞相不来。吾方燕私,丞相辄来请事。丞相岂少我哉?且固我哉?"赵高因曰:"如此殆矣!夫沙丘之谋,丞相与焉。今陛下已立为帝,而丞相贵不益,此其意亦望裂地而王矣。且陛下不问臣,臣不敢言。丞相长男李由为三川守,楚盗陈胜等皆丞相傍县之子,以故楚盗公行,过三川,城守不肯击。高闻其文书相往来,未得其审,故未敢以闻。且丞相居外,权重于陛下。"二世以为然。欲案丞相,恐其不审,乃使人案验三川守与盗通状。李斯闻之。

是时二世在甘泉,方作觳抵优俳之观。李斯不得见,因上书言赵高之短曰:"臣闻之,臣疑其君,无不危国;妾疑其夫,无不危家。今有大臣于陛下擅利擅害,与陛

《李斯列传》

下无异，此甚不便。昔者司城子罕相宋，身行刑罚，以威行之，期年遂劫其君。田常为简公臣，爵列无敌于国，私家之富与公家均，布惠施德，下得百姓，上得群臣，阴取齐国，杀宰予于庭，即弑简公于朝，遂有齐国。此天下所明知也。今高有邪佚之志，危反之行，如子罕相宋也；私家之富，若田氏之于齐也。兼行田常、子罕之逆道而劫陛下之威信，其志若韩玘为韩安相也。陛下不图，臣恐其为变也。"二世曰："何哉？夫高，故宦人也，然不为安肆志，不以危易心，絜行修善，自使至此，以忠得进，以信守位，朕实贤之，而君疑之，何也？且朕少失先人，无所识知，不习治民，而君又老，恐与天下绝矣。朕非属赵君，当谁任哉？且赵君为人精廉强力，下知人情，上能适朕，君其勿疑。"李斯曰："不然。夫高，故贱人也，无识于理，贪欲无厌，求利不止，列势次主，求欲无穷，臣故曰殆。"二世已前信赵高，恐李斯杀之，乃私告赵高。高曰："丞相所患者独高，高已死，丞相即欲为田常所为。"于是二世曰："其以李斯属郎中令！"

赵高案治李斯。李斯拘执束缚，居囹圄中，仰天而叹曰："嗟乎，悲夫！不道之君，何可为计哉！昔者桀杀关龙逢，纣杀王子比干，吴王夫差杀伍子胥。此三臣者，岂不忠哉，然而不免于死，身死而所忠者非也。今吾智不及三子，而二世之无道过于桀、纣、夫差，吾以忠死，宜矣。且二世之治岂不乱哉！日者夷其兄弟而自立也，杀忠臣而贵贱人，作为阿房之宫，赋敛天下。吾非不谏也，而不吾听也。凡古圣王，饮食有节，车器有数，宫室有度，出令造事，加费而无益于民利者禁，故能长久治安。今行逆于昆弟，不顾其咎；侵杀忠臣，不思其殃；大为宫室，厚赋天下，不爱其费：三者已行，天下不听。今反者已有天下之半矣，而心尚未寤也，而以赵高为佐，吾必见寇至咸阳，麋鹿游于朝也。"

于是二世乃使高案丞相狱，治罪，责斯与子由谋反状，皆收捕宗族宾客。赵高治斯，榜掠千余，不胜痛，自诬服。斯所以不死者，自负其辩，有功，实无反心，幸得上书自陈，幸二世之寤而赦之。李斯乃从狱中上书曰："臣为丞相治民，三十余年矣。逮秦地之狭隘。先王之时秦地不过千里，兵数十万。臣尽薄材，谨奉法令，阴行谋臣，资之金玉，使游说诸侯，阴修甲兵，饰政教，官斗士，尊功臣，盛其爵禄，故终以胁韩弱魏，破燕、赵，夷齐、楚，卒兼六国，虏其王，立秦为天子。罪一矣。地非不广，又北逐胡、貉，南定百越，以见秦之强。罪二矣。尊大臣，盛其爵位，以固其亲。罪三矣。立社稷，修宗庙，以明主之贤。罪四矣。更克画，平斗斛度量文章，布之天下，以树秦之名。罪五矣。治驰道，兴游观，以见主之得意。罪六矣。缓刑罚，薄赋敛，以遂主得众之心，万民戴主，死而不忘。罪七矣。若斯之为臣者，罪足以死固久矣。上幸尽其能力，乃得至今，愿陛下察之！"书上，赵高使吏弃去不奏，曰："囚安得上书！"

赵高使其客十余辈诈为御史、谒者、侍中，更往覆讯斯。斯更以其实对，辄使人复榜之。后二世使人验斯，斯以为如前，终不敢更言，辞服。奏当上，二世喜曰："微赵君，几为丞相所卖。"及二世所使案三川之守至，则项梁已击杀之。使者来，会丞相下吏，赵高皆妄为反辞。

二世二年七月，具斯五刑，论腰斩咸阳市。斯出狱，与其中子俱执，顾谓其中子曰："吾欲与若复牵黄犬俱出上蔡东门逐狡兔，岂可得乎！"遂父子相哭，而夷三族。

李斯已死，二世拜赵高为中丞相，事无大小辄决于高。高自知权重，乃献鹿，谓之马。二世问左右："此乃鹿也？"左右皆曰："马也。"二世惊，自以为惑，乃召太卜，令卦之，太卜曰："陛下春秋郊祀，奉宗庙鬼神，斋戒不明，故至于此。可依盛德而明斋戒。"于是乃入上林斋戒。日游弋猎，有行人入上林中，二世自射杀之。赵高教其女婿咸阳令阎乐劾不知何人贼杀人移上林。高乃谏二世曰："天子无故贼杀不辜人，此上帝之禁也，鬼神不享，天且降殃，当远避宫以禳之。"二世乃出居望夷之宫。

留三日，赵高诈诏卫士，令士皆素服持兵内乡，入告二世曰："山东群盗兵大至！"二世上观而见之，恐惧，高既因劫令自杀。引玺而佩之，左右百官莫从；上殿，殿欲坏者三。高自知天弗与，群臣弗许，乃召始皇弟，授之玺。

子婴既位，患之，乃称疾不听事，与宦者韩谈及其子谋杀高。高上谒，请病，因召入，令韩谈刺杀之，夷其三族。

子婴立三月，沛公兵从武关入，至咸阳，群臣百官皆畔，不適。子婴与妻子自系其颈以组，降轵道旁。沛公因以属吏。项王至而斩之。遂以亡天下。

太史公曰：李斯以闾阎历诸侯，入事秦，因以瑕衅，以辅始皇，卒成帝业，斯为三公，可谓尊用矣。斯知六艺之归，不务明政以补主上之缺，持爵禄之重，阿顺苟合，严威酷刑，听高邪说，废適立庶。诸侯已畔，斯乃欲谏争，不亦末乎！人皆以斯极忠而被五刑死，察其本，乃与俗议之异。不然，斯之功且与周、召列矣。

《淮阴侯列传》

阅读提示 在楚汉相争中，韩信"使汉三分天下有其二，以灭项籍"(《太史公自序》)。对于这样一个决定刘项成败的关键人物，司马迁早在二十岁时就深入韩信故里，故而能写下韩信"胯下之辱"等早期经历。在"胯下之辱"一节中，司马迁以"孰视之"、"出袴下"、"蒲伏"一类语词，传神表现出一个志士的坚忍沉雄。这个一市之人"以为怯"的卑怯者，日后竟成为击溃绝代勇武者项羽的天才。当刘邦在汉中坐亡待尽之际，韩信纵论天下，深刻分析了项羽的内在弱点、战略错误以及三秦与天下的民心向背，为刘邦制定了占据关中、逐鹿中原并最终夺取天下的决策。在战场上，韩信更是一展其"连百万之军，战必胜，攻必取"的"兵仙"本色。故此，茅坤曰："予览观古兵家流，当以韩信为最，破魏以木罂，破赵以立汉赤帜，破齐以囊沙，彼皆从天而下，而未尝与敌人血战者。"(引自《史记评林》)郭嵩焘曰："韩信与项羽始终未交一战，独垓下一战，收楚汉兴亡之全局。先为小却，以待左右两翼之夹击，而后回军三而麾之，是以项羽十万之众一败无余。"(《史记札记》)然而，这个功盖一世的天才，最终却落了个诛灭三族的下场。对于韩信之死，司马迁以一种类似"春秋笔法"的记叙作了申冤。赵翼所谓"《史记·淮阴侯传》全载蒯通语，正以见淮阴之心平为设。虽以通之说喻百端，终确然不变，而他日之诬以反而族之者之冤痛，不可言也。班书则韩信传尽删通语，而另为通作传……史迁所以不更立《蒯通传》，正以明淮阴之心"(《陔余丛考》)，梁玉绳所谓"史公依汉庭狱案，叙入传中，而其冤自见。一饭千金，不忘漂母；解衣推食，宁负高皇……信之死冤矣"(《史记志疑》)，都说明了本篇以曲笔为韩信申冤的手法。

韩 信

淮阴侯韩信者，淮阴人也。始为布衣时，贫无行，不得推择为吏，又不能治生商贾，常从人寄食饮，人多厌之者，常数从其下乡南昌亭长寄食，数月，亭长妻患之，乃晨炊蓐食。食时信往，不为具食。信亦知其意，怒，竟绝去。

信钓于城下,诸母漂,有一母见信饥,饭信,竟漂数十日。信喜,谓漂母曰:"吾必有以重报母。"母怒曰:"大丈夫不能自食,吾哀王孙而进食,岂望报乎!"

淮阴屠中少年有侮信者,曰:"若虽长大,好带刀剑,中情怯耳。"众辱之曰:"信能死,刺我;不能死,出我袴下。"于是信孰视之,俛出袴下,蒲伏。一市人皆笑信,以为怯。

及项梁渡淮,信杖剑从之,居戏下,无所知名。项梁败,又属项羽,羽以为郎中。数以策干项羽,羽不用。汉王之入蜀,信亡楚归汉,未得知名,为连敖。坐法当斩,其辈十三人皆已斩,次至信,信乃仰视,适见滕公,曰:"上不欲就天下乎?何为斩壮士!"滕公奇其言,壮其貌,释而不斩。与语,大说之。言于上,上拜以为治粟都尉,上未之奇也。

信数与萧何语,何奇之。至南郑,诸将行道亡者数十人,信度何等已数言上,上不我用,即亡。何闻信亡,不及以闻,自追之。人有言上曰:"丞相何亡。"上大怒,如失左右手。居一二日,何来谒上,上且怒且喜,骂何曰:"若亡,何也?"何曰:"臣不敢亡也,臣追亡者。"上曰:"若所追者谁何?"曰:"韩信也。"上复骂曰:"诸将亡者以十数,公无所追;追信,诈也。"何曰:"诸将易得耳。至如信者,国士无双。王必欲长王汉中,无所事信;必欲争天下,非信无所与计事者。顾王策安所决耳。"王曰:"吾亦欲东耳,安能郁郁久居此乎?"何曰:"王计必欲东,能用信,信即留;不能用,信终亡耳。"王曰:"吾为公以为将。"何曰:"虽为将,信必不留。"王曰:"以为大将。"何曰:"幸甚。"于是王欲召信拜之。何曰:"王素慢无礼,今拜大将如呼小儿耳,此乃信所以去也。王必欲拜之,择良日,斋戒,设坛场,具礼,乃可耳。"王许之。诸将皆喜,人人各自以为得大将。至拜大将,乃韩信也,一军皆惊。

信拜礼毕,上坐。王曰:"丞相数言将军,将军何以教寡人计策?"信谢,因问王曰:"今东乡争权天下,岂非项王邪?"汉王曰:"然。"曰:"大王自料勇悍仁强孰与项王?"汉王默然良久,曰:"不如也。"信再拜贺曰:"惟信亦为大王不如也。然臣尝事之,请言项王之为人也。项王喑噁叱咤,千人皆废,然不能任属贤将,此特匹夫之勇耳。项王见人恭敬慈爱,言语呕呕,人有疾病,涕泣分食饮,至使人有功当封爵者,印刓敝,忍不能予,此所谓妇人之仁也。项王虽霸天下而臣诸侯,不居关中而都彭城。有背义帝之约,而以亲爱王,诸侯不平。诸侯之见项王迁逐义帝置江南,亦皆归逐其主而自王善地。项王所过无不残灭者,天下多怨,百姓不亲附,特劫于威强耳。名虽为霸,实失天下心。故曰其强易弱。今大王诚能反其道:任天下武勇,何所不诛!以天下城邑封功臣,何所不服!以义兵从思东归之士,何所不散!且三秦王为秦将,将秦子弟数岁矣,所杀亡不可胜计,又欺其众降诸侯,至新安,项王诈阬秦降卒二十余万,唯独邯、欣、翳得脱,秦父兄怨此三人,痛入骨髓。今楚强以威王

《淮阴侯列传》

此三人，秦民莫爱也。大王之入武关，秋豪无所害，除秦苛法，与秦民约，法三章耳，秦民无不欲得大王王秦者。于诸侯之约，大王当王关中，关中民咸知之。大王失职入汉中，秦民无不恨者。今大王举而东，三秦可传檄而定也。"于是汉王大喜，自以为得信晚。遂听信计，部署诸将所击。

八月，汉王举兵东出陈仓，定三秦。汉二年，出关，收魏、河南，韩、殷王皆降。合齐、赵共击楚。四月，至彭城，汉兵败散而还。信复收兵与汉王会荥阳，复击破楚京、索之间，以故楚兵卒不能西。

汉之败卻彭城，塞王欣、翟王翳亡汉降楚，齐、赵亦反汉与楚和。六月，魏王豹谒归视亲疾，至国，即绝河关反汉，与楚约和。汉王使郦生说豹，不下。其八月，以信为左丞相，击魏。魏王盛兵蒲坂，塞临晋，信乃益为疑兵，陈船欲度临晋，而伏兵从夏阳以木罂缻渡军，袭安邑。魏王豹惊，引兵迎信，信遂虏豹，定魏为河东郡。汉王遣张耳与信俱，引兵东，北击赵、代。后九月，破代兵，禽夏说阏与。信之下魏破代，汉辄使人收其精兵，诣荥阳以距楚。

信与张耳以兵数万，欲东下井陉击赵。赵王、成安君陈余闻汉且袭之也，聚兵井陉口，号称二十万。广武君李左车说成安君曰："闻汉将韩信涉西河，虏魏王，禽夏说，新喋血阏与，今乃辅以张耳，议欲下赵，此乘胜而去国远斗，其锋不可当。臣闻千里馈粮，士有饥色，樵苏后爨，师不宿饱。今井陉之道，车不得方轨，骑不得成列，行数百里，其势粮食必在其后。愿足下假臣奇兵三万人，从间道绝其辎重；足下深沟高垒，坚营勿与战。彼前不得斗，退不得还，吾奇兵绝其后，使野无所掠，不至十日，而两将之头可致于戏下。愿君留意臣之计。否，必为二子所禽矣。"成安君，儒者也，常称义兵不用诈谋奇计，曰："吾闻兵法十则围之，倍则战。今韩信兵号数万，其实不过数千。能千里而袭我，亦已罢极。今如此避而不击，后有大者，何以加之！则诸侯谓吾怯，而轻来伐我。"不听广武君策，广武君策不用。

韩信使人间视，知其不用，还报，则大喜，乃敢引兵遂下。未至井陉口三十里，止舍。夜半传发，选轻骑二千人，人持一赤帜，从间道萆山而望赵军，诫曰："赵见我走，必空壁逐我，若疾入赵壁，拔赵帜，立汉赤帜。"令其裨将传飧，曰："今日破赵会食！"诸将皆莫信，详应曰："诺。"谓军吏曰："赵已先据便地为壁，且彼未见吾大将旗鼓，未肯击前行，恐吾至阻险而还。"信乃使万人先行，出，背水陈。赵军望见而大笑。平旦，信建大将之旗鼓，鼓行出井陉口，赵开壁击之，大战良久。于是信、张耳详弃鼓旗，走水上军。水上军开入之，复疾战。赵果空壁争汉鼓旗，逐韩信、张耳。韩信、张耳已入水上军，军皆殊死战，不可败。信所出奇兵二千骑，共候赵空壁逐利，则驰入赵壁，皆拔赵旗，立汉赤帜二千。赵军已不胜，不能得信等，欲还归壁，壁皆汉赤帜，而大惊，以为汉皆已得赵王将矣，兵遂乱，遁走，赵将虽斩之，不能禁也。

于是汉兵夹击,大破虏赵军,斩成安君泜水上,禽赵王歇。

信乃令军中毋杀广武君,有能生得者购千金。于是有缚广武君而致戏下者,信乃解其缚,东乡坐,西乡对,师事之。

诸将效首虏,毕贺,因问信曰:"兵法右倍山陵,前左水泽,今者将军令臣等反背水陈,曰破赵会食,臣等不服。然竟以胜,此何术也?"信曰:"此在兵法,顾诸君不察耳。兵法不曰'陷之死地而后生,置之亡地而后存'?且信非得素拊循士大夫也,此所谓'驱市人而战之',其势非置之死地,使人人自为战;今予之生地,皆走,宁尚可得而用之乎!"诸将皆服曰:"善。非臣所及也。"

于是信问广武君曰:"仆欲北攻燕,东伐齐,何若而有功?"广武君辞谢曰:"臣闻败军之将,不可以言勇,亡国之大夫,不可以图存。今臣败亡之虏,何足以权大事乎!"信曰:"仆闻之,百里奚居虞而虞亡,在秦而秦霸,非愚于虞而智于秦也,用与不用,听与不听也。诚令成安君听足下计,若信者亦已为禽矣。以不用足下,故信得待耳。"因固问曰:"仆委心归计,愿足下勿辞。"广武君曰:"臣闻智者千虑,必有一失;愚者千虑,必有一得。故曰'狂夫之言,圣人择焉'。顾恐臣计未必足用,愿效愚忠。夫成安君有百战百胜之计,一旦而失之,军败鄗下,身死泜上。今将军涉西河,虏魏王,禽夏说阏与,一举而下井陉,不终朝破赵二十万众,诛成安君。名闻海内,威震天下,农夫莫不辍耕释耒,褕衣甘食,倾耳以待命者。若此,将军之所长也。然而众劳卒罢,其实难用。今将军欲举倦獘之兵,顿之燕坚城之下,欲战恐久力不能拔,情见势屈,旷日粮竭,而弱燕不服,齐必距境以自强也。燕齐相持而不下,则刘项之权未有所分也。若此者,将军所短也。臣愚,窃以为亦过矣。故善用兵者不以短击长,而以长击短。"韩信曰:"然则何由?"广武君对曰:"方今为将军计,莫如案甲休兵,镇赵抚其孤,百里之内,牛酒日至,以飨士大夫醳兵,北首燕路,而后遣辩士奉咫尺之书,暴其所长于燕,燕必不敢不听从。燕已从,使諠言者东告齐,齐必从风而服,虽有智者,亦不知为齐计矣。如是,则天下事皆可图也。兵固有先声而后实者,此之谓也。"韩信曰:"善。"从其策,发使使燕,燕从风而靡。乃遣使报汉,因请立张耳为赵王,以镇抚其国。汉王许之,乃立张耳为赵王。

楚数使奇兵渡河击赵,赵王耳、韩信往来救赵,因行定赵城邑,发兵诣汉。楚方急围汉王于荥阳,汉王南出,之宛、叶间,得黥布,走入成皋,楚又复急围之。六月,汉王出成皋,东渡河,独与滕公俱,从张耳军修武。至,宿传舍。晨自称汉使,驰入赵壁。张耳、韩信未起,即其卧内上夺其印符,以麾召诸将,易置之。信、耳起,乃知汉王来,大惊。汉王夺两人军,即令张耳备守赵地。拜韩信为相国,收赵兵未发者击齐。

信引兵东,未渡平原,闻汉王使郦食其已说下齐,韩信欲止。范阳辩士蒯通说

《淮阴侯列传》

信曰:"将军受诏击齐,而汉独发间使下齐,宁有诏止将军乎?何以得毋行也!且郦生一士,伏轼掉三寸之舌,下齐七十余城,将军将数万众,岁余乃下赵五十余,为将数岁,反不如一竖儒之功乎?"于是信然之,从其计,遂渡河。齐已听郦生,即留纵酒,罢备汉守御,信因袭齐历下军,遂至临菑。齐王田广以郦生卖己,乃亨之,而走高密,使使之楚请救。韩信已定临菑,遂东追广至高密西。楚亦使龙且将,号称二十万,救齐。

齐王广、龙且并军与信战,未合。人或说龙且曰:"汉兵远斗穷战,其锋不可当。齐、楚自居其地战,兵易败散。不如深壁,令齐王使其信臣招所亡城,亡城闻其王在,楚来救,必反汉。汉兵二千里客居,齐城皆反之,其势无所得食,可无战而降也。"龙且曰:"吾平生知韩信为人,易与耳。且夫救齐不战而降之,吾何功?今战而胜之,齐之半可得,何为止!"遂战,与信夹潍水陈。韩信乃夜令人为万余囊,满盛沙,壅水上流,引军半渡,击龙且,详不胜,还走。龙且果喜曰:"固知信怯也。"遂追信渡水。信使人决壅囊,水大至。龙且军大半不得渡,即急击,杀龙且。龙且水东军散走,齐王广亡去。信遂追北至城阳,皆虏楚卒。

汉四年,遂皆降平齐。使人言汉王曰:"齐伪诈多变,反覆之国也,南边楚,不为假王以镇之,其势不定。愿为假王便。"当是时,楚方急围汉王于荥阳,韩信使者至,发书,汉王大怒,骂曰:"吾困于此,旦暮望若来佐我,乃欲自立为王!"张良、陈平蹑汉王足,因附耳语曰:"汉方不利,宁能禁信之王乎?不如因而立,善遇之,使自为守。不然,变生。"汉王亦悟,因复骂曰:"大丈夫定诸侯,即为真王耳,何以假为!"乃遣张良往立信为齐王,征其兵击楚。

楚已亡龙且,项王恐,使盱眙人武涉往说齐王信曰:"天下共苦秦久矣,相与戮力击秦。秦已破,计功割地,分土而王之,以休士卒。今汉王复兴兵而东,侵人之分,夺人之地,已破三秦,引兵出关,收诸侯之兵以东击楚,其意非尽吞天下者不休,其不知厌足如是甚也。且汉王不可必,身居项王掌握中数矣,项王怜而活之,然得脱,辄倍约,复击项王,其不可亲信如此。今足下虽自以与汉王为厚交,为之尽力用兵,终为之所禽矣。足下所以得须臾至今者,以项王尚存也。当今二王之事,权在足下。足下右投则汉王胜,左投则项王胜。项王今日亡,则次取足下。足下与项王有故,何不反汉与楚连和,参分天下王之?今释此时,而自必于汉以击楚,且为智者固若此乎!"韩信谢曰:"臣事项王,官不过郎中,位不过执戟,言不听,画不用,故倍楚而归汉。汉王授我上将军印,予我数万众,解衣衣我,推食食我,言听计用,故吾得以至于此。夫人深亲信我,我倍之不祥,虽死不易。幸为信谢项王!"

武涉已去,齐人蒯通知天下权在韩信,欲为奇策而感动之,以相人说韩信曰:"仆尝受相人之术。"韩信曰:"先生相人何如?"对曰:"贵贱在于骨法,忧喜在于容色,成败在于决断,以此参之,万不失一。"韩信曰:"善。先生相寡人何如?"对曰:"愿少间。"信曰:"左右去矣。"通曰:"相君之面,不过封侯,又危不安。相君之背,贵乃不可言。"韩信曰:"何谓也?"蒯通曰:"天下初发难也,俊雄豪桀建号壹呼,天下之士云合雾集,鱼鳞襍遝,熛至风起。当此之时,忧在亡秦而已。今楚汉分争,使天下无罪之人肝胆涂地,父子暴骸骨于中野,不可胜数。楚人起彭城,转斗逐北,至于荥阳,乘利席卷,威震天下。然兵困于京、索之间,迫西山而不能进者,三年于此矣。汉王将数十万之众,距巩、雒,阻山河之险,一日数战,无尺寸之功,折北不救,败荥阳,伤成皋,遂走宛、叶之间,此所谓智勇俱困者也。夫锐气挫于险塞,而粮食竭于内府,百姓罢极怨望,容容无所倚。以臣料之,其势非天下之贤圣固不能息天下之祸。当今两主之命县于足下。足下为汉则汉胜,与楚则楚胜。臣愿披腹心,输肝胆,效愚计,恐足下不能用也。诚能听臣之计,莫若两利而俱存之,参分天下,鼎足而居,其势莫敢先动。夫以足下之贤圣,有甲兵之众,据强齐,从燕、赵,出空虚之地而制其后,因民之欲,西乡为百姓请命,则天下风走而响应矣,孰敢不听!割大弱强,以立诸侯,诸侯已立,天下服听而归德于齐。案齐之故,有胶、泗之地,怀诸侯以德,深拱揖让,则天下之君王相率而朝于齐矣。盖闻天与弗取,反受其咎;时至不行,反受其殃。愿足下孰虑之。"

韩信曰:"汉王遇我甚厚,载我以其车,衣我以其衣,食我以其食。吾闻之,乘人之车者载人之患,衣人之衣者怀人之忧,食人之食者死人之事,吾岂可以乡利倍义乎!"蒯生曰:"足下自以为善汉王,欲建万世之业,臣窃以为误矣。始常山王、成安君为布衣时,相与为刎颈之交,后争张黡、陈泽之事,二人相怨。常山王背项王,奉项婴头而窜,逃归于汉王。汉王借兵而东下,杀成安君泜水之南,头足异处,卒为天下笑。此二人相与,天下至驩也。然而卒相禽者,何也?患生于多欲而人心难测也。今足下欲行忠信以交于汉王,必不能固于二君之相与也,而事多大于张黡、陈泽。故臣以为足下必汉王之不危己,亦误矣。大夫种、范蠡存亡越,霸句践,立功成名而身死亡。野兽已尽而猎狗亨。夫以交友言之,则不如张耳之与成安君者也;以忠信言之,则不过大夫种、范蠡之于句践也。此二人者,足以观矣。愿足下深虑之。且臣闻勇略震主者身危,而功盖天下者不赏。臣请言大王功略:足下涉西河,虏魏王,禽夏说,引兵下井陉,诛成安君,徇赵,胁燕,定齐,南摧楚人之兵二十万,东杀龙且,西乡以报,此所谓功无二于天下,而略不世出者也。今足下戴震主之威,挟不赏之功,归楚,楚人不信;归汉,汉人震恐:足下欲持是安归乎?夫势在人臣之位而有震主之威,名高天下,窃为足下危之。"韩信谢曰:"先生且休矣,吾将念之。"

后数日,蒯通复说曰:"夫听者事之候也,计者事之机也,听过计失而能久安者,鲜矣。听不失一二者,不可乱以言;计不失本末者,不可纷以辞。夫随厮养之役者,失万乘之权；守儋石之禄者，阙卿相之位。故知者决之断也，疑者事之害也，审豪氂之小计，遗天下之大数，智诚知之，决弗敢行者，百事之祸也。故曰'猛虎之犹豫，不若蜂虿之致螫；骐骥之踟躅，不如驽马之安步；孟贲之狐疑，不如庸夫之必至也；虽有舜禹之智，吟而不言，不如瘖聋之指麾也'。此言贵能行之。夫功者难成而易败，时者难得而易失也。时乎时，不再来。愿足下详察之。"韩信犹豫不忍倍汉，又自以为功多，汉终不夺我齐，遂谢蒯通。蒯通说不听，已详狂为巫。

汉王之困固陵，用张良计，召齐王信，遂将兵会垓下。项羽已破，高祖袭夺齐王军。汉五年正月，徙齐王信为楚王，都下邳。

信至国，召所从食漂母，赐千金。及下乡南昌亭长，赐百钱，曰："公，小人也，为德不卒。"召辱己之少年令出胯下者以为楚中尉。告诸将相曰："此壮士也。方辱我时，我宁不能杀之邪？杀之无名，故忍而就于此。"

项王亡将钟离眛家在伊庐，素与信善。项王死后，亡归信。汉王怨眛，闻其在楚，诏楚捕眛。信初之国，行县邑，陈兵出入。汉六年，人有上书告楚王信反。高帝以陈平计，天子巡狩会诸侯，南方有云梦，发使告诸侯会陈："吾将游云梦。"实欲袭信，信弗知。高祖且至楚，信欲发兵反，自度无罪，欲谒上，恐见禽。人或说信曰："斩眛谒上，上必喜，无患。"信见眛计事。眛曰："汉所以不击取楚，以眛在公所。若欲捕我以自媚于汉，吾今日死，公亦随手亡矣。"乃骂信曰："公非长者！"卒自刭。信持其首，谒高祖于陈。上令武士缚信，载后车。信曰："果若人言：'狡兔死，良狗亨；高鸟尽，良弓藏；敌国破，谋臣亡。'天下已定，我固当亨！"上曰："人告公反。"遂械系信。至雒阳，赦信罪，以为淮阴侯。

信知汉王畏恶其能，常称病不朝从。信由此日夜怨望，居常鞅鞅，羞与绛、灌等列。信尝过樊将军哙，哙跪拜送迎，言称臣，曰："大王乃肯临臣！"信出门，笑曰："生乃与哙等为伍！"上常从容与信言诸将能不，各有差。上问曰："如我能将几何？"信曰："陛下不过能将十万。"上曰："于君何如？"曰："臣多多而益善耳。"上笑曰："多多益善，何为为我禽？"信曰："陛下不能将兵，而善将将，此乃信之所以为陛下禽也。且陛下所谓天授，非人力也。"

陈豨拜为巨鹿守，辞于淮阴侯。淮阴侯挈其手，辟左右与之步于庭，仰天叹曰："子可与言乎？欲与子有言也。"豨曰："唯将军令之。"淮阴侯曰："公之所居，天下精兵处也；而公，陛下之信幸臣也。人言公之畔，陛下必不信；再至，陛下乃疑矣；三至，必怒而自将。吾为公从中起，天下可图也。"陈豨素知其能也，信之，曰："谨奉教！"汉十年，陈豨果反。上自将而往，信病不从。阴使人至豨所，曰："弟举兵，吾从此助公。"信乃谋与家臣夜诈诏赦诸官徒奴，欲发以袭吕后、太子。部署已定，待豨报。其舍人得罪于信，信囚，欲杀之。舍人弟上变，告信欲反状于吕后。吕后欲召,恐其党不就,乃与萧相国谋,诈令人从上所来,言豨已得死,列侯群臣皆贺。相国绐信曰:"虽疾,强入贺。"信入,吕后使武士缚信,斩之长乐钟室。信方斩,曰:"吾悔不用蒯通之计,乃为儿女子所诈,岂非天哉!"遂夷信三族。

高祖已从豨军来,至,见信死,且喜且怜之,问:"信死亦何言?"吕后曰:"信言恨不用蒯通计。"高祖曰:"是齐辩士也。"乃诏齐捕蒯通。蒯通至,上曰:"若教淮阴侯反乎?"对曰:"然,臣固教之。竖子不用臣之策,故令自夷于此。如彼竖子用臣之计,陛下安得而夷之乎!"上怒曰:"亨之。"通曰:"嗟乎,冤哉亨也!"上曰:"若教韩信反,何冤?"对曰:"秦之纲绝而维弛,山东大扰,异姓并起,英俊乌集。秦失其鹿,天下共逐之,于是高材疾足者先得焉。跖之狗吠尧,尧非不仁,狗因吠非其主。当是时,臣唯独知韩信,非知陛下也。且天下锐精持锋欲为陛下所为者甚众,顾力不能耳。又可尽亨之邪?"高帝曰:"置之。"乃释通之罪。

太史公曰:吾如淮阴,淮阴人为余言,韩信虽为布衣时,其志与众异。其母死,贫无以葬,然乃行营高敞地,令其旁可置万家。余视其母冢,良然。假令韩信学道谦让,不伐己功,不矜其能,则庶几哉,于汉家勋可以比周、召、太公之徒,后世血食矣。不务出此,而天下已集,乃谋畔逆,夷灭宗族,不亦宜乎!

《田儋列传》（节选）

阅读提示　本篇名为独传，实为合传或类传，又类似世家，主要记叙了原齐国贵族田儋和他的堂弟田荣、田横在秦末聚众起义后先后称王并相继败亡的过程，反映了秦汉之际齐地的起义战争、政权更替情况以及刘邦平定齐国的历程。这里节选的是其中的"田横传"，主要写了田横在田荣死后收复齐国、汉王打败并招安田横、田横耻为汉臣而自杀、其门客五百人亦自杀殉节等故事。作者在文末运用了较多的语言和动作描写，充分体现了田横宁死不甘为人下的个性和矛盾的心理状态，使其形象跃然纸上，读之有如闻其声、如见其人之感。另外，作者还在论赞中赞美"田横之高节"和"宾客慕义而横死"之"至贤"，感叹"善画者"不能画田横事迹以传世，这都表现了其对田横人格的敬重，并在一定程度上反映了司马迁本人的人生价值观。

　　荣弟横，收齐散兵，得数万人，反击项羽于城阳。而汉王率诸侯败楚，入彭城。项羽闻之，乃醳齐而归，击汉于彭城，因连与汉战，相距荥阳。以故田横复得收齐城邑，立田荣子广为齐王，而横相之，专国政，政无巨细皆断于相。横定齐三年，汉王使郦生往说下齐王广及其相国横。横以为然，解其历下军。汉将韩信引兵且东击齐。齐初使华无伤、田解军于历下以距汉，汉使至，乃罢守战备，纵酒，且遣使与汉平。汉将韩信已平赵、燕，用蒯通计，度平原，袭破齐历下军，因入临淄。齐王广、相横怒，以郦生卖己，而亨郦生。齐王广东走高密，相横走博，守相田光走城阳，将军田既军于胶东。楚使龙且救齐，齐王与合军高密。汉将韩信与曹参破杀龙且，虏齐王广。汉将灌婴追得齐守相田光。至博，而横闻齐王死，自立为齐王，还击婴，婴败横之军于嬴下。田横亡走梁，归彭越。彭越是时居梁地，中立，且为汉，且为楚。韩信已杀龙且，因令曹参进兵破杀田既于胶东，使灌婴破杀齐将田吸于千乘。韩信遂平齐，乞自立为齐假王，汉因而立之。

　　后岁余，汉灭项籍，汉王立为皇帝，以彭越为梁王。田横惧诛，而与其徒属五百余人入海，居岛中。高帝闻之，以为田横兄弟本定齐，齐人贤者多附焉，今在海中不收,后恐为乱,乃使使赦田横罪而召之。田横因谢曰:"臣亨陛下之使郦生,今闻其弟郦商为汉将而贤,臣恐惧,不敢奉诏,请为庶人,守海岛中。"使还报,高皇帝乃诏卫尉郦商曰:"齐王田横即至,人马从者敢动摇者致族夷!"乃复使使持节具告以诏商状,曰:"田横来,大者王,小者乃侯耳;不来,且举兵加诛焉。"田横乃与其客二人乘传诣雒阳。

未至三十里,至尸乡厩置,横谢使者曰:"人臣见天子当洗沐。"止留。谓其客曰:"横始与汉王俱南面称孤,今汉王为天子,而横乃为亡虏而北面事之,其耻固已甚矣。且吾亨人之兄,与其弟并肩而事其主,纵彼畏天子之诏,不敢动我,我独不愧于心乎?且陛下所以欲见我者,不过欲一见吾面貌耳。今陛下在洛阳,今斩吾头,驰三十里间,形容尚未能败,犹可观也。"遂自刭,令客奉其头,从使者驰奏之高帝。高帝曰:"嗟乎,有以也夫! 起自布衣,兄弟三人更王,岂不贤乎哉!"为之流涕,而拜其二客为都尉,发卒二千人,以王者礼葬田横。既葬,二客穿其冢旁孔,皆自刭,下从之。高帝闻之,乃大惊,以田横之客皆贤。吾闻其余尚五百人在海中,使使召之。至则闻田横死,亦皆自杀。于是乃知田横兄弟能得士也。

《张丞相列传》(节选)

阅读提示　本篇名为独传,形似类传,实为张苍、周昌、申屠嘉三人的合传。在篇章结构上,本篇以御史大夫、丞相为主线,因张苍寿逾百岁,自秦归汉,历仕四朝,先为御史大夫,后任丞相,故以其事贯穿全篇,前连周昌,后接申屠嘉,并兼及周苛、赵尧、任敖等人,上通下接,巧妙穿插,章法整饬,结构完美,人物语言行动亦叙写传神。传主三人气质不同,然皆恪尽职守,为人称道。

　　这里节选其中的"周昌传"。周昌在楚汉战争中因其从兄死难继任御史大夫,刘邦欲废太子时,他曾极力谏诤;后遵刘邦旨意相赵王如意,如意被害后称病不朝,抑郁而死。此传叙写了周昌一生的主要事迹,生动地刻画了其刚直敢言、守正不阿的典型形象。其中写周昌在廷争废太子一事时情急语塞口吃之情态和"期期知其不可"等话语,一直是《史记》人物刻画和语言描写方面的经典例证。

　　周昌者,沛人也。其从兄曰周苛,秦时皆为泗水卒史。及高祖起沛,击破泗水守监,于是周昌、周苛自卒史从沛公,沛公以周昌为职志,周苛为客。从入关,破秦。沛公立为汉王,以周苛为御史大夫,周昌为中尉。汉王四年,楚围汉王荥阳急,汉王遁出去,而使周苛守荥阳城。楚破荥阳城,欲令周苛将。苛骂曰:"若趣降汉王!不然,今为虏矣!"项羽怒,亨周苛。于是乃拜周昌为御史大夫。常从击破项籍。以六年中与萧、曹等俱封:封周昌为汾阴侯;周苛子周成以父死事,封为高景侯。

　　昌为人强力,敢直言,自萧、曹等皆卑下之。昌尝燕时入奏事,高帝方拥戚姬,昌还走,高帝逐得,骑周昌项,问曰:"我何如主也?"昌仰曰:"陛下即桀纣之主也。"于是上笑之,然尤惮周昌。及帝欲废太子,而立戚姬子如意为太子,大臣固争之,莫能得;上以留侯策即止。而周昌廷争之强,上问其说,昌为人吃,又盛怒,曰:"臣口不能言,然臣期期知其不可。陛下虽欲废太子,臣期期不奉诏。"上欣然而笑。既罢,吕后侧耳于东箱听,见周昌,为跪谢曰:"微君,太子几废。"

　　是后戚姬子如意为赵王,年十岁,高祖忧即万岁之后不全也。赵尧年少,为符玺御史。赵人方与公谓御史大夫周昌曰:"君之史赵尧,年虽少,然奇才也,君必异之,是且代君之位。"周昌笑曰;"尧年少,刀笔吏耳,何能至是乎!"居顷之,赵尧侍高祖。高祖独心不乐,悲歌,群臣不知上之所以然。赵尧进请问曰:"陛下所为不乐,非为赵王年少而戚夫人与吕后有郤邪?备万岁之后而赵王不能自全乎?"高祖曰:"然。吾私忧之,不知所出。"尧曰:"陛下独宜为赵王置贵强相,及吕后、太子、群臣素所敬惮乃可。"高祖曰:"然。吾念之欲如是,而群臣谁可者?"尧曰:"御史大夫周昌,其人坚忍质直,且自吕后、太子及大臣皆素敬惮之。独昌可。"高祖曰:"善。"于是乃召周昌,谓曰:"吾欲固烦公,公强为我相赵王。"周昌泣曰:"臣初起从陛下,陛下独奈何中道而弃之于诸侯乎?"高祖曰:"吾极知其左迁,然吾私忧赵王,念非公无可者。公不得已强行!"于是徙御史大夫周昌为赵相。既行久之,高祖持御史大夫印弄之,曰:"谁可以为御史大夫者?"孰视赵尧,曰:"无以易尧。"遂拜赵尧为御史大夫。尧亦前有军功食邑,及以御史大夫从击陈豨有功,封为江邑侯。

　　高祖崩,吕太后使使召赵王,其相周昌令王称疾不行。使者三反,周昌固为不遣赵王。于是高后患之,乃使使召周昌。周昌至,谒高后,高后怒而骂周昌曰:"尔不知我之怨戚氏乎?而不遣赵王,何?"昌既征,高后使使召赵王,赵王果来。至长安月余,饮药而死。周昌因谢病不朝见,三岁而死。

>>> 《郦生陆贾列传》(节选)

《郦生陆贾列传》(节选)

阅读提示 本传是郦食其、陆贾、朱建三人的合传。这三个人都有口辩之才,但成就却不尽相同。朱建一生乏善可陈,不能与郦生、陆贾同日而语。郦生有纵横驰说之才,在楚汉相持之际为刘邦"画袭陈留,进取敖仓"之策,并奋勇径入"多变诈"之齐,极力陈说"天下归汉"大势,但不料韩信突袭齐王而终被齐王亨杀。郦生的悲剧,固为辩士、说客入不测之地的必然厄运。与郦生的奇诡狂放相比,陆贾则显得守正沉稳。入汉后,他针对刘邦的无文粗鄙,"时时前说称《诗》、《书》",提出以儒学为治国之本的方略,并由此写出《新语》一书。《新语》之所以被称为"新语",实在于大汉帝国创始性地找到了维系大一统中国局面的精神根基,创始性地确立了迥别于秦专以严法治世的政治"旧语"而主以儒之仁术治世的政治"新语"。儒学由私学而上升为汉帝国乃至后世中国千古不易的精神国统,陆贾无疑具有首创之功。除此而外,陆贾在吕后专权、刘氏天下岌岌可危之时,以"病"为借口,"致仕诸吕",深自守藏,优游自处;在优游自处的背后,既善于守藏又精于观察,能够一眼洞穿陈平"燕居深念"的内心隐秘,为陈平筹划出了交结周勃以破诸吕的政治方略,而他自己一生也得以"竟以寿终"。班固之所谓:"郦生自匿监门,待主然后出,犹不免鼎镬。朱建始名谦直,既距辟阳,不终其节,亦以丧身。陆贾位止大夫,致仕诸吕,不受忧责,从容平、勃之间,附会将相以强社稷,身名俱荣,其最优乎"(《汉书·郦陆朱刘叔孙传赞》),堪称评说郦生、陆贾、朱建三人优劣的定评。这里节选的郦生传记,颇见传奇色彩。

  郦生食其者,陈留高阳人也。好读书,家贫落魄,无以为衣食业,为里监门吏。然县中贤豪不敢役,县中皆谓之狂生。
  及陈胜、项梁等起,诸将徇地过高阳者数十人,郦生闻其将皆握齱好苛礼自用,不能听大度之言,郦生乃深自藏匿。后闻沛公将兵略地陈留郊,沛公麾下骑士适郦生里中子也,沛公时时问邑中贤士豪俊。骑士归,郦生见谓之曰:"吾闻沛公慢而易人,多大略,此真吾所愿从游,莫为我先。若见沛公,谓曰'臣里中有郦生,年六十余,长八尺,人皆谓之狂生,生自谓我非狂生'。"骑士曰:"沛公不好儒,诸客冠儒冠来者,沛公辄解其冠,溲溺其中。与人言,常大骂。未可以儒生说也。"郦生曰:"弟言之。"骑士从容言如郦生所诫者。

　　沛公至高阳传舍,使人召郦生。郦生至,入谒,沛公方倨床使两女子洗足,而见郦生。郦生入,则长揖不拜,曰:"足下欲助秦攻诸侯乎?且欲率诸侯破秦也?"沛公骂曰:"竖儒!夫天下同苦秦久矣,故诸侯相率而攻秦,何谓助秦攻诸侯乎?"郦生曰:"必聚徒合义兵诛无道秦,不宜倨见长者。"于是沛公辍洗,起摄衣,延郦生上坐,谢之。郦生因言六国从横时。沛公喜,赐郦生食,问曰:"计将安出?"郦生曰:"足下起纠合之众,收散乱之兵,不满万人,欲以径入强秦,此所谓探虎口者也。夫陈留,天下之冲,四通五达之郊也,今其城又多积粟。臣善其令,请得使之,令下足下。即不听,足下举兵攻之,臣为内应。"于是遣郦生行,沛公引兵随之,遂下陈留。号郦食其为广野君。

　　郦生言其弟郦商,使将数千人从沛公西南略地。郦生常为说客,驰使诸侯。汉三年秋,项羽击汉,拔荥阳,汉兵遁保巩、洛。楚人闻淮阴侯破赵,彭越数反梁地,则分兵救之。淮阴方东击齐,汉王数困荥阳、成皋,计欲捐成皋以东,屯巩、洛以拒楚。郦生因曰:"臣闻知天之天者,王事可成;不知天之天者,王事不可成。王者以民人为天,而民人以食为天。夫敖仓,天下转输久矣,臣闻其下乃有藏粟甚多,楚人拔荥阳,不坚守敖仓,乃引而东,令適卒分守成皋,此乃天所以资汉也。方今楚易取而汉反郤,自夺其便,臣窃以为过矣。且两雄不俱立,楚汉久相持不决,百姓骚动,海内摇荡,农夫释耒,工女下机,天下之心未有所定也。愿足下急复进兵,收取荥阳,据敖仓之粟,塞成皋之险,杜大行之道,距蜚狐之口,守白马之津,以示诸侯效实形制之势,则天下知所归矣。方今燕、赵已定,唯齐未下。今田广据千里之齐,田间将二十万之众,军于历城,诸田宗强,负海阻河济,南近楚,人多变诈,足下虽遣数十万师,未可以岁月破也。臣请得奉明诏说齐王,使为汉而称东藩。"上曰:"善。"乃从其画,复守敖仓,而使郦生说齐王曰:"王知天下之所归乎?"王曰:"不知也。"曰:"王知天下之所归,则齐国可得而有也;若不知天下之所归,即齐国未可得保也。"齐王曰:"天下何所归?"曰:"归汉。"曰:"先生何以言之?"曰:"汉王与项王戮力西面击秦,约先入咸阳者王之。汉王先入咸阳,项王负约不与而王之汉中。项王迁杀义帝,汉王闻之,起蜀汉之兵击三秦,出关而责义帝之处,收天下之兵,立诸侯之后。降城即以侯其将,得赂即以分其士,与天下同其利,豪英贤才皆乐为之用。诸侯之兵四面而至,蜀汉之粟方船而下。项王有倍约之名,杀义帝之负;于人之功无所记,于人之罪无所忘;战胜而不得其赏,拔城而不得其封;非项氏莫得用事;为人刻印,刓而不能授;攻城得赂,积而不能赏:天下畔之,贤才怨之,而莫为之用。故天下之

240

《郦生陆贾列传》（节选）

士归于汉王,可坐而策也。夫汉王发蜀汉,定三秦；涉西河之外,援上党之兵；下井陉,诛成安君；破北魏,举三十二城：此蚩尤之兵也,非人之力也,天之福也。今已据敖仓之粟,塞成皋之险,守白马之津,杜大行之阪,距蜚狐之口,天下后服者先亡矣。王疾先下汉王,齐国社稷可得而保也；不下汉王,危亡可立而待也。"田广以为然,乃听郦生,罢历下兵守战备,与郦生日纵酒。

  淮阴侯闻郦生伏轼下齐七十余城,乃夜度兵平原袭齐。齐王田广闻汉兵至,以为郦生卖己,乃曰："汝能止汉军,我活汝；不然,我将亨汝！"郦生曰："举大事不细谨,盛德不辞让。而公不为若更言！"齐王遂亨郦生,引兵东走。汉十二年,曲周侯郦商以丞相将兵击黥布有功。高祖举列侯功臣,思郦食其。郦食其子疥数将兵,功未当侯,上以其父故,封疥为高梁侯。后更食武遂,嗣三世。元狩元年中,武遂侯平坐诈诏衡山王取百斤金,当弃市,病死,国除也。

《张释之冯唐列传》（节选）

阅读提示 本篇是汉文帝时张释之、冯唐二位以刚正守法、犯颜直谏而著称的大臣的合传。作者对张释之的描写，是围绕其遵法、守法、执法的性格特点，从不同侧面进行铺叙和刻画，把人物形象塑造得鲜明而丰满。文章先写张释之请求免去骑郎、论啬夫、追止太子、论石椁事，再写他处断县人惊马案、盗宗庙玉环案，最后写其在景帝朝中的为人处世。各个故事的安排顺序，大致是以人物官阶升迁为线索，节次清晰，脉络分明。全篇最精彩之处是张释之论石椁及断案故事，显示出其敢犯龙颜、不畏权贵的凛然正气。传末所叙为王生跪而结袜一事，又表现出其孝义仁厚的一面。作者对冯唐的描写，则突出叙其论将帅一事，虽用墨不多，但写得慷慨激昂、淋漓酣畅。在一问一答、一举一动中，冯唐忠谏之臣的形象呼之欲出，同时也有力地烘托和表现出了汉文帝勇于纳谏、任人唯贤的胸怀。总之，司马迁在本篇中运用不同手法，成功地塑造出了张、冯两位刚正直谏的诤臣形象，并在论赞中对他们予以热情赞颂。这里节选张释之传。

张廷尉释之者，堵阳人也，字季。有兄仲同居。以訾为骑郎，事孝文帝，十岁不得调，无所知名。释之曰："久宦减仲之产，不遂。"欲自免归。中郎将袁盎知其贤，惜其去，乃请徙释之补谒者。释之既朝毕，因前言便宜事。文帝曰："卑之，毋甚高论，令今可施行也。"于是释之言秦汉之间事，秦所以失而汉所以兴者久之。文帝称善，乃拜释之为谒者仆射。释之从行，登虎圈。上问上林尉诸禽兽簿，十余问，尉左右视，尽不能对。虎圈啬夫从旁代尉对上所问禽兽簿甚悉，欲以观其能口对响应无穷者。文帝曰："吏不当若是邪？尉无赖！"乃诏释之拜啬夫为上林令。释之久之前曰："陛下以绛侯周勃何如人也？"上曰："长者也。"又复问："东阳侯张相如何如人也？"上复曰："长者。"释之曰："夫绛侯、东阳侯称为长者，此两人言事曾不能出口，岂敩此啬夫谍谍利口捷给哉！且秦以任刀笔之吏，吏争以亟疾苛察相高，然其敝徒文具耳，无恻隐之实。以故不闻其过，陵迟而至于二世，天下土崩。今陛下以啬夫口辩而超迁之，臣恐天下随风靡靡，争为口辩而无其实。且下之化上疾于景

《张释之冯唐列传》(节选)

响,举错不可不审也。"文帝曰:"善。"乃止不拜啬夫。上就车,召释之参乘,徐行,问释之秦之敝。具以质言。至宫,上拜释之为公车令。

顷之,太子与梁王共车入朝,不下司马门,于是释之追止太子、梁王无得入殿门。遂劾不下公门不敬,奏之。薄太后闻之,文帝免冠谢曰:"教儿子不谨。"薄太后乃使使承诏赦太子、梁王,然后得入。文帝由是奇释之,拜为中大夫。顷之,至中郎将。从行至霸陵,居北临厕。是时慎夫人从,上指示慎夫人新丰道,曰:"此走邯郸道也。"使慎夫人鼓瑟,上自倚瑟而歌,意惨凄悲怀,顾谓群臣曰:"嗟乎!以北山石为椁,用纻絮斮陈,蕸漆其间,岂可动哉!"左右皆曰:"善。"释之前进曰:"使其中有可欲者,虽锢南山犹有郄;使其中无可欲者,虽无石椁,又何戚焉!"文帝称善。其后拜释之为廷尉。

顷之,上行出中渭桥,有一人从桥下走出,乘舆马惊。于是使骑捕,属之廷尉。释之治问。曰:"县人来,闻跸,匿桥下。久之,以为行已过,即出,见乘舆车骑,即走耳。"廷尉奏当,一人犯跸,当罚金。文帝怒曰:"此人亲惊吾马,吾马赖柔和,令他马,固不败伤我乎?而廷尉乃当之罚金!"释之曰:"法者天子所与天下公共也。今法如此而更重之,是法不信于民也。且方其时,上使立诛之则已。今既下廷尉,廷尉,天下之平也,一倾而天下用法皆为轻重,民安所措其手足?唯陛下察之。"良久,上曰:"廷尉当是也。"

其后有人盗高庙坐前玉环,捕得,文帝怒,下廷尉治。释之案律盗宗庙服御物者为奏,奏当弃市。上大怒曰:"人之无道,乃盗先帝庙器,吾属廷尉者,欲致之族,而君以法奏之,非吾所以共承宗庙意也。"释之免冠顿首谢曰:"法如是足也。且罪等,然以逆顺为差。今盗宗庙器而族之,有如万分之一,假令愚民取长陵一抔土,陛下何以加其法乎?"久之,文帝与太后言之,乃许廷尉当。是时,中尉条侯周亚夫与梁相山都侯王恬开见释之持议平,乃结为亲友。张廷尉由此天下称之。

后文帝崩,景帝立,释之恐,称病。欲免去,惧大诛至;欲见谢,则未知何如。用王生计,卒见谢,景帝不过也。王生者,善为黄老言,处士也。尝召居廷中,三公九卿尽会立,王生老人,曰"吾袜解",顾谓张廷尉:"为我结袜!"释之跪而结之。既已,人或谓王生曰:"独奈何廷辱张廷尉,使跪结袜?"王生曰:"吾老且贱,自度终无益于张廷尉。张廷尉方今天下名臣,吾故聊辱廷尉,使跪结袜,欲以重之。"诸公闻之,贤王生而重张廷尉。张廷尉事景帝岁余,为淮南王相,犹尚以前过也。久之,释之卒。其子曰张挚,字长公,官至大夫,免。以不能取容当世,故终身不仕。

《汲郑列传》(节选)

阅读提示 本篇是汉武帝时汲黯、郑当时两位著名大臣的合传。汲黯好直谏爱民,郑当时善进言荐贤,两人都信奉黄老,官至九卿,又都经历过升降沉浮,遭遇过"有势则宾客十倍,无势则否"的境遇,所以司马迁将其合为一传。在"汲黯传"中,作者抓住汲黯好直谏这一个性特征组织材料展开描写,较全面地展示了其才华卓越、胆识过人、忠君爱民、正气凛然,德才雄冠当时文臣的"社稷之臣"的光辉形象和大才难用、不得重用的悲剧人生。与此同时,文章也对汉武帝的两面作风、当时的政治弊端、官场的腐败风气以及鼎盛背后的社会矛盾等都有所暴露,具有很强的批判性。对于郑当时,作者既写出其任侠善交、为官清廉和尤善荐贤进言的一面,也写出其不免世故圆滑的另一面。在论赞中,作者又借汲、郑二人的升沉遭遇和翟公的言论悲叹世态炎凉,亦自道心声,抒发内心的愤慨。这里节选汲黯传。

汲黯字长孺,濮阳人也。其先有宠于古之卫君。至黯七世,世为卿大夫。黯以父任,孝景时为太子洗马,以庄见惮。孝景帝崩,太子即位,黯为谒者。东越相攻,上使黯往视之。不至,至吴而还,报曰:"越人相攻,固其俗然,不足以辱天子之使。"河内失火,延烧千余家,上使黯往视之。还报曰:"家人失火,屋比延烧,不足忧也。臣过河南,河南贫人伤水旱万余家,或父子相食,臣谨以便宜,持节发河南仓粟以振贫民。臣请归节,伏矫制之罪。"上贤而释之,迁为荥阳令。黯耻为令,病归田里。上闻,乃召拜为中大夫。以数切谏,不得久留内,迁为东海太守。黯学黄老之言,治官理民,好清静,择丞史而任之。其治,责大指而已,不苛小。黯多病,卧闺阁内不出。岁余,东海大治。称之。上闻,召以为主爵都尉,列于九卿。治务在无为而已,弘大体,不拘文法。黯为人性倨,少礼,面折,不能容人之过。合己者善待之,不合己者不能忍见,士亦以此不附焉。然好学,游侠,任气节,内行修洁,好直谏,数犯主之颜色,常慕傅柏、袁盎之为人也。善灌夫、郑当时及宗正刘弃。亦以数直谏,不得久居位。

《汲郑列传》(节选)

当是时,太后弟武安侯蚡为丞相,中二千石来拜谒,蚡不为礼。然黯见蚡未尝拜,常揖之。天子方招文学儒者,上曰吾欲云云,黯对曰:"陛下内多欲而外施仁义,奈何欲效唐虞之治乎!"上默然,怒,变色而罢朝。公卿皆为黯惧。上退,谓左右曰:"甚矣,汲黯之戆也!"群臣或数黯,黯曰:"天子置公卿辅弼之臣,宁令从谀承意,陷主于不义乎?且已在其位,纵爱身,奈辱朝廷何!"黯多病,病且满三月,上常赐告者数,终不愈。最后病,庄助为请告。上曰:"汲黯何如人哉?"助曰:"使黯任职居官,无以逾人。然至其辅少主,守城深坚,招之不来,麾之不去,虽自谓贲育亦不能夺之矣。"上曰:"然。古有社稷之臣,至如黯,近之矣。"大将军青侍中,上踞厕而视之。丞相弘燕见,上或时不冠。至如黯见,上不冠不见也。上尝坐武帐中,黯前奏事,上不冠,望见黯,避帐中,使人可其奏。其见敬礼如此。

张汤方以更定律令为廷尉,黯数质责汤于上前,曰:"公为正卿,上不能褒先帝之功业,下不能抑天下之邪心,安国富民,使囹圄空虚,二者无一焉。非苦就行,放析就功,何乃取高皇帝约束纷更之为?公以此无种矣。"黯时与汤论议,汤辩常在文深小苛,黯伉厉守高不能屈,忿发骂曰:"天下谓刀笔吏不可以为公卿,果然。必汤也,令天下重足而立,侧目而视矣!"

是时,汉方征匈奴,招怀四夷。黯务少事,乘上间,常言与胡和亲,无起兵。上方向儒术,尊公孙弘。及事益多,吏民巧弄。上分别文法,汤等数奏决谳以幸。而黯常毁儒,面触弘等徒怀诈饰智以阿人主取容,而刀笔吏专深文巧诋,陷人于罪,使不得反其真,以胜为功。上愈益贵弘、汤,弘、汤深心疾黯,唯天子亦不说也,欲诛之以事。弘为丞相,乃言上曰:"右内史界部中多贵人宗室,难治,非素重臣不能任,请徙黯为右内史。"为右内史数岁,官事不废。大将军青既益尊,姊为皇后,然黯与亢礼。人或说黯曰:"自天子欲群臣下大将军,大将军尊重益贵,君不可以不拜。"黯曰:"夫以大将军有揖客,反不重邪?"大将军闻,愈贤黯,数请问国家朝廷所疑,遇黯过于平生。淮南王谋反,惮黯,曰:"好直谏,守节死义,难惑以非。至如说丞相弘,如发蒙振落耳。"天子既数征匈奴有功,黯之言益不用。

始黯列为九卿,而公孙弘、张汤为小吏。及弘、汤稍益贵,与黯同位,黯又非毁弘、汤等。已而弘至丞相,封为侯;汤至御史大夫;故黯时丞相史皆与黯同列,或尊用过之。黯褊心,不能无少望,见上,前言曰:"陛下用群臣如积薪耳,后来者居上。"上默然。有间黯罢,上曰:"人果不可以无学,观黯之言也日益甚。"

居无何,匈奴浑邪王率众来降,汉发车二万乘。县官无钱,从民贳马。民或匿马,马不具。上怒,欲斩长安令。黯曰:"长安令无罪,独斩黯,民乃肯出马。且匈奴畔其主而降汉,汉徐以县次传之,何至令天下骚动,罢弊中国而以事夷狄之人乎!"上默然。及浑邪至,贾人与市者,坐当死者五百余人。黯请间,见高门,曰:"夫匈奴攻当路塞,绝和亲,中国兴兵诛之,死伤者不可胜计,而费以巨万百数。臣愚以为陛下得胡人,皆以为奴婢以赐从军死事者家;所卤获,因予之,以谢天下之苦,塞百姓之心。今纵不能,浑邪率数万之众来降,虚府库赏赐,发良民侍养,譬若奉骄子。愚民安知市买长安中物而文吏绳以为阑出财物于边关乎?陛下纵不能得匈奴之资以谢天下,又以微文杀无知者五百余人,是所谓'庇其叶而伤其枝'者也,臣窃为陛下不取也。"上默然,不许,曰:"吾久不闻汲黯之言,今又复妄发矣。"后数月,黯坐小法,会赦免官。于是黯隐于田园。

居数年,会更五铢钱,民多盗铸钱,楚地尤甚。上以为淮阳,楚地之郊,乃召拜黯为淮阳太守。黯伏谢不受印,诏数强予,然后奉诏。诏召见黯,黯为上泣曰:"臣自以为填沟壑,不复见陛下,不意陛下复收用之。臣常有狗马病,力不能任郡事,臣愿为中郎,出入禁闼,补过拾遗,臣之愿也。"上曰:"君薄淮阳邪?吾今召君矣。顾淮阳吏民不相得,吾徒得君之重,卧而治之。"黯既辞行,过大行李息,曰:"黯弃居郡,不得与朝廷议也。然御史大夫张汤智足以拒谏,诈足以饰非,务巧佞之语,辩数之辞,非肯正为天下言,专阿主意。主意所不欲,因而毁之;主意所欲,因而誉之。好兴事,舞文法,内怀诈以御主心,外挟贼吏以为威重。公列九卿,不早言之,公与之俱受其僇矣。"息畏汤,终不敢言。黯居郡如故治,淮阳政清。后张汤果败,上闻黯与息言,抵息罪。令黯以诸侯相秩居淮阳。七岁而卒。

卒后,上以黯故,官其弟汲仁至九卿,子汲偃至诸侯相。黯姑姊子司马安亦少与黯为太子洗马。安文深巧善宦,官四至九卿,以河南太守卒。昆弟以安故,同时至二千石者十人。濮阳段宏始事盖侯信,信任宏,宏亦再至九卿。然卫人仕者皆严惮汲黯,出其下。

《大宛列传》(节选)

阅读提示 本篇以征伐大宛为重要线索,记述汉朝与大宛等西域各国交往的历史。其中详细记叙了张骞两次出使西域的经过,肯定他的"凿空"之功;又着重记述了"贰师将军"李广利征伐大宛、汉武帝兵礼交用镇抚西域,从而造成汉朝与西域经济文化交流盛极一时的情况。本文虽然不以描写人物为主,但对所涉及到的各种人物,如张骞、李广利、乌孙王昆莫、大宛王毋寡和昧蔡等,仍写得十分生动逼真。本文还体现出作者进步的民族观、正直的品格和对资料考信的严谨态度。

这里节选的是本篇前半的"张骞通西域"一部分,详细记叙了张骞先后两次出使西域及通西南夷等情况,刻画出了其意志顽强、持节不失的感人形象。其中还简洁明晰地介绍了西域各国的区位、国力、民情、习俗、物产,表现了当年这一"旷地绝域"的异国情调,也揭示了汉朝与西域及西域各国之间极其复杂微妙的关系。

大宛之迹,见自张骞。张骞,汉中人。建元中为郎。是时天子问匈奴降者,皆言匈奴破月氏王,以其头为饮器,月氏遁逃而常怨仇匈奴,无与共击之。汉方欲事灭胡,闻此言,因欲通使。道必更匈奴中,乃募能使者。骞以郎应募,使月氏,与堂邑氏胡奴甘父俱出陇西。经匈奴,匈奴得之,传诣单于。单于留之,曰:"月氏在吾北,汉何以得往使?吾欲使越,汉肯听我乎?"留骞十余岁,与妻,有子,然骞持汉节不失。

居匈奴中,益宽,骞因与其属亡乡月氏,西走数十日至大宛。大宛闻汉之饶财,欲通不得,见骞,喜,问曰:"若欲何之?"骞曰:"为汉使月氏,而为匈奴所闭道。今亡,唯王使人导送我。诚得至,反汉,汉之赂遗王财物不可胜言。"大宛以为然,遣骞,为发导绎,抵康居,康居传致大月氏。大月氏王已为胡所杀,立其太子为王。既臣大夏而居,地肥饶,少寇,志安乐,又自以远汉,殊无报胡之心。骞从月氏至大夏,竟不能得月氏要领。留岁余,还,并南山,欲从羌中归,复为匈奴所得。留岁余,单于死,左谷蠡王攻其太子自立,国内乱,骞与胡妻及堂邑父俱亡归汉。汉拜骞为太中大夫,堂邑父为奉使君。骞为人强力,宽大信人,蛮夷爱之。堂邑父故胡人,善

247

射,穷急射禽兽给食。

初,骞行时百余人,去十三岁,唯二人得还。骞身所至者大宛、大月氏、大夏、康居,而传闻其旁大国五六,具为天子言之。曰:

大宛在匈奴西南,在汉正西,去汉可万里。其俗土著,耕田,田稻麦。有蒲陶酒。多善马,马汗血,其先天马子也。有城郭屋室。其属邑大小七十余城,众可数十万。其兵弓矛骑射。其北则康居,西则大月氏,西南则大夏,东北则乌孙,东则扜罙、于窴。于窴之西,则水皆西流,注西海;其东水东流,注盐泽。盐泽潜行地下,其南则河源出焉。多玉石,河注中国。而楼兰、姑师邑有城郭,临盐泽。盐泽去长安可五千里。匈奴右方居盐泽以东,至陇西长城,南接羌,鬲汉道焉。

…………

天子既闻大宛及大夏、安息之属皆大国,多奇物,土著,颇与中国同业,而兵弱,贵汉财物;其北有大月氏、康居之属,兵强,可以赂遗设利朝也。且诚得而以义属之,则广地万里,重九译,致殊俗,威德遍于四海。天子欣然,以骞言为然,乃令骞因蜀犍为发间使,四道并出:出駹,出冉,出徙,出邛、僰,皆各行一二千里。其北方闭氐、筰,南方闭巂、昆明。昆明之属无君长,善寇盗,辄杀略汉使,终莫得通。然闻其西可千余里有乘象国,名曰滇越,而蜀贾奸出物者或至焉,于是汉以求大夏道始通滇国。初,汉欲通西南夷,费多,道不通,罢之。及张骞言可以通大夏,乃复事西南夷。

骞以校尉从大将军击匈奴,知水草处,军得以不乏,乃封骞为博望侯。是岁元朔六年也。其明年,骞为卫尉,与李将军俱出右北平击匈奴。匈奴围李将军,军失亡多;而骞后期当斩,赎为庶人。是岁汉遣骠骑破匈奴西域数万人,至祁连山。其明年,浑邪王率其民降汉,而金城、河西西并南山至盐泽空无匈奴。匈奴时有候者到,而希矣。其后二年,汉击走单于于幕北。

是后天子数问骞大夏之属。骞既失侯,因言曰:"臣居匈奴中,闻乌孙王号昆莫,昆莫之父,匈奴西边小国也。匈奴攻杀其父,而昆莫生,弃于野。乌嗛肉蜚其上,狼往乳之。单于怪以为神,而收长之。及壮,使将兵,数有功,单于复以其父之民予昆莫,令长守于西域。昆莫收养其民,攻旁小邑,控弦数万,习攻战。单于死,昆莫乃率其众远徙,中立,不肯朝会匈奴。匈奴遣奇兵击,不胜,以为神而远之,因羁属之,不大攻。今单于新困于汉,而故浑邪地空无人。蛮夷俗贪汉财物,今诚以此时而厚币赂乌孙,招以益东,居故浑邪之地,与汉结昆弟,其势宜听,听则是断匈奴右臂也。既连乌孙,自其西大夏之属皆可招来而为外臣。"天子以为然,拜骞为中郎将,将三百人,马各二匹,牛羊以万数,赍金币帛直数千巨万,多持节副使,道可使,使遗之他旁国。

《大宛列传》(节选)

　　骞既至乌孙,乌孙王昆莫见汉使如单于礼,骞大惭,知蛮夷贪,乃曰:"天子致赐,王不拜则还赐。"昆莫起拜赐,其他如故。骞谕使指曰:"乌孙能东居浑邪地,则汉遣翁主为昆莫夫人。"乌孙国分,王老,而远汉,未知其大小,素服属匈奴日久矣,且又近之,其大臣皆畏胡,不欲移徙,王不能专制。骞不得其要领。昆莫有十余子,其中子曰大禄,强,善将众,将众别居万余骑。大禄兄为太子,太子有子曰岑娶,而太子蚤死。临死谓其父昆莫曰:"必以岑娶为太子,无令他人代之。"昆莫哀而许之,卒以岑娶为太子。大禄怒其不得代太子也,乃收其诸昆弟,将其众畔,谋攻岑娶及昆莫。昆莫老,常恐大禄杀岑娶,予岑娶万余骑别居,而昆莫有万余骑自备,国众分为三,而其大总取羁属昆莫,昆莫亦以此不敢专约于骞。

　　骞因分遣副使使大宛、康居、大月氏、大夏、安息、身毒、于寘、扜罙及诸旁国。乌孙发导译送骞还,骞与乌孙遣使数十人,马数十匹报谢,因令窥汉,知其广大。

　　骞还到,拜为大行,列于九卿。岁余,卒。

　　乌孙使既见汉人众富厚,归报其国,其国乃益重汉。其后岁余,骞所遣使通大夏之属者皆颇与其人俱来,于是西北国始通于汉矣。然张骞凿空,其后使往者皆称博望侯,以为质于外国,外国由此信之。

史记概论

《游侠列传》

阅读提示 游侠深为法儒墨三家所排摈,但在司马迁看来,游侠虽有"不轨于正义"之处,他们身上体现出的急人所难、轻生赴死的可贵精神却也值得大力颂扬。而司马迁置游侠于正史之中,也说明了他所撰写的《史记》不仅是主流社会的历史,同时也是其他社会各阶层活动的历史。《史记》的卓绝之处,就在于对历史时空中的各类人群都尽可能地予以载述。这样的历史才是完整的历史、真实的历史。而这,也正表现出司马迁"多爱不忍"的深广之心。秦观之所谓"迁为人多爱不忍,虽刺客、滑稽、佞幸之类,犹屑屑焉称其所长,况于黄老、游侠、货殖之事"(引自《史记评林》),李景星之所谓"游侠一道,可以济王法之穷,可以去人心之憾。天地间既有此一种奇人,而太史公即不能不创此一种奇传"(《史记评议》),都可以说是对司马迁"多爱不忍"之心的深入体察。至于董份所言"史迁遭李陵之难,交游莫救,身受法困,故感激游侠之义,其辞多激"(引自《史记评林》),也算作为司马迁之所以写《游侠列传》的一种合理性注解。就《游侠列传》结构布局而言,开篇以序论形式对游侠精神着力称颂,正文部分则列举汉代著名侠士朱家、剧孟和郭解等人的实例加以佐证,最后在结尾部分以"太史公曰"与开篇以序论相呼应,可谓是一篇史论结合、虚实互现、一唱三叹的经典范文。

韩子曰:"儒以文乱法,而侠以武犯禁。"二者皆讥,而学士多称于世云。至如以术取宰相卿大夫,辅翼其世主,功名俱著于春秋,固无可言者。及若季次、原宪,闾巷人也,读书怀独行君子之德,义不苟合当世,当世亦笑之。故季次、原宪终身空室蓬户,褐衣疏食不厌。死而已四百余年,而弟子志之不倦。

今游侠,其行虽不轨于正义,然其言必信,其行必果,已诺必诚,不爱其躯,赴士之阸困。既已存亡死生矣,而不矜其能,羞伐其德,盖亦有足多者焉。且缓急,人之所时有也。太史公曰:昔者虞舜窘于井廪,伊尹负于鼎俎,傅说匿于傅险,吕尚困于棘津,夷吾桎梏,百里饭牛,仲尼畏匡,菜色陈、蔡。此皆学士所谓有道仁人也,犹然遭此菑,况以中材而涉乱世之末流乎?其遇害何可胜道哉!

鄙人有言曰:"何知仁义,已飨其利者为有德。"故伯夷丑周,饿死首阳山,而文、武不以其故贬王;跖、蹻暴戾,其徒诵义无穷。由此观之,"窃钩者诛,窃国者侯,侯之门仁义存",非虚言也。

今拘学或抱咫尺之义,久孤于世,岂若卑论侪俗,与世沉浮而取荣名哉!而布衣之徒,设取予然诺,千里诵义,为死不顾世,此亦有所长,非苟而已也。故士穷窘而得委命,此岂非人之所谓贤豪间者邪?诚使乡曲之侠,予季次、原宪比权量力,效功于当世,不同日而论矣。要以功见言信,侠客之义又曷可少哉!

古布衣之侠,靡得而闻已。近世延陵、孟尝、春申、平原、信陵之徒,皆因王者亲属,藉于有土卿相之富厚,招天下贤者,显名诸侯,不可谓不贤者矣。比如顺风而呼,声非加疾,其势激也。至如闾巷之侠,修行砥名,声施于天下,莫不称贤,是为难耳。然儒、墨皆排摈不载。自秦以前,匹夫之侠,湮灭不见,余甚恨之。以余所闻,汉兴有朱家、田仲、王公、剧孟、郭解之徒,虽时扞当世之文罔,然其私义廉洁退让,有足称者。名不虚立,士不虚附。至如朋党宗强比周,设财役贫,豪暴侵凌孤弱,恣欲自快,游侠亦丑之。余悲世俗不察其意,而猥以朱家、郭解等令与暴豪之徒同类而共笑之也。

鲁朱家者,与高祖同时。鲁人皆以儒教,而朱家用侠闻。所藏活豪士以百数,其余庸人不可胜言。然终不伐其能,歆其德,诸所尝施,唯恐见之。振人不赡,先从贫贱始。家无余财,衣不完采,食不重味,乘不过軥牛。专趋人之急,甚己之私。既阴脱季布将军之阸,及布尊贵,终身不见也。自关以东,莫不延颈愿交焉。

楚田仲以侠闻,喜剑,父事朱家,自以为行弗及。田仲已死,而雒阳有剧孟。周人以商贾为资,而剧孟以任侠显诸侯。吴楚反时,条侯为太尉,乘传车将至河南,得剧孟,喜曰:"吴楚举大事而不求孟,吾知其无能为已矣。"天下骚动,宰相得之若得一敌国云。剧孟行大类朱家,而好博,多少年之戏。然剧孟母死,自远方送丧盖千乘。及剧孟死,家无余十金之财。而符离人王孟亦以侠称江淮之间。

是时济南瞷氏、陈周庸亦以豪闻,景帝闻之,使使尽诛此属。其后代诸白、梁韩无辟、阳翟薛兄、陕韩孺纷纷复出焉。

郭解,轵人也,字翁伯,善相人者许负外孙也。解父以任侠,孝文时诛死。解为人短小精悍,不饮酒。少时阴贼,慨不快意,身所杀甚众。以躯借交报仇,藏命作奸剽攻，休乃铸钱掘冢，固不可胜数。适有天幸，窘急常得脱，若遇赦。及解年长，更折节为俭，以德报怨，厚施而薄望。然其自喜为侠益甚。既已振人之命，不矜其功，其阴贼著于心，卒发于睚眦如故云。而少年慕其行，亦辄为报仇，不使知也。解姊子负解之势，与人饮，使之嚼。非其任，强必灌之。人怒，拔刀刺杀解姊子，亡去。解姊怒曰："以翁伯之义，人杀吾子，贼不得。"弃其尸于道，弗葬，欲以辱解。解使人微知贼处。贼窘自归，具以实告解。解曰："公杀之固当，吾儿不直。"遂去其贼，罪其姊子，乃收而葬之。诸公闻之，皆多解之义，益附焉。

解出入，人皆避之。有一人独箕倨视之，解遣人问其名姓。客欲杀之，解曰："居邑屋至不见敬，是吾德不修也，彼何罪！"乃阴属尉史曰："是人，吾所急也，至践更时脱之。"每至践更，数过，吏弗求。怪之，问其故，乃解使脱之。箕踞者乃肉袒谢罪。少年闻之，愈益慕解之行。

洛阳人有相仇者，邑中贤豪居间者以十数，终不听。客乃见郭解。解夜见仇家，仇家曲听解。解乃谓仇家曰："吾闻洛阳诸公在此间，多不听者。今子幸而听解，解奈何乃从他县夺人邑中贤大夫权乎！"乃夜去，不使人知，曰："且无用，待我去，令洛阳豪居其间，乃听之。"

解执恭敬，不敢乘车入其县廷。之旁郡国，为人请求事，事可出，出之；不可者，各厌其意，然后乃敢尝酒食。诸公以故严重之，争为用。邑中少年及旁近县贤豪，夜半过门常十余车，请得解客舍养之。

及徙豪富茂陵也，解家贫，不中訾，吏恐，不敢不徙。卫将军为言"郭解家贫不中徙"。上曰："布衣权至使将军为言，此其家不贫。"解家遂徙。诸公送者出千余万。轵人杨季主子为县掾，举徙解。解兄子断杨掾头。由此杨氏与郭氏为仇。

解入关，关中贤豪知与不知，闻其声，争交欢解。解为人短小，不饮酒，出未尝有骑。已又杀杨季主。杨季主家上书，人又杀之阙下。上闻，乃下吏捕解。解亡，置其母家室夏阳，身至临晋。临晋籍少公素不知解，解冒，因求出关。籍少公已出解，解转入太原，所过辄告主人家。吏逐之，迹至籍少公。少公自杀，口绝。久之，乃得解。穷治所犯，为解所杀，皆在赦前。轵有儒生侍使者坐，客誉郭解，生曰："郭解专以奸犯公法，何谓贤！"解客闻，杀此生，断其舌。吏以此责解，解实不知杀者。杀者亦竟绝，莫知为谁。吏奏解无罪。御史大夫公孙弘议曰："解布衣为任侠行权，以睚眦杀人，解虽弗知，此罪甚于解杀之。当大逆无道。"遂族郭解翁伯。

自是之后，为侠者极众，敖而无足数者。然关中长安樊仲子，槐里赵王孙，长陵

▶▶▶▶ 《游侠列传》

高公子,西河郭公仲,太原卤公孺,临淮兒长卿,东阳田君孺,虽为侠而逡逡有退让君子之风。至若北道姚氏,西道诸杜,南道仇景,东道赵他、羽公子,南阳赵调之徒,此盗跖居民间者耳,曷足道哉!此乃乡者朱家之羞也。

太史公曰:吾视郭解,状貌不及中人,言语不足采者。然天下无贤与不肖,知与不知,皆慕其声,言侠者皆引以为名。谚曰:"人貌荣名,岂有既乎!"于戏,惜哉!

史记概论

《货殖列传》(节选)

阅读提示 在中国历史上,司马迁一反重农抑商的传统,首创商人列传即《货殖列传》,提出了一整套经济主张。首先,司马迁明确批驳以穷为乐的酸腐论调,肯定了人们追求物质财富的合理欲望,要求统治者顺应人民对物质利益的渴望,切不可逆流而动;他以政府对商业活动的态度作为标准,将政府划分为五类:"善者因之,其次利导之,其次教诲之,其次整齐之,最下者与之争。"也就是说,最上等的政府是顺应商业活动的自身规律,最下等的政府是垄断商业活动,与民争利,由此而谴责了汉武帝时期的经济垄断政策,在此基础上,司马迁主张农、工、商、虞四者并重,认为这样才能保证人民日常生活的物质需求。司马迁还以为,经济的发展是一个国家强弱盛衰的基础,"上则富国,下则富家"。接续于以上序论之后,司马迁为计然、陶朱公、白圭、乌氏倮、寡妇清等富商巨贾作传,并由此指出那些优秀的商人与政治家、军事家相比毫不逊色,他们运筹帷幄,决胜千里,虽没有王侯的封号,但势同王侯,足以称之为"素王"。如此惊世骇俗之论,不但在一贯重农抑商的封建社会独步千古,就是在由计划经济走向市场经济的今天也有着重要的现实意义。

老子曰:"至治之极,邻国相望,鸡狗之声相闻,民各甘其食,美其服,安其俗,乐其业,至老死不相往来。"必用此为务,挽近世涂民耳目,则几无行矣。

太史公曰:夫神农以前,吾不知已。至若《诗》《书》所述虞夏以来,耳目欲极声色之好,口欲穷刍豢之味,身安逸乐,而心夸矜势能之荣使。俗之渐民久矣,虽户说以眇论,终不能化。故善者因之,其次利道之,其次教诲之,其次整齐之,最下者与之争。

夫山西饶材、竹、谷、𰣕、旄、玉石;山东多鱼、盐、漆、丝、声色;江南出楠、梓、姜、桂、金、锡、连、丹沙、犀、玳瑁、珠玑、齿革;龙门、碣石北多马、牛、羊、旃裘、筋角;铜、铁则千里往往山出棋置:此其大较也。皆中国人民所喜好,谣俗被服饮食奉生送死之具也。故待农而食之,虞而出之,工而成之,商而通之。此宁有政教发征期会哉?

《货殖列传》(节选)

人各任其能,竭其力,以得所欲。故物贱之征贵,贵之征贱,各劝其业,乐其事,若水之趋下,日夜无休时,不召而自来,不求而民出之。岂非道之所符,而自然之验邪?

《周书》曰:"农不出则乏其食,工不出则乏其事,商不出则三宝绝,虞不出则财匮少。"财匮少而山泽不辟矣。此四者,民所衣食之原也。原大则饶,原小则鲜。上则富国,下则富家。贫富之道,莫之夺予,而巧者有余,拙者不足。故太公望封于营丘,地潟卤,人民寡,于是太公劝其女功,极技巧,通鱼盐,则人物归之,繦至而辐凑。故齐冠带衣履天下,海岱之间敛袂而往朝焉。其后齐中衰,管子修之,设轻重九府,则桓公以霸,九合诸侯,一匡天下;而管氏亦有三归,位在陪臣,富于列国之君。是以齐富强至于威、宣也。

故曰:"仓廪实而知礼节,衣食足而知荣辱。"礼生于有而废于无。故君子富,好行其德;小人富,以适其力。渊深而鱼生之,山深而兽往之,人富而仁义附焉。富者得势益彰,失势则客无所之,以而不乐。夷狄益甚。谚曰:"千金之子,不死于市。"此非空言也。故曰:"天下熙熙,皆为利来;天下壤壤,皆为利往。"夫千乘之王,万家之侯,百室之君,尚犹患贫,而况匹夫编户之民乎!

....

汉兴,海内为一,开关梁,弛山泽之禁,是以富商大贾周流天下,交易之物莫不通,得其所欲,而徙豪杰诸侯强族于京师。

关中自汧、雍以东至河、华,膏壤沃野千里,自虞夏之贡以为上田,而公刘适邠,大王、王季在岐,文王作丰,武王治镐,故其民犹有先王之遗风,好稼穑,殖五谷,地重,重为邪。及秦文、德、缪居雍,隙陇蜀之货物而多贾。献公徙栎邑,栎邑北却戎翟,东通三晋,亦多大贾。孝、昭治咸阳,因以汉都,长安诸陵,四方辐凑并至而会,地小人众,故其民益玩巧而事末也。南则巴蜀。巴蜀亦沃野,地饶巵、姜、丹沙、石、铜、铁、竹、木之器。南御滇僰,僰僮。西近邛笮,笮马、旄牛。然四塞,栈道千里,无所不通,唯褒斜绾毂其口,以所多易所鲜。天水、陇西、北地、上郡与关中同俗,然西有羌中之利,北有戎翟之畜,畜牧为天下饶。然地亦穷险,唯京师要其道。故关中之地,于天下三分之一,而人众不过什三;然量其富,什居其六。

昔唐人都河东,殷人都河内,周人都河南。夫三河在天下之中,若鼎足,王者所更居也,建国各数百千岁,土地小狭,民人众,都国诸侯所聚会,故其俗纤俭习事。杨、平阳陈西贾秦、翟,北贾种、代。种、代,石北也,地边胡,数被寇。人民矜懻忮,好气,任侠为奸,不事农商。然迫近北夷,师旅亟往,中国委输时有奇羡。其民羯羠不均,自全晋之时固已患其僄悍,而武灵王益厉之,其谣俗犹有赵之风也。故杨、平阳陈掾其间,得所欲。温、轵西贾上党,北贾赵、中山。中山地薄人众,犹有沙丘纣淫地余民,民俗懁急,仰机利而食。丈夫相聚游戏,悲歌慷慨,起则相随椎剽,休则掘冢作巧奸冶,多美物,为倡优。女子则鼓鸣瑟,跕躧,游媚贵富,入后宫,遍诸侯。

然邯郸亦漳、河之间一都会也。北通燕、涿,南有郑、卫。郑、卫俗与赵相类,然近梁、鲁,微重而矜节。濮上之邑徙野王,野王好气任侠,卫之风也。

夫燕亦勃、碣之间一都会也。南通齐、赵,东北边胡。上谷至辽东,地踔远,人民希,数被寇,大与赵、代俗相类,而民雕捍少虑,有鱼盐枣栗之饶。北邻乌桓、夫馀,东绾秽貉、朝鲜、真番之利。

洛阳东贾齐、鲁,南贾梁、楚。故泰山之阳则鲁,其阴则齐。

齐带山海,膏壤千里,宜桑麻,人民多文采布帛鱼盐。临菑亦海岱之间一都会也。其俗宽缓阔达,而足智,好议论,地重,难动摇,怯于众斗,勇于持刺,故多劫人者,大国之风也。其中具五民。

而邹、鲁滨洙、泗,犹有周公遗风,俗好儒,备于礼,故其民龊龊。颇有桑麻之业,无林泽之饶。地小人众,俭啬,畏罪远邪。及其衰,好贾趋利,甚于周人。

夫自鸿沟以东,芒、砀以北,属巨野,此梁、宋也。陶、睢阳亦一都会也。昔尧作于成阳,舜渔于雷泽,汤止于亳。其俗犹有先王遗风,重厚多君子,好稼穑,虽无山川之饶,能恶衣食,致其蓄藏。

越、楚则有三俗。夫自淮北沛、陈、汝南、南郡,此西楚也。其俗剽轻,易发怒,地薄,寡于积聚。江陵故郢都,西通巫、巴,东有云梦之饶。陈在楚夏之交,通鱼盐之货,其民多贾。徐、僮、取虑,则清刻,矜己诺。

彭城以东,东海、吴、广陵,此东楚也。其俗类徐、僮。朐、缯以北,俗则齐。浙江南则越。夫吴自阖庐、春申、王濞三人招致天下之喜游子弟,东有海盐之饶,章山之铜,三江、五湖之利,亦江东一都会也。

衡山、九江、江南、豫章、长沙,是南楚也,其俗大类西楚。郢之后徙寿春,亦一都会也。而合肥受南北潮,皮革、鲍、木输会也。与闽中、干越杂俗,故南楚好辞,巧说少信。江南卑湿,丈夫早夭。多竹木。豫章出黄金,长沙出连、锡,然堇堇物之所有,取之不足以更费。九疑、苍梧以南至儋耳者,与江南大同俗,而杨越多焉。番禺亦其一都会也,珠玑、犀、玳瑁、果、布之凑。

颍川、南阳,夏人之居也。夏人政尚忠朴,犹有先王之遗风。颍川敦愿。秦末世,迁不轨之民于南阳。南阳西通武关、郧关,东南受汉、江、淮。宛亦一都会也。俗杂好事,业多贾。其任侠,交通颍川,故至今谓之"夏人"。

夫天下物所鲜所多,人民谣俗,山东食海盐,山西食盐卤,领南、沙北固往往出盐,大体如此矣。

总之,楚越之地,地广人希,饭稻羹鱼,或火耕而水耨,果隋蠃蛤,不待贾而足,地势饶食,无饥馑之患,以故呰窳偷生,无积聚而多贫。是故江淮以南,无冻饿之

《货殖列传》（节选）

人，亦无千金之家。沂、泗水以北，宜五谷桑麻六畜，地小人众，数被水旱之害，民好畜藏，故秦、夏、梁、鲁好农而重民。三河、宛、陈亦然，加以商贾。齐、赵设智巧，仰机利。燕、代田畜而事蚕。

由此观之，贤人深谋于廊庙，论议朝廷，守信死节隐居岩穴之士设为名高者安归乎？归于富厚也。是以廉吏久，久更富，廉贾归富。富者，人之情性，所不学而俱欲者也。故壮士在军，攻城先登，陷阵却敌，斩将搴旗，前蒙矢石，不避汤火之难者，为重赏使也。其在闾巷少年，攻剽椎埋，劫人作奸，掘冢铸币，任侠并兼，借交报仇，篡逐幽隐，不避法禁，走死地如骛者，其实皆为财用耳。今夫赵女郑姬，设形容，揳鸣琴，揄长袂，蹑利屣，目挑心招，出不远千里，不择老少者，奔富厚也。游闲公子，饰冠剑，连车骑，亦为富贵容也。弋射渔猎，犯晨夜，冒霜雪，驰阬谷，不避猛兽之害，为得味也。博戏驰逐，斗鸡走狗，作色相矜，必争胜者，重失负也。医方诸食技术之人，焦神极能，为重糈也。吏士舞文弄法，刻章伪书，不避刀锯之诛者，没于赂遗也。农工商贾畜长，固求富益货也。此有知尽能索耳，终不余力而让财矣。

⋯⋯⋯⋯⋯

由是观之，富无经业，则货无常主，能者辐凑，不肖者瓦解。千金之家比一都之君，巨万者乃与王者同乐。岂所谓"素封"者邪？非也？

《太史公自序》(节选)

阅读提示 《太史公自序》是《史记》的最后一篇,司马迁为《史记》一书所作的序文,也是司马迁本人的自传。全序由三个部分组成:第一部分历叙司马氏的世系与家学渊源,并载录了其父司马谈的《论六家要旨》。第二部分首先叙述了自己二十而南游天下的经历,接着说明《史记》是父亲司马谈的临终遗命,而后又借与上大夫壶遂的一番对话阐述了孔子作《春秋》的精神大义,并由此表明自己创作《史记》是上学《春秋》。在第二部分中,最让人感动的是最后对"李陵之祸"经历的叙述。司马迁因勇敢地站出来为李陵作了辩护而惨遭"腐刑",这是对司马迁肉体与精神的双重摧残。司马迁想到了死,但所恨《史记》一书尚未完成,于是以古人身处逆境、发愤著书的事迹自励,以求全力完成《史记》这一名山事业。第三部分主要是对《史记》各篇主旨的概括,大多采用了

司马迁

四字韵语,精炼而透彻,有助于后人对《史记》各篇的深入理解。除此之外,司马迁还在第三部分中对《史记》一书的体例作了简要的说明,从中可以见出《史记》体大思深的根由所在。总之,《太史公自序》规模宏大,文气深厚,是研究司马迁及其《史记》的重要资料。

  昔在颛顼,命南正重以司天,北正黎以司地。唐虞之际,绍重黎之后,使复典之,至于夏商,故重黎氏世序天地。其在周,程伯休甫其后也。当周宣王时,失其守而为司马氏。司马氏世典周史。惠襄之间,司马氏去周适晋。晋中军随会奔秦,而司马氏入少梁。

  自司马氏去周适晋,分散,或在卫,或在赵,或在秦。其在卫者,相中山。在赵者,以传剑论显,蒯聩其后也。在秦者名错,与张仪争论,于是惠王使错将伐蜀,遂拔,因而守之。错孙靳,事武安君白起。而少梁更名曰夏阳。靳与武安君坑赵长平

《太史公自序》（节选）

军,还而与之俱赐死杜邮,葬于华池。靳孙昌,昌为秦主铁官,当始皇之时。蒯聩玄孙卬为武信君将而徇朝歌。诸侯之相王,王卬于殷。汉之伐楚,卬归汉,以其地为河内郡。昌生无泽,无泽为汉市长。无泽生喜,喜为五大夫,卒,皆葬高门。喜生谈,谈为太史公。

太史公学天官于唐都,受《易》于杨何,习道论于黄子。太史公仕于建元、元封之间,愍学者之不达其意而师悖,乃论六家之要指曰：

"易大传：'天下一致而百虑,同归而殊涂。'夫阴阳、儒、墨、名、法、道德,此务为治者也,直所从言之异路,有省不省耳。尝窃观阴阳之术,大祥而众忌讳,使人拘而多所畏；然其序四时之大顺,不可失也。儒者博而寡要,劳而少功,是以其事难尽从；然其序君臣父子之礼,列夫妇长幼之别,不可易也。墨者俭而难遵,是以其事不可遍循；然其强本节用,不可废也。法家严而少恩；然其正君臣上下之分,不可改矣。名家使人俭而善失真；然其正名实,不可不察也。道家使人精神专一,动合无形,赡足万物。其为术也,因阴阳之大顺,采儒墨之善,撮名法之要,与时迁移,应物变化,立俗施事,无所不宜,指约而易操,事少而功多。儒者则不然。以为人主天下之仪表也,主倡而臣和,主先而臣随。如此则主劳而臣逸。至于大道之要,去健羡,绌聪明,释此而任术。夫神大用则竭,形大劳则敝。形神骚动,欲与天地长久,非所闻也。

夫阴阳四时、八位、十二度、二十四节各有教令,顺之者昌,逆之者不死则亡,未必然也,故曰'使人拘而多畏'。夫春生夏长,秋收冬藏,此天道之大经也,弗顺则无以为天下纲纪,故曰'四时之大顺,不可失也'。

夫儒者以六艺为法。六艺经传以千万数,累世不能通其学,当年不能究其礼,故曰：'博而寡要,劳而少功。'若夫列君臣父子之礼,序夫妇长幼之别,虽百家弗能易也。

墨者亦尚尧舜道,言其德行曰：'堂高三尺,土阶三等,茅茨不翦,采椽不刮。食土簋,啜土刑,粝粱之食,藜藿之羹。夏日葛衣,冬日鹿裘。'其送死,桐棺三寸,举音不尽其哀。教丧礼,必以此为万民之率。使天下法若此,则尊卑无别也。夫世异时移,事业不必同,故曰：'俭而难遵。'要曰强本节用,则人给家足之道也。此墨子之所长,虽百家弗能废也。

法家不别亲疏,不殊贵贱,一断于法,则亲亲尊尊之恩绝矣。可以行一时之计,而不可长用也,故曰：'严而少恩。'若尊主卑臣,明分职不得相逾越,虽百家弗能改也。

名家苛察缴绕,使人不得反其意,专决于名而失人情,故曰：'使人俭而善失真。'若夫控名责实,参伍不失,此不可不察也。

道家无为,又曰无不为,其实易行,其辞难知。其术以虚无为本,以因循为用。无成势,无常形,故能究万物之情。不为物先,不为物后,故能为万物主。有法无法,因时为业;有度无度,因物与合。故曰'圣人不朽,时变是守。虚者道之常也,因者君之纲'也。群臣并至,使各自明也。其实中其声者谓之端,实不中其声者谓之窾。窾言不听,奸乃不生,贤不肖自分,白黑乃形。在所欲用耳,何事不成。乃合大道,混混冥冥。光耀天下,复反无名。凡人所生者神也,所托者形也。神大用则竭,形大劳则敝,形神离则死。死者不可复生,离者不可复反,故圣人重之。由是观之,神者生之本也,形者生之具也。不先定其神形,而曰'我有以治天下',何由哉?"

太史公既掌天官,不治民。有子曰迁。

迁生龙门,耕牧河山之阳。年十岁则诵古文。二十而南游江、淮,上会稽,探禹穴,闚九疑,浮于沅、湘;北涉汶、泗,讲业齐、鲁之都,观孔子之遗风,乡射邹、峄;戹困鄱、薛、彭城,过梁、楚以归。于是迁仕为郎中,奉使西征巴、蜀以南,南略邛、笮、昆明,还报命。

是岁天子始建汉家之封,而太史公留滞周南,不得与从事,故发愤且卒。而子迁适使反,见父于河洛之间。太史公执迁手而泣曰:"余先周室之太史也。自上世尝显功名于虞夏,典天官事。后世中衰,绝于予乎?汝复为太史,则续吾祖矣。今天子接千岁之统,封泰山,而余不得从行,是命也夫,命也夫!余死,汝必为太史;为太史,无忘吾所欲论著矣。且夫孝始于事亲,中于事君,终于立身。扬名于后世,以显父母,此孝之大者。夫天下称诵周公,言其能论歌文武之德,宣周邵之风,达太王王季之思虑,爰及公刘,以尊后稷也。幽厉之后,王道缺,礼乐衰,孔子修旧起废,论《诗》、《书》,作《春秋》,则学者至今则之。自获麟以来四百有余岁,而诸侯相兼,史记放绝。今汉兴,海内一统,明主贤君忠臣死义之士,余为太史而弗论载,废天下之史文,余甚惧焉,汝其念哉!"迁俯首流涕曰:"小子不敏,请悉论先人所次旧闻,弗敢阙。"

卒三岁而迁为太史令,䌷史记石室金匮之书。五年而当太初元年,十一月甲子朔旦冬至,天历始改,建于明堂,诸神受纪。

太史公曰:"先人有言:'自周公卒五百岁而有孔子。孔子卒后至于今五百岁,有能绍明世,正《易传》,继《春秋》,本《诗》、《书》、《礼》、《乐》之际?'意在斯乎!意在斯乎!小子何敢让焉。"

上大夫壶遂曰:"昔孔子何为而作《春秋》哉?"太史公曰:"余闻董生曰:'周道衰废,孔子为鲁司寇,诸侯害之,大夫壅之。孔子知言之不用,道之不行也,是非二百四十二年之中,以为天下仪表,贬天子,退诸侯,讨大夫,以达王事而已矣。'子曰:'我欲载之空言,不如见之于行事之深切著明也。'夫《春秋》,上明三王之道,下辨

《太史公自序》(节选)

人事之纪,别嫌疑,明是非,定犹豫,善善恶恶,贤贤贱不肖,存亡国,继绝世,补敝起废,王道之大者也。《易》著天地阴阳四时五行,故长于变;《礼》经纪人伦,故长于行;《书》记先王之事,故长于政;《诗》记山川溪谷禽兽草木牝牡雌雄,故长于风;《乐》乐所以立,故长于和;《春秋》辩是非,故长于治人。是故《礼》以节人,《乐》以发和,《书》以道事,《诗》以达意,《易》以道化,《春秋》以道义。拨乱世反之正,莫近于《春秋》。《春秋》文成数万,其指数千。万物之散聚皆在《春秋》。《春秋》之中,弑君三十六,亡国五十二,诸侯奔走不得保其社稷者不可胜数。察其所以,皆失其本已。故《易》曰:'失之豪釐,差以千里。'故曰:'臣弑君,子弑父,非一旦一夕之故也,其渐久矣。'故有国者不可以不知《春秋》,前有谗而弗见,后有贼而不知。为人臣者不可以不知《春秋》,守经事而不知其宜,遭变事而不知其权。为人君父而不通于《春秋》之义者,必蒙首恶之名。为人臣子而不通于《春秋》之义者,必陷篡弑之诛,死罪之名。其实皆以为善,为之不知其义,被之空言而不敢辞。夫不通礼义之旨,至于君不君,臣不臣,父不父,子不子。夫君不君则犯,臣不臣则诛,父不父则无道,子不子则不孝。此四行者,天下之大过也。以天下之大过予之,则受而弗敢辞。故《春秋》者,礼义之大宗也。夫礼禁未然之前,法施已然之后;法之所为用者易见,而礼之所为禁者难知。"

壶遂曰:"孔子之时,上无明君,下不得任用,故作《春秋》,垂空文以断礼义,当一王之法。今夫子上遇明天子,下得守职,万事既具,咸各序其宜,夫子所论,欲以何明?"

太史公曰:"唯唯,否否,不然。余闻之先人曰:'伏羲至纯厚,作《易》八卦。尧舜之盛,《尚书》载之,礼乐作焉。汤武之隆,诗人歌之。《春秋》采善贬恶,推三代之德,褒周室,非独刺讥而已也。'汉兴以来,至明天子,获符瑞,封禅,改正朔,易服色,受命于穆清,泽流罔极,海外殊俗,重译款塞,请来献见者,不可胜道。臣下百官力诵圣德,犹不能宣尽其意。且士贤能而不用,有国者之耻;主上明圣而德不布闻,有司之过也。且余尝掌其官,废明圣盛德不载,灭功臣世家贤大夫之业不述,堕先人所言,罪莫大焉。余所谓述故事,整齐其世传,非所谓作也,而君比之于《春秋》,谬矣。"

于是论次其文。七年而太史公遭李陵之祸,幽于缧绁。乃喟然而叹曰:"是余之罪也夫!是余之罪也夫!身毁不用矣。"退而深惟曰:"夫《诗》、《书》隐约者,欲遂其志之思也。昔西伯拘羑里,演《周易》;孔子戹陈蔡,作《春秋》;屈原放逐,著《离骚》;左丘失明,厥有《国语》;孙子膑脚,而论兵法;不韦迁蜀,世传《吕览》;韩非囚秦,《说难》、《孤愤》;《诗》三百篇,大抵贤圣发愤之所为作也。此人皆意有所郁结,不得通其道也,故述往事,思来者。"于是卒述陶唐以来,至于麟止,自黄帝始。

史记概论

　　维我汉继五帝末流,接三代绝业。周道废,秦拨去古文,焚灭《诗》、《书》,故明堂石室金匮玉版图籍散乱。于是汉兴,萧何次律令,韩信申军法,张苍为章程,叔孙通定礼仪,则文学彬彬稍进,《诗》、《书》往往间出矣。自曹参荐盖公言黄老,而贾生、晁错明申、商,公孙弘以儒显,百年之间,天下遗文古事靡不毕集太史公。太史公仍父子相续纂其职。曰:"于戏!余维先人尝掌斯事,显于唐虞,至于周,复典之,故司马氏世主天官。至于余乎,钦念哉!钦念哉!"罔罗天下放失旧闻,王迹所兴,原始察终,见盛观衰,论考之行事,略推三代,录秦汉,上记轩辕,下至于兹,著十二本纪,既科条之矣。并时异世,年差不明,作十表。礼乐损益,律历改易,兵权山川鬼神,天人之际,承敝通变,作八书。二十八宿环北辰,三十辐共一毂,运行无穷,辅拂股肱之臣配焉,忠信行道,以奉主上,作三十世家。扶义俶傥,不令己失时,立功名于天下,作七十列传。凡百三十篇,五十二万六千五百字,为《太史公书》。序略,以拾遗补艺,成一家之言,厥协六经异传,整齐百家杂语,藏之名山,副在京师,俟后世圣人君子。第七十。

　　太史公曰:余述历黄帝以来至太初而讫,百三十篇。